Erkundungen · Entwürfe · Erfahrungen (11)

Christel Berger

Als Magd im Dichter-Olymp

Band 1: Die Arbeit der
Sektion Literatur und Sprachpflege
an der Akademie der Künste der DDR
in den achtziger Jahren

Edition Schwarzdruck

Inhalt

III Dokumente

Vorwort

Es gehört zu den Besonderheiten oder gar Kuriositäten meines Lebens, dass ich in der Zeit, die viele DDR-Bürger als trist, lähmend oder öde in Erinnerung haben, die interessanteste Aufgabe meines Berufslebens hatte. 1981 begann ich als wissenschaftliche Mitarbeiterin, später Abteilungsleiterin in der Akademie der Künste der DDR zu arbeiten. Zunächst mit fünf, dann mit sechs Mitarbeitern hatten wir die Arbeit der Sektion Literatur und Sprachpflege zu begleiten, was hieß: Deren Vorschläge zu organisieren und zu realisieren, mit Recherche-Material anzufüttern, alles – den Sektionsbetrieb samt Veranstaltungen, Ausstellungen, Wahlen, Sitzungen, Preisverleihungen, Betreuungen, Krankenbesuchen – am Laufen zu halten.

In diesen achtziger Jahren erlebte ich – trotz Stagnation »draußen« – interessante, tiefgründige Diskussionen »drinnen« (in der Akademie und in der Sektion). Fast immer ging es auch um Nachdenken über Veränderungen, um Streit über das nach Meinung der Mitglieder Notwendige und Vernünftige. Die meisten daran Beteiligten haben bis zuletzt darüber gestritten, auch wenn sie sehr resigniert waren und heute meinen, schon lange zuvor die Hoffnungen aufgegeben zu haben. Denn so aussichtslos es schien, dass sich die Führung der DDR »bewegte«, – eine Zeitlang galt damals Gorbatschow als ein Signal, dass Veränderung möglich schien, dass sich ein erstarrter Machtapparat erneuern könnte. Und so steht neben dem damaligen Eindruck von Lähmung auch die Erinnerung an Hoffnungsgefühle. Insofern kann ich nur bestätigen, was ein anderer Zeitzeuge schrieb: »Wenn ich heute an die 80er Jahre zurückdenke, so erscheinen sie mir so widersprüchlich wie kein anderes Jahrzehnt.«[1]

Wenn wir heute wissen, dass wir von Illusionen erfüllt waren und Täuschungen erlegen, mindert das nicht meinen Respekt vor den Streitenden. Im Gegenteil: Heute, nach über zwei Jahrzehnten, las ich viele Protokolle damaliger Diskussionen voller Spannung und erlebte Überraschungen. Vieles hat an Aktualität nichts verloren. Ich war wieder beeindruckt von

---

[1]   Manfred Gebhardt. »Die Nackte unterm Ladentisch. Das Magazin in der DDR«. Berlin 2006. S. 120.

der Komplexität des Denkens und dem Problembewusstsein von vor über zwanzig Jahren. Heute beeindruckt mich umso mehr das gemeinsame Bestreben der in der Akademie Tätigen, sich für die Kunst und Kultur ihrer Gesellschaft verantwortlich zu fühlen und diese Verantwortung auch übernehmen zu wollen. Mit all ihren Kräften haben sie versucht, enge Grenzen auszuweiten, Dummheiten zu revidieren und Vernünftiges durchzusetzen. Allzu oft mussten sie dabei ihre Ohnmacht spüren.

Im Unterschied zu Ansichten heutigen Zeitgeists waren und sind für mich die meisten Akademie-Mitglieder, einschließlich des Präsidiums, nicht nur keine Marionetten an den Fäden von Partei und Regierung gewesen, auch keine bloßen Erfüllungsgehilfen der jeweiligen »Linie« – nein, Künstler und Kulturpolitiker wie Konrad Wolf oder Stephan Hermlin, Günther Rücker oder Peter Hacks, Christa Wolf oder Franz Fühmann, das waren gestandene und durch ihr Werk ausgewiesene Leute, intelligente Denker und Kämpfer auf ihre Art. Sie träumten von einer gerechteren Gesellschaft, einer humanen Welt und sie hofften, dass diese sozialistische Gesellschaft diese Perspektive erfüllen könne. Dafür arbeiteten sie, auch und vor allem mit ihrer Kunst. Dafür nahmen sie auch Kompromisse in Kauf.

Dass sich dabei die jeweilige politische und ästhetische Konzeption des einen von der des anderen erheblich unterschied, war ein Grund manchmal erbitterten Streits. Was ich damals als Bonmot oder geistreiche Marotte der an Eitelkeit reichen Schriftsteller wertete, stellte sich nun in der Nachbetrachtung als Teil eines eigenen Konzepts heraus. Dass dabei fast alle Streitenden die DDR nicht abschaffen wollten und nicht an eine Restaurierung von kapitalistischen Verhältnissen dachten – gehörte zum selten ausgesprochenen Konsens unter ihnen. Heute mag man das als Merkmal des Drucks der Diktatur, Angst vor Restriktionen, Verhaftungen usw. deuten. Wie fast alle DDR-Bürger mussten die meisten früheren Mitglieder der Sektion nach 1990 bestimmte Überzeugungen und Vorstellungen gesellschaftlicher Art überprüfen. Nur wenige von ihnen konnten dem wieder eingeführten Kapitalismus viel abgewinnen, gar eine Zukunft geben. Sie blieben kritisch.

Ich beschreibe hier meine Erfahrungen, die ich durch ein erneutes gründliches Aktenstudium aufgefrischt habe. Fast zwanzig Jahre lang hatte ich Zeit, über das Scheitern dieses Versuchs nachzudenken. Ein Freund, der mein noch unfertiges Manuskript gelesen hat, monierte, dass sich bei meinem langen Nachdenken noch immer kein klarer Standpunkt darüber herausgebildet hat, wie ich den »Untergang« der Institution Akademie der Künste der DDR heute sehe. Trauer? Nostalgie? Wut? Einsicht, dass diese DDR-Einrichtung mit der Niederlage der DDR keine Existenzberechtigung mehr hatte und dennoch Stolz darüber, damals dabei gewesen zu sein? Ich gestehe, dass ich wankelmütig bin. Vielleicht nehmen deshalb manchmal zu lange Zitate aus Gesprächen zuviel Platz im Buch ein. So wird der Erlebnisbericht zur Dokumentation. Dokumente haben eine eigene Sprache und Kraft. So mag der Leser selbst entscheiden, was da »untergegangen« ist.

Manches des wieder Gelesenen mutete in seiner Diktion lächerlich, hohl, albern oder grotesk an: Es gab natürlich – vor allem in den zusammenfassenden Protokollen oder öffentlichen Verlautbarungen – für heute ziemlich unerträgliche Versatzstücke, Wort- und Satzhülsen. Auch in der Akademie benutzte man damals scheinbar unumstößliche Wahrheiten, Plattitüden. (Über heutige politische Bekenntnisse und Beteuerungen schreibe ich ja nicht!)

»Die DDR-Kunstpolitik trug Züge des Lächerlichen wie des Großartigen«[2], das schrieb Matthias Krauss in seinem provokanten Buch »Die Partei hatte manchmal Recht. Ein Rückblick auf die DDR«, und genauso stellt sich mir heute vieles unserer damaligen Arbeit dar. Ich kam als noch junge Literaturwissenschaftlerin in die Sektion. Die Mitglieder denen ich zu »dienen« hatte, waren mindestens eine Generation älter – die meisten waren bekannt, ja »berühmt«, lebenserfahren, hatten oft aufregende Biographien. Ihre Texte wurden in der Schule behandelt. Natürlich war ich ehrfürchtig und voller Respekt und zugleich bei den ersten persönlichen Begegnungen erstaunt, wie »anders« als vorgestellt diese Promis waren. In einem Interview mit der sympathischen Wiener Witwe des Schriftsteller Arnolt Bronnen las ich folgende Betrachtung der Leute ihres Umfelds: »Wissen Sie, es läuft eigentlich mit allen Intellektuellen auf der Welt überall gleich: Sie sind alle irgendwo machtbesessen und irgendwo alle a bissl feig. Keine Helden. Sie sind liebenswert, weil sie Künstler sind und weil sie geistreich sind.«[3]

2   Matthias Krauß. »Die Partei hatte manchmal Recht. Ein Rückblick auf die DDR«. Berlin 2009. S. 112.
3   Renate Bronnen in einem Interview bei Recherchen Jochen Voits zur Biographie Ernst Buschs. 10. 5. 2005. In: Erinnerungsort.de.

In meiner Funktion war ich – wie im Titel des Buches zu lesen: Magd. Die früheren Mitarbeiter unserer damaligen Abteilung, die das Entstehen dieses Buches verfolgten, wollten mir das unbedingt ausreden: So wäre unsere Tätigkeit nicht richtig beschrieben. Ich beharrte darauf: eine Magd, das ist eine Dienerin, die ihre Herrschaft täglich erlebt, gut, wenn nicht zu gut kennt, möglicherweise verehrt oder liebt und sehr nützlich sein kann. Eine gute Magd muss, will sie ihren Aufgaben gerecht sein, mitdenken. Sie kann sich über die Herrschaft ihre eigenen Gedanken machen. Sie sieht das Ganze aus dem Blickwinkel »von unten«. Viel trifft davon auf meine Arbeit zu. Bestärkt wurde ich zusätzlich, als ich in einer Diskussion[4] über die Überarbeitung des Statuts der Akademie 1974 diesen Terminus wortwörtlich wiederfand: Die Wissenschaft in der Akademie habe gegenüber den Künstlern die Funktion einer Magd..

Wegen der unbedingten Diskretion, die ebenso zum Berufsbild einer guten Magd gehört, ist dieses Buch möglicherweise vermessen. Um Zeugnis abzulegen, arbeite ich mit Fakten und erlebten Details, die heutigen Besserwissern natürlich Anlass auch für kritische Bewertungen geben werden. Verständnis für andere Zeiten, Verhältnisse und Menschliches geht ihnen ab. Als »Magd« und Zeitzeugin fühle ich mich verpflichtet, das, was derzeit bestritten oder verleumdet wird, festzuhalten. Ich möchte, dass das Gewesene akzeptiert und respektiert wird, die »Entlarvung« der Arbeit einer Institution, die es nicht mehr gibt, ist mein Anliegen nicht.

Axel Schildt, Professor für Zeitgeschichte in Hamburg behauptet: »Individuelle Erfahrungen lassen sich nicht enteignen.«[5] Ich habe mir diesen Satz notiert, weil ich glaubte, damit das hier zu Berichtende legitimieren zu können. Heute denke ich: Freilich gehört zuvörderst jemand dazu, der sich die Erfahrungen nicht enteignen lässt. Natürlich muss man auswählen, kann man bewusst oder unbewusst vergessen, verdrängen, verfälschen.

Mein Buch soll neben den mittlerweile anderen über die Akademie stehen. Peter Hacks sagte in seiner Abschiedsrede der Gesprächsrunde »Technik des Dramas« etwas euphorisch und nicht ganz realitätsnah, ein Zitat

---

4 Diskussion in der Sektionssitzung vom 26. 2. 1974. AdK, Berlin, Historisches Archiv, AdK-O 899. Im Folgenden: AdK-O.
5 Axel Schildt. »Wüten gegen die eigene Generation«. In: »Die Zeit« vom 21. 2. 2008, Nr. 9.

Richard Wagners umwandelnd: »DDR-Mensch sein heißt, eine Sache um ihrer selbst willen tun.«[6] Mir kam es beim Schreiben dieses Buches weder um Anerkennung noch finanziellen Gewinn an. Die mit dem Buch verbundenen Kämpfe, vor allem um die Erlaubnis, die protokollierten Gespräche und Aussagen zitieren zu dürfen, waren härter und langwieriger als vermutet. Dennoch machte ich weiter – um der Sache selbst willen. Es geht vor allem um die tagtägliche Arbeit der Sektion Literatur und Sprachpflege in den 8oer Jahren – das Lächerliche und Kluge, das Übliche und das Ungewöhnliche, das Chaos und die Ordnung und die Absurditäten unterschiedlichster Art. Ich stehe dazu – im Gegensatz zu anderen Autoren einschlägiger Bücher –, dass Konrad Wolfs Vorstellung seit seiner Amtszeit als Präsident, aus der mehr repräsentativen Institution eine »Arbeitsakademie« zu entwickeln, teilweise gelungen war. Der Laborcharakter, den sich Werner Mittenzwei für eine solche Akademie wünschte[7], wurde nicht nur einmal erprobt. Wo und wann anders als hier gab es in der DDR derart intensive Gespräche, sinnsuchende Veranstaltungen und einen Willen zur Gesellschaftsreformierung?

Aber bleiben wir bei meinem konkreten Erlebnis.

---

6   Peter Hacks in der Gesprächsrunde »Technik des Dramas« am 7. 5. 1990. In: Thomas Keck und Jens Mehrle (Hrsg.). »Berlinische Dramaturgie. Gesprächsprotokolle der von Peter Hacks geleiteten Akademiearbeitsgruppen«. Band 4. Berlin 2010. S. 415. Im Folgenden: »Berlinische Dramaturgie«.

7   Werner Mittenzwei. Diskussionsbeitrag auf der Sektionssitzung vom 23. 10. 1984. AdK-O 1012.

I
Die Sektion »Literatur und Sprachpflege« in den achtziger Jahren

Die Internationale Plenartagung
»Kunst im Jahr 2000«
1981 in Rostock-Warnemünde

Die Leitung der Akademie hatte mir großzügig angeboten, noch vor dem eigentlichen »Amtsantritt« im April 1981 die Mitglieder und die Arbeitsweise der Akademie während einer dreitägigen internationalen Plenartagung in Rostock/Warnemünde kennenzulernen, quasi eine Art »Schnupperkurs« auf der Sonnenseite. Wie ich heute weiß, gab es Plan und Vorbereitung zu dieser »Internationalen Plenartagung« seit 1979. Viele Präsidiumssitzungen, mehrere Plenartagungen, eine Klausurtagung der leitenden Mitarbeiter in einem Ferienlager fernab von Berlin, Briefe an Honecker und Hager waren vorausgegangen. Im Punkt 1 der vorweg erarbeiteten »Gedanken und Fragen zum Plenum 1981« in Rostock heißt es: »Der Blick auf das Jahr 2000 ist der Blick 20 Jahre voraus, in die Zukunft. Er geht von der elementaren Annahme aus, daß es der Menschheit gelingt, einen Krieg moderner Massenvernichtung zu verhüten. Daß und wie die Welt gegen diese Kriegsbedrohung eine Zukunft haben soll, interessiert als Lebensfrage Nr. 1 auch die Künste.«[8] Es ging, wie es im Konzept hieß, um »Vermutungen« und die »Sorge um gesellschaftliche Entwicklungen«. An vierzig Korrespondierende Mitglieder (also ausländische und westdeutsche Künstler) waren Fragen verschickt worden:

»1. Welche Beziehungen entwickeln sich nach Ihrer Meinung in Zukunft zwischen den Künsten und der Gesellschaft?

2. Welche Möglichkeiten räumen Sie den Künsten und den Künstlern ein, in der Gegenwart und in den nächsten Jahrzehnten menschliches Leben zu bewahren und es menschenwürdig zu machen?

3. Wie können Sie diese Auffassungen den gesellschaftlichen Autoritäten nahe bringen?«[9]

Als der Event, wie man heute sagen würde, endlich begann, sah sich die Akademieleitung bestens gerüstet. Nichts sollte dem Zufall überlassen bleiben.

---

8   Akademie der Künste der DDR. »Gedanken und Fragen zum Plenum 1981«. AdK-O 924.

9   Internes Arbeitsmaterial Nr. 3. AdK-O 924/3.

Alle Teilnehmer der Tagung (insgesamt mit Dolmetschern, Kraftfahrern und Gästen – 210 Leute) waren im piekfeinen Hotel »Neptun« untergebracht. (Ich weiß nicht mehr, ob das Hotel in dieser Zeit noch gewöhnliche Gäste hatte.) Alle Hoteleinrichtungen standen ihnen zur Verfügung. (Ich hatte beispielsweise großes Herzklopfen, als ich die von mir verehrte Christa Wolf zum ersten Mal leibhaftig in der Sauna des Hotels traf.)

Es war ein opulentes Programm, die Tage vom 13. bis 16. März waren ausgefüllt. Am Donnerstag-Abend begrüßten der Präsident Konrad Wolf und der Oberbürgermeister der Stadt Rostock die Teilnehmer. Am nächsten Tag fand von 10.00 bis 18.00 Uhr (mit einer zweistündigen Unterbrechung) die Plenartagung statt. Der Vormittag des nächsten Tages war organisierten Begegnungen mit Werktätigen (Universitätsklinikum, Neptunwerft, Forschungsgut Groß Lüsewitz, Volksmarine u. a.) vorbehalten. Am Nachmittag wurde in Diskussionsrunden mit eingeladenen Wissenschaftlern debattiert. Eine galt den Problemen »Atomenergie, Mensch, Umwelt«, eine zweite »Medizinische Wissenschaften und Genetik«, eine dritte »Ökonomie, Produktivkräfte, Ressourcen«, die vierte »Ethik, Moral und Lebensweise«. Alle Podien waren mit in der DDR bekannten Koryphäen ihres Fachs besetzt. Sie waren gern gekommen, denn die Akademie war für offene und anspruchsvolle Diskussionen bekannt. Der anschließende Sonntag wurde genutzt für Stadtrundfahrten und kulturelle Veranstaltungen nach Wahl. In einer Veranstaltung stellten beispielsweise einige Akademiemitglieder ihr Schaffen vor. Am Vormittag des letzten Tages trafen sich die einzelnen Sektionen in verschiedenen Räumen zur Debatte über verschiedene Themen. Die obligatorische Abschlusssitzung fand am Nachmittag statt.

Den Programmpunkten nach war es nicht gänzlich ausgeschlossen, dass das Ganze, von hohem Optimismus getragen und mit den üblichen Phrasen versehen, etwas Belangloses oder gar Übles werden könnte: eine die Errungenschaften und die Stärke des eigenen Lagers sowie eine nahe glückliche Zukunft bejubelnde Veranstaltung.

Doch schon die Begrüßung durch Konrad Wolf schlug andere Töne an. Er sagte: »Es ist dies eine besondere Plenartagung unserer Akademie, der Akademie der Künste der DDR, auf der wir uns, wie wir glauben, doch mit sehr ernsten Fragen unserer Gegenwart befassen werden. Ich sage ganz bewußt unserer Gegenwart, nicht um einen Rückzieher von diesem von manchem mit Lächeln, von einigen auch mit etwas zornigen

Stirnrunzeln kommentierten Thema ›Kunst und Gesellschaft im Jahre 2000‹ (zu machen). Nein, wir befinden uns im Heute und nur vom – wie ich hoffe – sehr gründlichen und festen Positionen des Heute können und müssen wir den Blick in die Zukunft wagen. Das ist sehr ernst, sehr widerspruchsvoll, da wird es gewiß auch manche Polemik geben, Meinungsverschiedenheiten, und bei allem Ernst dieser Absicht glaube ich doch, sollten wir den Humor nicht verlieren. Keinesfalls sollten wir uns verkrampfen oder verbeißen, sondern doch versuchen, mit etwas Lockerheit, manchmal auch mit etwas Humor diesen Blick zu wagen.«[10]

In der am nächsten Tag folgenden Plenartagung eröffnete Konrad Wolf sein Referat mit einem Lenin-Zitat, demzufolge auch ein Kommunist das Recht, ja die Pflicht zum Träumen habe und schloss mit dem damals sehr bekannten Ausspruch der früh an Krebs verstorbenen Schriftstellerin Maxie Wander: »Leben wäre eine prima Alternative.«[11] Dazwischen ging er auf die Arbeit der Akademie ein, setzte sie in Bezug zur internationalen Weltlage, »die zumindest die Frage nahelegen (könnte), was uns zu Optimismus berechtigt.«[12] Der positiven Bilanz, dass es seit 1945 in Europa keinen Krieg gegeben habe, stellte er die 25 Millionen Toten aus außereuropäischen Kriegen des »imperialistischen Militarismus« seit 1945 entgegen. Es gäbe, so Wolf weiter, keine Alternative zur Politik der Entspannung, und er sprach weiter über die sinnvolle Kooperation zwischen Kunst und Wissenschaft, um dann die Eigenart der Erkenntnisfähigkeit der Kunst als Begründung für deren Unersetzbarkeit innerhalb der Gesellschaft zu bekräftigen. Er ließ das Erstarken der neuen Rechten, den Neofaschismus und Antikommunismus nicht aus, erwähnte neben der Bedrohung durch atomare Bewaffnung auch die bedrohte Umwelt und den Hunger in der Welt, um dann doch wieder die Vorzüge der sozialistischen Gesellschaft zu preisen. Auch die zunehmende Freizeit der Werktätigen sowie Probleme der neuen elektronischen Vervielfältigungsmittel und die internationale Bedeutung der Kunst wurden thematisiert. Vor das berührende Zitat Maxie Wanders setzte er noch eine Eloge auf die Kunst, die den verschiedenen anwesenden Künstlern bezüglich der eigenen Bedeutsamkeit

---

10   Konrad Wolf. Eröffnungsrede zur Plenartagung »Kunst und Gesellschaft im Jahr 2000« vom 13. 3. 1981. AdK-O 923/1.
11   Maxie Wander. »Tagebücher und Briefe«. Berlin 1980. S. 63.
12   Konrad Wolf. Referat auf der Plenartagung »Kunst und Gesellschaft im Jahr 2000« vom 14. 3. 1981. AdK(O)- ZAA 923/1.

zwar schmeichelte, aber schwerlich ihren unterschiedlichen konkreten Erfahrungen entsprach: »Ohne die Kunst wäre das menschliche Leben vielleicht denkbar, jedoch als Vegetieren des Neandertalers! Für uns ist die Kunst die Freiheit zu sagen, zu schreiben und bildhaft zu machen, wie eine menschenwürdige Welt beschaffen sein kann. Sie ist damit zugleich Reflexion bitterer Erfahrung und widersprüchlicher Prozesse.«[13]

Es war ein Referat, an dem – wie meist – mehrere der leitenden Mitarbeiter der Akademie gesessen und sich redlich gemüht hatten, Problembewusstsein und aktuellen Erkenntnisstand einzubringen und nahe an der Grenze des offiziell Sagbaren so zu formulieren, dass es noch zum Zeitgeist und in die »Linie« passte, die jedoch seit Ende der 70er Jahre bezüglich der Kulturpolitik ziemlich unklar war. Weil allzu viele Probleme angesprochen wurden und brisante Fragen ziemlich gut mit den »unumstößlichen Wahrheiten« verpackt waren, war es kein aufregendes Referat, es hätte aber durch die vielen angeschnittenen Probleme zum Denken und Streiten anregen können. Doch im weiteren Verlauf der Plenartagung gab es Brisanteres.

Erst einmal schien die Tagung jedoch den üblichen Verlauf zu nehmen. Es folgten die Standardreden einiger ausländischer befreundeter Gäste aus Partnerinstituten des sozialistischen Lagers, die die ihnen gestellten Fragen wohl nicht so ernst genommen hatten, wie sie gemeint waren. Sie enthielten kaum etwas anderes als Allgemeinplätze in großer Pose. Einzig Siegfried Köhler aus der Sektion Musik – Komponist und Präsident des Komponistenverbandes – sprach konkret über gegenwärtiges Musikleben und verwies aus ökonomischen Zwängen Veränderungen in weite Ferne.

Als dann Stephan Hermlin ans Rednerpult trat, begann es im Saal zu knistern. Ihm ging es nicht um die konkreten alltäglichen Hindernisse seines Metiers, wie etwa dem nie ausreichenden Papierkontingent der Verlage, noch benutzte er geläufige politische Formeln. Sehr aufrecht und wie immer ein bisschen exklusiv las eines der langjährigen, aber auch umstrittenen Mitglieder der Akademie einen kurzen wohlgeformten Text[14] vor, der sich auf ungewohnten Gleisen bewegte und ein Tabu brach. Hatte Wolf betont, dass die Entspannungspolitik fortzusetzen notwendig sei, aber gleichzeitig eine ideologische Eintracht zwischen den beiden Lagern abgelehnt, so löste Stephan Hermlin dieses scheinbare Paradoxon, indem

---

13 Ebenda.
14 Siehe den gesamten Text im Dokumenten-Anhang.

er den seit der Schlussakte von Helsinki gängigen Begriff der vertrauens-
bildenden Maßnahmen als praktische Möglichkeit eines besseren globa-
len Neben- und Miteinanders, als mögliche Praxis der Kulturpolitik der
Akademie vorschlug. »Jeder Schriftsteller, jeder Künstler hat sich zu fragen, ob das, was er tut, Vertrauen zu schaffen imstande ist.« Ausgegangen
war er davon, dass die Existenz von Massenvernichtungswaffen bei beiden
Blöcken in der Welt den Untergang der Menschheit möglich mache und
diese Bedrohung ein Umdenken erfordere. »Das in der Schlussakte von
Helsinki gemeinte Vertrauen, das Vertrauen überhaupt, soweit es ernst zu
nehmen ist, betrifft immer mindestens zwei. Wenn einer zu sich selbst
Vertrauen hat, so ist das schön, aber nicht weiter interessant. Nur wirkli-
ches Vertrauen, also Vertrauen in den anderen bannt den Krieg.

Die Staaten sind dazu verurteilt, über die eigene Souveränität, über die
Unverletzbarkeit ihrer Grenzen zu wachen. Niemand wird das bestreiten.
Aber ihre Bürger, jeder einzelne, kann an dieser Unverletzbarkeit mitwir-
ken, weniger durch die Waffen, die sie tragen, als vielmehr durch das Vertrauen, das die Menschen anderen Menschen zu spenden vermögen.

Wenn ich die Friedensfähigkeit meines potentiellen Gegners leugne, lei-
ste ich keinen Beitrag zum Frieden, sondern einen zu seiner Beendigung.
Wenn ich Vertrauen spende, werde ich Vertrauen empfangen. Einem Prozeß
der Entmutigung gegenüber, der in der letzten Zeit zugenommen und sich
beschleunigt hat, in dessen Verlauf jene Stimmen zahlreicher werden, die
zum Ausdruck bringen, die Würfel seien längst gefallen, der Einzelne, der
sogenannte kleine Mann könne das tödliche Geschick nicht mehr wenden,
ist dies die einzig aktive Haltung. Sie muß die Haltung der Kultur sein.«[15]

Stephan Hermlin, dessen Porträt im zweiten Teil des Buches zu finden ist, war in der DDR bei vielen Parteifunktionären nicht erst mit seiner
Unterschrift unter die Biermann-Petition mehr als unbeliebt. Dennoch
– sein internationales Renommee, ein Ruf als bedeutender Dichter und
das Gerücht, er habe »besondere Drähte nach oben« –, geboten Vorsicht
im Umgang mit ihm. Als nach dem Krieg die internationale Friedensbewegung ein breites Gremium von Intellektuellen aus aller Welt für sich

---

15 Stephan Hermlin. Diskussionsbeitrag auf der Plenartagung in Rostock-Warnemünde, 14. 3. 1981. AdK-
    O 923. Auch in: Stephan Hermlin. »Rede in Rostock. Anläßlich einer Plenartagung der Akademie der
    Künste der DDR 1981«. In: Stephan Hermlin. »Äußerungen 1944 – 1982«. Herausgegeben von Ulrich
    Dietzel. Berlin und Weimar 1983. S. 421 – 423. Im Folgenden: Hermlin. »Äußerungen«.

17

gewinnen konnte, gehörte Hermlin dazu, erlebte Erfolge und Niederlagen hautnah. Seine Auffassungen über ein friedliches Miteinander in der Welt begründeten sich vornehmlich aus diesen Erfahrungen.

So sah er in den Vertrauen schaffenden Maßnahmen keine propagandistische Floskel, sondern eine wirkliche Möglichkeit, einer drohenden militärischen Konfrontation dauerhaft zu entgehen. Er hoffte auf ein langes, friedliches und sich möglicherweise befruchtendes Nebeneinander zweier Systeme, wobei er auf den Austausch und Vergleich unterschiedlicher Standpunkte setzte und letztlich auf einen langsamen Prozess gegenseitiger Einsichten. Vernunft, Überzeugungskraft, die sanfte Gewalt der besseren Argumente. Der Kraft humaner Zivilisation und Kultur vertrauend, ging er in seiner Rede nicht so weit, wie Franz Fühmann oder Christa Wolf gelegentlich formulierten und von den »Vernünftigeren« – »unseren« – einseitige Abrüstung und den Verzicht auf weitere Rüstung forderten. Hermlin war nie Pazifist, aber ein der Aufklärung und dem menschlichen Fortschritt, der Vernunft vornehmlich Verpflichteter. Mit der ein reichliches halbes Jahr nach der Plenartagung veranstalteten »Berliner Begegnung«, in der Schriftsteller und Wissenschaftler beider politischer Seiten über friedensschaffende Maßnahmen diskutierten, erfüllte sich ihm ein Traum. Der Diskussionsbeitrag in Rostock hatte den Grundstein dafür gelegt.

Es stimmt schon, dass er damit auch Erich Honeckers Bestreben, international respektiert zu werden, auf seine Weise unterstützte. Wenn Matthias Braun dies als hauptsächlichen Beweggrund Hermlins in seinem Buch behauptet[16], versucht er damit, Hermlins Rolle herunterzuspielen, und irrt sich. Nein, ein bloßer Vermittler des Willen seines »Herrn« – das beweist seine Vita – war Hermlin nicht. Sein Glauben an das, was er und viele andere für Vernunft der Zeit hielten, war aber auch nicht – wie wiederum von anderen Gegnern behauptet – vom Vorsatz einer Konterrevolution bestimmt. Hermlin war Kommunist mit Leib und Seele, aber er war auch ein Künstler, für den er das »Vorrecht« forderte, »vernunftlos träumen zu dürfen«[17]. Ohne Argwohn träumte er von einem Nebeneinander zweier Systeme und

---

16   Matthias Braun. »Kulturinsel und Machtinstrument. Die Akademie der Künste, die Partei und die Staatssicherheit«. Göttingen 2007. S. 336. Im Folgenden: M. Braun. »Kulturinsel«.

17   Stephan Hermlin. Diskussionsbeitrag auf dem VIII. Schriftstellerkongreß der DDR 1979. In: Stephan Hermlin. »Äußerungen«. S. 388.

Machtblöcke, da andere bereits handfest auf den »Wandel durch Annäherung« spekulierten oder den »Sieg über das Böse« im Visier hatten.

War es denn so illusionär, über Bedingungen und Regeln eines lang dauernden Nebeneinanders der zwei politischen Blöcke nachzudenken? Der dreißigjährige Kalte Krieg war in Europa zwar nicht in einen »Heißen« gemündet, – die beiden Lager hatten sich gegenseitig attackiert, zu schaden versucht und dennoch darauf geachtet, dass der jeweils andere das »letzte« Mittel, den Einsatz von atomaren Waffen, nicht anwendet, dass die vorhandenen Machtblöcke bestehen bleiben. So kam es zwischen ihnen auch zu Kompromissen, offenen und uneingestandenen. Hermlins Vision eines vertrauensvollen Miteinanders war eine Idee, die auf einen großen Kompromiss baute. Dass der »Gegner« auch ein Partner für die gemeinsame Verantwortung für die Menschheit sein konnte und musste, war angesichts der Probleme in der Welt zu Beginn der achtziger Jahre so absurd nicht. Dass dieser westliche Gegner zwar auch über ein immenses Kräftepotential verfügte, wusste man im Osten, überschätzte aber das eigene Kräftepotential. Heute freilich wissen wir, dass das Wettrüsten beider Blöcke die Kraft des sozialistischen Lagers derart schwächte, dass von einem die Systeme betreffenden Gleichgewicht schon lange keine Rede mehr sein konnte. Die Illusion von der Kraft des sozialistischen Lagers traf sich mit der Illusion eines fairen Gegners/Partners.

Im Rostocker Neptun-Hotel nahm die Plenartagung ihren Lauf. Die nach Hermlin Redenden blieben bei ihren vorbereiteten Texten. Einzig Erik Neutsch widersprach Stephan Hermlin. Er räumte ein, dass die Gegenwart zwar komplizierter sei, »als wir das vor dreißig Jahren geträumt haben«, wollte jedoch von den alten Idealen nicht lassen. »Wenn es die Kommunisten in dieser Welt nicht gäbe, wie sähe dann die Welt aus? Die Kommunisten sind die einzige Kraft mit ihrer wissenschaftlichen marxistisch-leninistischen Weltanschauung, die die Menschheit aus ihrem Elend herausführen kann ...Und da geht es nicht mit einem Liebäugeln dahin und dahin, sondern mit einer ganz klaren Entscheidung: Entweder wir bestimmen den Gang der Welt oder die anderen bestimmen es. Die anderen wollen Krieg, wir wollen den Frieden«. Und speziell an Hermlin gewandt: »Es geht nicht um Vertrauen, lieber Genosse Hermlin. Vertrauen ja. Aber wer hat denn nun Vertrauen zu wem?... Nein, man muß den Klassenstandpunkt haben, man muß wissen: Wo geht es denn nun eigentlich los? Und es geht los in der kommunistischen Welt, in unserer Welt. Dieses Vertrauen haben wir, wenn die da drüben vernünftig sind. Ob die da drüben vernünftig sind, das liegt nicht mehr in unserer Macht.«[18]

Lediglich Konrad Wolf und vor allem der Theaterregisseur Friedo Solter bezogen sich beim Abschluss des ganzen Treffens auf die Rede Hermlins und lobten die neuen Denkansätze angesichts der zugespitzen Weltsituation.

Hermlin nahm übrigens am nächsten Tag während einer der organisierten Begegnungen mit Werktätigen die Möglichkeit wahr, seine gesellschaftliche Stellung und seinen »Ruf« in der Öffentlichkeit zu erklären, galt er doch bei vielen braven Genossen vor allem als Initiator der Biermann-Petition und damit als »unsicherer Kantonist«. Auf die Frage nach seiner Stellung zu Autoren, die die DDR verlassen haben, und damit auch zu Biermann, antwortete er: »Abwege sind möglich. Objektiv ist es ein Verlust, wenn die Gesellschaft einen talentierten Schriftsteller verliert. Deshalb verlange ich von der sozialistischen Gesellschaft eine größere Toleranz als von der bürgerlichen. Selbst wenn der Schriftsteller gegenüber der Gesellschaft ungerecht ist, – er wird durch diese Toleranz von der Gesellschaft beschämt, weil sie ihn – trotz seiner Ungerechtigkeit – diese Toleranz erwiesen hat, und er sollte daher den Mut finden, sich öffentlich zu korrigieren.«[19]

Auf die Frage, ob mangelnde Kommunikation und Öffentlichkeit nicht zu Spannungsverhältnissen führen, antwortete Hermlin salomonisch: »Das ist eine Belastung, die man auf sich nehmen muß. Ich bin in die Zeit hineingeboren und muß mit ihr leben. Ich kann nicht so tun, als lebte ich 1835. In der laufenden Auseinandersetzung habe ich meine Meinung, stehe auf der einen Seite, bin Bürger der DDR, Sozialist. Ich fühle auch, daß die DDR aus politischen, ökonomischen und anderen Gründen oft genug in die Defensive gegenüber der BRD gerät. Ich muß aber das Maß der Schwierigkeiten meines Landes einkalkulieren. Im Leben habe ich aber sehr oft auf der Seite des Schwächeren gestanden. Deshalb bin ich für die DDR, das entspricht meiner Grundposition.«[20]

---

18   Erik Neutsch. Diskussionsbeitrag auf der Plenartagung »Kunst und Gesellschaft im Jahr 2000« vom 14. 3. 1981. AdK-O 923/1.
19   Stephan Hermlin. Diskussionsbeitrag auf dem Treffen mit Werktätigen während der Plenartagung »Kunst und Gesellschaft im Jahr 2000« vom 15. 3. 1981. AdK-O 923/4.
20   Ebenda.

In den am nächsten Tag stattfindenden Podien, die Konrad Wolf im Schlusswort als das Interessanteste des Ganzen bezeichnete, erfuhren die Akademiemitglieder aus berufenen Mündern die verschiedensten Probleme, die im Lande und der Welt anstanden. Es ging um Neubauten und Organtransplantationen, um wachsende Freizeit und durch Technisierung möglicherweise auch in der DDR entstehende Arbeitslosigkeit, um die Wahrheit gegenüber einem Todkranken und den Unterschied zwischen Atomkraft in den Händen des Sozialismus (Tschernobyl hatte es noch nicht gegeben!) oder des Kapitalismus. Andere Themen waren Genetik und Menschenzüchtung, das Recht auf selbst bestimmtes Sterben oder das Zurückbleiben der Moral hinter den Ergebnissen der Technik. Die meisten mit diesen Problemen befassten Wissenschaftler ersparten den Künstlern nichts hinsichtlich der Fülle an Ungelöstem, und die Künstler fanden ganz selbstverständlich, dass sie das anginge, sahen in den Problemen ihren Rohstoff, mit dem sie sich auf ihre Weise täglich auseinandersetzen. Das bestätigte Franz Fühmann in einem Diskussionsbeitrag auf dem Podium »Atomkraft«: »Wir leben in einer Welt, in der es Dinge gibt, die auf mich einwirken ... und die Kunst hat das Recht bei Strafe der Selbstentmannung, auf diese Fragen einzugehen, diese Fragen zu gestalten aus der Sicht des Künstlers; nicht aus der Sicht des Wissenschaftlers, sondern zu reflektieren, um ihnen auch mit der Art und Weise, zu der Kunst da ist und von Anfang an da ist, zu sagen und zu zeigen, wie die Menschen in dem System und in dem, was sie machen, leben, wie sie darauf reagieren, was für Gefühle sie haben, was sie bewegt oder nicht bewegt. Und das reflektiert sich in der Kunst, und dazu ist sie da; das war ihr Wesen über Jahrhunderte und dieses Wesen hört auch heute nicht auf. Diese Dinge sind halt so verflochten, daß alle Fragen von prinzipieller Bedeutung immer gleich einmünden in wesentliche Fragen, die mit dem Staat zu tun haben, die mit dem Weltsystem des Sozialismus zu tun haben, die mit dem Kampf dieser beiden Systeme auf der Welt zu tun haben, die aber gleichzeitig eine einheitliche Menschheit ist, wenn auch ihre Einheitlichkeit im Negativen zunächst einmal darin besteht, daß sie sich vernichten kann, die sich aber zu einer Menschheit konstituieren muß, oder sie wird untergehen. Diese Fragen sind da und auf diese Fragen zu reagieren und diese Fragen zu materialisieren und für alle jene Menschen zu sprechen, die selbst nicht sprechen können, das ist die legitime Aufgabe und das ist das Recht der Kunst«[21], und er wandte sich vehement gegen die damals gängige Auffassung, dass der Umgang mit Atomkraft im Sozialismus gut und im Kapitalismus schlecht sei.

Nach den Podien fanden am letzten Tag die Sitzungen der einzelnen Sektionen statt. Die Sektion Bildende Kunst beriet über »Die bildende Kunst zwischen Ausstellungen, Museen und Umwelt«, der Sektion Musik ging es um »Fragen der Zukunft der Musik«, in der Sektion Darstellende Kunst stritt man über »Die darstellende Kunst und die Entwicklung der Kreativität«, die Sektion Literatur und Sprachpflege setzte eine in der Sektion schon über lange Monate, ja Jahre währende Diskussion zur Nationalliteratur fort.

Speziell den Teilnehmern der Sitzung der Sektion Darstellende Kunst wurde mit dem Diskussionsbeitrag des westdeutschen Regisseurs und Intendanten Harry Buckwitz eine Sternstunde bereitet. Buckwitz nämlich hatte als einziger der angereisten Korrespondierenden Mitglieder – es waren gar nicht so viel, wie erhofft – die an ihn gesandten Fragen ernst genommen und bot nun ein beeindruckendes Plädoyer, das sowohl die Situation in der westlichen Gegenwartskunst einschloss, aber vor allem über Möglichkeiten für die Zukunft nachdachte. Erstaunlich daran, dass ihm keiner widersprach, als er zwar den Sozialismus das einzig mögliche Zukunftsmodell nannte, aber zugleich sehr eindeutig einen anderen als den in der DDR meinte, keinen verordneten, sondern einen freiwilligen, demokratischen. Eindrucksvoll auch, wie der an Brecht Geschulte die Beliebigkeit in der Kunst ablehnte, und er wusste, wovon er sprach. Er bekannte sich zur gesellschaftsgestaltenden Pflicht und Kraft der Künste. Es ist sehr schade, dass dieser Diskussionsbeitrag nur im Rahmen der Sektion Darstellende Kunst bekannt wurde. Konrad Wolf hatte in seinem Schlusswort den Beitrag ausdrücklich gelobt, für einen größeren Kreis von Lesern, – für die so viel beschworen »Öffentlichkeit« – wurde er jedoch nie gedruckt. Auch das ist ein Zeichen für die politischen Grenzen, in denen unsere Tagung agierte.

In der Sektion Literatur und Sprachpflege gab es Streit und ein abschließendes Lob des Sekretärs Günther Rücker über eine gelungene, hochinteressante Sitzung. Mich verblüffte vor allem die Atmosphäre der Sitzung: die

---

21   Franz Fühmann. Diskussionsbeitrag auf dem Podium »Atomkraft« während der Plenartagung »Kunst und Gesellschaft im Jahr 2000« vom 15. 3. 1981. AdK-O 923/3.

Offen- und Direktheit untereinander, das Kräftemessen von Positionen und Fraktionen innerhalb der Sektion. Als Thema hatten sich die Schriftsteller noch einmal das Problem »National- und Weltliteratur« gewählt, auch deshalb, weil man von den eingeladenen Korrespondierenden Mitgliedern eine Bereicherung durch die Sicht von »draußen« erwartete. Leider war von den Korrespondierenden Mitgliedern aus der Sektion nur der Österreicher Hugo Huppert erschienen, was fast notwendig ein besonderes Sich-Festbeißen an den nationalen Wurzeln des Deutschen beschwor. Die beiden Literaturwissenschaftler, die Sektionsmitglieder Professor Wilhelm Girnus und Professor Robert Weimann, eröffneten das Gespräch mit Definitionen und historischen Herleitungen von Begriffen wie Nation, Volk, Heimat, Vaterland, Staat, unter besonderer Berücksichtigung der Rolle der Sprache. Weimann sprach außerdem über die Eigenarten unterschiedlicher Generationen von DDR-Autoren, die auf Grund ihrer gesellschaftlichen Erfahrung sehr verschieden »nationalbewußt« geprägt wären. Danach referierte Hugo Huppert ausführlich, wie sich im Verlaufe der Geschichte ein besonderes Bewusstsein des Österreichischen – trotz einer mit den Preußen und später den Deutschen gemeinsamen Sprache – herausgebildet habe. Stephan Hermlin wollte dem ein »paar ungeordnete, unsystematische Gedanken«[22] hinzufügen und meinte, »daß es besonders schwer ist, dieses Thema Nation zu behandeln.« Ihm ging es um die gemeinsamen deutschen Wurzeln, die unter anderen die Österreicher Gottfried Keller, Hugo von Hofmannsthal und Robert Musil mit einem bestimmten »deutschen Geist«, einer in vielem gemeinsamen Kultur verbindet. »Ich glaube, daß die Deutschen gerade durch ihre besondere Geschichte, durch diesen fluiden Ablauf, durch diesen nicht sehr greifbaren Ablauf dennoch das Bewußtsein sich bewahrt haben irgendeiner geistigen Einheit. Tatsächlich ist Deutschland oder das Deutsche nicht eigentlich ein politischer Begriff, sondern ein geistiger Begriff. Und für mich ist er das eigentlich immer gewesen und ist es auch heute noch. Ich fühle, (...) – ich spreche jetzt ziemlich stark von Gefühlen, ich gebe zu, das ist für Marxisten ziemlich ungewöhnlich, ich betrachte mich als Marxist

22   Stephan Hermlin. Diskussionsbeitrag in der Sitzung der Sektion Literatur und Sprachpflege während der Plenartagung »Kunst und Gesellschaft im Jahr 2000« vom 16. 3. 1981. AdK-O 923, auch 895. Teile dieser Diskussion in: »Zwischen Diskussion und Disziplin. Dokumente zur Geschichte der Akademie der Künste (Ost) 1945/50 – 1993«. Hrsg. von der Stiftung Archiv der Akademie der Künste in Zusammenarbeit mit Inge Jens, ausgewählt und kommentiert von Ulrich Dietzel und Gudrun Geißler. Berlin 1997. S. 489 – 494. Im Folgenden: »Zwischen Diskussion und Disziplin«.

– aber ich kann es nicht anders ausdrücken (...) Also ich mache immer wieder den Unterschied (...) zwischen Grenzen von Staaten, die unverletzlich sind und sein müssen, und bestimmten Wurzeln, bestimmten Zusammengehörigkeiten, die gar nicht geleugnet werden können, weil sie da sind, weil sie früher gewachsen sind.« Auf die eigene Biographie bezogen, da er von den Nazis ausgebürgert war und später mit einem DDR-Pass im westlichen Ausland als »möglicherweise Deutscher« nicht voll anerkannt war, bekannte er: »Aus diesen Gründen bin ich in dieser Frage allerdings, und dazu hat mich die Realität des Hitlerismus gemacht, einer jener Deutschen, die Deutschland als eigentlich in jedem Moment ihrer Existenz als ungeheuer präsent, aktuell und wichtig empfinden; das Deutsche ist wichtig für mich und das Interessanteste. Vorgestern, kurz nachdem ich angekommen war, sagte ich zu Hermann Kant, ich gucke so aus meinem Fenster raus auf die Ostsee, und da war der Gedanke da: wie schön ist Deutschland. Das heißt, ich könnte ja sagen, wie schön ist Warnemünde; aber es ist immer wieder dieses Bild von Deutschland und diese Wichtigkeit von Deutschland, die da ist, und das gibt meinem Wort natürlich einen subjektiven Charakter.«

Bei dieser Rede hielt es Hugo Huppert kaum auf seinem Stuhl aus, und er protestierte: »Die Bemerkungen, sagen wir, der Diskussionsbeitrag von Hermlin, so schön er klang und so schön er auch geformt war, hat in keiner Weise meine Zustimmung gefunden.« Dazu der Zuruf Hermlins: »Das versteht sich!« und weiter Huppert: »Das versteht sich, muß auch. Wenn er sagt: Für mich ist das Wichtigste Deutschland, so behaupte ich: Für mich ist das Wichtigste das revolutionäre Proletariat. Das ist es seit sechzig Jahren und hat nie aufgehört es zu sein. Seit 1921 bin ich Mitglied einer bestimmten klassenkämpferischen Partei, und die hat auf ihre Fahnen von jeher geschrieben: Proletarier aller Länder vereinigt euch. Und so komisch das vielleicht in Westdeutschland klingt und so sehr das auch als verbraucht gilt in den imperialistischen Staaten dieses Planeten, so wenig hat das für mich seine Schärfe verloren, seine Überzeugungskraft eingebüßt«, und im weiteren Verlauf seiner Argumentation: »Auf alle Fälle ist das, was ich von ihm (Hermlin – C.B.) gehört habe, das Übelste, was ich bei einem solchen Plenum mir anhören mußte.«[23] Er ging dann auf die Existenz zweier deutscher Staaten ein, wobei er die Bundesrepublik mit ihrer Zugehörigkeit zur NATO

---

23   Hugo Huppert. Diskussionsbeitrag in der Sitzung der Sektion Literatur und Sprachpflege während der Plenartagung »Kunst und Gesellschaft im Jahr 2000« vom 16. 3. 1981. AdK-O 923.

als »Todfeind der Werktätigen Europas« bezeichnete und die DDR als ein »revolutionäres Gebilde mit einer schon zum Teil anderen Sprache«.

Während der Diskussionsleiter Günther Rücker den Protest Hupperts dem Protokoll anempfahl, aber die Auseinandersetzung so nicht weiterzuführen vorschlug, konnte die nächste Diskutantin Christa Wolf nicht an sich halten, und sie verbat sich für die Sektion, die an scharfe Auseinandersetzungen gewöhnt wäre, eine solche Diffamierung, der sie sich weder im Inhalt noch in der Form anschließen könne.

Was hier zwischen Stephan Hermlin und Hugo Huppert stattfand, war nicht nur die jeweils sehr subjektive Deutung zweier gegensätzlicher Positionen, sondern hier wurde auch (letztmalig?) halböffentlich eine langjährige ideologisch begründete und mittlerweile persönlich gefärbte Gegnerschaft ausgetragen und Kräfte gemessen. Hermlin hatte in keiner Weise seine kommunistische Bindung und die staatliche Eigenständigkeit der DDR geleugnet (Hermlin wörtlich: die DDR würde als eine in sich geschlossene und dauerhafte Institution empfunden – »und so empfinde ich sie – als etwas, das nicht rückgängig gemacht werden darf und auch nicht rückgängig gemacht wird.«) Das aber schließe nicht aus, dass es auf Grund der Geschichte noch zusätzliche Bindungen und Verwandtschaften gäbe, die über nationalstaatliche Grenzen hinausgehen. Damit hatte er seine Meinung zu dem in der kommunistischen Theorie und Praxis umstrittenen Problem des Verhältnisses zur Nation dargelegt, keineswegs in nationalistischer Überhebung, aber dabei natürliche menschliche Bindungen und über Generationen gewachsene Verbundenheit einbeziehend. Huppert konterte überzogen mit der alten und wenig differenzierten These des Klassenkämpfers, heimatlos und nur gebunden an den revolutionären Kampf.

Hugo Huppert wurde von Ulrich Dietzel, dem langjährigen Begleiter der Sektion, in seinem Tagebuch folgendermaßen beschrieben: »Huppert dürfte einer der unangenehmsten und zugleich interessantesten Zeitgenossen sein, die ich kenne. Unangenehm in seinem Egozentrismus, seiner extremen Eitelkeit und der verbohrten intriganten Art, in der er über die spricht, die er haßt: Hermlin, Christa Wolf u. a. Interessant, weil es kaum einen intimeren Kenner der sowjetischen Exil-Zeit geben dürfte. (...) Dieser Mann ist ein Gezeichneter der Stalin-Zeit. Nach Bernhard Reichs Kategorisierung gehört er zu denen, die sich nach der Entlassung aus der Haft hundertfünfzigprozentig gebärden. Er will beweisen, wie sehr die Verhaftungsmaschine in seinem Fall den Falschen erwischt hat. Huppert ist zweimal verhaftet worden, 1938 in Moskau, 1949 in Wien.«[24] Hugo Huppert, bedeutender Majakowski-Übersetzer und selbst Autor von Gedichten und Romanen, war 1963 als alter Gefährte der Sowjetemigranten zum Korrespondierenden Mitglied der Akademie der Künste gewählt worden. Da waren die Konstellationen innerhalb der Sektion noch ganz andere als zu der Zeit, als ich zur Akademie stieß. Da gaben Alexander Abusch, Alfred Kurella, Otto Gotsche und Hans Rodenberg den Ton an und setzten alles – auch ihre jeweiligen Funktionen – dafür ein, dass die »reine Lehre« oder das, was sie dafür hielten, auch von den anderen befolgt und verbreitet wird. Sie bevorzugten die proletarische, eng an die Partei gebundene Tradition innerhalb der Literatur. Für Veränderungen in der Literatur und Gesellschaft, für Entwicklungen, gar abweichendes Denken hatten sie keinen Sinn. Der etwas jüngere, im französischen und Schweizer Exil erprobte Genosse Hermlin war ihnen mit einer – wie sie meinten – elitären Kunstauffassung und der Förderung kritischer junger Kunst suspekt. Sie hatten 1963 – nach einer von ihm organisierten Lesung neuer Gedichte junger Lyriker – Hermlins Absetzung als Sekretär der Sektion bewirkt. Was er machte und sagte, wurde argwöhnisch (Bei Gotsche spielte gar der Gesichtspunkt jüdischer Herkunft dabei eine Rolle!) beobachtet, und so konnte es aus deren Warte auch nicht sein, Hermlin zu einem tonangebenden Kulturpolitiker der DDR werden zu lassen. Huppert hatte wohlweislich nicht gegen die Rede Hermlins auf dem Plenum argumentiert, obwohl ihm – der in der Bundesrepublik und der NATO einen Todfeind sah – der Aufruf zu vertrauensbildendem Verhalten überhaupt nicht geschmeckt haben dürfte. In der Sektion aber nahm er das Wort und fiel durch, da er nicht bemerkt hatte, dass die nicht anwesenden Alexander Abusch und Otto Gotsche (die anderen seiner Freunde waren bereits gestorben) ihm nicht beistehen konnten. Das Kräfteverhältnis in der Sektion war ein anderes geworden. Hugo Huppert wirkte wie ein zu spät gekommener Kampfhahn, mit dem zu kämpfen kaum mehr lohnte.

Aber eigentlich hatte die Sektion und die Kulturpolitik des Landes in dieser Zeit ganz andere Probleme. Geballt kam das im Diskussionsbeitrag von

---

24   Ulrich Dietzel. »Männer und Masken. Kunst und Politik in Ostdeutschland. Ein Tagebuch.« Leipzig
      2003. Eintrag vom 28. 5. 1981. S.122/3. Im Folgenden: U. Dietzel. »Tagebuch«.

Franz Fühmann in der Sektionssitzung zur Sprache. Ausdrücklich hatte er um das Wort gebeten, auch wenn er damit das Thema und den Streit vom Vormittag etwas verlassen sollte. Er wollte unbedingt über aktuelle Differenzen sprechen. Schon in der Diskussion während der Plenartagung hatte Erik Neutsch darauf verwiesen, dass es unter Akademiemitgliedern nicht sein könne, dass der eine dem anderen nicht mehr die Hand gibt. »Wenn wir uns nicht gegenseitig achten, weil wir mit unseren Büchern, mit unseren Bildern, mit unserer künstlerischen Arbeit in diesem Lande etwas geleistet haben, wenn das nicht klargeht, wenn ihr euch nicht dazu entschließt, auch mit dem anderen zu sprechen, obwohl wir unterschiedlicher Meinung sind, dann kann aus dieser Akademie nichts werden.«[25]

Neutsch meinte konkret den Eklat, da Franz Fühmann bei der gegenseitigen Begrüßung zu Beginn der Tagung Dieter Noll demonstrativ die Hand verweigert hatte. Alle kannten den Grund: Dieter Noll hatte knapp zwei Jahre zuvor einen Brief an Erich Honecker geschrieben, den das »Neue Deutschland« am 22. Mai 1979 veröffentlichte. Darin betonte Dieter Noll seine Ergebenheit und Parteitreue und verstärkte das noch, indem er weniger angepasste und gerade im Verruf stehende Kollegen diffamierte: «Einige wenige kaputte Typen wie Stefan Heym, Joachim Seyppel und Rolf Schneider, die da so emsig mit dem Klassenfeind kooperieren, um sich eine billige Geltung zu verschaffen, ... repräsentieren gewiß nicht die Schriftsteller unserer Republik.« Gleichzeitig hatte Noll seinen neuen Roman »Kippenberg« dem Generalsekretär zur Lektüre empfohlen.

Der Brief war anbiederisch und denunziatorisch. Er war in keiner Weise geeignet, strittige Fragen zu klären, und so fanden selbst die, die nicht mit den beschimpften Schriftstellern sympathisierten, Nolls Brief als peinlich. Noch nach zwei Jahren war der Fall nicht vergessen. Franz Fühmann machte seine Ablehnung deutlich mit dem verweigerten Handschlag. In der Sektionssitzung wollte er sein Verhalten begründen, wobei er bedauerte, dass Noll aus Krankheitsgründen an diesem Vormittag nicht anwesend war. »Der Grund, weswegen ich dies getan habe, liegt darin, daß der Kollege Dieter Noll etwas getan hat, was ich nicht anders bezeichnen kann als mit einer tiefen persönlichen Unanständigkeit. Er hat Kollegen diffamiert, öffentlich, er hat sie beschimpft in genauer Kenntnis der

---

25   Erik Neutsch. Diskussionsbeitrag im Plenum während der Plenartagung »Kunst und Gesellschaft im Jahr 2000« vom 16. 3. 1981. AdK-O 923/1.

Tatsache, daß sie sich nicht wehren können, daß sie keine Gelegenheit haben, am selben Ort, in derselben Stelle ihre Meinung zu sagen. Und ich wage sogar zu sagen, er hat das getan eben, weil er das wußte. Nun mag das ja – es gibt manchen Grad von mehr oder weniger anständigem Verhalten, und es mag sicher kleinlich oder läppisch oder abstrus oder was Sie wollen erscheinen, wenn man also so eine Konsequenz daraus zieht. Aber es hat ja einen tiefen politischen Gehalt. Und ich möchte Sie erinnern, daß zum Beispiel der Verlust Günter Kunerts, der Anlaß zumindest auch der gewesen ist, ein Verlust, den ich aufs tiefste bedaure, daß er nicht die Möglichkeit gehabt hat, einer öffentlichen Verleumdung zu widersprechen. Er ist verleumdet worden, man hat Zitate aus seinen Gedichten gefälscht, man hat damit eine Polemik aufgebaut. Und es ist ihm nicht gelungen, da, wo diese Polemik geführt worden ist, seine eigenen Gedichte richtigzustellen (…) Das ist dieser Zustand, der mich immer mehr daran zweifeln läßt, hier eine politische Heimat zu haben. Ich bin nämlich mit einigen anderen von Ihnen nicht im gleichen Recht. Sie haben einige Dinge, die ich nicht habe, und die andere Kollegen, die ich kenne, haben. Zum Beispiel halt diese Möglichkeit, zu solchen Äußerungen die Presse zu haben. Ich halte diesen Zustand für eine Art Krebsgeschwür, das hier in unserer Gesellschaft frißt, das eine Atmosphäre von Heuchelei und Opportunismus erzeugt. Was viele Konsequenzen hat … (…) Die zum Teil Unlesbarkeit unserer Presse beruht darauf, daß man aus einer Position der Unangreifbarkeit heraus schreibt, zitieren kann, falsch zitieren kann, Valeurs nicht richtig setzen kann im klaren Wissen, daß kein Widerspruch erfolgen kann. Es tut mir auch leid um die Person, um die es da geht. Ich war mit Dieter Noll in einer persönlichen Freundschaft verbunden, wir kommen aus einer Generation, unsere Wege sind lange zusammen gegangen, wir sind in den fünfziger Jahren mit Prosa hervorgetreten, ziemlich gemeinsam, und ich habe immer zu Dieter Noll ein gutes Verhältnis, glaube ich, nicht nur ein freundschaftliches Verhältnis, gehabt und gesucht bis zu jenem Tage. Es sind halt Konsequenzen, es brechen, das ist die Entwicklung, wie es so geht, Gräben auf, es gibt bestimmte Verhärtungen, und ich möchte nicht so tun, als ob es das nicht gäbe. Ich möchte das schon persönlich nehmen und ich möchte es dann nicht mit dieser Geste überbrücken und etwas aus der Welt schaffen, was so nicht aus der Welt zu schaffen ist. Was aus der Welt zu schaffen wäre mit einer Erklärung des Bedauerns, einer öffentlichen Erklärung des Bedauerns ... (...) Es tut mir leid, daß Dieter Noll mir nicht gegenüber sitzt. Ich hätte ihn gerne von Ansehen zu Ansehen gefragt, ob er denn eine Ahnung hat, wie groß der Berg der Verachtung ist, der auf ihm liegt von vielen Kollegen, sie sagen es nur nicht, und an dem wir im Grunde auch alle irgendwie etwas schleppen.«[26]

(Zu der von Franz Fühmann geforderten Entschuldigung Dieter Nolls kam es erst 1989, – eine Geste, die in den Aufregungen der Wende kaum wahrgenommen wurde. Ich weiß, dass Dieter Noll sehr unter der Verachtung durch viele seiner Kollegen gelitten hat. Als ich ihn einmal in den späten achtziger Jahren im Krankenhaus besuchte, sprach er davon, dass der »Faschismus in ihm« noch immer in Resten vorhanden sei. In einem Gedicht – 1985 veröffentlicht – schrieb er:

»Eins bleibt, was seither nie in Frage stand;
daß ich in diesen Bund hineingefunden.

Kein Zweifel je, daß ich mich so entschied.
Jedoch mich selber stelle ich in Frage.
Grabend in jenen Winkeln, die ich mied

im Schutt des Gestern, hab ich mich zutage
Wie ich einst war fragend ans Licht gebracht:
Was habe ich seither aus mir gemacht.«[27])

Mit dieser Stellungnahme hatte Franz Fühmann die wirklichen, unter den Mitgliedern schwelenden Probleme auf den Tisch gebracht. Ihm kam es darauf an, es miteinander aushalten zu müssen, ohne die unterschiedlichen Positionen zu verstecken. So – auch das sagte er – wie er den Diskussionsbeitrag des nicht ganz nüchternen Erik Neutsch auf dem Plenum ausgehalten und diese Zeit lieber mit etwas anderem verbracht habe, wollte er nun um Aufmerksamkeit für sich und seine Erfahrung werben, und Fühmann erweiterte im weiteren Verlauf seines Beitrags den Fall Noll zu einem allgemeinen Problem dieser Gesellschaft. Ihm ging es vor allem um das »Krebsgeschwür«,

---

26   Franz Fühmann. Diskussionsbeitrag in der Sitzung der Sektion Literatur und Sprachpflege während der Plenartagung »Kunst und Gesellschaft im Jahr 2000« vom 16. 3. 1981. AdK-O 923.

27   Dieter Noll. »In Liebe leben. Gedichte 1962-1982«. Berlin und Weimar 1985. S. 51.

die fehlende Öffentlichkeit für kritische Stimmen, für wirkliche Auseinandersetzungen. (Dazu hatte er bereits im Podium Atomkraft gesprochen und eine »gediegene, grundsätzliche, breite, saubere, anständige Information« gefordert.[28]) Er erwähnte, dass auch er einen langen Brief an Erich Honecker geschrieben habe, der natürlich unveröffentlicht und unbeantwortet geblieben war, und er erzählte von einem »offenen Brief« an Klaus Höpcke, den damaligen stellvertretenden Minister für Kultur, verantwortlich für die Literatur, in dem Fühmann den Missstand fehlender Öffentlichkeit und den falschen Umgang mit kritischen Kollegen konkret benannt hatte. Man hatte ihm eine Veröffentlichung zugesagt, aber es war nichts passiert. Fühmanns Kritik an der herrschenden (Kultur-)Politik war direkt, offen und kompromisslos. Er sagte das, was viele wussten, aber in der Öffentlichkeit verschwiegen, weil dies – wie allseits bekannt – »zu weit ging«. Es stellte das Prinzip infrage. Etwas betreten schwiegen die Sektionsmitglieder danach. Der Gesprächsleiter Günther Rücker bedankte sich artig und musste bzw. konnte froh sein, dem nächsten Diskussionsredner das Wort zu geben. Das war es gewesen.

Konrad Wolf ging zum Abschluss des Ganzen zwar auf das Problem interner Feindschaften und verweigerter Handschläge ein, – mit Erleichterung, denn es seien auf den Gängen des Hotels Kontrahenten schon wieder im friedlichen Miteinander gesehen worden. Auch eine kritische Haltung versprach er für die Zukunft, dies jedoch ziemlich allgemein und vorsichtig. Während er noch in seiner Sektion davon sprach: »Ich glaube, die jetzige Beratung hat auch gezeigt, daß wir keinesfalls beabsichtigen noch praktizieren auch unter den komplizierten Verhältnissen in einer sozialistischen Gesellschaftsordnung, einfach alles hinzunehmen und zu allem Ja und Amen zu sagen[29], war er doch im Schlusswort des Plenums weitaus zaghafter und sehr ehrlich: »Wenn jetzt die Frage steht. Wie weiter? Dann muß ich Ihnen ehrlich gestehen, daß ich mit Schaudern und Schrecken daran denke, wie wir das, was wir jetzt sozusagen aus der Flasche gelassen haben, was jetzt auf dem Tisch liegt, bewältigen wollen.«[30]

---

28 Franz Fühmann. Diskussionsbeitrag auf dem Podium »Atomkraft« während der Plenartagung »Kunst und Gesellschaft im Jahr 2000« vom 15. 3. 1981. AdK-O 923/3.

29 Konrad Wolf. Diskussionsbeitrag in der Sitzung der Sektion Darstellende Kunst während der Plenartagung »Kunst und Gesellschaft im Jahr 2000« vom 16. 3. 1981. AdK-O 926.

30 Konrad Wolf. Schlusswort während der Plenartagung »Kunst und Gesellschaft im Jahr 2000« vom 16. 3. 1981. AdK-O 923/1.

Ich selbst fuhr stark beeindruckt von Warnemünde nach Hause. Was waren das alles für Fragen und Probleme, die ich in so kurzer Zeit und so geballt sonst nicht erfahren hätte! So vieles war ungelöst, brodelte unter einer scheinbar festen Decke. Dass alles direkt ausgesprochen wurde, hatte ich so noch nicht erlebt. Dass sich Gegner im Geist an einen Tisch setzten und die unterschiedlichen Standpunkte selbstbewusst darlegten, ohne dass einer als der Verlierer den Platz verließ, wo gab es das schon? Die Akademiemitglieder hatten mich beeindruckt. Die meisten strahlten Welthaltigkeit und ein erstaunliches Problembewusstsein, Neugier für Unbekanntes aus. Mich als zukünftige Verantwortliche für die Arbeit der Sektion hatten sie freundlich und höflich empfangen. Freilich achteten wir von Anfang an auch auf das immer zu befolgende Arbeitsverhältnis: Ich war (wenn auch manchmal eine vertraute oder geschätzte) Magd auf diesem Olymp der Götter, was auch einschloss, so manche Marotte oder Eitelkeit mit zu bedienen. An einem der Abende in Warnemünde beispielsweise zog ich mit meinem zukünftigen Chef Ulrich Dietzel (damals Leiter aller Abteilungen, die mit Literatur und Literaten, also Literatur-Archiv, Publikations- und Forschungsabteilung sowie der Sektionsarbeit beschäftigt waren) und Helmut Baierl und Dieter Noll in einen kleinen Hotelraum mit großem Fernsehapparat und wir sahen gemeinsam den neuen Fernsehfilm, der nach Dieter Nolls Roman »Kippenberg« gedreht worden war. Dieter Noll war sehr aufgeregt und niemand in der Runde sagte ihm, dass der Film eher ein Flop gewesen war. »Händchen-Halten« und Trösten – so lernte ich – gehörte zuweilen auch zu meinen zukünftigen Aufgaben.

Noch etwas hatte mich in diesen Tagen beeindruckt: Es war die Exklusivität des Ganzen. Der Luxus eines Interhotels direkt an der Warnemünder Promenade war für mich schon etwas Besonderes, während mir schien, dies sei für die meisten etwas Normales. Mich deuchte: hier »schritt« man durch die Empfangsräume und Korridore, während ich doch einfaches Gehen gewohnt war. Auch ganz kostenlos war die Benutzung aller Hotelangebote nicht. So erinnere ich mich einer Anekdote, die die Runde machte: An der Bar im obersten Geschoss des Hauses soll eines der sehr prominenten und mit Devisen gesegneten Mitglieder der Sektion Darstellende Kunst aus Versehen mit West-Mark bezahlt haben, die für ihn gewohnte Währung, und die um ihn versammelten anderen Kollegen konnten nur neidvoll zusehen und das Ganze schnellstens kolportieren. Es war halt die Hoch-Zeit zweier Währungen in einem Land: die Privilegierten oder die mit Westverwandtschaft verfügten über das alle Türen öffnende Westgeld, wir anderen nicht und durften nur von draußen den besonderen Duft des Westens riechen, der aus den Türen der überall eröffneten Intershops drang. Dieses leidige Thema kam jedoch auch zur Plenartagung in Rostock allenthalben über den Kollegentratsch oder abgehoben in der Podiumsrunde zur Ökonomie zur Sprache.

Erst jetzt – beim Studium der Dokumente im Archiv – merkte ich, dass mein positives Urteil und meine Begeisterung über das in Rostock Erlebte nicht von allen geteilt worden waren. Die auswertende Präsidiumsrunde bemängelte die ungenügende Anzahl von ausländischen Gästen und vor allem das Fehlen der führenden Genossen von Partei und Regierung. Ungenügend sei über künstlerische Probleme gesprochen worden. Große organisatorische Arbeit – geringes Ergebnis.[31] Ernst Schumacher äußerte sich 1988 sehr kritisch – »eine oberflächliche Auseinandersetzung … blonder Idealismus … Blauäugigkeit«.[32] Fühmann notierte Vernichtendes in sein Tagebuch.

Andere Mitglieder sahen das positiver, beispielsweise Max Walter Schulz: »Was ich aus diesen paar Tagen hier begreife als wichtigstes, ist, daß eine sozusagen übergreifende Konzeption aus uns selbst heraus kommen muß, daß Kunst, Wissenschaft, Technik und was dazu gehört, freundlich zueinander, ernsthaft in die Zukunft denken und miteinander auch sehr praktische Entwürfe anfertigen sollten, die einzureichen wären – das wäre nach meiner Meinung eine Aufgabe der Akademie – sagen wir einmal – an die Regierung: Wie kann man den Menschen der Zukunft mit unseren wirklich vorhandenen Ressourcen so bilden, daß er nicht am Ende entsozialisiert wird im Sinne auch der Weltanschauung? Das ist eine ganz wichtige Frage; denn wenn wir den Wettbewerb zwischen Kapitalismus und Sozialismus gewinnen wollen, können wir uns nicht auf die Mechanik verlassen – das geht seinen sozialistischen Gang – aber wir werden es schließlich und in letzter Instanz schaffen mit den höheren humanen Qualitäten.«[33] Helmut Baierl nahm, wie er sagte, vor allem eine genauere Vorstellung über die Bedrohtheit der Welt mit.

---

31 AdK-O 924/5.
32 Ernst Schumacher. Diskussionsbeitrag auf der Sektionssitzung am 14.12. 1988. AdK-O 1273/2.
33 Max Walter Schulz: Diskussionsbeitrag auf dem Podium Ökonomie, Produktivkräfte und Ressourcen während der Plenartagung »Kunst und Gesellschaft im Jahr 2000« vom 15. 3. 1981. AdK-O 923/3.

Weder passierte die Weltkatastrophe, der 3. Weltkrieg, noch wurden die welt-vernichtenden Bomben auf unserem Territorium angewendet. Aber auch das Treffen, das der Erste Sekretär der SED-Bezirksleitung Rostock, Ernst Timm, den Teilnehmern für das Jahr 2000 versprochen hatte, fand nicht statt. Da hatte sich die Welt schon gewandelt – die festen Überzeugung, dass die DDR sicher und notwendig sei, hatte sich in kürzester Zeit in Luft auf-gelöst. Aus zwei deutschen Staaten war – ohne Krieg – eine Bundesrepu-blik geworden, unter anderem auch getrieben von der Behauptung »Wir sind ein Volk!« (Und das war politisch und nicht ethnographisch gemeint, wie Girnus den Begriff »Volk« gedeutet hatte! Aber der lebte da schon nicht mehr, und auch der klassenkämpferische Hugo Huppert war ein Jahr nach der Warnemünder Tagung verstorben.) Während wir uns »friedlich«, aber doch an Methoden des Kalten Kriegs angelehnt, vereinten, brachen in ande-ren Teilen der Welt Kriege aus, an denen bald auch deutsche Soldaten betei-ligt waren. Territoriale Kämpfe wurden alltäglich, normal. Die besondere, aus der Geschichte resultierende Verantwortung der Deutschen wurde als Begründung für die Beteiligung an einem Krieg in Jugoslawien benutzt. War alles, was zur Plenartagung gesagt worden war, nur »blauäugig« gewesen?

Zumindest die Probleme, die die Wissenschaftler vorgestellt hatten, sind auch heute auf der Tagesordnung und dringender geworden: Umwelt, Klima, Atomkraft, Ressourcen, Ethik-Technik, Genetik. Nur der »sichere Sozialismus« ist hin. Hat keiner auch nur im Ansatz daran gedacht, wie wacklig er in Wirklichkeit schon war? Freilich wäre das, als ernsthaftes Thema und Problem der nächsten Jahre verstanden, einer Gottesläste-rung gleich gekommen, und die meisten, die dabei waren, haben es wirk-lich nicht für möglich gehalten und nicht zu denken vermocht. Ausge-rechnet einer der Podiumsteilnehmer, der Kulturwissenschaftler Helmut Hanke, hatte es ausgesprochen: »Es geht tatsächlich in den nächsten zwan-zig Jahren darum: Wer gewinnt das Gewissen der produzierenden Massen für sich? Die Weltbourgeoisie ist zu einem energischen Angriff auf das Gewissen der Menschheit angetreten. Die Entmündigung der Massen soll fortgesetzt werden …«[34], und der Gesprächsleiter des Podiums Ökonomie, Produktivkräfte und Ressourcen, Helmut Baierl, hatte die Diskussion ein-geleitet: »Es geht um harte wirtschaftliche Dinge. Es spricht hier die Front,

34   Helmut Hanke. Diskussionsbeitrag in der Sitzung der Sektion Darstellende Kunst während der Plenar-
      tagung »Kunst und Gesellschaft im Jahr 2000« vom 16. 3. 1981. AdK-O 926.

an der der Sozialismus letztlich entschieden wird«[35], um dann Probleme des Wohnungsbauprogramms, des ökonomischen Wachstums allgemein und über das Leistungsprinzip zu reden.

Sehr nahe am Thema und bezogen auf die gesamte Diskussion der Tagung äußerte der »dialektische Kopf« der Sektion Literatur und Sprachpflege, Wolfgang Kohlhaase: »Einerseits ist es so, daß der Sozialismus seine Macht bewahren muß um den Preis des Überlebens, und andererseits muß er verstehen, daß seine Strukturen nicht fertig sind, und zwar ebenfalls um den Preis des Überlebens. Das hat keinen geringeren Preis. Mit der Sprache ist es merkwürdig, aber Festigkeit und Starrheit ist was sehr Verschiedenes und auch etwas, das sich sehr nahe ist. Es muß uns gehen um die Bewegung unter uns, Bewegung in den Köpfen, Bewegung in den Realitäten ...«[36]

»Bewegung« aber war keinesfalls ein Merkmal der 80er Jahre. Stagnation, Verbote, Stillstand waren kennzeichnend. Drastisch formulierte Heiner Müller: »Wenn du siehst, daß der Baum keine Äpfel mehr bringt, daß er anfängt zu verfaulen, siehst du nach den Wurzeln. In der DDR war die Stagnation in diesen Jahren absolut. Da kommt dann alles hoch, was drunter liegt, verschüttet oder begraben. Es gab keine Bewegung mehr, nur noch Bremsmanöver und Befestigung. Die DDR, als Gegenentwurf zur deutschen Geschichte real existierend nur noch im falschen Bewußtsein ihrer Führungsschicht, ging ihrem ebenso fremdbestimmten Ende entgegen, Nebenprodukt des sowjetischen Untergangs.«[37]

Als sich – wie wir glaubten – endlich mit der Politik Gorbatschows etwas in der Welt zu bewegen schien, wollte die Führung in der DDR nicht mitziehen, was die Verdrossenheit von Bewegungswilligen stärkte und den allgemeinen Stillstand noch deutlicher spüren ließ. Dann aber kamen Zweifel auf, ob angesichts eines fehlenden wirklichen Konzepts sich die Sowjetunion in die richtige Richtung bewegte. Auf alle Fälle fehlte es enorm an Kräften und Möglichkeiten für die »Bewegung unter uns, Bewegung in den Köpfen, Bewegung in den Realitäten.«

---

35 Helmut Baierl. Diskussion auf dem Podium Ökonomie, Produktivkräfte und Ressourcen während der Plenartagung »Kunst und Gesellschaft im Jahr 2000« vom 15. 3. 1981. AdK-O 923/3.

36 Wolfgang Kohlhaase. Diskussion auf dem Podium Moral/Ethik/ Lebensweise während der Plenartagung »Kunst und Gesellschaft im Jahr 2000« vom 15. 3. 1981. AdK-O) 923/2.

37 Heiner Müller. »Schlacht ohne Krieg. Leben in zwei Diktaturen. Eine Autobiographie«. Köln 1994. S. 201, 202. Im Folgenden: H. Müller: »Autobiographie«.

Die Akademie der Künste der DDR

»Die Akademie ist, wie sie jetzt ist, und die Sektion, wie sie jetzt ist, ist zustande gekommen aus verschiedenen Quellen und Wurzeln heraus. Sie hat ihre Geschichte, und die, die wir hier so sitzen, sind das Ergebnis dieser Geschichte und müssen halt irgendwie miteinander auskommen. Da gibt es Freundschaften, da gibt es Gegnerschaften, da gibt es auch persönliche Feindschaften, aber was ja nicht hindert, an einem Tisch zu sitzen, einander zuzuhören, aufeinander einzugehen und einander zu ertragen. Das ist wechselseitig.«[38]

Das sagte Franz Fühmann während der Sektionssitzung zur Rostocker Tagung, und er setzte damit nur etwas fort, was seit Gründung der Akademie nie abgebrochen war: Die Diskussion um Wesen, Sinn und Zweck und die Regeln dieser Akademie.

1950 gegründet, sollte sie die Tradition der bereits 1694/1696 gegründeten Preußischen Akademie der Künste fortsetzen. Literaten gehörten zwar erst seit 1926 dazu, aber immerhin waren darunter so bekannte Schriftsteller wie Thomas und Heinrich Mann, Gerhart Hauptmann, Ricarda Huch, Alfred Döblin oder Ludwig Fulda. Der Maler Max Liebermann war ab 1920 für 12 Jahre der Präsident, was die Nazis bei Machtantritt nicht hinderte, schnellstens auch diese Institution von Juden zu »reinigen«.

1950 also Fortsetzung und Neubeginn. Heinrich Mann, der im Exil in den USA lebte, war gefragt worden, ob er die Präsidentschaft übernähme. Noch vor der Übersiedlung nach Berlin starb er. Arnold Zweig rückte an seine Stelle. [39]

Unter den Künstlern schien großes Interesse an dieser Gründung zu bestehen. Beispielsweise Bertolt Brecht, mit der endgültigen Übersiedlung von der Schweiz nach Berlin und mit der Inszenierung seiner legendären

---

38 Franz Fühmann. Diskussionsbeitrag in der Sektionssitzung der Sektion Literatur und Sprachpflege während der Plenartagung »Kunst und Gesellschaft im Jahr 2000« vom 16. 3. 1981. AdK-O 923.

39 Zahlreiche Dokumente zur Gründung der Akademie und zur Arbeit in den ersten Jahren. In: Akademie der Künste, Stiftung Archiv. »Die Regierung ruft die Künstler«. Dokumente zur Gründung der »Deutschen Akademie der Künste«(DDR) 1945-1953. Ausgewählt und kommentiert von Petra Uhlmann und Sabine Wolf. Berlin 1993. Im Folgenden: »Die Regierung ruft ...«

»Mutter Courage«-Aufführung im Berliner Ensemble beschäftigt und zwischendurch noch mit einer Nierenbeckenentzündung im Krankenhaus, nahm sich die Zeit, über Inhalt und Zweck dieser Akademie nachzudenken. So entstanden »Notizen über eine zu gründende Akademie«[40]. An Zweig schreibt er im Juni 1949: »Die Sache hätte also schon durchaus Sinn, besonders wenn sie diesmal nicht eine so äußerlich repräsentative Körperschaft würde wie die weimaranische Akademie«[41]. Er sah in einer Akademie die Möglichkeit, mit jungen Meisterschülern gemeinsam eine neue Form von Kunst auszuprobieren und die Schüler materiell zu sichern.

DIE GRÜNDUNG

Nach langen Vorverhandlungen wurde am 24. März 1950 die Akademie gegründet. Der Ministerpräsident der DDR, Otto Grotewohl, versprach während der Gründungsfeierlichkeit große Aufgaben sowie Eigenständigkeit: »Ich spreche von Hoffnungen, denn es liegt mir fern, auf dem Gebiet von Kunst von Verfügungen und Vorschriften zu sprechen. Der Erlaß von Vorschriften, die in den unmittelbaren Schöpfungsprozeß eines Künstlers eingreifen, möge den Beckmessern aller Zeiten vorbehalten bleiben. Ein anderes scheint es mir dagegen zu sein, wenn ich von dem neuen Verhältnis spreche, das sich zwischen Volk und Künstler, zwischen Künstler und Regierung auf der Grundlage veränderter gesellschaftlicher Beziehungen entwickeln wird und entwickeln muß«, und er bestimmte den Rang dieser neuen Einrichtung: »Nichts mehr und nichts weniger als die höchste Institution der Deutschen Demokratischen Republik im Bereiche der Kunst. Damit ist zugleich Ziel und Maßstab gesetzt.«[42]

Dass das Wort »Parteinahme« vorkam, ist heutigen Kritikern so verdächtig, wie es damals unabdingbar schien, ging es doch um eine Akademie in der gerade gegründeten DDR. Interessant ist, wofür Partei genommen

40 Bertolt Brecht. »Notizen über eine zu gründende Akademie«. In: Bertolt Brecht: »Werke« Große kommentierte Berliner und Frankfurter Ausgabe. Hrsg. von Werner Hecht, Jan Knopf, Werner Mittenzwei, Klaus-Detlev Müller. Schriften 1942 – 1956. Bd. 23. Berlin und Weimar, Frankfurt 1993, S. 118/119. Im Folgenden: Brecht. »Werke«.

41 Bertolt Brecht an Arnold Zweig. Berlin 1949. In: Bertolt Brecht: Werke. Briefe 2, 1937 – 1949. Bd. 24. S. 537.

42 Otto Grotewohl. Aus der »Rede zur Gründung der Deutschen Akademie der Künste« am 24. 3. 1950. In: »Zwischen Diskussion und Disziplin«. S. 26 und S. 28.

werden sollte: »Parteinahme für seine Sache (die des Künstlers – C. B.), ...,
für die Sache der Arbeit, denn die Sache der Arbeit ist die Sache der Kultur ...«[43] Das war ja wohl in der Zeit des Aufbaus und mit dem Anspruch
ein »Arbeiter- und Bauernstaat« zu sein, logisch und demokratisch. Freilich, wogegen es gehen sollte, ließ einiges ahnen: »Gegen Kosmopolitis-
mus, Formalismus und Kitsch«. Auch das war im Rahmen der Zeit normal.
Diese von sowjetischer Kulturpolitik übernommenen Schlagwörter konnten die maßgeblichen Funktionäre gegen alles mögliche verwenden, vor
allem wollten sie jedoch damit den Einfluss westlicher Kunst abwehren.
Die Künstler freilich, die in die neue Akademie berufen oder gewählt wurden, verbanden beispielsweise mit Formalismus höchst Unterschiedliches.
Streit war also vorprogrammiert.

Im Nachhinein empfiehlt es sich leicht, an andere, auch dieser Zeit ent-
sprungene Überlegungen zu erinnern, von denen ich mir wünschte, dass
sie sich durchgesetzt hätten, beispielsweise an Brechts »Offenen Brief an
die Deutschen Künstler und Schriftsteller« vom September 1951. Brecht tritt
darin ein für die »völlige Freiheit« aller Künste »mit einer Einschränkung«.
»Die Einschränkung: Keine Freiheit für Schriften und Kunstwerke, welche
den Krieg verherrlichen, und für solche, welche den Völkerhaß fördern.«[44]
Aber das verkennt den Charakter der Kulturpolitik jener Zeit. So eine Weisheit und Toleranz fehlte diesem Gründungsvorhaben, schließlich wollte
man mit dieser Akademie zwar eine neue antifaschistische Kunst befördern,
aber auch Macht demonstrieren und ein Instrument dieser Macht schaffen.

Es hatte einige Zeit gedauert, bis die Liste der von der Regierung ernannten Gründungsmitglieder perfekt war. Zuletzt waren es dann 22 gut Ausgewählte, wobei besonders die Proportionen eine Rolle spielten. Sowohl
der gesamtdeutsche Anspruch sollte repräsentiert werden, aber genauso
musste an der Auswahl erkennbar sein, auf welche Tradition gesetzt
wurde und von welchem politischen Hintergrund, welcher Herkunft die
künftige höchste Kunstinstanz gekennzeichnet ist. Folgerichtig dominierten die nach Deutschland zurückgekehrten Emigranten, was auch als
ein Garant dafür gedacht war, dass die oft im Exil von Parteifunktionären

---

43   Ebenda
44   Bertolt Brecht. »Offener Brief an die deutschen Künstler und Schriftsteller«. In Bertolt Brecht: »Werke«.
     Schriften 3. S. 155/6.

und Künstlern gemeinsam verbrachten Jahre und Kampferfahrungen gemeinsames Handeln als selbstverständlich voraussetzten. Ebenso war darauf geachtet worden, dass in Deutschland gebliebene Künstler, die ihre Existenz als innere Emigration erlebt hatten, dabei waren. Vier der 22 Gründungsmitgliedern lebten in Westdeutschland. (Wobei von einigen westdeutschen Künstlern, die in Betracht gekommen waren, Ablehnungen eingetroffen waren. Der Kalte Krieg ließ grüßen!) Ein ehemaliges Mitglied der NSDAP – der Komponist Max Butting – gehörte sogar auch dazu. So sollte diese Vereinigung Verschiedener für ein breites Bündnis in der zukünftigen Kultur- und Kunstpolitik stehen. Dabei konnte sich die neu gegründete Institution durchaus sehen lassen. Glanzvolle Namen und künstlerische Leistungen von Weltgeltung gehörten dazu: Unter anderem die Ausdruckstänzerin Gret Palucca, Theaterleute wie Wolfgang Langhoff, Helene Weigel, Ernst Busch, Ernst Legal, die Maler Max Lingner und Otto Nagel, die Bildhauer Fritz Cremer und Gustav Seitz, die Komponisten Hanns Eisler und Rudolf Wagner-Régeny.

Gründungsmitglieder der Sektion Literatur waren: Johannes R. Becher, Bertolt Brecht, Bernhard Kellermann, Hans Marchwitza, Anna Seghers, Arnold Zweig, Paul Rilla und Herbert Ihering.

Die Gründungsmitglieder waren beauftragt, nach der Gründung neue Ordentliche Mitglieder hinzuzuwählen, sodass 1950 noch Erich Weinert und Friedrich Wolf hinzukamen. Lion Feuchtwanger – in den USA lebend – erhielt den Status eines Korrespondierenden Mitglieds, wie auch Thomas Mann. Über den »Glanz«, der von den Korrespondierenden Mitgliedern überhaupt ausging, wird noch zu reden sein.

Das war eine respektable »Mannschaft« verschiedenster Individualisten und anerkannter Künstler, zwar mit dem guten Willen, eine antifaschistische humanistische Kunst zu repräsentieren und zu fördern, viel mehr Übereinkunft gab es jedoch nicht. Ob Bertolt Brecht tatsächlich daran glaubte, was er als Ziel zukünftiger Arbeit der Akademie nannte? – »Wir sind ein großer Körper, der aber keine einheitliche Meinung hat. Das haben wir uns zu erarbeiten.«[45]

Dieses Ziel wurde lange nicht aufgegeben, so gab es 1961 beispielsweise Aufregungen in der Sektion Musik, weil der Komponist Ernst Hermann Meyer einen Antrag auf Überprüfung der Akademie gestellt hatte. Die

---

45   Bertolt Brecht in der Plenarsitzung der Akademie am 23. 4. 1953. Protokoll. AdK-O 18/4.

Akademie sei eine Ansammlung von bedeutenden Individuen, aber kein Kollektiv[46], und auch noch 1972 glaubte Alfred Kurella daran, dass nach mächtiger Kritik und Selbstkritik und der entsprechenden Vergatterung der Kader »aus dem Pantheon erhabener Geister« endlich ein »Instrument der Kultur- und Kunstpolitik« gemacht worden sei.[47] Aber das waren immer Illusionen. Ein geschlossenes Kollektiv, das sich einheitliche Maßstäbe erarbeitet hatte, war die Akademie nie. Während es beispielsweise 1953 für Friedrich Wolf selbstverständlich schien, dass sich die Akademie mit einer Veröffentlichung von Gedichten von Oskar Maria Graf in ihrer Zeitschrift »Sinn und Form« ideologisch »schuldig« gemacht habe[48] und andere Mitglieder durchaus nicht dieser Meinung waren, bestand Bertolt Brecht zur gleichen Zeit darauf, dass man an die Akademie eben nicht Anforderungen stellen könne, »die man nur an Marxisten stellen kann«[49]. 1950 hatte er gar in der Frage nach der Abgrenzung der Kompetenzen der Akademie der Künste von denen der staatlichen Kunstkommission notiert: »Der Staat sollte die politische Verantwortung für Kunstwerke, die veröffentlicht werden, tragen, jedoch sollte allein die Akademie Fragen der Form und des Stils entscheiden.«[50]

Derartige Diskussionen durchziehen die Geschichte der Akademie. Von einer Ansammlung von Individualisten eine einheitliche Meinung zu verlangen, verkennt die Materie. Manchmal mehr, manchmal weniger wurde das erkannt und respektiert: Die Weltgeltung einiger Mitglieder war ein viel größeres Pfund als etwa das Argument einer einheitlichen Meinung.

---

46   Ernst Hermann Meyer. Diskussionsbeitrag auf der Plenartagung vom 10. 2. 1961. In: »Zwischen Diskussion und Disziplin«. S. 155.

47   Alfred Kurella. Plenartagung vom 9. 3. 1972. In: »Zwischen Diskussion und Disziplin«. S. 303.

48   Vergleiche: Matthias Braun. »Die Literaturzeitschrift ›Sinn und Form‹. Ein ungeliebtes Aushängeschild der SED-Kulturpolitik«. Bremen 2004. S. 28. Im Folgenden: Braun. »Die Literaturzeitschrift ›Sinn und Form‹.

49   Bertolt Brecht. Kulturpolitik und Akademie der Künste. In: Bertolt Brecht: Werke. Schriften 3. Band 23, S. 257.

50   Bertolt Brecht. »Recht der Akademie auf Entscheidung. Entwurf aus dem Nachlass«, Kommentierung. In: Bertolt Brecht: »Werke«. Schriften 3. Band 23, S. 478.

Solange die Akademie bestand, gelang es auch, die jeweils wichtigsten Künstler des Landes DDR in ihr zu versammeln. Der »Grundstock« – die Gründungsmitglieder – garantierte Zuwahlen mit Niveau und Sachverstand. Bis auf wenige Ausnahmen (das unwürdige Gerangel um Stefan Heym in der Sektion Literatur ist ein Beispiel) gelang es, die für die Sparten interessantesten Künstler »nachzuwählen«. Was für die Sektion »Literatur und Sprachpflege« noch detaillierter beschrieben werden wird, galt ähnlich in den anderen Sektionen, die sich mit anerkannten Koryphäen ihres Faches präsentierten: In der Musik mit den Kammersängern Peter Schreier und Theo Adam, den Dirigenten Kurt Masur oder Kurt Sanderling, dem Komponisten Siegfried Matthus, in der Bildenden Kunst mit Werner Tübke, Wolfgang Mattheuer, Bernhard Heisig, Willi Sitte, Wieland Förster, in der Darstellenden Kunst mit den Theaterleuten Walter Felsenstein, Harry Kupfer, Joachim Herz, Thomas Langhoff, Gisela May und den Filmregisseuren Heiner Carow, Konrad Wolf oder Kurt Maetzig. Etwas selbstgefällig, aber wohl richtig beobachtet, kommentierte dies Peter Hacks 1988: nur die Akademie könne entscheiden, wer Künstler ist, und so funktionierten auch die Zuwahlen. »Ich glaube unsre muß sich nicht verstecken. Diese Mitgliedschaft vertritt auf genauere Weise das, was in diesem Land an Kunst wirklich stattfindet. Außer Künstlern hat jede Akademie Abbés als Mitglied. Das muß sein. Aber man kann nicht sagen, daß sie bei uns überwiegen.«[51]

1969 waren es schon 75 Mitglieder, doch auch danach wuchs bzw. »wucherte« die Akademie, unter anderem auch deshalb, weil zwischenzeitlich ein Status »Außerordentliche« Mitgliedschaft – eine Art Kandidatenstatus – eingeführt worden war, der bald wieder abgeschafft wurde, wobei die meisten AOMitglieder zu »Ordentlichen« ernannt wurden. (1972 galt ein »numerus clausus: 75 ordentliche Mitglieder und 25 außerordentliche). Als ich in der Akademie arbeitete, hieß es immer, dass die endgültige Obergrenze bei hundert Ordentlichen Mitgliedern liege, und, wie der Stoßseufzer von Hacks aus dem Jahr 1979 zeigt, wurde zuweilen so viel Arbeit von ihnen erwartet, dass Hacks meinte: »Die Kraftgrenze

---

51 Peter Hacks während einer gemeinsamen Sektionssitzung mit der Sektion Darstellende Kunst. Februar 1988. AdK-O 1273.

Die Akademie der Künste der DDR

dieser hundert Mitglieder ist meiner Meinung nach längst erreicht.«.[52]
Das hinderte ihn jedoch nicht, als es 1985 nunmehr schon 110 Mitglieder
gab, darüber zu wettern, dass sich die Akademie nun wohl zu einer »Mas-
senorganisation« entwickle.[53]

Akademie-Mitglied zu sein, galt als eine große Ehre. Zum einen waren
die Mitglieder materiell ausgezeichnet: sie genossen eine monatlichen
Aufwandsentschädigung (im Jahr 10000 Mark), wobei die Beteiligung an
Veranstaltungen nicht honoriert wurde. Bei der Verteilung und dem Kauf
bestimmter materieller Güter (u. a. Autos) wurden sie bevorzugt behandelt.
Andere Annehmlichkeiten (Auslandsurlaub, Wohnung, gesundheitliche
Betreuung) kamen hinzu. Einige – ich denke zum Beispiel an Erich Arendt
– hatten das durchaus nötig, doch die meisten lebten von den Einnahmen
ihrer Werke recht gut. Die große Ehre war also das Entscheidende. »Akademiemitgliedschaft« beförderte wohl automatisch zu einem Gemeinschafts-
bewusstsein als Elite. Mir fiel das besonders bei Preisentscheidungen auf,
wenn ein Vorschlag der Sektion nicht durchgekommen war, dann stellten
sich die Sektionsmitglieder geschlossen und empört über ihre Nichtach-
tung hinter den Vorschlag, egal, ob sie der politischen oder ästhetischen
Meinung des Vorgeschlagenen zustimmten. »Wer hier Mitglied ist, muß als
Mitglied gleichberechtigt mit allen anderen Mitgliedern behandelt werden«,
so Kohlhaase 1984 in einem Streit um Vorschläge für den Nationalpreis, und
Hermann Kant ergänzte: »Entweder ist er unser Mitglied, dann müssen wir
uns mit aller Loyalität für ihn einsetzen.«[54] Damals ging es es um einen
abgelehnten Nationalpreis-Vorschlag für Heiner Müller.

Die Institution Akademie tat sich auch schwer, wenn es um den Ausschluss eines Mitgliedes gehen sollte.[55] Lange wurde um den Ausschluss
von Peter Huchel diskutiert, erst mit seiner Übersiedlung in die Bundesrepublik 1971 erklärte man seine Mitgliedschaft als erloschen. Anders
dann beim Schauspieler Hilmar Thate: Seit 1974 Akademiemitglied, ging
er 1980 in den Westen, wurde nie offiziell ausgeschlossen und gehörte
1990 wie selbstverständlich noch zu den Akademiemitgliedern.

---

52   Peter Hacks. Diskussionsbeitrag auf Sektionssitzung vom 23. 5. 1979. AdK-O 897.
53   Peter Hacks. Diskussionsbeitrag auf Sektionssitzung vom 24. 4. 1985. AdK-O 1086.
54   Diskussion auf der Sektionssitzung vom 1. 2. 1984. AdK-O 1012/1.
55   Dazu gab es eine lange Debatte in der Sektion am 5. 4. 1974. AdK-O 899.

In erster Linie, so hieß es, legitimiere das künstlerische Schaffen die Akademiemitgliedschaft. Wer nicht nachließ, Neues zu schaffen und damit Leser, Zuschauer oder Zuhörer im Land vielleicht sogar im internationalen Maßstab erreichte, anregte, begeisterte, war prädestiniert zur Wahl als Mitglied der Akademie. Meines Wissens wurde nie auf nachlassende oder versiegte Schaffenskraft eines Mitglieds angespielt. Wer einmal gewählt war, blieb mit seinem Schaffen anerkannt, aber es spielte schon für das Ansehen eine gewisse Rolle, wie produktiv der Kollege war. Deshalb waren Entschuldigungen bei Sitzungen, Tagungen oder Veranstaltungen – »er dreht gerade einen neuen Film, er ist im Schreiben« usw. – voll akzeptiert. Auch ein aktuelles »Vergnatztsein« wurde akzeptiert: Dazu Peter Hacks während einer sehr ausführlichen Sektionssitzung zu einem neuen Statutenentwurf der Akademie 1974: »Aber wenn man beschlossen hat, ein Mensch hat einmal in seinem Leben eine Leistung gebracht, die ihn berechtigt Akademiemitglied zu sein, dann hat der Mann auch das Recht, mit der Akademie verstimmt zu sein, in einem solchen Grade, daß er nicht kommt.«[56] Damit aber war auch der von den angestellten Mitarbeitern und Kulturfunktionären beklagte Mangel zuverlässiger Teilnahme am Akademieleben fester und nicht auszumerzender Bestandteil der Arbeit. Damit mussten wir Mitarbeiter leben, das künstlerische Schaffen ging vor.

Die Mitglieder ordneten sich in die vier Sektionen der Akademie ein: Literatur, Darstellende Kunst, Bildende Kunst und Musik. Brecht war Mitglied sowohl in der Literatur als auch in der Darstellenden Kunst. Natürlich unterschieden sich die Arbeit in den Sektionen gemäß der Besonderheiten ihres Metiers. Sektionssitzungen führten alle Sektionen durch. Doch dort berieten die Bildenden Künstler mehr über Ausstellungen und die Arbeit mit den Meisterschülern, während die Debatten bei den Literaten thematisch eine größere Breite hatten. Wieder anders war es bei den impulsiven Schauspielern und Regisseuren von Film und Theater, und die Komponisten berieten oft über den Zustand von Orchestern oder Musikschulen und waren meist ein eher ideologieabstinenter Kreis.

---

56   Peter Hacks. Diskussionsbeitrag auf der Sektionssitzung vom 5. 4. 1974. AdK-O) 899.

Für die höchste Institution auf dem Gebiet der Kunst war es sehr wichtig, wem sie unterstellt war. Galt es zu Beginn als ausgemacht, dass Otto Grotewohl, der Ministerpräsident, der einzig maßgeblich Weisungsberechtigte für die Akademie war, flammte im Laufe des weiteren Bestehens ein Streit darüber regelmäßig auf. Zu Beginn lag wohl die Zuständigkeit für die »normalen« Fragen bei Paul Wandel, dem Minister für Volksbildung. War es dann vor allem die neu eingerichtete Staatliche Kunstkommission, die den Zorn vieler Künstler, auch von Akademiemitgliedern, wegen eigenmächtiger Entscheidungen hervorrief, glaubten viele Künstler nach der Auflösung dieser Kommission an einen Sieg und hofften auf den Sachverstand eines Kulturministeriums, dem schließlich einer von ihnen vorstand. Zuerst war es bekanntlich Johannes R. Becher, später trat sein Stellvertreter Alexander Abusch gern als der vom Ministerrat Zuständige für die Akademie auf. Abusch, auch Mitglied der Sektion Literatur und Sprachpflege, hatte zuweilen Schwierigkeiten, diese beiden Funktionen in seiner Arbeit in der Akademie auseinander zu halten.

Laut Statut von 1978 heißt es: »Die Akademie untersteht dem Ministerrat. Der Vorsitzende des Ministerrates legt die sich hieraus ergebenden Befugnisse fest.« In der Praxis schien es jedoch manchmal recht unklar, wer oberste Verfügungsgewalt hatte, ob Kulturministerium oder eben Ministerrat, zumal mit dem Entstehen der nach sowjetischem Modell geschaffenen Doppelstruktur Parteiapparat/Staatsapparat das Politbüro der SED mit seinen Abteilungen zunehmend befehlsgewaltiger wurde. In den 80er Jahren beispielsweise schienen die Entscheidungen über die Akademie – wie es hieß – vornehmlich aus »dem großen Haus« – dem Politbüro, der Kulturabteilung des ZK, von Kurt Hager zu kommen. Wenn es jedoch ganz brisant wurde, musste eine Audienz des Akademie-Präsidenten oder eines Vertreters bei Honecker, dem Generalsekretär der SED, her.

Auch wenn offiziell in der DDR die Einheit von Geist und Macht als voll-zogen proklamiert wurde, gab es natürlich immer Differenzen. Der Kampf um Mitbestimmung zog sich durch vom glorreichen Beginn bis zum bit-teren Ende. Wollten die Mächtigen mit der Akademie einen Vollstrecker und Helfer ihrer Vorstellungen, sahen die Künstler in der Akademie ein Instrument, ihre Erwartungen an Kunstpolitik kraft ihrer Beratungsfunk-tion durchsetzen zu können. Es war ein ständiges Tauziehen. Der Weg zwischen den Polen von Politik und Kunst war ein Ringen um Kompro-misse. Herrschte eine enge dogmatische Kulturpolitik, war die Akademie oft genötigt, Selbstkritik zu üben, und oft wurden dann die Chefs in Prä-sidium und Sektionen ausgewechselt. Gab es dagegen »Tauwetter« oder später – wie Hacks es zu nennen pflegte – »Anarchie«, dann nutzten die Künstler schnell Freiräume und setzten beispielsweise unliebsame Kandi-daten als Ordentliche Mitglieder durch.

1970 beschwerte sich zum Beispiel Walter Felsenstein, dass die Akade-mie als wichtigster Berater des Ministeriums für Kultur an der Erarbei-tung strukturbestimmender Prognosen nicht beteiligt war. In fast jeder Sektionssitzung, an der ich teilnahm, klagten die Schriftsteller darüber, dass die Entscheidungen der Verlage oder Theater sowie die Absetzung von Filmen nie mit ihnen beraten worden waren. Mit jeder Diskussion über die Statuten und deren Veränderung flammte die Diskussion darüber neu auf. Beispielsweise formulierte 1974 Peter Hacks in seiner Meinung zum neuen Statutenentwurf: »Im letzten Abschnitt auf pag 4 erscheint mir die Akademie gar zu deutlich in ihrer Magdrolle. Liesse sich vielleicht so sagen: ›Es ist Pflicht der Akademie die Kultur- und Kunstpolitik der DDR mitzugestalten und aktiv zu vertreten. Daraus leitet sich die Pflicht ab, die Regierung zu beraten, ebenso wie das Recht, von der Regierung infor-miert und angehört zu werden.‹«[57] Im 1978 beschlossenen Statut heißt es dann: »Die Akademie der Künste der Deutschen Demokratischen Repu-blik hat die Pflicht und das Recht, den Ministerrat bei der Verwirklichung der Kunstpolitik zu beraten.« 1990, als ein neues Statut, den veränder-ten Zeiten angemessen, diskutiert wurde, spielte diese Beraterrolle erneut eine Rolle. Stephan Hermlin sagte da: »Nach meiner Meinung ist großer

---

57   Peter Hacks. Meinung zum Statutenentwurf. 15. 2. 1974. AdK-O 1762.

Nachdruck zu legen auf etwas, was seit Jahrzehnten festgeschrieben ist und was niemals zur Wirklichkeit geworden ist, nämlich dass die Akademie der oberste Berater der Regierung in Kulturangelegenheit ist. Das ist von Anfang an eine reine Phrase gewesen. In der Ära Ulbricht wurde die Akademie teilweise unglaublich manipuliert. Es wurden ihr Dinge aufgezwungen. In der Ära Honecker war ein gewisser Fortschritt da. Sie wurde geduldet. Es wurde nicht so ohne weiteres interveniert.« An diese negative Erfahrung band Hermlin die Hoffnung auf Veränderung nach der Wende 1989 und wollte die Beraterrolle wieder in das neue Statut eingeschrieben wissen, diesmal – es war noch die Phase der Euphorie über plötzlich errungene Handlungs- und Durchsetzungsmöglichkeiten – sollte es tatsächlich funktionieren. »Aber das, (...) ist jetzt zu verwirklichen, d. h. die Akademie ist anzuerkennen nicht nur als eine Gesamtheit von wertvollen Archiven und wertvollen Mitgliedern, sondern sie ist der oberste Berater. Die Regierung, die eine demokratische sein wird, muß sie wirklich in Anspruch nehmen und ständig hinzuziehen als diesen obersten Berater in Kultur- und Kunstangelegenheiten. Wenn das mit genügend Nachdruck unterstrichen wird, kann sich auch das durchsetzen.«[58] Wir wissen heute, dass das 1989/1990 diskutierte neue Statut nie in Kraft trat.

Nun sind Statutenformulierungen das eine und die konkrete Arbeitsweise etwas anderes und tatsächlich bildete sich allmählich eine in der Praxis immer wieder variierte Taktik heraus, über Beharren, Vier-Augen-Gespräche, »Beziehungen«, Berichte, kluge Argumentation die Kulturpolitik zu beeinflussen. In seinem Buch »Die Intellektuellen« bescheinigt Werner Mittenzwei der Akademie in den frühen Jahren »keinen großen Einfluß. Sie blieb eine vorwiegend repräsentative Einrichtung.«[59] Diese Einschätzung muss nicht geteilt werden. Zwar war die Arbeitsweise in den Sektionen eine etwas andere als in den 8oer Jahren, aber die ernsthaften Diskussionen und Gutachten zu Schullehrplänen sowie die späteren Auseinandersetzungen um die Verfilmung von Arnold Zweigs »Das Beil von Wandsbek«, Paul Dessaus Oper »Das Urteil des Lukullus« oder Hanns Eislers Opernlibretto »Dr. Faustus« bezeugen, dass durchaus gearbeitet wurde, vielleicht etwas »höriger« gegenüber der Politik und oft endeten die Konflikte seitens der Kunst

---

58   Stephan Hermlin. Diskussionsbeitrag auf der Sektionssitzung vom 7. 3. 1990, AdK-O 1582.
59   Werner Mittenzwei. »Die Intellektuellen. Literatur und Politik in Ostdeutschland 1945 – 2000«. Leipzig 2001. S. 217. Im Folgenden: Mittenzwei. »Die Intellektuellen«.

mit einer Niederlage. Mittenzweis Urteil hält jedoch gleich gar nicht stand, betrachtet man sich die Auseinandersetzungen und Postulate, die unmittelbar nach dem 17. Juni 1953 in der Akademie stattfanden und verfasst wurden. Dem eigenen Urteil entgegengesetzt sagt er dann: »In keiner späteren Phase der DDR ist über derart weitgefaßte Vorstellungen beraten worden, ohne die Autorität in Frage zu stellen.«[60]

So änderte sich von Zeit zu Zeit – je nach Kräfteverhältnis, kulturpolitischer Situation und Beharrlichkeit der Künstler – die Rolle, die die Akademie spielte.

Was ich konkret in den 80er Jahren erlebte, war ein Wechsel von Erfolgen (eine gelungene Veranstaltung!, eine neue Idee für die Arbeit!) und Niederlagen (Vorschläge der Mitglieder wurden abgelehnt). Resignieren oder Aufbegehren wechselten einander ab. Im Präsidium der 80er Jahre befanden sich so fähige und einflussreiche Männer wie Konrad Wolf, Robert Weimann, Wolfgang Kohlhaase, Gerhard Scheumann, Siegfried Matthus, Manfred Wekwerth, Werner Klemke, Heiner Carow oder Wieland Förster. Das waren doch keine braven Befehlsempfänger, die waren klug, nicht nur künstlerisch, sondern auch politisch erfahren und potent genug, Dummheiten oder Verkrustungen zu begegnen und für Vielfalt und Neuerungen auf künstlerischem Gebiet einzutreten. Nicht anders kam es 1981 zur »Berliner Begegnung«, konnte auf Drängen der Akademie Peter Weiss' «Ästhetik des Widerstands« auch in der DDR (wenn auch in sehr kleiner Auflage) erscheinen, wurde schließlich Werner Mittenzweis Brecht-Biographie gedruckt, wurden unbequeme neue Mitglieder aufgenommen.

Werner Mittenzwei sagte in einer Diskussion aus dem Jahre 1988: »Es ist hier in der Akademie zu Prinzipien gekommen, die bis heute durchgehalten worden sind. Brecht war dafür, daß diese Akademie eine operative, produktive und nicht nur repräsentative Akademie sein sollte, weil sonst, wie er sich ausdrückte, ›die Phrase blüht und der Kalk rauscht‹. Er hat also hier einige Vorschläge mit eingebracht, die wir bis heute noch verfolgen. Der Aktionsradius der Akademie der Künste sollte so weit gehen, daß die Akademie dazu da ist, sich mit der Regierung und den Leitungen über Fragen der Kunst zu beraten, zu verständigen.«[61]

---

60   Ebenda, S. 118.
61   Werner Mittenzwei. Diskussionsbeitrag auf der gemeinsamen Sitzung der Sektion Darstellende Kunst und Literatur und Sprachpflege über das Erbe Brechts vom 8. 2. 1988. AdK-O) 1273/1.

Der damalige Sekretär der Sektion Literatur und Sprachpflege, Wolfgang Kohlhaase, formulierte das für ihn Besondere an der Akademiearbeit: »Wir wollen hier gar nicht schlau sein und den praktizierenden Politikern ihre Geschäfte wegnehmen, aber ich finde, wir sollten ihnen vielleicht Gediegeneres zur Verfügung stellen – und damit auch uns selbst.«[62] Dieses »Gediegenere – uns selbst« resultierte zum einen aus einem gewachsenen Selbstbewusstsein und langjähriger Erfahrung: Die Mitglieder, sich ihres Könnens und Rufs bewusst, waren Autoritäten, deren Wort und Rat Gewicht hatte. Nicht als »Kollektiv« brauchten sie sich in streitbare Debatten einbringen, auch die Vielfalt gewichtiger Einzelmeinungen barg Wertvolles. Wenn sich gar im Laufe der Auseinandersetzungen noch Mehrheiten auf Seiten der Akademie oder der Sektion zusammentaten, konnte durchaus etwas erreicht werden. Dass in der Sektion die Gruppe aus den Vertretern der SED-Bürokratie um Rodenberg, Kurella und Abusch immer weniger zu sagen hatte, war sowohl der Formierung anderer Mehrheitsverhältnisse innerhalb der Sektion geschuldet, betraf auch gleichzeitig einen Streit um ideologische und ästhetische Positionen. »Hier wurde Mut gestiftet im Kampf gegen antimarxistisches Altertum, verkörpert durch diese Personen. (...) hier kämpften Weltanschauungen wie schon oft in der Arbeiterbewegung und in der Emigration. Hier kämpfte die Akademie auf seiten der dialektischen Vernunft, nicht nur auf seiten bedrohter Künstler, was auch wichtig war.«[63]

Unbedingt muss auch zu diesem hier beschriebenen teils partnerschaftlichen teils gegnerischen Verhältnis gesagt werden: Ein Großteil der Künstler waren Sozialisten, engagierten sich für eine humane gerechte Gesellschaft. Insofern waren sie Verbündete der Politik und Politiker, die das gleiche Ziel anzustreben vorgaben. Die Widersprüche zwischen ihnen ergaben sich aus unterschiedlichen Vorstellungen über den Weg dorthin und den Anteil und die Rolle der Kunst dabei. Diese Art von – damals wurde oft von »nichtantagonistischem« Widerspruch gesprochen – konnte für den einzelnen sehr schmerzhaft, ja existentiell sein. Besonders von denen, die man für die »eigenen Leute« hielt, verkannt und bestraft zu werden, war schon immer eine besondere Qual. Die Künstler wollten sich mit ihren

62   Wolfgang Kohlhaase auf der Sektionssitzung anlässlich der Internationalen Plenartagung in Berlin im November/Dezember 1987. AdK-O) 1111.

63   Manfred Wekwerth. »Erinnern ist Leben. Eine dramatische Autobiographie«. Leipzig 2000. S. 402. Im Folgenden: Wekwerth. »Erinnern«.

Arbeiten einbringen, den Lauf des Ganzen mitgestalten. Deshalb griffen sie doch direkt oder verfremdet aktuelle brisante Themen auf, was von den Politikern als ungerechtfertigte Kritik aufgefasst und häufig verboten wurde. Aber die Künstler meinten mit ihren Arbeiten vor allem diese Gesellschaft. Der Kapitalismus war für sie sowohl keine Alternative als auch nicht das Ziel ihrer Bemühungen. Die Kunst- und Intelligenz-Verständnislosigkeit, bzw. -Feindlichkeit nicht weniger Funktionäre in den oberen Etagen der Macht oder vielleicht des ganzen Machtsystems hat auch Akademiemitglieder zeitweise, manchmal für immer verbittert und beispielsweise Franz Fühmann in Lebens- und Schaffenskrisen gestürzt. Andererseits gab es kaum praktische Beispiele eines längerwährenden produktiven Miteinanders von Politik und Kunst, an den sich dieses Gesellschaftsmodell hätte orientieren können.

Natürlich waren die Gründe für eine Mitarbeit in der Akademie auch von pragmatischen Erwägungen einiger Künstler bestimmt. So wollten es viele nicht mit ihrem Geldgeber und der Macht, unter die sich freiwillig begeben hatten – denn diese Promis hätten ausreisen können – verderben. Und ebenso brauchten die Mächtigen die Künstler – als Aushängeschild, als Vermittler in die ihnen meist fremde Welt der Künste, als – wie sie meinten – »Erzieher« der Werktätigen. Sie fürchteten generell Widerspruch und wenn er von anerkannten Künstlern kam, um so mehr. So erlebte ich die Akademie auch als eine »zweite« Macht im Staat, vor deren Entscheidungen und Meinungen die »erste« Macht auch Angst hatte.

Die Präsidenten

Natürlich lebte die Akademie auch von der Kraft ihres jeweiligen Präsidiums und Präsidenten. Das Präsidium, bestehend aus dem Direktor, dem Präsidenten und seinen Stellvertretern sowie den Sektionssekretären, leitete und koordinierte als Kollegialorgan die gesamte Tätigkeit der Akademie. Den Vorsitz in diesem Gremium führte der Präsident, der die Akademie auch nach außen vertrat.[64] Plenartagungen wurden zumeist dreimal im Jahr einberufen. Wahlen fanden in der Regel aller vier Jahre statt. Anfangs sollte ein Präsident nur zwei Wahlperioden hindurch arbeiten – ein Beschluss, der in den Wahlperioden Konrad Wolfs rückgängig gemacht wurde.

---

64   Statut von 1969, §18, §19, §20.

Arnold Zweig, der erste Präsident, war ein international geachteter »bürgerlich humanistischer« Schriftsteller, der nicht erst seit seinem Palästina-Exil dem Sozialismus durchaus geneigt war. Seine Herkunft, sein Ruf und seine Erfahrung ließen es nicht zu, sich in Kunstfragen von Laien oder in Kunstfragen ungebildeten Politikern reinreden zu lassen. Konflikte waren vorprogrammiert. Zweig wurde 1953 gedrängt zurückzutreten. Vom Parteimitglied Johannes R. Becher – Moskau-Emigrant – erhoffte man größere Disziplin und Einsicht, doch der – in vielen Gremien sitzend – engagierte sich nicht allzu viel als Akademiepräsident und ließ die Akademie laufen, wie sie lief.

Sein Nachfolger, der proletarische Maler Otto Nagel, Präsident von 1956 bis 1962, war zwar ein auf seinem Gebiet anerkannter Künstler und in diesem Sinne auch höchst engagiert in Sachen Ausstellungspolitik. Er initiierte große Ausstellungen von den damals in der Bundesrepublik in die Isolation gedrängten Künstlern wie Otto Dix, Willi Geiger oder Otto Pankok. Auch mit Repräsentationen des Werks von Frans Masereel oder Franz Radziwill erwarb er sich hohe Meriten.[65] Dass 1956 auch erwogen worden war, Anna Seghers oder Ludwig Renn (die beide nicht wollten) zu wählen, zeugt davon, dass er – kaum wortgewandt, wenn nicht gar »maulfaul« und vor allem ein guter »Handwerker« – von vielen nicht als der »ideale« Präsident gesehen wurde. Bei seiner zweiten Amtswahl 1959 meinte dann auch Arnold Zweig, man solle ihn nicht länger von der Malerei abhalten, und er schlug den Komponisten Ottmar Gerster oder den Schauspieler Eduard von Winterstein vor.[66] Als Nagel angetreten war, war die Einheit Deutschlands noch ein politisches Ziel gewesen, was Nagel jedoch nach dem Mauerbau 1961 nicht so schnell wie die Politiker einer neuen Strategie opfern konnte. Auch ihm blieb nur ein verordneter Rücktritt.

Abgelöst wurde er vom Schriftsteller Willi Bredel, dessen proletarisches Profil – er war Metallarbeiter aus Hamburg – und Funktionärserfahrung mit exilierten Künstlern in Paris und Moskau größeren Einklang mit der offiziellen Politik versprachen. Bredel wurde respektiert als ehemaliger Spanienkämpfer, als ein seiner Herkunft treu gebliebener »Kumpel« und umgänglicher, vernünftiger, mit vielen verschiedenen Künstlern befreundeter

---

65   *Faltblatt zur Ausstellung »Otto Nagel. Berliner Stadtlandschaften. Porträts und Dokumente.« Berlin-Mitte Museum 2008.*

66   *Bericht über Sektionssitzung vom 8. 9. 1959. AdK-O 65.*

Zeitgenosse. Er hatte in der DDR kulturpolitische Zeitschriften geleitet. Als Schriftsteller nach 1945 war er weniger erfolgreich als zuvor, doch seine Trilogie »Verwandte und Bekannte« hatte damals vielen Lesern gefallen. Bredel, den seine Zeitgenossen immer eine Portion Humor und ein gutes Organisationstalent bescheinigt hatten, wurde in dem Spagat zwischen Funktionären und Künstlern aufgerieben. So nahm er gegenüber kritisierten Veranstaltungen der Akademie, beispielsweise dem von Stephan Hermlin veranlassten Junge-Lyrik-Abend, oft eine ambivalente Haltung ein. Als die Akademie auf dem VI. Parteitag der SED 1963 mit herber Kritik – es ginge hier zu »wie im englischen Oberhaus« – überzogen wurde, sah er sich als Präsident zu einer Selbstkritik veranlasst, die den Parteifunktionären zu wenig selbstkritisch und kämpferisch – gegen die kritisierten Tendenzen – und einigen Präsidiumsmitgliedern und Mitgliedern der Akademie zu wenig selbstbewusst und verteidigungsbereit gegenüber dem Geleisteten war.[67] Nach den nicht enden wollenden Querelen erkrankte Willi Bredel und verstarb im Alter von 63 Jahren im Oktober 1964.

1965, mit der Wahl des noch jungen, erst 1961 in die Akademie gewählten Filmregisseurs Konrad Wolf schienen die kaderpolitischen Bedingungen hervorragend erfüllt: Er war der Sohn des kommunistischen Dramatikers Friedrich Wolf, hatte während des Faschismus in der Roten Armee gekämpft, in der Sowjetunion studiert. Sein Bruder Markus war im Ministerium für Staatssicherheit eine Führungsfigur. Konrad Wolf war jung, wie alle vorherigen Präsidenten SED-Mitglied und – wie man offenbar glaubte – eher formbar als die zu respektierenden »Alten«.

Freilich stimmten die Fakten der Biographie, aber Konrad Wolf nur so zu sehen, unterschätzte ihn. Natürlich hatte ihn seine Familie geprägt und die Erfahrung als Soldat und Offizier in der Roten Armee war für ihn ein Grunderlebnis. Auch war er ein bekennender Kommunist. Aber er gehörte zu einer anderen Generation (geb. 1925) als die bisher in der Akademie bestimmenden Künstler und das bedeutete auch, das Werk der Väter zwar zu respektieren und zu ehren, aber unbedingt auch Neues, Anderes machen zu wollen.

1965 – vier Jahre nach dem Mauerbau – befand sich die DDR wirtschaftlich und ideologisch in einer Krise und engagierte Sozialisten

---

67   Vgl. Matthias Braun. »Kulturinsel«. S.173 ff.

mussten bei Strafe schon damals drohenden Untergangs nach neuen Wegen suchen. Eine gänzlich unkritische Haltung zum »Errungenen« verbot sich. Kunst sollte seismographisch Bestehendes prüfen, und dabei wollte Konrad Wolf alle Künstler dieses Sinnes einbeziehen und gegenseitigen Meinungsaustausch voranbringen. Er, der als Soldat im Zweiten Weltkrieg auf der anderen Seite der Front vielen seiner jetzigen Kollegen gegenüber gestanden hatte, nahm es ernst, unterschiedliche Erfahrungen einbringen und dabei entstehende Konflikte austragen zu wollen und zu müssen. Als Mann der bewegten Bilder und Dialoge war er empfindsam für Farben und Töne. Als ein Mann, der in seiner Kindheit und Jugend mehr Russisch als Deutsch gehört und gesprochen hatte, war er besonders sensibel gegenüber Sprache. Als überzeugter Kommunist vertraute er der Überzeugungskraft seiner Argumente. Er war bereit zu diskutieren und zu streiten. Mit entwaffnender Ehrlichkeit stellte er sich unbequemen Fragen. Auch wenn er dem Sozialismus nie abgeschworen hätte, war diese Haltung nicht frei von Zweifeln, ob die jetzt eingeschlagenen Wege die richtigen wären. So konnte er viele Mitglieder der verschiedenen Sektionen und Generationen von seinen Qualitäten überzeugen. Dies jedoch nie in forscher Hau-Ruck-Manier: Konrad Wolf war eher leise und ein besserer Zuhörer als Redner. Sein Rezept hieß Arbeit und Wahrhaftigkeit. Im Unterschied zu seinen Vorgängern im Amt des Präsidenten setzte er weniger auf Disziplin und Pflichtbewusstsein als auf freiwilliges Engagement und Spaß an der Sache,

1966 – Konrad Wolf ließ es sich nicht nehmen, auch an Sektionssitzungen der anderen Sektionen teilzunehmen – gab es während einer Sektionssitzung der Literaten einen bezeichnenden Streit zwischen ihm und Alexander Abusch, der »straffe Führung« für das Wundermittel für eine funktionierende Akademie hielt. Wolf dagegen wollte »positive, freudige Mitarbeit... Akademie soll Spaß machen ... Plenartagungen als Chance, Lethargie zu überwinden.« [68] Wolf strebte eine Gemeinschaft von Künstlern an, die aus der Überzeugung etwas bewegen und verändern zu können, in dieser Akademie mittun. Mit Elan und relativ unverbraucht versuchte er Neues: Damit die Mitglieder nicht nur innerhalb der Sektionen aktiv waren und so zuweilen im »eigenen Saft schmorten«, erfand er intersektionelle Arbeitsgruppen, die zwar in der Mehrzahl nicht sonderlich lange bestanden, aber sie waren

---

68   Sektionssitzung vom 27. 9. 1966. AdK-O 446.

ein Versuch, Verkrustungen aufzubrechen. Die Themen von Plenartagungen wurden gewichtig und sollten wirklichen Problemen auf den Grund gehen. Unter seiner Leitung erhielten wissenschaftliche Erörterungen, oft vorgetragen vom Vizepräsidenten Robert Weimann, größeres Gewicht. Von Wolf stammte die Idee informeller Treffen mit Politbüromitgliedern. Er setzte auf kollektive Beratung und auf Vier-Augen-Gespräche. Während seiner Präsidentschaft wurde aus einer eher repräsentierenden Akademie eine Arbeitsakademie. Dass er in diesen Jahren noch anspruchsvolle Filme, die auch international Beachtung fanden, drehte, erhöhte seinen Ruf bei den Kollegen.

Der Mann wurde zu einem Glücksfall für die Akademie. Kein anderer Kapitän konnte diese Institution so in den wechselnden Strömungen der Zeit manövrieren wie er. In seine Präsidentschaftszeit fallen sowohl das kunstfeindliche 11. Plenum als auch die Biermann-Affäre. Klug taktierend, aber nicht unparteiisch, verhielt sich in beiden Fällen die Akademie zwar loyal und öffentlich zustimmend gegenüber den restriktiven Entscheidungen, bot jedoch auch einen großen Schutzraum für die Mitglieder, die wegen ihrer Werke oder dann wegen ihrer Unterschrift unter die Biermann-Petition in die Mühlen der Kulturpolitik geraten waren. Dies bestätigte auch Christa Wolf, als sie 1991 zurückblickte: »Auf meine Wahl 1974 habe ich nicht emphatisch, eher skeptisch reagiert. Später, nach dem November 1976, wurde die Akademie jahrelang für mich der Raum, in dem ich mich noch mit Kollegen treffen, diskutieren, Vorschläge einbringen, halböffentliche Kritik üben und sogar öffentlich lesen konnte. Das hatte ich Konrad Wolf zu danken, aber nicht nur ihm, auch anderen Kollegen, auch vielen Mitarbeitern der Akademie ... (...) Die Akademie war kein homogenes Gebilde. Natürlich machte sie unterschiedliche Phasen durch. Seit ich sie genauer kenne, verstand sie sich immer auch als ein Forum für Kunst und für Künstler, die sonst in der DDR wenig öffentlichen Raum gehabt hätten. Das Privileg, das ihr eingeräumt wurde, hat sie im allgemeinen dazu gebraucht, in ihren bis zu einem gewissen Grad geschützten Räumen Diskussionen in einem offenen, kritischen Geist zu ermöglichen, mit unterschiedlicher Konsequenz, mit unterschiedlichem Erfolg. Wir lebten in Widersprüchen, die oft unlösbar waren.«[69]

---

69   Brief Christa Wolfs, verlesen auf der Plenartagung vom 25. 9. 1991. In: »Zwischen Diskussion und Disziplin«. S. 581. Auch hier im Dokumentenanhang.

Als Konrad Wolf 1982 plötzlich starb, war die Trauer über diesen Verlust groß. Was Günther Rücker schrieb, war die Meinung vieler: »Einen Großteil seiner Kraft und Lebenszeit, dieses Kostbarsten, das uns zur Verfügung gegeben ist, setzte Konrad Wolf für die Arbeit als Präsident der Akademie der Künste ein.

Was für eine empfindliche, sensible Versammlung unterschiedlicher Leidenschaften, Ideen, Charaktere. Mit wie viel Wissen, Takt und Geduld hat er siebzehn Jahre lang diese immense Arbeit bewältigt, den Überblick bewahrt, das Wesentliche gefördert, Gefährdetes geschützt, Unbilliges abgewehrt, geklärt, vermittelt. Er hat Sträuße durchgestanden, die andere gar nicht erst angepackt hätten. Selten, daß er davon sprach, noch seltener, daß er ein Gefühl des Triumphes aufkommen ließ. Oft fragten wir uns: Wie eigentlich bewältigt er das Schwierige mit – wie es aussah – so leichter Hand?« [70]

Für eine Zeit schien die Akademie wie gelähmt, bis Vernunft einkehrte: auch wenn Konrad Wolf unersetzbar war, die Institution brauchte einen Nachfolger! Mehrere waren im Gespräch, wobei von der Kulturabteilung des ZK vor allem der Musiker und Musikwissenschaftler Hans Pischner, der als politisch sehr »brav« galt, favorisiert wurde. Das Präsidium dagegen votierte für Hermann Kant. Doch der hatte sich im Ergebnis der »Berliner Begegnung zur Friedenförderung« und weiterer solcher Gespräche gegen Restriktionen gegenüber Friedensanhängern, die alle »Waffen zu Pflugscharen schmieden« wollten, eingesetzt und galt den Mächtigen überhaupt als »unsicherer Kantonist.« So einigten sich Präsidium und die Oberen der Kunstadministration auf den Intendanten des Berliner Ensembles Manfred Wekwerth, einen Brecht-Spezialisten mit internationalem Ansehen. Die Wahl wurde wegen des lähmenden Zustands und um Gerüchte zu beenden noch vor den Sommerferien angesetzt und geschah nicht wie geplant zusammen mit der Wahl neuer Mitglieder. Es war eine hektische Atmosphäre. Im Präsidium wurde zwar diskutiert, aber das erreichte die Mitglieder in Form nicht mehr anzufechtender Beschlüsse. Nur einer kandidierte: Manfred Wekwerth. Natürlich empfanden das viele Mitglieder als Farce: Wieland Herzfelde habe Ulrich Dietzel dazu gesagt: »Wenn man mich auffordern sollte, darüber abzustimmen, ob die Sonne heute Abend untergeht, was ich

---

70   Günther Rücker: »Schmerz über sein Verstummen wird uns beredter machen. Konrad Wolf zum Gedenken«. In: ND 9. 3. 1982. Auch in: Günther Rücker. »Woher die Geschichten kommen. Beiträge aus zwei Jahrzehnten«. Berlin und Weimar 1990. S.173. Im Folgenden: Rücker. »Woher die Geschichten kommen«.

dann wäre? Ich wäre beleidigt.«[71] Peter Hacks und auch Stephan Hermlin, die sonst so treuen Arbeiter in der Akademie, wollten nicht kommen. (Peter Hacks machte es wahr, auch Stephan Hermlin war nicht anwesend, aber mit Briefwahl als »entschuldigt« geführt.) Ganz anders sah das der Nominierte: »Aber gerade Präsidentenwahlen waren ein Zeichen für die Mündigkeit der Akademie. Sie waren geheim, man brauchte die Mehrheit. Außerdem drängte man sich nicht in dieses Amt, es war zu menschenfressend.«[72] Manfred Wekwerth wurde mit 80 Stimmen von den 81 Mitgliedern, die gewählt hatten, zum neuen Präsidenten gewählt. [73] Er war sich der großen Fußtapfen, die Konrad Wolf gesetzt hatte, bewusst. Dessen Arbeit sollte fortgesetzt werden. Aber die Zeiten änderten sich rasend schnell.

»REPARATURBRIGADE« AKADEMIE.
ZUM BEISPIEL DER »FALL BIERMANN«.

Im Mai 1989 »kochte« es in der Akademie, weil keiner durchsah, warum welcher Film verboten, warum welches Buch nicht veröffentlicht wurde. Das Chaos war umso größer, weil in einzelnen Bezirken und Institutionen Lesungen und Veranstaltungen möglich waren, in anderen nicht. Die Mitglieder waren unzufrieden, erinnerten sich wieder einmal der »Beratungsfunktion der Akademie«, die sie in keiner Weise realisiert sahen. Da entstand der Begriff »Reparaturbrigade«. Das Präsidium der Akademie intervenierte wegen bestimmter Entscheidungen und erreichte, dass – beispielsweise – Volker Brauns neues Buch erscheinen und der Film über Friedrich Wolf gezeigt werden durfte. »Wir haben (...) den Begriff der Reparaturbrigade gefunden, als die sich die Akademie tatsächlich in solchen Fällen mehrfach erwiesen hat oder hat erweisen können.«[74]
Natürlich reichte diese Funktion den Akademiemitgliedern nicht. Doch hatte sich die Akademie nicht schon oft und früher in ähnlicher Weise betätigt? Auch dann, als es nicht um Einzelnes sondern einen erheblichen Teil von Kulturpolitik ging? Ich sehe das wichtigste Beispiel eines

---

71   Ulrich Dietzel. »Tagebuch«. S. 137.
72   Manfred Wekwerth. »Erinnern«. S. 383.
73   Adk-O 1662.
74   Gerhard Scheumann auf der Sektionssitzung Darstellende Kunst vom 31. 5. 1989. In: »Zwischen Diskussion und Disziplin«. S. 420.

solchen »Reparatureinsatzes« im Verhalten der Akademie nach dem Bier-mann-Eklat. Da es die verschiedensten Themen – das Verhalten gegen-über Mitgliedern, die »gefehlt« haben, Wahlentscheidungen und Dis-kussionen im Präsidium und in der Sektion – betrifft, will ich versuchen, einiges über diesen »Einsatz« zusammenzutragen.

Als Wolf Biermann im November 1976 nach seinem Konzert in Köln, das live im Fernsehen zu sehen gewesen war, ausgebürgert wurde, war über diesen Beschluss mit keinem Künstlergremium geredet worden. Weder die Akademie noch der Schriftstellerverband war zu irgendeiner Beratung darüber herangezogen worden.

Stephan Hermlin war empört über die Entscheidung zur Ausbürge-rung – eine Maßnahme, die er aus der Zeit des Nationalsozialismus kannte und mit seinen Vorstellungen von »faschistisch« verband. Er rief daraufhin von ihm geschätzte Kollegen zusammen, die gemeinsam einen Brief ver-fassten, in dem sie um Zurücknahme dieser Entscheidung baten. Zwar war eine Sperrfrist gesetzt, bis das Schreiben den westlichen Medien übergeben wurde – also quasi Befolgung der Regeln: nichts an den Klassenfeind. Aber zum einen war das eine Zeit von zwei Stunden und zum anderen handelte es sich um eine so eklatante Maßnahme, die rückgängig zu machen, Honecker innerhalb der Staaten des Warschauer Pakts wohl mehr als das schon nicht mehr so feste Vertrauen der DDR-Künstler gekostet hätte.

Dass der Protest wie ein Schneeball eine Protestlawine vieler Künstler der DDR auslöste, ist bekannt. Gleichzeitig war der ganze Streit eine recht begrenzte und hysterische Angelegenheit unter Intellektuellen. »Werktä-tige«, die von den Medien zu Stellungnahmen aufgefordert worden waren, reagierten ziemlich uninteressiert.

Sofort setzte auch eine organisierte Gegenaktion ein: die Zeitungen waren voller Bekenntnisse von Prominenten für die »Maßnahme der Regierung.« Die Stellungnahmen der einzelnen waren unterschiedlich akzentuiert, von einer allgemeinen Zustimmung zur DDR bis zu bösen Beschimpfungen Biermanns. Sie kamen von Künstlern, die auf Grund ihrer Funktionen sich quasi dazu gezwungen fühlten, von anderen, die sich damit mehr Privilegien erhofften, aber auch von ehrlich Empörten, denen Biermann mit seiner Beschimpfung von DDR-Funktionären zu weit gegangen war.

Dass seitens der Kultur- und Parteifunktionäre auch versucht wurde, die Unterschreiber zu Widerrufen zu veranlassen, dass es Parteistrafen gab, dass man dabei unterschiedliche Maßnahmen gegenüber den einzelnen anwandte, Auftritts- und Berufsverbote erließ, Boykotte und und – man kann es differenziert nachlesen.[75]

Natürlich wurde auch die Akademie einbezogen. In einer schon vor der Ausbürgerung verabredeten Aussprache beim Minister für Kultur am 24. 11. soll Kulturminister Hans-Joachim Hoffmann ziemlich barsch mit den Akademie-Präsidiumsmitgliedern umgegangen sein und die besondere Rolle, die die Akademie einnähme, kritisiert haben. Konrad Wolf versuchte zwar, die Kritik zu entschärfen, kam jedoch nicht umhin, sofort eine persönliche öffentliche Stellungnahme verfassen zu müssen und ein intensives Sitzungsgebaren in der Akademie einzuleiten. Schließlich fand aber doch eine Art »Arbeitsteilung« statt, die im Prinzip einer alten Arbeitsvereinbarung zwischen Akademie und Verband folgte: Die Akademie habe sich im Wesentlichen auf die Herausbildung der literarischen Entwicklung zu konzentrieren, während der Schriftstellerverband die künstlerisch-ideologische Arbeit zu leiten und zu organisieren habe.[76]

Petitionsunterzeichner, die Mitglieder der Akademie waren (unter den Erstunterzeichnern waren es fünf – vier davon in der Sektion Literatur: Stephan Hermlin, Christa Wolf, Erich Arendt und Franz Fühmann, später kamen aus anderen Sektionen noch weitere Mitglieder hinzu), sollten vom Fehlerhaften ihres Tuns unter anderem in Einzelgesprächen überzeugt werden (Fritz Cremer nahm schon kurz nach Veröffentlichung des Protestes seine Unterschrift zurück.) Vor allem die Sektionen sollten sich ihrer annehmen. Anders als im Schriftstellerverband und in dessen SED-Gruppen entschied sich die Akademie »zu geduldigen Gesprächen ...und nicht voreilig vollendete Tatsachen zu schaffen«.[77]

So fanden dann Anfang Dezember eine erweiterte Tagung des Präsidiums der Akademie sowie am 16. Dezember eine Sektionssitzung statt, die unter dem Thema »grundsätzliche Fragen unserer Kulturpolitik« liefen,

---

75   Unter anderem: Roland Berbig u.a. (Hrsg.). »In Sachen Biermann. Protokolle, Berichte und Briefe. Zu den Folgen einer Ausbürgerung«. Ch. Links Verlag Berlin 1994. / Wolf Biermann, Eva-Maria Hagen, Nina Hagen, Oliver Schwarzkopf (Hg). »Ausgebürgert«. Schwarzkopf & Schwarzkopf Berlin 1996.

76   Entwurf des Arbeitsplanes des DSV, o.D. (1963). In: Archiv des Schriftstellerverbandes 283.

77   Protokoll der Sektionssitzung vom 16. 12. 1976. In: »Zwischen Diskussion und Disziplin«. S. 319.

aber die Beratung über Folgen der Biermann-Proteste meinten. Bei beiden Veranstaltungen waren »Petenten« nicht dabei. Die Befürworter der Biermann-Ausweisung bzw. die »Nichtunterschreiber« waren also unter sich. Dennoch sind die dabei entstandenen Dokumente und Protokolle zwar eindeutig, was die Ablehnung des Verhaltens der »Unterzeichner« betrifft, denn diese würden vom Klassenfeind gelobt und der ziele auf die Schädigung der DDR, was in der Zeit einer angelaufenen Entspannungspolitik kontraproduktiv sei.

Die weiteren Akademie-Handlungen im Zusammenhang mit den abtrünnig Gewordenen entbehrten jedoch der Schärfe. Eventuell hatte dazu auch Stephan Hermlin besonders beigetragen, der in einem Treffen mit Honecker zwar Reue bekundet, aber im Gegenzug das Versprechen für milde Bestrafungen erhalten haben soll.

Zur erweiterten Tagung des Präsidiums der Akademie der Künste am 7. 12. 1976 war eine Erklärung beschlossen worden mit dem Appell: »Erich Arendt, Franz Fühmann, Stephan Hermlin, Hilmar Thate, Christa Wolf, seht Ihr nicht, wohin Ihr geraten seid? Wer frohlockt angesichts Eures Verhaltens? Wir etwa? Wir meinen, es ist an der Zeit, daß Ihr sagt: Ich habe mich geirrt. Ihr meint, daß Ehre und Menschenwürde Euch daran hindern müßten, Eure Meinung zu wechseln wie ein Hemd. Darum geht es nicht. Es geht um Grundüberzeugungen, zu denen Ihr Euch selber bekannt habt und die bisher von Euch vertreten wurden. Wer in Wort und Tat für unsere sozialistische Gesellschaft ist, findet im Spiegel das Bild seiner Würde und Selbstachtung.«[78] Am Schluss heißt es: »Gerade heute spüren wir die Bedeutung des Auftrags unserer Regierung, ihr Partner in Fragen der Kunst zu sein. Dazu brauchen wir jeden von uns, sein Talent, seine Schöpferkraft, seine Ideen.«[79] Also neben Schelte und Überredungsversuchen ein Angebot zur Mitarbeit. Keine Ausschlüsse, keine Verhöre – dies war bezüglich der Literaten dem Schriftstellerverband und seinen Parteigruppen zugewiesen.

Am 16. 12. 1976 fand die Sektionssitzung der Literatur statt. (Sie war vom 9. Dezember auf den 16. verschoben worden.) Wichtig schien sie schon wegen des Aufgebots der Erschienenen: So waren ungewöhnlich viele Mitglieder (Alexander Abusch, Helmut Baierl, Jurij Brězan, Günther Deicke, Peter

---

78   »Zwischen Diskussion und Disziplin«. S. 317.
79   Ebenda. S. 318.

Hacks, Wieland Herzfelde, Hermann Kant, Wolfgang Kohlhaase, Günther Rücker, Helmut Sakowski, Bernhard Seeger, Anna Seghers und Benito Wogatzki) anwesend. Außerdem war der Präsident Konrad Wolf dabei, einige Mitarbeiter und als Gast Klaus Höpcke, der Vertreter der Regierung und »Buchminister« der DDR. Die Mitglieder, die die Petition gegen die Ausbürgerung Biermanns unterschrieben hatten – Erich Arendt, Franz Fühmann, Stephan Hermlin und Christa Wolf – fehlten.[80] Es fehlten aber auch – war es Zufall? – Otto Gotsche und Erik Neutsch. Letzterer hatte am 21. 11. 1976 einen Brief an die Sektion geschrieben, in dem er sich über die »Kluft in der Sektion« beschwerte, die »inzwischen ein Politikum« geworden wäre.[81]

Auch gibt es unüblicherweise kein wörtliches Protokoll, sondern nur eine im Nachhinein vom Sekretär Günther Rücker diktierte Zusammenfassung.

»Für die Akademie wird besonders wichtig sein, eine Atmosphäre der Arbeit zu entwickeln, in der falsche Rücksichtnahmen bei der Diskussion von Kunstwerken sowie Nichtteilnahme an der Arbeit der Akademie überwunden werden. Die Akademie wird unter Berücksichtigung der genannten Gesichtspunkte in den nächsten Wochen und Monaten ihr Hauptaugenmerk auf die Ausarbeitung eines Programms ihrer künftigen Arbeit und des Planes bis 1980 legen,« hieß es da. Vorsichtig und mehr durch die Blume wurde darin auch die Kulturpolitik und Politik kritisiert, die vor dem Beschluss zur Ausbürgerung sich nicht mit repräsentativen Vertretern künstlerischer Institutionen beraten, auch nicht informiert habe. Außerdem: »Unzureichend ist jedenfalls ein noch immer anzutreffendes Verfahren, nämlich eine ›kritische Kunst‹ zwar zu fordern, im konkreten Fall jedoch oft als zu weitgehend oder fast-feindlich darzustellen und im Grunde einer echten öffentlichen Kritik an diesen Kunstwerken aus dem Weg zu gehen.«[82]

Verglichen mit anderen Zustimmungserklärungen, deutete sich hier eine eigenständige Linie der Akademie an, und überrascht und erschreckt von dem Ausmaß, das die Affäre in der ganzen DDR ausgelöst hatte, schien auch die Parteiführung davon angetan, die Akademie eher als »Schadensbegrenzer« – oder »Reparaturbrigade«? – wirken zu lassen.

---

80   Protokoll der Sektionssitzung vom 16. 12. 1976. In: »Zwischen Diskussion und Disziplin«. S. 319.

81   Brief von Erik Neutsch an die Sektion vom 21. 11. 1976. AdK-O 894.

82   Protokoll der Sektionssitzung Literatur und Sprachpflege vom 16. 12. 1976. In: »Zwischen Diskussion und Disziplin«. S. 318-320.

Übrigens war zur nächstfolgenden Sektionssitzung Stephan Hermlin wieder anwesend und im Laufe des Jahres kam auch Christa Wolf zurück an den Tisch der Sektion. In der Sitzung vom April gab es noch ein kleines Nachgeplänkel zur Debatte: Otto Gotsche wandte sich dagegen, dass Texte von Christa Wolf, Günter Kunert und anderen »Petenten« in »Sinn und Form« gedruckt würden. Mit dieser Meinung stand er allein da. Es kam zur kuriosen Situation, dass Gotsche Kulturpolitik erklärt werden musste.[83]

So mag es durchaus im Sinne Honeckers gewesen sein, als Franz Fühmann – einer der Unterzeichner – zum ersten Mal wieder offiziell auftrat und im »Neuen Deutschland« genannt wurde. Die Akademie hatte eine öffentlichkeitswirksame Möglichkeit gefunden, um die von allen Sektionen empfohlene weitere Mitarbeit mit den Ausgestoßenen propagandistisch zu signalisieren: Der Neubezug des Hauses in der Hermann-Matern-Straße wurde mit einer Plenartagung und einer Werkstattveranstaltung für die Bauarbeiter und Architekten des Hauses am 17. 2. 1977 begangen. Gast war Erich Honecker. Einige ausgewählte Mitglieder sollten zu einem Gespräch mit ihm geladen werden. Ulrich Dietzel schilderte die Situation im Präsidium folgendermaßen: »Da Erich Honecker seine Teilnahme zugesagt hatte, wurde darüber diskutiert, ob man dem hohen Gast dabei einen Biermann-Petitionisten wie Fühmann zumuten könne. ›Was wäre, wenn.‹ Was also würde passieren, wenn Fühmann die Gelegenheit nutzen würde, seine politischen Ansichten vorzutragen? Konrad Wolf entschied schließlich, daß Fühmann eingeladen wird. Honecker reagierte gelassen, und Fühmann nutzte die Möglichkeit zur Provokation natürlich nicht, sondern sprach über Probleme der Nachdichtung eines Gedichts des ungarischen Schriftsteller Miklos Radnoty, der, er war Jude, Ende 1944 nach längerer Haft von den Nazis erschossen worden war.« [84]

Andere Mitwirkende in dieser Veranstaltung waren Wieland Förster, Werner Klemke und Konrad Wolf, die die Veranstaltung eröffneten. Das eigentliche Programm gestalteten dann Hermann Kant (Lesung aus dem »Aufenthalt«), dem folgte Franz Fühmann, dann zeigten die Dokumentaristen Walter Heynowski und Gerhard Scheumann Ausschnitte aus einem Vietnam-Film. Darauf folgte der Theatermann Horst Schönemann, Konrad

83 Sektionssitzung vom 14. 4. 1977. AdK-O 893.
84 Ulrich Dietzel. »Tagebuch«. S. 372.

Wolf führte einen Ausschnitt aus seinem neuen Film »Mama, ich lebe« vor und zum Schluss sang Ernst Busch das Lied vom »Klassenkampf«.[85] Dieses ganztägige Ereignis wurde in den Medien groß aufgemacht als »schöne Gemeinschaft« von Kunst und Politik und mit »herzigen« Fotos dokumentiert. Das wurde als Zeichen verstanden: Akademiemitglieder, die den Biermann-Protest unterzeichneten, »dürfen« (im eingeschränkten, exklusiven) Raum wieder. Aber: Die wenigsten Funktionäre in der DDR schlossen sich diesem »Gnadenakt« an, Franz Fühmann, Christa Wolf und die anderen konnten bei weitem nicht überall lesen.

Auch die Akademie-Wahl 1978 sollte nach der Biermann-Affäre Zeichen setzen. In der vorbereitenden Sektionssitzung im Dezember 1977 nannte Helmut Baierl im Auftrag des Präsidiums Kriterien für die Kandidatur: An erster Stelle stehe die künstlerische Qualität, dann käme politische Zuverlässigkeit. Außerdem müsse aktive Mitarbeit in der Akademie vorausgesetzt werden und natürlich sei es höchst wünschenswert, wenn die Mitglieder jung, zumindest jünger als die meisten von ihnen wären.

Bei der Diskussion um die Kandidaten wurde es kulturpolitisch brisant: Namen wie Günter Kunert, Günter de Bruyn, Volker Braun, Eberhard Panitz, Irmtraud Morgner, Werner Mittenzwei und Heiner Müller kursierten auf der Vorschlagsliste, manche schon seit einigen Jahren, aber letztendlich ging es doch darum, ob man einen »aus der Gruppe« – damit waren Autoren gemeint, die die Biermann-Petition unterschrieben hatten – zur Wahl vorschlagen könne oder nicht. Hier ein paar Ausschnitte aus dieser Diskussion:

»Kohlhaase: Na ja, ich meine (...): die Überlegung ›Niemand aus einer bestimmten Gruppe‹ ist ein Gedanke, der unwidersprochen ist. Es ist auch eine richtige Überlegung. Aber ich meine (...), es wäre auch eine Möglichkeit, und zwar auch in einem politischen Verstand, doch jemanden aus einer bestimmten Gruppe zu wählen (...)

Kant: Ich möchte das noch etwas verschärfen. Wenn hier für diese Prozedur so ein Grundsatz geltend gemacht wird, niemand aus einer bestimmten Gruppe – wir wissen alle, welche gemeint ist –, dürfen wir uns überhaupt nicht wundern, wenn sich diese bestimmte Gruppe in einigen ihrer Teile reaktiviert und plötzlich zu dem wird, was wir eigentlich gar nicht gerne hätten, nämlich wieder eine bestimmte Gruppe.

---

85   Franz-Fühmann-Archiv, AdK 1217.

(...)

Hacks: Es ist nicht die geringste Frage, daß es uns beschäftigen muß, sowohl wenn wir beschließen, unter wohlerwogenen Umständen jemanden aus der ›Gruppe‹ doch zu nehmen. Sie muß uns aber auch schärfstens beschäftigen, wenn wir uns entschließen, niemanden aus dieser ›Gruppe‹ zu nehmen, und zwar aus folgenden Grund: diese Gruppe enthält unglücklicherweise die Namen, die naturläufig jetzt dran wären. (...) Und wenn wir jemand anderen wählen, und dagegen spricht wirklich nichts, sollten wir uns nicht leisten, jemanden zu nehmen, der den Vergleich überhaupt nicht aushält. Leute, die wir unter Umständen nehmen würden, weil wir nichts gegen sie haben und weil sie verdienstvoll sind, müssen wir ein bißchen daran messen, ob man sagen kann: Das ist wirklich merkwürdig, der Heiner Müller ist nicht drin, Stefan Heym ist nicht drin, das soll eine Akademie der Künste sein. Das heißt, das verpflichtet uns, wenn wir brave Leute nehmen, entweder die Frage der künstlerischen Qualität zu umgehen, listig und jemand zu nehmen, der im Kunstgeschäft ist, der also nicht Literatur macht.«[86]

Diese Standpunkte enthalten und verraten das Spektrum an kulturpolitischer Strategie und Taktik, die Misslichkeit der Lage der Akademiemitglieder, ihre Unsicherheit, aber auch den zaghaften, listigen Versuch, der Situation beizukommen, gestalten zu wollen, Spannungen abzubauen. So beschlossen dann die Anwesenden, Günter de Bruyn zu nominieren (gemeinsam mit Alfred Wellm).

So lief also Kulturpolitik auch. So betätigte sich die Akademie auch schon 1976 als »Reparaturbrigade« und versuchte, nach einem selbstherrlichen Beschluss der Regierung die Scherben, die entstanden waren, aufzusammeln und notdürftig zu kleistern. Wir wissen heute, dass der »Kleister« von schlechter Qualität war.

Der »Fall Biermann« war überhaupt so eine Absurdität der DDR-Kulturgeschichte: Ein Lyriker und Liedersänger, der schon lange in der DDR Auftrittsverbot hatte, aber als Geheimtipp bei vielen Intellektuellen galt, seine Texte wurden unter der Hand verbreitet, er sang in Privaträumen

---

86 Aus dem Protokoll der Sektionssitzung Literatur und Sprachpflege vom 8. 12. 1977. In: »Zwischen Diskussion und Disziplin«. S. 325/326.

und der Kirche – dieser Mann wurde wegen eines von den DDR-Behörden genehmigten Auftritts in Köln nicht wieder in die DDR reingelassen. Als einziger der wenigen in der Bundesrepublik auftretenden Künstlern war es ihm ermöglicht worden, dass sein Konzert live im westdeutschen Fernsehen gezeigt wurde. In den Liedern hatte er arg und böse gegen die alten Funktionäre und Betonköpfe in der DDR gesungen, aber speziell zu den »Allerhöchsten« von ihnen pflegte er ein sehr familiäres Verhältnis: Margot Honecker, Ehefrau des »Höchsten« und Erziehungsministerin, war so etwas wie seine Stiefschwester. Sie wuchsen gemeinsam auf und hatten auch weiterhin Kontakt.

Der Aufruhr in der Künstlerschaft war groß und hat bekanntlich zu einer riesigen Ausreisewelle vieler bekannter Künstler beigetragen. Erzählt man das heute jungen Leuten, sind die Fragen dazu geeignet, die Absurdität zu erkennen: »Das war eine Strafe, im Westen bleiben zu müssen?« – »Es wollten doch so viel dorthin?« »Der war gar nicht im Gefängnis?« – »Und die, die gegen diese Strafe protestierten, gingen kurze Zeit später in den Westen?«

Die konkrete Arbeit

Wie es unterschiedliche Ansichten darüber gab, was die Aufgabe der Akademie innerhalb der Gesellschaft war, mussten auch die Meinungen zur Arbeit im »Inneren« differieren: Präsentieren oder Neues ausprobieren? Die großen Ahnen ehren oder die Jungen zu Meistern machen? Die Regierung beraten oder der Öffentlichkeit mit Veranstaltungen und Ausstellungen dienen? Kunstgutachten anfertigen oder miteinander plaudern? Ungelöste Probleme erörtern oder die Bildung in den Schulen verbessern helfen? Junge Kunst fördern oder internationale Kontakte pflegen? All das und mehr wurde in der Akademie ja gemacht, der Streit ging darum, was als vorrangig zu gelten hatte.

In einem Protokoll einer Sektionssitzung von »Dichtung und Sprachpflege« aus dem Jahr 1965 fand ich die folgende Vorstellung von Arnold Zweig, reagierend auf eine Kritik von Abusch und Kurella, die einen Bericht Stephan Hermlins über die Gruppe 47 nicht wissenschaftlich und ideologisch korrekt fanden: »Der Bericht hat mir sehr wohlgetan. Eine Akademie ist schließlich nicht dazu da, rezensierte Papiere vorzulegen. Wir sollten aus dem heutigen Beispiel lernen, von der politischen Eingeschnürtheit der

Sitzungen, von denen es viel zu viel gibt, in eine Art caféhausmäßige Unter-
haltungsweise durchzufinden. Da ist früher sehr viel geschaffen worden.
Feuchtwanger, Mann und wie sie alle heißen saßen im Café und nicht in Sitzungen. Dort erzählten sie ihre Erlebnisse, ihre Reiseindrücke, was sie zur
Zeit schreiben usw. Das ist alles wichtig. Ein geistiges, literarisches Gespräch
entsteht aus dem Zusammensein von Literaturmenschen.«[87]

Was die Art der Debatten betrifft – auf Wunsch Zweigs locker wie im
Kaffeehaus –, so war das durchaus unterschiedlich, auch von Sektion zu
Sektion. Künstler, die zumeist allein zu Hause oder im Atelier abgeschie-
den und konzentriert arbeiten, suchen danach gern eine Gemeinschaft
zum geistigen Austausch. Hier entstanden Freundschaften und Zusammenarbeit. Mit Recht kritisiert Manfred Wekwerth an der Dokumentation
zur Geschichte der Akademie der Künste die Vorstellung, die Akademie
habe sich nur mit Politik und daraus resultierenden Querelen beschäftigt:
»Es waren doch hervorragende Leute der Literatur, der bildenden Kunst,
der Musik und der Darstellenden Kunst unter einem Dach versammelt
und beschäftigt mit Gesprächen, Vorführungen, Austausch, Anregungen,
Kritiken, Ausstellungen, Geselligkeit, Ernst und Unernst, Mitteilungen
und Klatsch, also mit Leben in allen Schattierungen.«[88]

Zu den wichtigsten Betätigungsgebieten gehörte zweifellos die Öffent-
lichkeitsarbeit: Keine andere Institution in der DDR veranstaltete so viel-
fältige, interessante und meist auch brisante Gespräche, Lesungen, Film-
vorführungen u. a.. Wegen der oft sehr vielen Besucher wurde so mancher
Abend wiederholt. Kaum eine Veranstaltung, an die sich nicht eine offene
Diskussion anschloss. Die fehlende Öffentlichkeit in den Medien fand hier
Ersatz und Ventil. Viele sahen in dieser Öffentlichkeitsarbeit die wichtigste
Aufgabe, aber auch da waren die Meinungen gespalten. So polemisierte bei-
spielsweise 1988 Peter Hacks gerade gegen diese Auffassung: »Was ist diese
Akademie im Moment? Sie ist ein Kulturhaus, und zwar nicht einmal ein
überdurchschnittlich gutes«, und plädierte für eine Arbeit der freien und
geistigen Köpfe dieser Institution: »Unsere Aufgabe ist ganz zweifellos,
Erkenntnisse zu finden und sie in die Welt zu setzen. Und ebenso zweifellos kann eine Akademie nicht dieselben Ergebnisse hervorbringen, wie eine
Universität könnte. Der künstlerische Erkenntnisapparat ist anders als der

---

87   Diskussion auf der Sektionssitzung vom 30. 11. 1965. In: »Zwischen Diskussion und Disziplin«. S. 281.
88   Manfred Wekwerth. »Erinnern«. S. 375.

von Gelehrten. Außerdem sind Künstler fleißig nur in ihrer eigenen Sache. Sie sind aber nicht fleißig in bezug auf Gegenstände, die ihrem Werk fern stehen. Es gibt also eine Asozialität des Künstlerfleißes. Und durch diese Grundschwierigkeiten muß man, wenn man von der Akademie möchte, daß sie Erkenntnisse findet, den Gegenstand dieser Erkenntnisse bestimmen, und dieser Gegenstand muß der sein, den auch nur sie allein bewältigen kann. Das ist die Rangfrage, die künstlerische Rangfrage.«[89]

Hacks stand mit dieser rigorosen Meinung ziemlich allein da, aber dennoch wurde auch seine Vorstellung einer Akademie der Elite, die vor sich hin denkt, in so mancher Plenartagung oder Sektionssitzung erfüllt.

Plenartagungen

Plenartagungen fanden zwei- bis dreimal im Jahr statt, zu ihnen kamen die Mitglieder aller Sektionen zusammen. In den 50er und frühen 60er Jahren hatte man sich vor allem zu Wahlen und Ehrungen (1952 – 75. Geburtstag Arnold Zweigs, 1953 – Tod Stalins, 1960 – zehnjähriges Bestehen u. a.) getroffen, da standen auch Diskussionen über Preise oder politische Ereignisse (17. Juni 1953) zur Debatte, bzw. wurde eine Preisverleihung zelebriert. Mit den Wahlen wurde Rechenschaft über die vergangene Arbeit gegeben.

In den 60er Jahren und später wandelte sich der Charakter von Plenartagungen oft zu thematischen Konferenzen. Es ging beispielsweise um den leidigen »sozialistischen Realismus« in den verschiedenen Kunstgenren, immer wieder um die Förderung des künstlerischen Nachwuchses und mehr und mehr um kulturpolitische und praktisch-gesellschaftliche Fragen.

Einleitend hörten die Versammelten meist Analysen, vorgetragen von Fachleuten aus den verschiedenen Bereichen, Politikern oder Präsidiumsmitgliedern, dann folgten Diskussionen dazu. Für manche waren freilich die Pausen, wo man die Kollegen aus der anderen Zunft traf, noch wichtiger. Es gab langweilige Plenartagungen und andere, da es knisterte. In den Diskussionen am Nachmittag ging es meist turbulent zu: Die Künstler – unterschiedlich in Temperament und Rhetorik, aber alle überzeugt von der eigenen Bedeutung – ließen sich nicht bremsen, das ihnen Wichtige zu sagen. Dabei unterschied sich natürlich auch die Art und Weise,

---

89   Peter Hacks. Diskussionsbeitrag auf der Sektionssitzung vom 8. 2. 1988. AdK-O 1273.

wie Mitglieder aus einzelnen Sektionen auftraten: Die Literaten argumentierten meist wortgewaltig, aber auch sehr überlegt, viele Seiten bedenkend. Bei den »Dramatikern« kamen noch eine gewisse Theatralik und Gefühlsausbrüche hinzu, während sich die eher ruhigen Maler und Bildhauer mehr als »Handwerker« verstanden, die sich vornehmlich für Ausstellungskonzepte interessierten. Die Musiker waren oft eine rebellische Truppe, die sich gern politischen und ideologischen Deutungen von Kunst entzogen. Aber natürlich war jeder ein Besonderer, und deshalb waren solche Plenartagungen trotz dröger Themen für mich ein Erlebnis.

Sternstunden gab es, wenn es etwas gegen eine herrschende Meinung zu verteidigen galt – so die Auseinandersetzung mit Kurt Hager 1988. Dass sich die obersten Verantwortlichen für Kultur – der jeweilige Kulturminister oder auch Kurt Hager – den Akademiemitgliedern zur Diskussion stellten, wurde verschieden aufgenommen. Einerseits fühlte sich dabei so manches Mitglied privilegiert, am Herrschaftswissen beteiligt zu sein. Andererseits wurde das komplicenhafte Einbeziehen in herrschende Ohnmacht kritisch vermerkt. So beschrieb Günther Deicke seine Eindrücke nach einer Plenartagung mit Kulturminister Hoffmann folgendermaßen: wir waren »alle ein bißchen verblüfft über dieses starke Problembewusstsein, mit dem er anderthalb Stunden lang frei gesprochen hat. Ich habe mich manchmal gefragt: Warum erzählt er uns all diese Probleme, die wir ja haben, über die wir auch nachdenken, die wir auch kennen, die Widersprüche in der Gesellschaft usw.? Ich habe lange darüber nachgedacht und bin hinterher zu dem fürchterlichen Verdacht gekommen, daß er vielleicht den Auftrag hatte, uns ein bißchen das Maul zu stopfen, zu sagen: Haltet doch mal euren Mund, wir wissen das alles auch, das braucht ihr nicht zu sagen.«[90]

Die als Klubgespräche bezeichneten Treffen mit Politbüromitgliedern – unter anderem Horst Sindermann, Egon Krenz, Willi Stoph, Harry Tisch, Erich Mielke, Kurt Hager, Horst Dohlus, Gerhard Schürer, an denen so zwischen zwanzig und dreißig Akademiemitglieder teilnahmen, waren von ähnlicher Art. Dabei gab es auch Versuche, umfassender zu informieren.

Versuche, die Akademiemitglieder »direkt an der Basis« mit Produktionsarbeitern, Soldaten zu konfrontieren, gab es immer wieder. Nicht immer fielen sie so blamabel aus, wie es Erwin Strittmatter 1968 notierte, dennoch

---

90   Günther Deicke. Diskussionsbeitrag auf Sektionssitzung vom 10. 12. 1984. AdK-O 1012.

ist viel Wahres dran: »Das war die große, lange geplante Besichtigungsfahrt der Akademiemitglieder in ihren Patenbetrieb. Wenige, leider nur wenige, Akademiemitglieder nahmen daran teil. Den Heerhaufen stellten die wissenschaftlichen Mitarbeiter der Akademie, etwa fünfzehn an der Zahl. Wo waren die Klugscheißer, die ewigen Belehrer? Niemals sind sie verlegen um gute Vorschläge, sie wissen bei jeder Staatsratserklärung, wie die Mitglieder der Akademie dazu beitragen müssten, sie in Leben umzusetzen, und wenn es dann rangeht ans Leben, sind sie nicht da.«[91]

1985 bot beispielsweise der Umweltminister Hans Reichelt eine mehrtätige Exkursion an, in der Brennpunkte und Umweltaktivitäten in der DDR vorgestellt wurden und natürlich darüber diskutiert werden sollte. Der Zulauf zu diesem Unternehmen war so gering, dass auch interessierte Mitarbeiter in diesem Bus mitfahren durften. Ich kann mich erinnern, dass wir damals in einem Forstinstitut bei Freital waren, an einer Anlage für Fischzucht und uns über die Renaturierung ehemaliger Braunkohlenstätten bei Leipzig informieren konnten. Der Minister erwies sich als überaus kundig, brillierte eindrucksvoll mit Zahlen und Fakten. Als er dann zu einer abschließenden Aussprache einlud, monologisierte er mehrere Stunden und wies danach alle kritischen Fragen und Meinungen brüsk ab. Wolfgang Mattheuer – kann ich mich erinnern – ging vorzeitig – genervt und empört.

Natürlich gab es auch noch eine andere Form von Plenartagungen: »Jubelfeiern« sagten wir respektlos dazu. Das begann 1960 mit der Feier zum zehnjährigen Bestehen und natürlich wurde auch 10 und 20 und 25 Jahre später erfolgreiches Wirken gefeiert. Fortgesetzt wurde es mit der öffentlichen Einweihung neuer oder sanierter Gebäude oder der Gründung neuer, an die Akademie angeschlossener Einrichtungen. Immer wurden dann die »ganz großen« Repräsentanten erwartet. Immer war das auch ein Grund für überdimensionierte Sicherheit: So berichtet Ulrich Dietzel in seinem Tagebuch von der Verwandlung des Hauses anlässlich der Internationalen Plenartagung 1987, da die Akademie das Gebäude am Robert-Koch-Platz saniert erhielt – »in eine Stasi-Festung«. Sogar Stühle wurden auseinandergenommen. Honecker kam. [92]

---

91   Erwin Strittmatter. 10. Januar 1968. In: Erwin Strittmatter. »Wahre Geschichten aller Ard(t). Aus Tagebüchern«. Berlin und Weimar 1982. S. 76/77.
92   Ulrich Dietzel. »Tagebuch«. S. 203.

Sektionssitzungen fanden aller vier bis sechs Wochen statt. In den frühen Jahren wurde in der Sektion Literatur und Sprachpflege oft über Schullehrpläne beraten. Ehrungen von Autoren aus der Vergangenheit waren damals ein anderes Thema. Es gab auch angeordnete Auseinandersetzungen um Kunstwerke, die öffentliches Missfallen dafür Maßgeblicher erregt hatten. Die Künstler sollten Gutachten liefern, die das Missfallen untermauerten. Aber selten kamen Gutachten zustande, die Meinungen dazu waren zu unterschiedlich und kaum so, wie die Auftraggeber es erwartet hatten.

In späteren Jahren bestimmten die Sektionsmitglieder die Inhalte ihrer Sitzungen zunehmend selbst und stellten Themen zur Diskussion, die sich mit Politik und Kulturpolitik beschäftigten. »Laborcharakter« wurde diese Arbeitsweise zuweilen genannt. Wohl die genaueste Vorstellung vom »Laborcharakter« der Akademiearbeit hatte Werner Mittenzwei, der auf einer Sektionssitzung 1984 formulierte:»Den Laborcharakter halte ich für sehr wesentlich, weil das erst einmal zur Substanzzufuhr für die Akademie auch dienlich ist. So wie die Musiker hier das Recht in Anspruch nehmen, mit bestimmten Klängen zu experimentieren und sie vorzuführen, muß auch unsere Sektion die Möglichkeit haben, bestimmte Gedankengänge auszubreiten und vorzuführen. Wenn wir in nächster Zeit, woran ich wenig glaube, eine etwas größere Öffnung in der kulturpolitischen Öffentlichkeit erreichen, müsste es darüber gehen, daß zunächst einmal die Akademie mit der Parteiführung zur Sprache bringt, daß die Akademie für bestimmte Veröffentlichungen ihrer Mitglieder und ihres Arbeitskreises selber die Verantwortung übernimmt. Kulturpolitisch waren wir ja einmal fast soweit, was dann alles wieder abgebrochen worden ist. Aber nur so sehe ich die Möglichkeit, diesen Laborcharakter einmal zu erweitern. Was hier ausprobiert wird, muß und wird nicht immer gleich Allgemeingut der Öffentlichkeit sein. Wenn ich mich hineinversetzen würde in die gewiß nicht einfache Lage eines Kulturpolitikers, würde ich da nicht so große Gefahren sehen. Schon im Preußen Friedrich II war es so, daß die Akademiemitglieder keiner Zensur unterstellt waren und keine Genehmigung des Königs für ihre Veröffentlichungen brauchten. Er sah keine Gefahr darin, es war viel zu elitär.«[93] Da war also die alte Preußische Akademie klüger als die führenden

---

93   Werner Mittenzwei. Diskussionsbeitrag auf der Sitzung der Sektion Literatur und Sprachpflege vom 23. 10. 1984. In: »Zwischen Diskussion und Disziplin«. S. 398/9.

Genossen in der DDR, die den eigenen Genossen Künstlern nicht zu trauen wagten. Trotzdem, versucht wurde zuweilen der »Laborcharakter«, aber selten.

Die Mitarbeiter

Neben den Mitgliedern gab es Mitarbeiter in der Akademie: Leute mit einem festen Gehalt, die meist tagtäglich dafür zu sorgen hatten, dass der »Betrieb lief«. Betraf das anfangs noch wenige Leute, so vergrößerte sich im Laufe der Jahre dieser »Apparat« immens. Aus einem für die jeweilige Sektion verantwortlichen Fach-Mitarbeiter wurde eine ganze Abteilung. Ein früherer Direktors-Posten mutierte zum »Generaldirektor« mit dem entsprechenden Stab, sprich »Direktorat«. Seitdem der Nachlass von Heinrich Mann in die Akademie gekommen war, musste archiviert werden, und es kamen immer mehr Nachlässe und immer mehr Archivare. Das bedingte wiederum, die Papiere nicht nur im Archiv aufzubereiten, sondern auch Teile davon zu veröffentlichen, was wiederum die Einrichtung einer wissenschaftlichen Abteilung begründete. Mit dem Tod einiger Mitglieder kamen ganze Bibliotheken und Wohnungen in den Besitz der Akademie. Neu entstehende Gedenkstätten brauchten feste Mitarbeiter. Mit der verstärkten Öffentlichkeitsarbeit wurden Fachleute für Werbung, Gestaltung und Regie gesucht und eingestellt. Je mehr es wurden, umso differenzierter wurden die Strukturen. 1985 wurde noch einmal ein eigener Bereich »Nationale Forschungs- und Gedenkstätten der DDR für deutsche Kunst und Literatur des 20. Jahrhunderts« etabliert, mit einzelnen Abteilungen, einem Direktor ... Am Schluss waren es circa 350 Mitarbeiter, freilich ein aufgeblähter Apparat, aber es galten auch gänzlich andere Arbeitsstrukturen als heute: Die meisten Arbeiten, die jetzt selbständige »Dienstleister« oder Honorarkräfte erledigen, wurden in der Akademie von festangestellten Mitarbeitern gemacht. Wir hatten eine eigene Kantine, einen kleinen Fuhrpark, Reinemachfrauen, Pförtner.

Die wissenschaftlichen Mitarbeiter waren in der Regel studierte Fachleute, die sich interessanten Aufgaben zu widmen hatten. Die meisten arbeiteten gern in der Akademie. Zwar hatten die Mitarbeiter die Privilegien der Mitglieder nicht, aber sie profitierten dennoch von den Künstlern. Sowohl die intensive Beschäftigung mit ihrem Werk (oder Nachlass) als auch der persönliche Umgang mit ihnen bereicherte den Gesichtskreis. War die erste Bedingung – die Unterordnung unter die Interessen der Mitlieder – akzeptiert und erfüllt, boten sich den Mitarbeitern große Möglichkeiten für Kreativität und Aktivität. Als ich 1981 von einem Parteiinstitut, an dem ich vorher gearbeitet hatte, zur Akademie der Künste überwechselte, spürte ich das offenere Klima. Auch unter den Mitarbeitern war eine eigene Meinung gefragt und die kritische Haltung gegenüber Einzelentscheidungen der Kulturpolitik etwas Selbstverständliches. Sogar unser langjähriger Generaldirektor Heinz Schnabel, in dem so manche den sahen, der die Mitglieder und Mitarbeiter zu »disziplinieren« hatte, war nicht selten aufmüpfig und half, die Grenzen des Machbaren zu erweitern. So plädierte er beispielsweise bei der Diskussion um Stephan Hermlins »Deutsches Lesebuch« für Luthers »Eine feste Burg ist unser Gott« an erster Stelle, was Abusch und anderen gar nicht gefiel.[94] Ähnliche Beispiele gab es viele. Auch Ulrich Dietzel, der mehrere Jahrzehnte leitende Funktionen in der Akademie hatte, schildert in seinem Tagebuch derartige Situationen und sein Resümee nach dem Ausscheiden aus der Institution lautet: »Fast 40 Jahre habe ich an der Arbeit der Akademie teilgenommen. Im Windschatten der Mitglieder profitierten die Mitarbeiter von der im Vergleich zu anderen Einrichtungen der DDR großen Liberalität, die die DDR-Obrigkeit der Akademie zugestand.«[95]

Dass die Mitglieder uns Mitarbeiter brauchten, war für sie selbstverständlich. Die allmähliche Vergrößerung des Apparates betrachteten sie jedoch mit großem Misstrauen. So beschwerte sich Benito Wogatzki 1987 in einer Sektionssitzung, dass sich der »Apparat« verselbständige[96], und 1988 war die Aufregung in der Sektion groß, als es zu Akademie-Veranstaltungen – Beispiel Werkstatt »Junge Kunst« – gekommen war, die nicht unter der Federführung von Mitgliedern gestanden hatten. Kohlhaase monierte: »Die Größe des Apparats macht die Sektionen nicht mehr zum Mittelpunkt.«[97] Dies freilich wäre ein Sakrileg gewesen, und das Präsidium reagierte prompt selbstkritisch: »In die Vorbereitung der Werkstatt sind Präsidium und Sektionen künftig stärker einzubeziehen.«[98]

---

94 Protokoll der Sektionssitzung vom 19. 12. 1973. AdK -O 900.
95 Ulrich Dietzel. »Tagebuch«. S. 321.
96 Benito Wogatzki auf Sektionssitzung am 30. 9. 87. AdK-O 1111.
97 Wolfgang Kohlhaase auf Sektionssitzung vom 11. 4. 1988. AdK-O 1273.
98 Auswertung der Werkstatt »Junger Kunst«. Präsidiumssitzung vom 10. 5. 1988

Auch »meine« Abteilung – die für die unmittelbare Arbeit in der Sektion Literatur und Sprachpflege verantwortliche – hatte sich im Lauf der Jahre, wenn auch überschaubar vergrößert. Eine wissenschaftliche Mitarbeiterin war speziell für Korrespondierende Mitglieder, eine andere für Preisverleihungen usw. zuständig. Wenn auch Peter Hacks uns »Schreibstube« nannte und einmal, als er in einer Personalentscheidung nicht gefragt worden war, auf den »Größenwahn der Schreibstube, der die Akademie auf den Hund gebracht hat«[99] wütete, verkehrten wir sehr freundlich, aber natürlich von unserer Seite respektvoll miteinander, korrekt dem Maß zwischen Dienern und Göttern verpflichtet. Die Mitglieder schätzten uns schon, denn meist setzten wir ihre Vorschläge und Ideen in mühseliger Kleinarbeit – Recherche, Organisation, Publikation – um. Was Manfred Wekwerth über uns sagte, ist aber wohl doch eine Ausnahme, derart viel und hohe Aufmerksamkeit pflegten auch unsere »Götter« ihren »Dienstboten« gewöhnlich nicht zukommen zu lassen. Wekwerth nannte uns in seinen Erinnerungen an die Akademie das »Fußvolk – die sogenannten ›Mitarbeiter‹ durften im Gegensatz zu den Mitgliedern nicht mitstimmen, wenn es zu Abstimmungen kam. Dafür machten sie fast alle Arbeit. Es heißt, es sei unmöglich, Kunst zu organisieren. Die Mitarbeiter organisierten aber nicht nur Kunst, sondern Künstler, was noch unmöglicher ist. Zwanzig vielbeschäftigte ›Stars‹ an einem Tag, in einem Raum zur selben Stunde zusammenzubringen, war nicht nur eine organisatorische Leistung. Man mußte die ›Mitglieder‹ mit irgend etwas locken: mit Themen, Problemen, Neuigkeiten, mit Kognak auf den Tischen und einem Mikrofon, das alles aufnahm, was die Großen sagten, nicht um sie zu kontrollieren, sondern es zu archivieren. (...) Das alles ging nur, weil die ›Mitarbeiter‹ selbst hervorragende Wissenschaftler waren, die sich der Kunst verschrieben hatten. Durch sie war die Akademie einer der eifrigsten und kühnsten Veranstalter in Berlin.«[100] Ein schönes Lob!

Einen von »uns« will ich hier etwas genauer vorstellen: Hansjörg Schneider war lange Zeit mein Stellvertreter in der Abteilung. Als ich 1981 an die Akademie kam, half mir der Ältere mich schnell »einzuleben«. Obwohl auch er die Formel von den »Göttern«, für die wir zu arbeiten hatten, wiederholte,

---

99   Peter Hacks zur Sitzung der Arbeitsgruppe Dramaturgie am 14. 4. 1976. In: »Berlinische Dramaturgie«. Band 2. S. 90.
100   Manfred Wekwerth. »Erinnern«. S. 426/7.

sah er das keineswegs eng. Er schwärmte vielmehr von den Freiräumen, die wir Mitarbeiter dank der Mitglieder hatten: wir durften an interessanten Projekten arbeiten und konnten oft dabei mithilfe der Mitglieder bürokratischen Vorschriften entgehen. Die Anregungen und Ideen, die von den Mitgliedern kamen, erweiterten unseren Gesichtskreis immens. Hier zu arbeiten, machte Spaß. Da Schneider mit einigen Mitgliedern gleichaltrig war, nahm er sich mehr als wir anderen auch mal das Recht zu einer eigenen Lippe. Wahrscheinlich hat ihn Peter Hacks deshalb als Organisator seiner Dramatikgespräche nach Schneiders Rückkehr in die Abteilung abgelehnt. Ob es sich andere Mitarbeiter erlaubt hätten, einem nicht mehr nüchternen Mitglied nach seiner Lesung die Autoschlüssel abzunehmen? Das war eine »Heldentat« Schneiders, die in den späteren Erinnerungen an unsere Akademiezeit immer wieder die Runde machte.

Schneider, damals schon grauhaarig, aber auch jugendlich, wenn er im Sommer in seinen kurzen Hosen zur Arbeit kam, – ließ mich gleich wissen, dass ein voller Schreibtisch durchaus Vorteile hatte: Was auf den Stapel von Akten immer wieder nach unten befördert wurde, blieb nun einmal liegen und erledigte sich von selbst. An seinen Lieblingsprojekten – meist größeren Veranstaltungen mit mehreren Mitgliedern – arbeitete Schneider intensiv und manchmal verbissen. Immer wieder brachte er eigene Ideen ein. »Büroarbeit« – Berichte, Sammeln von Akten, gar Anträge und ähnliches – liebte er nicht, und da hatte ich manchmal meine liebe Not mit dem Säumigen. Aber charmant wandt er sich aus der Schelte und blinzelte seine »Chefin« schelmisch an. Allmählich erfuhr ich auch seinen Lebenslauf: Geboren 1925, musste er noch zwei Jahre in den Krieg ziehen. Schon als Schüler hatte ihn das (Dresdener) Theater magisch angezogen. Erich Ponto wurde sein Privatlehrer. So lernte er von der »Pike« auf und arbeitete dann als Schauspieler, Dramaturg, Regisseur und Intendant kleinerer Theater (u. a. Straßburg/Bernburg). Doch er wollte auch noch studieren, mehr wissen über die Stücke, die er spielte. Schneider ging an die Humboldt-Universität nach Berlin, studierte von 1956 bis 1960 Germanistik und Literaturwissenschaft. Dann wurde er wieder Oberspielleiter an einem Theater, handelte sich 1961 einen Parteiausschluss ein, als er den Mauerbau und vor allem den Aufbau einer neuen Armee kritisch sah. Bei Walter Felsenstein an der Komischen Oper Berlin arbeitete er dann als Pressereferent und Werbeleiter und ging 1968 an die Akademie der Künste als wissenschaftlicher Mitarbeiter.

Dort machte er sich sowohl in der Abteilung, die zur Sektion Darstellende Kunst gehörte, verdient, bis er dann in unsere Abteilung wechselte. In diesen Akademie-Jahren promovierte er 1977 und arbeitete mit an einem großen Gemeinschaftsprojekt zum Exil, das Werner Mittenzwei leitete. Schneiders Gebiet war das Exiltheater in der Tschechoslowakei. Doch auch das »lebendige« Theater hatte ihn nicht losgelassen: Er war Gründer (1968) und Leiter eines Laientheaters, des »Kleinen Theaters Berlin Mitte«, das jedes Jahr mit neuen Inszenierungen aufwartete. Jeden Mittwoch verließ uns Schneider zwei Stunden eher, um in sein »Theaterchen« zu gehen.

Zwei Jahre vor seiner Rente bat er darum, die operative Arbeit verlassen zu dürfen und wieder wissenschaftlich arbeiten zu können. Also wechselte er zu einer Abteilung, in der Bücher zur Darstellenden Kunst geschrieben wurden. Wieder widmete er sich dem Prager Theater im 20. Jahrhundert. Kurz vor der Wende ging er in Rente, und ich erlebte staunend, wie intensiv Schneider arbeitete: Clever führte er sein Theater durch alle Wendewirren und ein Buch nach dem anderen entstand. Meist ging es um die deutschsprachigem Bühnen in Böhmen und Mähren und das Dresdener Theater im 20. Jahrhundert. Er forschte zu den großen Schauspielern der 20er Jahre (natürlich hatte es ihm Erich Ponto besonders angetan), erkundete alle Stationen der Dresdner Theater im 20. Jahrhundert. Er war unermüdlich. Die EEE-Reihe, in der auch dieses Buch erscheint, ist Hansjörg Schneider zu verdanken. In Band 2 dieser Reihe erinnerte er an »sein Projekt« – »Meine böhmische Ecke« und berichtete über seine Arbeit, über die Freundschaften, die entstanden sind, und lieferte wieder Neues in der Forschung seines Fachs. Immer wieder plädierte er dafür, das aufzuschreiben, was wir erlebt haben. Schneider war auch derjenige, der dafür sorgte, dass unsere seit zwei Jahrzehnten nicht mehr bestehende Abteilung einmal jährlich zusammenkommt. Im Sommer 2011 starb er plötzlich. Noch zu seinem 85. Geburtstag, der groß gefeiert wurde, mahnte er mich öffentlich, nicht nachzulassen und »unser« Buch zu schreiben.

14.12. 1981 »»berliner begegnung zur friedensförderung«, auf initiative von hermlin. west und ost sitzt also in einem saal. klaus fuchs und robert jungk, franz fühmann und günter grass. hermlin: krieg, der bis heute moralischen wert haben konnte, ist absurd geworden; er muß geächtet werden. die losung frieden schaffen ohne waffen hat in sich das wesen großer utopien, besitzt also einen realen kern. einseitige abrüstung. christa wolf: hat hitler uns eingeholt? Der die tür mit einem krach zuschlug, daß ganz europa mitgehen sollte. es kann uns noch retten, was wir für unmöglich halten. wenn die zivilisation fähig ist, diese bomben zu bauen, dann ist sie krank, geisteskrank, wahrscheinlich todkrank.

der vorschlag einer demonstration auf dem alexanderplatz ist schnell vom tisch. füge meinem text: in der friedensbewegung steckt ein kommunistischer impuls. auch deshalb haben wir sie nicht auf unseren straßen.««[101]

Diese Veranstaltung war in der Geschichte der Akademie einmalig, zugleich demonstrierte sie das Maß an Macht und Ohnmacht, an Hoffnung und Illusion, das mit dieser Akademie in den 80er Jahren verbunden war.

Von Stephan Hermlins Diskussionsbeitrag auf der Rostock/Warnemünder Plenartagung war schon die Rede (Er ist auch noch einmal im Anhang nachzulesen.) gewesen, er fühlte sich zutiefst mit dem neuen außenpolitischen Kurs Honeckers bestätigt: Nicht Konfrontation zwischen den Blöcken war angesagt, sondern – wie es hieß – vertrauensbildende Maßnahmen, das umso dringender, weil die Aufrüstung, auch die atomare, aus dem Ruder zu laufen schien. Bereits 1979/1980 hatte sich abgezeichnet, dass der amerikanische Präsident Ronald Reagan zu Abrüstungsverhandlungen nicht bereit war, die Rüstungsspirale schien unaufhaltbar. War man bisher davon ausgegangen, dass militärisches Gleichgewicht und die Gefahr der Menschheitsvernichtung durch Atombomben eine Garantie für einigermaßen friedliches Nebeneinander darstellen

---

[101] Volker Braun. »Werktage 1977-1989. Arbeitsbuch I«. Frankfurt/Main 2009. S. 425. Im Folgenden: Volker Braun: »Werktage«.

könnte, waren nun von Seiten der Amerikaner bedrohliche Stimmen über mögliche begrenzte Atomeinsätze zu hören, dazu: auch in Europa sollten Atomwaffen stationiert werden. Der NATO-Dopppelbeschluss zu dieser Stationierung bewegte die Gemüter. Die Sowjetunion zog nach, indem sie SS-20-Raketen auf ihrem Einflussgebiet stationierte. Heute wird einge-schätzt, dass der »grassierende Rüstungswahn jener Zeit« auch den diplo-matischen Kontakten zwischen Bonn und Ost-Berlin zu einem »unerwar-teten Schub« verholfen habe. [102]

Die Angst vor einem Krieg war groß. In der Bundesrepublik hatten sich Funktionäre der Deutschen Friedensunion, u. a. Pastor Niemöller, Gösta von Uexküll und Mitglieder einer »neuen« Friedensbewegung, dar-unter Petra Kelly und Gert Bastian, zusammengefunden, um in einem gemeinsamen Appell – »Krefelder Appell« – vor der Gefahr der Atomwaf-fen zu warnen, und sie fanden trotz der Ablehnung des Appells durch die etablierten Parteien schnell Zustimmung. Binnen sechs Monaten hatten 800 000 Bürger unterschrieben, bis 1983 sollen es sogar über 4 Millionen gewesen sein. Natürlich beteiligten sich auch bekannte Künstler der Bun-desrepublik daran. So formulierte Günter Grass: »Schon jetzt hat das Ver-sagen der Politik und der Politiker katastrophale Auswirkungen.«[103] Hei-nar Kipphardt, Schriftsteller und Arzt, sprach von »Paranoia« als einen Begriff, der »höchst tauglich für unsere Betrachtung von politischen Bewegungen in unserer Zeit« wäre.[104]

Im Sommer 1981 fand in Hamburg der Evangelische Kirchentag statt, zu dem auch Stephan Hermlin eingeladen war. Ihm gefiel die offene Atmosphäre, die gegenseitige Bereitschaft, einander zuzuhören, auch gegenteilige Standpunkte zu akzeptieren und offen und kontrovers über die Bedrohung des Friedens zu sprechen. Dieses Erlebnis, so sagte er, sei ein letzter Anstoß gewesen, »seinen Traum« von einem zwanglosen, respektvollen Gespräch zwischen Ost und West zu verwirklichen. (Eine etwas ausführlichere Darstellung von Hermlins Entwicklung hin zu die-ser Haltung findet sich im Hermlin-Porträt in Teil II.)

---

102 Lutz Herden. »Von allen guten Brüdern verlassen«. In: Der Freitag. Nr. 21, 20. 5. 2009, S. 10.
103 Günter Grass. Diskussionsbeitrag auf der Berliner Begegnung. In: Akademie der Künste der DDR. »Berliner Begegnung zur Friedensförderung. Protokoll«. 13./14 12. 1981. O. D. (1982). S. 20. Im Folgen-den: »Berliner Begegnung«.
104 Heinar Kipphardt. In: »Berliner Begegnung«. S. 29.

Die Akademie der Künste der DDR

Hermlin unterbreitete seine Idee eines Treffens von Intellektuellen im Akademie-Präsidium, fand dort und in den zuständigen Abteilungen im Zentralkomitee der SED Anhänger, und als er und Konrad Wolf nach einer »Audienz« bei Erich Honecker gänzlich »grünes Licht« erhalten hatten, konnte das Unternehmen offiziell gestartet werden. Stephan Hermlin und »sein Instinkt für diese Situation«, wie es Günter Grass ausdrückte[105], hatten Erstaunliches bewirkt. Der über Jahre hin abgebrochene öffentliche Dialog wurde wiederbelebt. Hermlin wurde als Einladender etabliert, seine vornehmlich von ihm vorgeschlagene Gästeliste hatte es in sich. Schon bei Honecker[106] war geklärt worden, dass die Schriftsteller Thomas Brasch und Jurek Becker, die die DDR verlassen hatten, eingeladen werden durften. Auch dem Einreise-gesperrten Günter Grass sollte Einlass gewährt werden.

Außerdem standen noch Walter Jens, Peter Weiss, Heinrich Böll, Uwe Johnson (die aus verschiedenen Gründen absagen mussten, das aber bedauerten) auf der Wunschliste Hermlins, aus den westlichen deutschsprachigen Ländern kamen schließlich folgende Literaten: Carl Amery, Bernt Engelmann, Erich Fried, Peter Härtling, Günter Herburger, Heinar Kipphardt, Dieter Lattmann, Luise Rinser, Heinrich Schirmbeck, Jurek Becker, Thomas Brasch, Ingeborg Drewitz, Günter Grass, Ernst Jandl, Adolf Muschg, Peter Rühmkorf, Peter Schneider. Das DDR-Pendant zu den Schriftstellern waren die Literatur-Sektionsmitglieder (es kamen: Alexander Abusch – was selbst Hermlin nicht hatte verhindern können, Helmut Baierl, Jurij Brězan, Günter de Bruyn, Günther Deicke, Karl Georg Egel, Franz Fühmann, Wieland Herzfelde, Hermann Kant, Wolfgang Kohlhaase, Erik Neutsch, Dieter Noll, Helmut Sakowski, Max Walter Schulz, Erwin Strittmatter, Alfred Wellm, Robert Weimann, Benito Wogatzki und Christa Wolf. Zusätzlich waren aus der DDR eingeladen und gekommen: Volker Braun, Günter Görlich, Stefan Heym, Heiner Müller, Heinz Kamnitzer, Rolf Schneider, Helga Schütz, Jeanne Stern, Kurt Stern, Paul Wiens und Gerhard Wolf. Einige wenige Mitglieder aus anderen Sektionen wie die Bildenden Künstler Fritz Cremer, Arno Mohr und Wieland Förster, die Komponisten Siegfried Matthus und Friedrich Goldmann sowie die Regisseure Ruth Berghaus und Manfred Wekwerth ergänzten die »DDR-Mannschaft«, und natürlich war der Akademiepräsiden Konrad Wolf dabei.

---

105   Günter Grass. In: »Berliner Begegnung«. S. 37.
106   Matthias Braun. »Kulturinsel« S. 342.

Wissenschaftler der verschiedensten Richtungen – Physiker, Philosophen, Psychologen, Wirtschaftswissenschaftler, Konfliktforscher – aus der Akademie der Wissenschaften der DDR hatten ihr Pendant in Kollegen ähnlicher Sparten aus Westberlin, der Bundesrepublik, Österreich und den Niederlanden. Dabei war wohl doch auch darauf geachtet worden, »befreundete« Spezialisten zu Rate zu ziehen, auf alle Fälle waren die meisten Sympathisanten, wenn nicht die einsamen Vertreter kommunistisch/marxistischer Theorien aus den jeweiligen Ländern. Dazu kamen Gäste aus der Sowjetunion, ein Tscheche, ein Ungar.

Eine illustre Runde, um die 100 Persönlichkeiten von Rang. Seit langem zum ersten Mal gehörten auch Gäste dazu, von denen man wusste, dass sie nicht alles, was in der DDR passierte, goutierten. Aber in Sachen Frieden waren sie aufgeschlossen und engagiert. Auf alle Fälle standen ihre Arbeiten für künstlerische und humanistische Qualität, man wusste sich mit ihnen einer größeren interessierten Öffentlichkeit sicher.

Inhaltlich und organisatorisch war das Ganze gründlich vorbereitet[107]. So war extra ein Organisationsbüro eingerichtet worden. Am 10. 12. 1981 fand eine vorbereitende Sitzung der Sektion Literatur und Sprachpflege statt.[108] Ausführlich berichtete dort Stephan Hermlin von Anliegen und geplanter Durchführung: Thema sei ausschließlich die Friedensförderung. Max Steenbeck, der Partner von der Akademie der Wissenschaften, habe dazu formuliert, »Wir sollten alles zulassen außer Leuten, die in einem aggressiv-propagandistischen Stil ein Gesellschaftssystem gegenüber dem anderen herausheben wollten, so daß es also eine Diskussion über Gesellschaftssysteme werden würde.« Weiter informierte er über die Teilnehmer, die trotz einer Gegen-Kampagne von Marcel Reich-Ranicki zugesagt hatten, und dann diskutierten die Sektionsmitglieder darüber, wie die Diskussion laufen könne und verpflichteten sich im Grunde zu der von Hermlin geforderten loyalen Haltung, hinter der offenbar auch die Parteiführung stand. Bei verbalen Verletzungen durch die Gegenseite wollten sie sich »zügeln«, aber dennoch nicht alles hinnehmen und sich darauf vorbereiten. Verblüffend zahm benahm sich in dieser Sitzung Alexander Abusch, der diesmal alle Appelle Hermlins nach Höflichkeit und Gelassenheit unterstützte.

---

107   Ausführlich darüber in: Matthias Braun. »Kulturinsel«. S. 345 ff.
108   Protokoll der Sektionssitzung vom 10. 12. 1981. AdK-O 895.

Die Akademie der Künste der DDR

Das Treffen begann am Sonntag, dem 13. Dezember 1981 um 18.20 Uhr im Saal des Hotels Stadt Berlin am Alexanderplatz. Es war ein sehr ungünstiges Datum: Zum ersten Mal zeigte sich der Winter mit dicken Flocken nassen Schneeregens, und im benachbarten Polen war einen Tag zuvor der Ausnahmezustand verhängt worden.

Hermlin begann, begrüßte die Gäste und erläuterte noch einmal die in der Einladung genannten »Spielregeln«: Es ginge ausschließlich um Themen der Friedensförderung. Einleitend sollten Klaus Fuchs und Robert Jungk sprechen. Wer wollte, dürfte dann ein Statement von maximal vier Minuten abgeben, dazu könnten sich dann die anderen mit einer kurzen Intervention äußern. Es wäre nicht beabsichtigt, mit einer gemeinsamen Resolution auseinander zu gehen, sondern es würde ausschließlich auf einen ersten Austausch von Meinungen ankommen.

Professor Klaus Fuchs, der erste Redner »zur Sache«, war eine legendäre Person, hatte er doch bei seinem Einsatz für ein militärisches Gleichgewicht sein Leben riskiert. Der in der englischen Emigration lebende Kernphysiker hatte den Sowjets wichtige Unterlagen zum Bau der Atombombe verraten, wurde 1950 als Spion für die Sowjetunion enttarnt und zu 14 Jahren Freiheitsentzug verurteilt. Nach seiner Freilassung nach 9 Jahren ging er in die DDR und bekleidete hier hohe Posten auf dem Gebiet der Kernforschung. Zeitlebens verteidigte er sein Handeln als eine Tat aus Gewissensgründen, da er es für gefährlich gehalten habe, wenn nur eine Seite im Kalten Krieg im Besitz von Atomwaffen wäre. Fuchs war zweifellos ein illustrer Mann, aber seine Rede brachte kaum Neues. So stellte er noch einmal seine Sicht auf die historischen Ereignisse dar, die sich um das Atombombenmonopol der Amerikaner in den Jahren 1944–1949 rankten – das Verhalten Roosevelts, Churchills, der Vorschlag der Sowjetunion zur Ächtung der Atombombe, die Ablehnung durch die USA, der Rüstungswettlauf. Die gegenwärtige Lage beschrieb er als äußerst brisant, da die Amerikaner durchaus die Idee eines begrenzten Krieges in Europa und die Illusion eines atomaren Erstschlags hegten. Die Militärdoktrin der Sowjets sah er als einziges Konzept der Verteidigung und er lobte die Vorschläge Breshnews, die auf Abrüstung und Entspannung zielten.

Professor Robert Jungk aus Österreich war ein wirklicher Gegenpart. Während Fuchs aus den Erfahrungen der Vergangenheit feste, bekannte und etwas unbewegliche Muster in Gegenwart und Zukunft ableitete, hatte sich der gelernte Journalist mit seinen Arbeiten zu einem »Zukunftsforscher« neuer Art entwickelt. Die Geschichte und Zukunft der Atomforschung und ihre gesellschaftliche Verwendung hatten es ihm besonders angetan, aber mit der weiteren Entwicklung gerieten auch ökologische Fragen mehr und mehr in seinen Blickpunkt. Das Besondere an ihm, so seine Anhänger, war sein »Riecher« für Kommendes. Mit seiner Behauptung, daß künftige Krisen in der Gegenwart angelegt sind, forderte er, die Zukunft im Jetzt zu entdecken, »Vorbeben« zu erkennen. Er wollte das gewonnene Wissen aus den verschiedenen Gebieten bündeln, weiter geben, popularisieren, wobei es ihm weniger um neue Modelle oder ganze Theoriegebiete ging. Eine seiner ungewöhnlichen Thesen hieß »Phantasie an die Macht.«

Auf der Berliner Tagung war er der erste, der die Ereignisse in Polen direkt ansprach. Er äußerte auch die Befürchtung, mit der Beteiligung an dieser Veranstaltung von den Gastgebern vereinnahmt, ja missbraucht zu werden. Als ein Beteiligter an der Pugwash-Bewegung – eine internationale Organisation, in der Wissenschaftler Fragen globaler Sicherheit behandeln – bekannte er vor allem Erfahrungen des Scheiterns. Doch er wollte als »hochgemuter Pessimist« nicht aufgeben und müsste immer und immer wieder vor den Gefahren eines Atomkrieges zu warnen. Wieder setzte er auf die Phantasie, mit der ja Künstler mehr als andere begabt seien. Sie könnten Visionen einer lebbaren Zukunft erfinden. Hoffnung sah er auch im zunehmenden Interesse und Engagement von immer mehr Menschen und vor allem in einer ökologisch bewussten Jugend.

Daran schlossen sich verschiedene vierminütige Statements von Künstlern und Wissenschaftlern an, die alle vor der immer schneller wachsenden Rüstung warnten, Überlebensmöglichkeiten beschworen, friedliche Koexistenz priesen und sogar – so Stephan Hermlin – die einseitige Abrüstung der einen, »klügeren« Seite zu bedenken gaben. Stephan Hermlin stützte sich dabei auf ein erst kürzlich entdecktes Leninzitat. Bis in die Nacht saß man an diesem Tag, am nächsten Montag folgte ein noch größerer Redemarathon: Von 10 bis 22 Uhr mit einigen wenigen Essenspausen.

Recht diszipliniert waren die Redner, nur wenige hielten sich nicht an die vorgegebenen knappen Minuten. Äußerst respektvoll gingen sie miteinander um, offensichtlich bemüht, niemanden direkt anzugreifen. Als Günter Grass doch einmal ein gemeinsames Abschlusspapier anregte, war es Christa Wolf, die kraft ihres Ansehens den Vorschlag vom Tisch wischte.

Auch Gedichte wurden vorgetragen, eigene und fremde, es war spannend, teilweise kontrovers, nie beleidigend.

Lange Zeit und über die gesamte Diskussion hinweg stand die Frage, wer wen bedroht, im Raum. Mit historischen Fakten, Erfahrungen, ja sogar mit persönlichen Erlebnissen versuchten die meisten DDR-Redner zu belegen, dass von der Sowjetunion, deren Bewohner einen schlimmen Krieg erlebt hatten und noch jetzt um ihre viele Toten trauerten, keine Bedrohung ausginge. Dass es Signale aus den USA gab, die einen Krieg nicht ausschlossen, ja damit spielten und drohten, wurde von den Teilnehmern aus den westlichen Ländern nicht geleugnet, aber ebenso hartnäckig verwies unter anderem Günter Grass auf seine Angst sowohl vor den amerikanischen Pershings und als auch den sowjetischen SS-20 Raketen und darauf, dass die USA wohl »ihr« Korea, Vietnam, nun (etwas anders geartet) »ihr« Nikaragua hätten, aber die Sowjets doch gleichermaßen »ihr« Afghanistan, jetzt »ihr« Polen. Darauf waren die Antworten der DDR-Verteidiger dünn, zumal sich damit auch bald Kritikpunkte an der DDR verbanden, die sich auf die Behinderung der kirchlichen Friedensbewegung in der DDR, den Wehrunterricht in der DDR und fehlende Demonstrationsfreiheit bezogen.

Das Dilemma der Diskussion bestand darin, dass alle betonten, die bestehende Weltlage mit den beiden Lagern als gegeben und unveränderbar zu betrachten, aber innerhalb dieser Konstellation wünschte man sich Bewegung, Veränderung: Grass und andere Gesprächspartner aus der Bundesrepublik wollten schon gern eine andere, liberalere DDR und wurden von DDR-kritischen DDR-Schriftstellern darin unterstützt. Die Kritikpunkte, die das westliche Lager betrafen, räumten sie zwar ein, doch leider wären sie auf derartige Veränderungen einflusslos. Insofern war es zwar ein vorsichtiger und wenig aggressiver Meinungsaustausch, und doch verfolgten einige bewusst oder unbewusst dabei ziemlich gut das SPD-Konzept »Wandel durch Annäherung.«: »Der Priorität des Friedens – dieser Orientierung konnte sich keine Seite entziehen. SPD und SED entwickelten daraus Regeln für die Streitkultur, die den ideologischen Gegensätzen übergeordnet werden mussten«[109], so beschrieb Egon Bahr im Nachhinein den Plan, und er sah darin die Möglichkeit, »den inneren

---

109   Egon Bahr. »Zu meiner Zeit«. München 1996. S. 539.

Wertekern«[110] der kommunistischen Ideologie zu zersetzen: »Den Status quo anerkennen, um ihn zu verändern, das hatte schon bisher funktioniert, es würde wieder funktionieren, wenn die andere Seite sich dafür gewinnen ließ.«[111]

Zwar wehrte sich Stephan Hermlin auf seine Art, indem er den Status quo als Grundbedingung solcher Gespräche betonte. Er nannte das das «Ertragen dieses Konfliktpotentials, in dem wir leben«, und dazu gehöre auch, »daß wir ertragen müssen, daß in der jeweils anderen Gesellschaftsordnung Dinge passieren, die aus unserer Interpretation, die wir von einer bestimmten Gesellschaft haben, nicht akzeptabel sind. Jede Gesellschaft kann nur aus sich heraus und von innen heraus sich verändern und kann nicht durch eine Intervention von außen verändert werden«[112]. Eine Intervention in Form »schleichender Zersetzung« hatte er sich damals wohl nicht vorstellen können. Der sowjetische Schriftsteller Daniil Granin bekräftigte Hermlin mit so klaren und einfachen Sätzen, hinter denen die ganze Schwierigkeit der Situation steckte: »Es ist jetzt wichtig, daß man sich nicht billig aussöhnt, sondern daß man lernt, einander zuzuhören, daß man sich für die lebendigen, anderen, uns fremden Meinungen interessiert, daß man begreift, daß andere Menschen oder auch andere Völker auch anders denken können.«[113]

Natürlich gilt für so eine Ansammlung von Intellektuellen, dass die unterschiedlichsten Gesichtspunkte geäußert wurden. Einige machten schon darauf aufmerksam, dass es zum Wesen des kapitalistischen Lagers gehöre, an der Rüstung zu verdienen, während die andere Seite am Zwang zur Gegenrüstung Kraft verliere. Im Weltmaßstab, so gab Heiner Müller zu bedenken, bedeute ein Wegfall der Alternative Sozialismus oder Barbarei, die Aussicht auf Untergang oder Barbarei, und Volker Braun verwies auf die fragwürdige Gestalt des »heutigen« Friedens, »die in Waffen geht, die uns zu der fortwährenden Anstrengung zwingt, sie von allen Seiten zu panzern, einer Anstrengung, bei der der Sozialismus seinen eigenen Zweck vergessen kann. Der Frieden, ein Monster, das unsere Kräfte verschlingt.« Braun verwies dann auf die Bedingungen für vernünftige

---

110   Ebenda. S. 553.
111   Ebenda. S. 538.
112   Hans Heinz Holz. In: »Berliner Begegnung«. S.58.
113   Daniil Granin. In: »Berliner Begegnung«. S. 52.

Entscheidungen und wollte, dass nicht wie jetzt nur »ein kleiner Kreis der Herrschenden« Entscheidungsgewalt hat, sondern »die Massen, die heute auf die Straße gehen, ... mit ihrem Hunger auf Mitentscheidungen.«[114]

Nicht nur in diesem Beitrag hätte man durchaus Visionen und Dialektik entdecken können. Auch als Christa Wolf, eine der fünf Frauen in diesem Gremium »großer« und disproportional vieler Männer, auf den ausschließlich »männlichen Anteil« an der Rüstung hinwies[115] und generell in der Gesellschaft mehr weibliche Mitbestimmung, weiblichen Einfluss und weiblicher Mentalität verlangte, wären Ansätze anderen Denkens zu entdecken gewesen. Helmut Sakowski zog gar historische Bezüge zum minoischen Reich, eine Hochkultur von friedlicher Art. [116] Natürlich ging es auch – es waren ja die Sprach-Sachverständige versammelt – häufig um eine neue andere Sprache, die zwischen Wehrdienst und Kriegsdienst, Krieg und Verteidigung zu unterscheiden weiß. Carl Amery kritisierte die zu geringe Dialektik in der Debatte. Hans Heinz Holz vermisste Fragen nach ökonomischen Zusammenhängen und nach der Rolle des Eigentums.

Es war, so glaubten damals die meisten Teilnehmer, ein allererster Anfang von tiefgründigen, sachkundigen Gesprächen, nach langer Zeit der Konfrontation. Dass es überhaupt zustande gekommen war, lobte und bestaunte Christa Wolf, und Benito Wogatzki war begeistert: das Miteinander-Reden – »Es geht! Es geht! Ohne Illusionen zu haben.« [117]

Eine Frage zog sich durch die gesamte Diskussion: Warum sollten sich nun ausgerechnet Schriftsteller und Künstler für »Friedenförderung« zuständig fühlen? Was für einen Sinn könnte das haben? Besonders diejenigen, die aus dem Westen kamen, betonten immer wieder die Machtlosigkeit ihrer Berufsgruppe. Erfahrungen mit Appellen, offenen Briefen wären vor allem negativ verlaufen. Politiker machten sowieso, was sie wollten. Angesichts der speziellen Kenntnisse der anwesenden Wissenschaftler fühlten sie sich zudem weniger zuständig. Auch Beispiele aus der Vergangenheit hätten gezeigt, dass derartige Engagements nichts bringen würden. Das aber wollten Stephan Hermlin und viele seiner DDR-Kollegen nicht gelten lassen. Sich bewusst in die Tradition von Heinrich Mann

---

114   Volker Braun. In: »Berliner Begegnung«. S. 64.
115   Christa Wolf. In: »Berliner Begegnung«. S. 47/48.
116   Helmut Sakowski. In: »Berliner Begegnung«. S. 46.
117   Benito Wogatzki. In: »Berliner Begegnung«. S. 63.

stellend und wissend um die Wirkung im eigenen Land, pochten sie auf eine Rolle als geistiger Vorreiter, als Vertreter von Massen von Lesern, ja, als sich in der Pflicht fühlende Berater von Politikern und Regierungen und immer als Vermittler neuer Gedanken, gesellschaftlicher Phantasie. Das Weitertragen und Verarbeiten hier gehörter Standpunkte war für sie Teil ihres Berufsverständnisses, das Aufklärung und gesellschaftliches Engagement einschloss. Wohl wissend um die realen Kräfte in der Politik, hatte Hermlin 1961 bekannt: »Ich persönlich – es ist möglich, daß das eine ganz isolierte Meinung ist – bin fest der Auffassung, daß zwar die Intellektuellen den Krieg nicht beseitigen können, dazu sind sie zu schwach, aber daß auf ihrem Gebiet die Intellektuellen den Krieg aushöhlen können, daß sie ihn einem gesamten Bereich entziehen können und daß sie ihn dadurch schwächen, indem sie sich nicht dazu hergeben, auf ihrem Lebensbereich die Losungsworte der Herrschaften, die an diesem kalten Krieg interessiert sind, zu befolgen.«[118]

Noch waren also die DDR-Schriftsteller fest überzeugt von der Bedeutung und Wirkung ihrer Arbeit. Noch galt der Glaube an die Macht des Wortes. Auch die Art, wie sich die gesamte Veranstaltung vollzog – abgeschirmt in einer Luxusatmosphäre, um Wichtiges zu tun; verfolgt von Medienvertretern, die im anderen Raum alles beobachteten und auf Sensationen warteten – bestätigte sie in ihrer Annahme gesellschaftlich gewichtig zu sein.

Wir »gewöhnlichen« Mitarbeiter der Akademie, die nicht zum Organisationsbüro gehörten, hatten kaum einen Zugang zu dem, was da am Alexanderplatz geschah. Ich war zwar ausgewählt worden, Adolf Muschg am Bahnhof Friedrichstraße empfangen zu dürfen und ihn zum Alex zu bringen. Diese Begegnung war höflich und nichtssagend, mehr auch nicht. Nur unser Chef Ulrich Dietzel kam einmal kurz zu seinem eigentlichen Arbeitsplatz am Pariser Platz und berichtete aufgeregt, wer alles gekommen war, wie selbstverständlich Grass neben Kant saß, Jurek Becker von den Kollegen begrüßt worden war und dass die Angst, dass etwa Robert Havemann uneingeladen am Eingang des Hotels erscheinen würde, unbegründet gewesen

118   Stephan Hermlin. Aus dem Protokoll der Pressekonferenz des Deutschen PEN-Zentrums Ost und West. 13. 12. 1961. In: Jens Thiel (Hrsg.). »Ja-Sager oder Nein-Sager. Das Hamburger Streitgespräch deutscher Autoren aus Ost und West. Eine Dokumentation«. Berlin 2011. S. 84.

war. In sein Tagebuch notierte er: 19. 11. 81 »Nur die Akademie ist in der Lage, so etwas zu machen. Aber die Gegner einer solchen Rolle der Akademie sind stark. Wer kann schon Grass und Gaus einladen?«

15. 12. 81: »Daß diese Begegnung möglich war, ist außerordentlich. Konrad Wolf hat mit seiner Unterstützung der Hermlinschen Initiative Format bewiesen. Und Honecker, der das alles abgesegnet hat, dürfte in seinem Politbüro nicht nur Beifall finden. Dabei soll nicht übersehen werden, daß die Begegnung sehr gut in die Vor- und Nachbereitung des Treffens Honecker/Schmidt hineinpaßt.«[119] Christa Wolf schrieb noch vier Monate später an Stephan Hermlin: »Du hast da, durch Eigenschaften, die ich nicht weiter nennen will, ein kleines Wunder bewerkstelligt, denn das war dieses Miteinander um den großen viereckigen Tisch.«[120]

Das Echo dieser Veranstaltung in der Öffentlichkeit hätte bei genauerem Hinsehen durchaus den damaligen Zustand dieser gespaltenen Welt offenbaren können. Die Berichterstatter im Westen bissen sich fest an der Kritik an der DDR, die zum ersten Mal direkt und öffentlich unter anderem von Stefan Heym und Günter de Bruyn geäußert worden sei und der mutigen Haltung von Günter Grass, der es »denen« aber gegeben habe. Die DDR-Medien hätten das Ganze am liebsten verschwiegen, allzu ungewöhnlich und wenig »linientreu« wären die dort geäußerten Meinungen gewesen. Eine Empfehlung von »oben« gab es auch nicht. Da machte man lieber nichts, als sich die Finger zu verbrennen. Das Fernsehen der DDR stellte vor allem die Beiträge vor, die in die offizielle politische Landschaft paßten. Erst nach Einspruch der Akademie der Künste brachte beispielsweise das »Neue Deutschland« nach zwei belanglosen Berichten jeweils am Tag nach dem Treffen noch einmal am 17. Dezember eine ganze Seite zur »Berliner Begegnung«, die etwas genauer, aber keineswegs die ganze Problematik begreifend und darstellend, das Stattgefundene referierte. »Wir hatten dem Negativen, das der Westen sendet, kein Positives entgegenzusetzen«, resümierte der Nicht-Teilnehmer Peter Hacks das Medienecho in der Sektionssitzung.[121]

119 Ulrich Dietzel. »Tagebuch«. S. 128.
120 Christa Wolf an Stephan Hermlin am 7. 4. 1982. In: Silvia Schlenstedt (Hrsg.). »Briefe an Hermlin«. Berlin und Weimar 1985. S. 131. Im Folgenden: Briefe an Hermlin.
121 Peter Hacks. Diskussionsbeitrag auf Sektionssitzung vom 3. 3. 1982. AdK-O 948.

Im Präsidium der Akademie war man empört, wie »erbärmlich« die öffentliche Berichterstattung gewesen war. Nichtsdestotrotz wertete man dort das Treffen vornehmlich positiv und wollte Schlüsse daraus ziehen. So müsse gelernt werden, in derartigen Diskussionen die eigenen Ansprüche innerhalb der friedlichen Koexistenz besser und nachdrücklicher zu behaupten und vor allem sich zu üben, konfliktfähig zu sein. Auch Kurt Hager soll auf einer Parteiaktivsitzung der Kulturabteilung des ZK die Veranstaltung »als eine bedeutende Aktivität im Kampf um den Frieden« gelobt haben.[122]

In der Sektionssitzung vom 3. 3. 1982 gab es ein langes und interessantes Gespräch über die »Berliner Begegnung«. Stephan Hermlin ließ es sich nicht nehmen, in diesem Kreis Hacks' Ablehnung einer solchen Veranstaltung – er könne sich für den Gegenstand der Tagung nicht das geringste Interesse abringen – indigniert mitzuteilen, was wiederum Hacks zu einer frechen Replik (siehe Porträt Peter Hacks) veranlasste. Stattdessen beteuerten alle anderen – Christa Wolf, Hermann Kant, Helmut Sakowski, Wilhelm Girnus, Wolfgang Kohlhaase – wie wichtig und nützlich sie das Treffen empfunden hatten, was sie im einzelnen an interessanten Begegnungen hatten und dass sie dabei viel gelernt hätten. Sie empfanden es überhaupt nicht als eine »Kuschelbegegnung« berühmter Leute, sondern hatten einigermaßen schmerzhaft die Fallen, die ihrer Seite gestellt wurden, gespürt. »Es war zwar keine feindliche, aber doch sehr harte Konfrontation«, konstatierte Benito Wogatzki und wie so oft in der Runde gab Wolfgang Kohlhaase mit der Schilderung seiner Eindrücke auch ein Fazit: »Ich habe sehr stark empfunden, daß dies der Anfang eines möglichen Gesprächs ist. Mich hat nicht in erster Linie beschäftigt, wie richtig oder nicht richtig die vorgetragenen Meinungen waren, gut, jetzt kann man sagen, eine falsche Meinung wird nicht besser, wenn sie am Alex vorgetragen wird, gut, aber sie wird ohnehin vorgetragen ... sie wird dadurch auch nicht virulenter, scheint mir. Sie wird auch nicht verkehrter dadurch, daß sie in einem solchen Zusammenhang geäußert wird. Und ich glaube, wenn wir nicht aufhören wollen, miteinander zu reden, müssen wir eben miteinander reden. Wenn wir sagen, was können die Schriftsteller tun, so haben wir eine gewisse Möglichkeit, öffentliche Meinung zu beeinflussen.

---

122 Matthias Braun. »Kulturinsel«. S. 367.

Die Akademie der Künste der DDR

Außerdem wirkt jeder durch das, was er arbeitet, was er schreibt. Natürlich, bei einem solchen Gespräch, es wird sich zeigen, wie es weitergeht. Aber ich glaube, daß wir auch unser eigenes Denksystem schärfen, daß wir nach anderen Worten suchen müssen, nach anderen Bildern, um auch unsere eigene Position unseren Leuten zu erklären. Die alten Worte sind nicht falsch, aber es gibt ja dieses merkwürdige Phänomen der Abnutzung. Es gibt ja auch in mancher unserer Positionen einen ganz defensiven Aspekt, daß wir eigentlich das Bestehende lediglich rechtfertigen, daß wir das Machbare und Mögliche durcheinanderbringen, das Mögliche am Machbaren prüfen lediglich. Aber wir dürfen ja nicht vergessen, daß Sozialismus, glaube ich, außer dem, daß er gemacht wird – mit großen Schwierigkeiten und mit Nachteilen und mit Vorteilen, daß er eine Menschheitsutopie ist. Es ist ein enormes Gedankenangebot, das nicht unbedingt am Festschreiben einzelner Modelle hängt.« Er kritisierte dann, daß Argumente nicht tiefgründig genug gewesen wären und die Informationspolitik insgesamt zu eingeschränkt.[123] (Erwin Strittmatter war, wie meist zu Sektionssitzungen, nicht anwesend. Durch Zufall erfuhr ich aus den Erinnerungen anlässlich seines 100. Geburtstags, dass er in einem Brief an einen jungen Dresdner Lyriker ein vernichtendes Urteil über das Treffen, an dem er teilgenommen, gefällt hat: »Ich hielt es für nutzlos … einige Schriftsteller aus Ost und West« hätten sich dort produziert und weniger den Frieden als die Befriedung ihrer Eitelkeit im Auge gehabt.[124])

Über die Reaktionen nach der »Berliner Begegnung« konnten sich die Sektionsmitglieder nur wundern: So wurden beispielsweise Christa Wolf, Stephan Hermlin und Hermann Kant wieder von bereits verabredeten Veranstaltungen ausgeladen oder gar verdächtigt, an einer »hochkarätigen Verschwörung« teilgenommen zu haben.[125] Schriftstellerkollegen aus Berlin, die zum Treffen nicht eingeladen gewesen waren, sahen in der Veranstaltung »einen Funken, … der ein gefährliches Feuer entfachen kann.«[126] Manchmal war das der Neid, nicht teilgenommen haben zu dürfen, manchmal eine klassenkämpferische Position, die in der Verteufelung des Gegners die einzige Art des Umgangs mit Andersdenkenden sah.

123 Sektionssitzung vom 3. 3. 1982. Ad-O 948.
124 Erwin Strittmatter an Volker Sielaff am 18. 4. 1983. In: Volker Sielaff: »Herzlich, Ihr alter Strittmatter« Sächsische Zeitung vom 14. 8. 2012.
125 Sektionssitzung vom 3. 3. 1982. AdK-O 948.
126 So eine Meinung Peter Edels, nach Matthias Braun. »Kulturinsel«. S. 362.

In der Bundesrepublik erschien relativ rasch bei Suhrkamp eine Publikation über das Treffen mit den Diskussionsbeiträgen, Briefen und Gesprächen. Das in der DDR für bald versprochene gedruckte Protokoll ließ lange auf sich warten, und als es dann endlich erschien, wurden nur 500 Exemplare zugelassen. Der Mut zu einer Diskussion, die Widersprüche und Kritik offenlegt und nach neuen Lösungen sucht, war verflogen.

Heute fungiert dieses Ereignis, das vor knapp 30 Jahren stattgefunden hat, als ein Schriftstellertreffen in Ostberlin, das von der DDR zu propagandistischen Zwecken veranstaltet worden war, aber vor allem »nach hinten« losging, weil Kritik an der DDR erstmals laut und zumindest »halböffentlich« geworden war. Auch die damaligen Bemühungen um Frieden sind mittlerweile disqualifiziert, da die Friedensbewegung zu stark »östlich« infiltriert und gelenkt gewesen wäre.

Eine Agitationsveranstaltung ohne Bedeutung, Auswirkung und Folgen? Wenn man den weiteren historischen Verlauf des Ganzen bedenkt, war es vielleicht wirklich ein »Schuss in den Ofen«: Die angeblich gleichberechtigte, gleichwertige Macht des einen Lagers existierte nur noch in den Köpfen der sozialismusgläubigen Diskutanten. Nicht nur – wie Kohlhaase resümierte – die Worte und Bilder ihres Modells waren abgenutzt und alt, die hierfür stehende Praxis war nur noch Fassade. Wie beispielsweise Grass hier diskutierte, das trug schon zusätzlich bei, den ideologischen »Wertekern« so zu zersetzen, dass sich der Status quo »ohne militärische Invasion« verändern würde. Acht Jahre später war es so weit. Aber auch die klugen Strategen des »Wandels durch Annäherung« errangen keinen Sieg. Der nun das ganze Deutschland überziehende Manchester-Kapitalismus und wohl auch die immer mehr zum Alltag werdende Beteiligung Deutschlands an Kriegen hatten sich Sozialisten wie Grass und Genossen so nicht vorgestellt. Auch ihn traf die moralische Abwertung der nun agierenden Meinungsmacher. Robert Jungk war kurz nach seinem Tod vergessen. Obwohl noch Schulen nach ihm heißen, wird er, wenn überhaupt erwähnt, als »Träumer« oder spöttisch als der »Parzival der Futurologie«[127] abgewertet.

---

127   Robert Jungk. »Der Wissensvermittler.« Drei Texte von Robert Jungk und ein Interview mit Peter Stephan. Berlin/Hildesheim 2007.

So war die »Berliner Begegnung« vielleicht »nur« ein bescheidener praktischer Versuch von gelebter Utopie: Man respektierte »Andersdenkende«, nahm ihre Argumente ernst und suchte mit Argumenten zu überzeugen – in dringenden Angelegenheiten, die alle angingen. Was da an Argumenten auf dem Beratungstisch lag, hatte Größe und Format. Es war nur nicht mehr die Zeit, tiefer einzudringen. Ökonomie und Politik handelten schneller. Totrüsten war wirksamer als debattieren.

Die Warnungen, dass die einen an der Rüstungsspirale gewinnen und die anderen daran scheitern, haben sich bestätigt. Der von allen an der Konferenz Beteiligten angeblich geheiligte Status quo galt in Wirklichkeit für die maßgeblichen Politiker zumindest der einen Seite nicht. Ihnen vertrauen zu wollen – und das war wohl eine der furchtbaren Erfahrungen Hermlins während und nach der Wende, war ein schlechter Rat gewesen. Mit einem Alleinvertretungsanspruch war allemal besser und leichter zu regieren.

Jetzt, als ich das Protokoll noch einmal gelesen habe, fielen mir nicht die am meisten daraus zitierten Passagen zur Bedrohung oder Nicht-Bedrohung durch die Sowjets und zur Kritik an der DDR auf. Letzteres gab es in den vergangenen Jahren weitaus gründlicher und schärfer. Festgelesen habe ich mich aber an den Vorschlägen zur Konfliktfähigkeit. Sollten die nun in der neuen Weltlage erledigt oder unbrauchbar sein?

Was war sie nun, diese Akademie? Insel der Seeligen? Tummelplatz von Privilegierten? Anstalt zur Disziplinierung von Kreativen? Ein »sozialistischer« Jahrmarkt der Eitelkeiten? Circus von Absurditäten? Eine »Reparaturbrigade«?

Der Streit darüber flammte noch einmal auf, als es um ihr »Überleben« ging. Und fast jeder hatte ein anderes Bild, durchaus auf Erfahrung fußend. Hacks' fast feudale Vorstellung von der Akademie hat sich nie erfüllt: »Die Akademie sollte in der Hierarchie der Künste der innere Hof, ich will nicht sagen, das Allerheiligste sein, aber eben der Ort, wo wenige Zutritt haben, weil Entscheidungen getroffen werden.« [128] So war sie – ich möchte fast sagen: Gott sei Dank – nicht, aber etwas Besonderes in diesem Land war sie schon. Ein bisschen hat das mit der immer von Hermlin geforderten »Würde« [129] zu tun, denn sowohl die »führenden Genossen in

---

128   Peter Hacks. Diskussionsbeitrag auf der Sektionssitzung am 11. 4. 1988. AdK-O 1273.
129   Stephan Hermlin. Diskussionsbeitrag auf der Präsidiumssitzung am 26. 2. 1963. AdK-O Mf 17/4.

Partei und Regierung« fürchteten sich einerseits vor den Argumenten der geistigen Elite, andererseits wollten sie davon profitieren. Auch die große Masse der Leser, Zuschauer, Kunstfreunde räumte den Meinungen und Arbeiten der Künstler einen bedeutenden Rang ein. »Sinnsuche« war in der DDR nichts Verächtliches, und dazu anzuregen war keiner besser prädestiniert als die Akademie.

Von allen Erklärungen, die ich während meiner Arbeit gehört und gesammelt habe, gefällt mir die ganz einfache von Wolfgang Kohlhaase am besten. Als er, der Sekretär der Sektion, 1987 den korrespondierenden Mitgliedern, die zum ersten Mal bei uns waren, Sektion und Akademie erklären wollte, sagte er so lapidar, wie das manchmal seine Art war: »Was eine Akademie leistet oder leisten sollte, ist schwer auf eine Formel zu bringen. Manches, was wir hier denken oder auch sprechen, geht nirgendwohin, manchmal auch an eine Adresse und bewirkt manchmal etwas. Und wenn man schon bei Akademie auf das Wort Tradition kommt, dann will ich ein anderes Wort dagegensetzen. Diese Akademie ist außerdem – und vielleicht ist das sogar wichtiger – eine Chance, eine Möglichkeit.«[130]

---

130 *Wolfgang Kohlhaase. Diskussionsbeitrag auf der Sektionssitzung während der Internationalen Plenartagung 1987 in Berlin. AdK-O 1111.*

Die Sektion Literatur und Sprachpflege[131]

Als ich 1981 in der Akademie zu arbeiten begann, lebte von den Gründungsmitgliedern aus der Sektion nur noch Anna Seghers, die große alte
Dame, die in der Emigration mit dem Roman »Das siebte Kreuz« zur
Weltautorin geworden war. Ebenso beeindruckend wie sie selbst sind viele
ihrer Erzählungen – darunter meine Lieblingsgeschichte »Der Ausflug
der toten Mädchen« – und der Roman »Transit«. Die Sprache der Seghers
ist ungewöhnlich: Nüchtern, aber aufregend, sachlich und dennoch sinn-
lich, geheimnisvoll. Anna Seghers gehörte unwidersprochen zur ersten
Reihe deutscher Schriftsteller. Marcel Reich-Ranicki erklärte sie gar zur
bedeutendsten deutschen Autorin des 20. Jahrhunderts.

1947 kehrte sie aus Mexiko nach Deutschland, in die spätere DDR, zurück
und fungierte hier lange Jahre als Präsidentin des Schriftstellerverbandes.
Sie gehörte zu den Gründungsmitgliedern der Akademie. In dieser Zeit
schrieb sie die Romane »Die Entscheidung« (1959), »Das Vertrauen« (1968),
und Erzählungen (unter anderem »Die Kraft der Schwachen«, 1965), die
in der DDR gefeiert, in der Bundesrepublik aber abgelehnt wurden. Noch
1981 veröffentlichte der Aufbau-Verlag einen neuen Erzählungsband von
ihr – »Drei Frauen von Haiti«, eine merkwürdige Altersprosa voller Schwer-
mut, die von der revolutionären Geduld und Kraft verschiedener Frauen aus
unterschiedlichen Zeiten revolutionären Weltgeschehens erzählt.

Bei Sektionssitzungen oder anderen Akademieveranstaltungen in den
achtziger Jahren war sie stets entschuldigt. Wir wussten nicht, wie krank
sie bereits zu dieser Zeit war. Meine einzige Handlung in Sachen Anna
Seghers war es, 1983 einen würdigen Trauerakt zu organisieren. Außerdem
mussten wir Formen finden, um den Wunsch aus ihrem Testament, die
Erlöse aus ihrem Schaffen jungen Künstlern aus Deutschland und Lateinamerika zukommen zu lassen, in die Praxis umzusetzen.

---

131 Ich behandle im Folgenden nur die Mitglieder, die 1981 noch am Leben waren und die ich persönlich
     kennengelernt habe, berücksichtige also bei Beschreibung der Zuwahlen nicht die, die vor 1981 verstor-
     ben waren.

Die nächsten Akademie-Ältesten waren Alexander Abusch und Stephan Hermlin. (1951 war Willi Bredel – 1964 verstorben – in die Akademie gewählt worden. 1952 waren es neben Abusch und Hermlin die vor 1981 verstorbenen Ludwig Renn, Hans Rodenberg, Kurt Bartels (Kuba) sowie der 1971 aus der Akademie ausgeschlossene Chefredakteur von »Sinn und Form« Peter Huchel)

Alexander Abusch (geb.1902), Publizist und Kulturpolitiker, war wie Anna Seghers in der Zeit des Faschismus zuerst nach Frankreich und dann nach Mexiko emigriert und dort vornehmlich als Redakteur verschiedener Emigrantenzeitungen tätig gewesen. Sein Buch »Der Irrweg einer Nation« (Mexiko 1945; Berlin 1946) war eine wichtige Streit- und Orientierungsschrift jener Jahre. Hier untersuchte Abusch in der Geschichte Deutschlands historische Wendepunkte, die zum Faschismus geführt hatten. Nach seiner Rückkehr in die DDR vertrat er eine Kulturpolitik, die machtbewusst und hörig zugleich die jeweilige politisch/ideologische »Linie« verfolgte. Seine Funktionen in der DDR waren zahlreich und von hohem Rang: 1946/1953 Bundessekretär des »Kulturbundes«, 1954/1956 Stellvertreter des Ministers für Kultur, 1956 Staatssekretär, 1958/1961 Minister für Kultur, 1961/1971 Stellvertreter des Vorsitzenden des Ministerrates. Nach Willen der Obrigkeit sollte er 1952 mit seiner Mitgliedschaft die »linientreue« Arbeit, an der es damals angeblich mangelte, durchsetzen und verstärken. Doch schon bei der Wahl stieß er auf Widerstand einzelner Mitglieder, unter anderem den von Arnold Zweig.[132] Kraft der Parteidisziplin wurde er natürlich – wenn auch nur mit knapper Mehrheit[133] – gewählt.

Er war ein kleiner, seine Wichtigkeit betonender Mann, den viele als unsympathisch beschreiben. Sein Werdegang auch in der DDR war indes nicht stetig verlaufen: Als in der SED zu Beginn der fünfziger Jahre ehemalige »West-Emigranten« als potentielle US-Agenten belastet wurden, war auch Abusch kurzzeitig in dieses Räderwerk geraten. Am 15. 1. 1953 hatte das Sekretariat des ZK der SED im Zusammenhang mit dem Beschluss des ZK »Lehren aus dem Prozeß gegen das Verschwörerzentrum Slansky«

---

132 Vergleiche: Protokoll der Plenarsitzung vom 26. 9. 1952 und Brief von Rudolf Engel an das Zentralkomitee der SED vom 31. 10. 1952. In: »Die Regierung ruft ...«, S. 218 und 227.

133 Ebenda. S. 29.

entschieden: »1. Genosse Abusch, der Chefredakteur der Zeitschrift ›Freies Deutschland‹ in Mexiko war, in der zionistische Auffassungen vertreten wurden, soll zum Beschluß des Zentralkomitees eine öffentliche Stellungnahme abgeben. 2. Genosse Abusch, Sekretär des Kulturbundes, darf keinerlei Fragen der Arbeit nach Westdeutschland und nach dem Ausland bearbeiten.«[134]

Umso fügsamer nahm er nach seiner Rehabilitierung 1954 seine Ämter wahr und zwar ziemlich »weit oben«. Als Stellvertreter des neu ernannten Kulturministers Johannes R. Becher, dessen Freundschaft er sich rühmte, hatte er weit reichende Machtbefugnisse und Einflussmöglichkeiten. Bezüglich der Akademie und der Sektion, deren Mitglied er war, galt ohne Ausnahme der Satz: »Die ideologische Linie der Leitung der Sektion Dichtkunst und Sprachpflege (so hieß die Sektion damals – C.B.) muß gesichert werden«, geäußert während einer Beratung 1963.[135] Auch bestritt er in den sechziger Jahren oft die Hauptreferate von Plenartagungen. Sich für den Schirmherrn der Akademie in der Regierung haltend, wollte er nicht zulassen, dass seine Meinung überhört oder überstimmt wurde. Doch mit zunehmendem Machtverlust musste er auch das erleiden. Beispielsweise, als es in einer Beratung um Stephan Hermlins »Deutsches Lesebuch« ging, intervenierte er diktatorisch in einem Brief, weil seine Vorschläge von Hermlin abgelehnt worden waren, worauf Peter Hacks in der darauf folgenden Sektionssitzung erklärte, dass zwar auch er und Wilhelm Girnus sich manchmal in der Sektion »im Ton vergriffen«. Aber Abusch tue das »in den stilistischen Gewohnheiten eines Gesetzgebers«, was keinem Mitglied der Akademie nach einer »abgeschlossenen Sache« nachträglich zustehe.[136] Schlimmer noch, als Abusch 1977 (also kurz nach der Biermann-Affäre) seine Wahlvorschläge für die neuen Akademiemitglieder nicht in der Sektion durchsetzen konnte, musste er sich Hermann Kants Belehrung gefallen lassen: »Also, ich möchte bitten, Genosse Abusch, wenn Du mit Deiner Meinung nicht durchkommst, dafür nicht irgendwelche nicht weiter zu benennenden Mächte verantwortlich zu machen, sondern Du bist überstimmt, weiter nichts. Daran muß man sich gewöhnen, daß das passiert.«[137]

134 SAPMO J IV 2/3/335.

135 Aus einer Aktennotiz von Karl Hossinger über eine Beratung mit Alexander Abusch am 9. 1. 1963. In: »Zwischen Diskussion und Disziplin«. S. 176.

136 Peter Hacks. Diskussionsbeitrag auf Sektionssitzung vom 17. 1. 1974. Protokoll. ADK-O 899.

137 Hermann Kant. Diskussionsbeitrag auf Sektionssitzung vom 8. 12. 1977. AdK-O 893.

Abusch, der in der Sektion immer als überzeugter, aber knöcherner Vertreter der Partei und Staatsmacht agierte, wurde ein einziges Mal in einer Sektionssitzung sehr persönlich, ja privat. Es ging um Faschismus und Antisemitismus. Wenn auch hier die Treue zur »Linie« und seine Wichtigkeit betonend, erzählte er vom Schicksal seiner Familie während des Faschismus: »Ich stimme mit der These überein, daß der deutsche Faschismus eine Sache war, die einzigartig ist und noch nie dagewesen ist. Eine Bestialität in einem hochindustriellen Land mit einem gewaltigen militaristischen Apparat, eine Bestialität, maschinell betrieben, und selbstverständlich nehme ich auch kein Wort von dem zurück, was ich in ›Irrwege einer Nation‹ geschrieben habe oder in einem voriges Jahr erschienenen Buch aus der Zeitschrift ›Freies Deutschland‹: ›Hitlers Todesfabriken und die Verantwortung der Deutschen‹[138]. Aber ich muß als ein Mensch, der aus einer jüdischen Familie stammt – die Mehrheit meiner Familie ist von Hitler ermordet und vergast worden (sagen): Mein ältester Bruder überlebte sechseinhalb Jahre in Buchenwald, mein Neffe, sein Sohn Walter Abusch, war eine der 21 Geiseln, die nach dem Attentat auf Hitler ermordet wurden, die Frau von ihm, sehr blond, so ungefähr wie sich die Nazis eine Arierin vorstellten, erhielt die Asche und den Totenschein ›Auf der Flucht erschossen‹, und sie und ihre Tochter wurden auch vergast. Mein zweiter Bruder wurde ermordet, vergast wahrscheinlich, nachdem es ihm gelungen war, aus einem Zug zu entspringen. Seine Frau und sein Sohn wurden von den Faschisten ermordet. Meiner Mutter brach buchstäblich das Herz. Nach der Kristallnacht, vier Wochen später, nachdem alles zertrümmert war in der Wohnung, war sie tot. Und so könnte ich fortsetzen. Es waren Menschen, mit denen ich von der frühen Jugend an nichts mehr zu tun hatte, weil ich Kommunist war, die mir aber im Herzen immer teuer waren und immer teurer wurden, je mehr sie bedroht waren und Opfer des Feindes wurden. Aber das kann mich als Kommunist nicht hindern, beide Seiten einer Sache zu sehen, den ungeheuren Massenmord an sechs Millionen Juden, den Massenmord an Millionen slawischen Menschen, die Verfolgung und den mörderischen Kampf gegen die Kommunistische Partei. Und ich rechne es mir als eine Ehre an, daß ich mit Artikeln der Genossen Pieck und Walter Ulbricht eine Sondernummer der

---

138 »Hitlers Todesfabriken und die Verantwortung der Deutschen« erschien erstmals in Mexiko, in der Zeitschrift »Freies Deutschland«, in Nr.12, November 1944.

illegalen ›Roten Fahne‹[139] fertigstellte, die im Land verbreitet wurde, und die von Anfang bis Ende den Kampf gegen antisemitische Pogrome als Hauptthema hatte und die von Lenin ausgehend darstellte, was sie bedeuten: Verdummung des Volkes und Ablenkung von seinem wahren Feind. Das gehört zu unseren kommunistischen Prinzipien.«[140]

Natürlich waren die Sektionsmitglieder von dieser Schilderung sehr betroffen, zumal sie Abusch so noch nie erlebt hatten.[141] Dennoch konnte er nicht aus seiner Haut und Ulrich Dietzel, der Abusch gut kannte, beschrieb ihn in seinem »Tagebuch« treffend: »Er konnte nicht zugeben, daß der Antisemitismus in die Reihen der Arbeiterbewegung eingedrungen war und daß die Juden, als Zionisten beschimpft, zu Opfern irrsinniger Anschuldigungen wurden. Der nicht mehr imstande war, die Wirklichkeit zu sehen, sondern festhielt an dem Bild, das er sich von ihr zu machen antrainiert hatte. Der sich in einer Sackgasse befand, aber nicht zurück konnte und deshalb teilhatte an der Zurücknahme dessen, was ihn bewogen hatte, Kommunist zu werden. Abusch ist ein Archetypus für die Tragödie der Arbeiterbewegung in diesem Jahrhundert.«[142]

Wegen seiner hohen Funktionen und wichtigen Vergangenheit hatte Abusch noch ein eigenes Büro und einen eigenen Sekretär in der Akademie. Zur Vorbereitung seines 80. Geburtstages bereitete Anneliese Weidemann aus unserer Abteilung gerade eine kleine Ausstellung über ihn vor, doch er starb kurz vor diesem Jubiläum, und ich hatte nur wenige kurze Gespräche mit seinem Sekretär zu führen. Die Ausstellung wurde kurzfristig in eine Gedenkausstellung umgewandelt.

So war es dann Stephan Hermlin[143], der als dienstältester und unangefochtener heimlicher Chef der Sektion präsidierte. Wie Abusch war er seit 1952 in der Akademie. Er – der damals vergleichsweise junge Mann – wurde zwar erst »Kandidat«, doch das war 1981 nun schon dreißig Jahre her. Der

---

139   Alexander Abusch war von 1935-1939 Chefredakteur der im Exil weitergeführten KPD-Zeitung »Die Rote Fahne«.

140   Aus dem Protokoll der Sektionssitzung Literatur und Sprachpflege vom 24. 1. 1979. In: »Zwischen Diskussion und Disziplin«. S. 362.

141   Christa Wolf betonte dies ausdrücklich, nachdem sie das Protokoll der Sektionssitzung, zu der sie nicht anwesend gewesen war, gelesen hatte. In: »Zwischen Diskussion und Disziplin«. S. 370/371.

142   Ulrich Dietzel. Tagebuch. S. 553.

143   Ein Porträt Hermlins mit besonderer Beachtung seiner Akademiearbeit befindet sich im zweiten Teil dieses Buches.

Respekt der meisten Sektionsmitglieder vor seinem zwar schmalen, aber gediegenen Werk – Gedichte, Prosa und Essays – war groß. Noch mehr wurde seine Haltung und Meinung, sein diplomatisches Vermögen bei ästhetischen und politischen Fragen ernst genommen, wenn nicht bewundert. Er fehlte kaum zu einer Sektionssitzung und bestimmte nachdrücklich die Arbeit in der Sektion. Aber auch in der Akademie – Beispiel die »Berliner Begegnung« – waren seine Vorschläge gefragt. Von 1960 bis zu seiner Ablösung 1963 aus politischen Gründen war er Sekretär der Sektion Literatur und Sprachpflege. Von 1990 bis 1993, in den stürmischen Wendejahren, agierte er als Vizepäsident der Akademie.

Der einzige in der Sektion, der ihm widersprach, war Peter Hacks. Da Hermlin darauf meist generös reagierte, gehörte das Geplänkel zwischen beiden zur Tagesordnung und wurde, je nach der Art der Thematik eher als amüsant empfunden – dazu witzelte Hermann Kant: »Ich will mich hier nicht in die Liebesbeziehung zwischen Stephan Hermlin und Peter Hacks hängen«[144] – oder aber als gewohnt provokant abgehakt. Weil die Mehrzahl der Sektionsmitglieder meist auf Hermlins Seite stand, nahm Hacks oft eine Außenseiterposition ein. Welche ernsthaften Differenzen beide trennte, wird in den Porträts des zweiten Teils deutlich werden.

1959 – ERWIN STRITTMATTER

1959 war Erwin Strittmatter in die Akademie gewählt worden. (1954 waren Alfred Kurella, F.C. Weiskopf und Bodo Uhse – allesamt vor 1981 verstorben – gewählt worden. 1956 Alex Wedding – 1966 verstorben – und Günter Weisenborn – 1969 verstorben.) Erwin Strittmatter war der erste Autor in der Sektion, der erst nach 1945 an die Öffentlichkeit trat. Er schrieb vor allem über die »kleinen« Leute, die Veränderungen auf dem Land und in den Familien. Brecht meinte, ihn »entdeckt« zu haben. Gefördert hat er ihn auf alle Fälle. Strittmatters Bücher wie »Tinko« (1954), »Der Wundertäter« (1957, 2. Bd. 1973) oder »Ole Bienkopp« (1963) hatten viele Gemüter bewegt. An zuweilen »heißen« Diskussionen über sie entwickelten sich Vorstellungen von Gegenwartsliteratur, wurden Ansprüche an Literatur artikuliert, die sich bei der Mehrzahl der Leser in der DDR durchsetzten. 1959, als er

---

144   Hermann Kant. Diskussionsbeitrag auf Sektionssitzung vom 3. 3. 1982. AdK -O 948.

Akademiemitglied wurde, war Strittmatter Erster Sekretär des Schriftsteller-verbandes, später Vizepräsident bzw. Mitglied des Präsidiums.

In der Zeit, als ich für die Sektion arbeitete, gehörte er zu den Mitgliedern, die zwar gut über das Akademie-Geschehen informiert waren, doch sich an der Akademiearbeit selten beteiligten. Zu Sektionssitzungen erschien er in der Regel nicht, hin und wieder zu Plenartagungen. Genauso selten stellte er in dieser Zeit in der Akademie öffentlich neue Texte von sich vor. Mit Publikum zu diskutieren war seine Sache nicht. Gelten und wirken sollte, was er geschrieben hatte. Einverstanden war er damit, dass ihn der jeweilige Sekretär der Sektion oder auch ich und Anneliese Weidemann einmal jährlich zu einem Kaffeeklatsch oder »Informationsgespräch« besuchten. Dann wurden die neuesten Ereignisse in der Akademie, Planungen und anderes besprochen. Strittmatter, zwar abgelegen auf dem Lande in Brandenburg lebend, wusste dank seiner Freundschaften mit Kollegen ziemlich viel, was auf dem Gebiet der Literatur vor sich ging. Mir gegenüber betonte er immer, dass er es leid und müde wäre, sich an kulturpolitischen Aktionen zu beteiligen, die brächten ja sowieso nichts. Er müsse schreiben, und wie fleißig er war, zeigten seine kontinuierlich erscheinenden Publikationen und sein Nachlass.

1961 – Franz Fühmann, Otto Gotsche und Wieland Herzfelde

1961 waren Bruno Apitz (1979 verstorben), Franz Fühmann, Otto Gotsche und Wieland Herzfelde hinzugekommen.

Wieland Herzfelde, gehörte zu den »großen Alten«, die sich vor 1945 und im Exil besonders verdient gemacht hatten. Selbst Lyriker und Publizist, einer aus der DADA-Bewegung, Bruder von John Heartfield, hatte er 1917 den legendären Malik-Verlag gegründet, der unter anderem in den zwanziger Jahren die »neuen Russen« (zum Beispiel Ehrenburg, Babel, Kollontai, Majakowski), aber auch Upton Sinclair und andere Weltautoren publiziert hatte, sowie die legendären Bände »30 neue Erzähler des neuen Deutschland« und »30 neue Erzähler des neuen Rußland«. Nach 1933 baute Herzfelde den Verlag in Prag wieder auf. 1939 emigrierte er in die USA und gründete dort 1944 mit elf Schriftstellern – darunter Bertolt Brecht, Lion Feuchtwanger, Heinrich Mann, Oskar Maria Graf und F. C. Weiskopf – den New Yorker Aurora-Verlag. Nach seiner Rückkehr 1949 arbeitete er erst als

Professor für Soziologie und Literatur an der Universität in Leipzig, bekam also nicht mehr die Möglichkeit, Bücher zu verlegen. So unangepasst und eigenwillig er sein Leben lang gewesen war, hatte er auch in DDR-Zeiten hin und wieder Konflikte mit der Parteiführung, war sogar zeitweilig aus der SED ausgeschlossen worden. So kann man die – an seinen Verdiensten und Alter gemessene – späte Aufnahme in die Akademie durchaus als einen Akt der Rehabilitierung bewerten. Von 1967 bis 1970 war er Sekretär der Sektion Literatur und Sprachpflege.

In den achtziger Jahren gehörte Herzfelde zu den »Alten« (er war zum »Ehrenmitglied« ernannt worden), die den Sektionssitzungen aus Altersgründen oft fernblieben, denen jedoch seitens des Sekretärs regelmäßig Besuch abgestattet wurde. Da sowohl Günther Rücker als auch Wolfgang Kohlhaase Wieland Herzfelde überaus schätzten und sie sich mochten, waren das immer vergnügliche Nachmittage mit vielen Erinnerungen an die Vergangenheit. Aber auch die Gegenwart interessierte und Herzfelde hatte zu verschiedenen Angelegenheiten eine dezidierte Meinung, die oft vom »mainstream« abwich. Er ließ sich keiner »Gruppierung« zuordnen, sodass nicht selten eine überraschende Entscheidung von seiner Seite bei den verschiedensten Diskussionen einen unerwarteten Ausgang bei Wahlen oder Preisvergaben bewirkte. Er sei »merkwürdig«, munkelten die Jüngeren, selbst Hermlin, in der Sektion. Und wer war nicht jünger als er? Bei anderen dagegen fand sein Benehmen insofern Gefallen, weil man darin einen Wiederschein vom alten DADA-Verhalten zu finden meinte. Fritz Rudolf Fries erzählt in seiner Autobiographie bewundernd und amüsiert von Herzfeldes »dadaistischen Eulenspiegeleien«[145] auf den doch sonst so ernsten Schriftstellerkongressen der DDR.

Auch noch im hohen Alter besuchte Herzfelde die Veranstaltungen der Akademie, die ihn interessierten. Am Arm von Elisabeth Trepte erschien er beispielsweise zur Aufführung des Films «Leutnant Yorck von Wartenburg«, nach einer Novelle von Stephan Hermlin, und verwunderte sich nach der Filmvorführung laut darüber, worüber Stephan Hermlin 1944

---

145 Fritz Rudolf Fries. »Diogenes auf der Parkbank«. Berlin 2002, S. 259. Im Folgenden: Fries. »Diogenes«. Fries erinnerte hier den VIII. Schriftstellerkongress von 1978, als Stephan Hermlin seine damals spektakuläre Rede vom Recht des Schriftsteller, »vernunftlos zu träumen« hielt und gleich darauf Wieland Herzfelde einen ziemlich absurden Vorschlag einbrachte, wohl um die Diskussion um Hermlins Beitrag nicht eskalieren zu lassen.

geschrieben habe – über »so einen Militär aus dem ganz anderen Lager«. Die Verwunderung war durchaus abschätzig gemeint.

Seinen 90. Geburtstag beging die Akademie mit Glanz: Zum einen wurde organisiert, dass Herzfeldes größter Wunsch, Ehrenbürger von Berlin zu werden, in Erfüllung ging. Dann veranstalteten wir einen Abend ihm zu Ehren, an dem sich selbst solche »Veranstaltungs-Muffel« wie Peter Hacks beteiligten. Auch Werner Klemke, der große Illustrator, Buchgestalter und Sekretär der Sektion Bildende Kunst, war dabei und schwärmte von den Büchern des Malik-Verlags, von denen Kurt Tucholsky einmal gesagt hatte: «Wenn ich nicht Peter Panther wäre, möchte ich Buchumschlag im Malik-Verlag sein ... Bei Malik werden sie (die Bücher) am besten angezogen.«[146] Die Veranstaltung fand im kleinen Saal im Akademie-Gebäude in der Maternstraße statt. Der Raum war übervoll besetzt, nicht alle fanden Platz (im größeren Konrad-Wolf-Saal wären längst nicht alle Plätze besetzt gewesen). Das beeindruckte den Jubilar. Der doch schon etwas in Vergessenheit geratene Neunzigjährige erlebte das Ganze als große Hommage an sich.

Zur offiziellen Gratulationscour im Feierabendheim Berlin-Friedrichshagen, wo Herzfelde die letzten Jahre seines Lebens verbrachte, gaben wir – Wolfgang Kohlhaase und ich – uns Mühe, zu den ersten Gratulanten zu gehören. Doch der Jubilar dämpfte unsere Freude: Der Papst sei schon ganz früh dagewesen. Bei ihm wusste man nie, ob er wie so oft in seinem bisherigen Leben schlitzohrig reagierte oder ob er bereits in einer anderen Welt lebte. Nach dem 90. Geburtstag war jedes Jahr ein Besuch bei ihm am 11. April selbstverständlich.

Auch Otto Gotsche gehörte zu den Älteren. Sein Leben und sein Werk war ganz eng dem Kampf und den Zielen der Kommunistischen Partei verbunden gewesen. Als Instrukteur und Arbeiterkorrespondent verstand er seine Arbeit immer politisch. Schreiben war ihr untergeordnet. Aus diesem Gestus schrieb er in der Urlaubszeit Romane, die seine Erfahrungen aus den Klassenkämpfen im Mansfelder Gebiet oder aus der Bodenreform nach 1945 festhielten.

Während der Zeit des Faschismus war er in Deutschland geblieben, hatte illegal gearbeitet und war zeitweilig inhaftiert gewesen. Er bekleidete nach

---

146   Kurt Tucholsky. »Auf dem Nachttisch. Zu Ilja Ehrenburgs Traumfabrik. Chronik des Films«. Kritiken und Rezensionen. 1932.

1945 hohe staatliche Funktionen: Landrat, Ministerialdirektor, von 1960 bis 1971 war er Sekretär des Staatsrates der DDR, also die rechte Hand von Walter Ulbricht. Auf kulturpolitischem Gebiet unterstützte und förderte er kraftvoll alle Bestrebungen, die Traditionen der proletarischen Literatur hochzuhalten, und er sah in der Bewegung schreibender Arbeiter und dem »Bitterfelder Weg« nicht nur eine sinnvolle Freizeitbeschäftigung für Arbeiter oder eine Möglichkeit für die engere Verbindung zwischen Künstlern und Werktätigen. Das, wäre es nur nach ihm gegangen, war für ihn der Haupt-Zweig und -Weg für die Kunst in der DDR. Der Akademie hat er im besonderen Maße geholfen, als er kraft seiner Machtbefugnisse und Beziehungen in Leipzig eine Außenstelle der Akademie zur Erforschung der »sozialistischen« Literatur installierte, die unter Leitung von Professor Alfred Klein wichtige Dokumente und Arbeiten zur proletarisch revolutionären Literatur archivierte und herausgab. Das – so ging die Legende – habe Gotsche förmlich im Alleingang und »illegal« bewerkstelligt.

Dass er zum Akademiemitglied gewählt wurde, verdankte er zum einen seinem gesellschaftlichen Rang und zum anderen den 1961 in der Akademie und Sektion herrschenden Kräfteverhältnissen. Seine Romane hielten den ästhetischen Kriterien, die mit dem Werk der Gründungsmitglieder vorgegeben waren, in keiner Weise stand. So bemerkte beispielsweise Franz Fühmann in einem Brief an seinen Lektorfreund Kurt Batt drastisch: »Ich hab jetzt reingeschaut in Gotsche: ›Mein Dorf‹, das ist thematisch geographisch mein Kupferschacht. Mein Gott, ist das eine Scheiße.«[147]

Es mag sein, dass Gotsche in der Abwägung des Kräfteverhältnisses zur Wahl 1961 den Gegenpol zum Schöngeist und unberechenbaren «Revoluzzer» Herzfelde darstellte. Gemeinsam mit Alexander Abusch vertrat er stur, was er für die Parteilinie hielt. Auch bei damals »linientreuen« jüngeren Kollegen war er äußerst unbeliebt: »Er war einer der Genossen, die so etwas wie eine proletarische Arroganz an den Tag legten, borniert und besserwisserisch.« [148]

Ich kann mich nur an einen Besuch bei ihm erinnern. (Er beteiligte sich zwar noch an den Wahlen und versuchte kräftig, »seine« Kandidaten durchzusetzen,

147   Franz Fühmann an Kurt Batt am 15.10. 1974. In: Franz Fühmann. »Briefe.« Hrsg von Hans-Jürgen
        Schmitt. Rostock 1994. S. 155. Im Folgenden: Franz Fühmann: »Briefe«.
148   Helga Korff-Edel: »Übers Land mit Sakowski. Erinnerungen«. Friedland/Mecklenburg 2009. S. 68.

doch zu Sektionssitzungen kam der Achtzigjährige nicht mehr.) Als »Neue«
graute mir ein bisschen vor ihm. Man hatte ihn mir als einen verknöcherten,
auf seinen Einfluss pochenden Hardliner beschrieben. Der ehemalige Sekretär von Walter Ulbricht habe nie aufgehört, im Hintergrund Fäden zu ziehen
und seine engen Vorstellungen über Literatur durchzusetzen. Als Wolfgang
Kohlhaase und ich ihn besuchten, war er ein jovialer, geselliger kleiner alter
Mann, der uns mit hausgemachter Leberwurst bewirtete, die ihm Kumpel
aus dem Mansfeldischen jedes Jahr schickten, dort fütterte man noch nebenbei ein Schwein extra für ihn. Er erzählte kuriose Begebenheiten aus den Auf-
bauzeiten, wirkte locker, nicht starr. 1985 starb er.

Ich habe ihn also nie direkt als Betonkopf erlebt. Umso bestürzter
war ich, als ich beim Blättern in früheren Sektionsprotokollen zahlreiche
Belege für sein selbstherrliches Auftreten fand. So lehnte er es 1977 – im
Nachklang der Biermann-Affäre – strikt ab, dass Texte von Christa Wolf,
Günter Kunert oder Volker Braun in »Sinn und Form« gedruckt werden
sollten. »Das sind nicht die Vertreter unserer Literatur!« verkündete er
bedenkenlos.[149] Auch als im gleichen Jahr ein Besuch von Peter Weiss in
der Sektion angekündigt wurde, verweigerte er sein Erscheinen, weil er
Weiss' »Ästhetik des Widerstands« schärfstens ablehnte.[150]

Im Nachhinein mutet es gespenstisch an, wie unverfroren Gotsche über
Bereiche sprach, über die er nun wirklich nicht Bescheid wissen konnte.
Sowohl zu diffizilen ästhetischen oder literaturgeschichtlichen Themen
wie zu politischen Fragen hatte er eine Meinung, die keinen Widerspruch
zuzulassen schien. Dass zwischen dem, was er in seinen Urlauben vom
Funktionärsamt als Belletristik schrieb, und den Texten der meisten Sektionsmitglieder ein himmelweiter Unterschied klaffte, nahm er nicht wahr.
Er gehörte zu den »alten Kulturpolitikern, die Literatur und Kunst immer
nur nach Stoff und Heldenwahl beurteilten, Form und Farbe, Sprache und
Ästhetik aber völlig ausblenden ließen.«[151] So war er eitel genug, 1977 auf
die Verleihung des Feuchtwanger-Preises (er stand schon mehrere Male
auf der Liste, vorgeschlagen von irgendwelchen Außeninstitutionen, die
Vorschlagsrecht hatten) zu hoffen, doch da versagte die Sektion ihm die

---

149   Otto Gotsche. Diskussionsbeitrag auf Sektionssitzung vom 14. 4. 1977. AdK-O 893.
150   Ebenda.
151   Elmar Faber. »Über die Unbilden und Glücksmomente des deutsch/deutschen Literaturbetriebs«. In:
      Elmar Faber. »Die Mysterien der Vergesslichkeit. Betrachtungen zu Literatur und Politik.« Leipzig
      2010. S. 68.

Gefolgschaft, lieber sollte es in diesem Jahr keinen Preis geben! Und so war es denn auch.

Den Höhe- oder Tiefpunkt seines ruhmlosen Wirkens in der Sektion bildete 1979 sein Streit mit Hermlin, als es um Antisemitismus ging. Gotsche brüstete sich, als guter und wachsamer Genosse immer ein Auge darauf gehabt zu haben, wer bei welchen Entscheidungen seiner Partei jüdischer Herkunft gewesen sei. »Was ich meine, ist: Wenn in einer Situation, in der Klassenfragen und politische Fragen ganz scharf gestellt sind und wo man sich entscheiden muß, Parteigenossen, weil sie anderer Auffassung sind, als zum Beispiel unsere Partei beschließt oder festlegt oder organisiert und öffentlich dagegen auftreten, gucke ich mir genau an, wer das alles ist. Und wenn von zehn, die da unter Kontrolle stehen, vier oder fünf oder vielleicht noch sechs Juden sind, da gucke ich genau hin.«[152] Hermlin sah so bestätigt, dass Gotsche schon immer und noch immer ein Antisemit war, aber auch Abusch, der sonst immer Gotsche zur Seite gestanden hatte, konnte den Mitstreiter nicht verstehen. Der Diskussionsleiter Günther Rücker versuchte verzweifelt, die Diskussion in andere Bahnen zu lenken. Noch in der folgenden Sektionssitzung schlugen die Wellen darüber hoch. Als ich Jahre später das Protokoll las, war ich tief erschrocken, denn bisher war ich einem solchen Beleg für das latente tiefe Misstrauen gegenüber Juden, das über Jahrzehnte in der Führung der kommunistischen Partei geherrscht hat, nie begegnet. Für Gotsche hatte sein Diskussionsbeitrag noch ein Nachspiel: Er erhielt von der Partei eine Rüge.

Franz Fühmann[153] war der Akademie und ihren Mitarbeitern besonders verbunden. Er nutzte sehr eifrig unsere Bibliothek und war einer der wenigen, die noch bei Lebzeiten persönliche Materialien im Archiv lagerten. Damit musste er direkt in unseren kleinen Amtsräumen am Pariser Platz vorbeikommen. Weil er wusste, dass wir in diesem halb verfallenen Gebäude nahe der Grenze keine Kantine hatten, brachte er Kuchen mit zu einem kleinen Kaffeeklatsch.

Nicht selten war er bei Sektionssitzungen und wichtigen Veranstaltungen anwesend, vor allem dann, wenn es um den Schriftsteller-Nachwuchs ging. Eine Zeitlang verweigerte er sich, vornehmlich aus politischen

---

152   Aus dem Protokoll der Sektionssitzung vom 24. 1. 1979. In: Zwischen Diskussion und Disziplin, S. 366/7.
153   Auch über Franz Fühmann gibt es im zweiten Teil des Buches ein ausführliches Porträt.

Gründen, aber auch, weil die Kollegen das Rauchen nicht lassen wollten. Da war er unbarmherzig, wie meistens in seinen Entscheidungen. Am Ende seines Lebens, als er nebenan (in der damaligen Maternstraße war das Hauptgebäude in unmittelbarer Nähe der Charite) todkrank lag, kam er – nur für Stunden vom Krankenhaus beurlaubt und mit einem Stützpanzer am Körper – und stritt für Wolfgang Hilbig und Franz Kafka.

1965 – Jurij Brězan und Wilhelm Girnus

1965 stießen Eduard Claudius (1976 verstorben), Georg Maurer (1971 verstorben), Jurij Brězan und der Literaturprofessor Wilhelm Girnus zur Sektion.

Brězan (geboren 1916), galt als wichtigster Repräsentant der sorbischen Literatur in der DDR und benahm sich so, wie ich mir einen Fürsten eines alten stolzen Volkes vorstellte. Voller Würde trat er auf, seine sonore Stimme und die gute Kenntnis von altphilologischen Weisheiten und Geschichten schufen um ihn eine Aura von Weisheit und Ehrfurcht. Mit Gedichten und vor allem Romanen über die Geschichte und die Integration der Sorben in der DDR hatte er begonnen. In späteren Büchern mehr und mehr Philosophie, Ökologie und Poesie verbindend, warnte er streitbar und dabei Mythen und alte Geschichten nutzend vor einem bedingungslosen Fortschritt und dem Raubbau an der Natur. Die »Rettung der Welt« sah er als eine Menschheitsaufgabe, die selbst die Konstellation des Klassenkampfes überwinden muss.

Da er in der Lausitz – in Räckelwitz – wohnte, war er für die Akademie und Sektion nicht immer greifbar, aber bei wichtigen Entscheidungen war er anwesend und legte auch großen Wert darauf, neue Arbeiten in Berlin vorstellen zu können.

Für mich verbindet sich mit ihm ein Schock und eine Lehre. 1985, ein Jahr vor seinem siebzigsten Geburtstag, bat er mich, dafür zu sorgen, dass aus dem bevorstehenden Jubiläum ja »nichts Großes« gemacht würde. »Eine kleine intime Feier, mehr nicht.« Froh, damit weniger Arbeit zu haben, versprach ich ihm das, und wurde ein paar Wochen vor diesem Ereignis zu meinem Direktor bestellt, die Konzeption dieser Gratulationscour vorzulegen. »Er will es nur klein, wer kommt, kommt. Getränke und Blumen sind bestellt, der Glückwunsch des Präsidenten ist entworfen«, entgegnete ich

und musste mich belehren lassen: »Aus dem Bezirk Dresden, der Bezirksleitung der SED, wo Brězan ja hingehört, kommen Beschwerden über die
ungenügende Vorbereitung und Wertschätzung dieses Ereignisses.« Brězan
hätte seine Verwunderung ausgesprochen, und ich musste mich belehren
lassen, dass, wenn ein Sorbe »klein« sagt, es doch mindestens so groß sein
muss, dass wir organisatorisch ins Wirbeln gerieten: Nun sollte alles im Hei-
matdorf stattfinden, nur mit Getränken war es nicht getan, eine Gästeliste
mit Uhrzeitangabe, wer wann kommt, musste her. Sogar die Straße nach
Räckelwitz sollte noch einer Reparatur unterzogen, die Gaststätte des Ortes
und die in Betracht kommenden Speisen begutachtet werden. Der Umstand
wollte es jedoch, dass dieser Geburtstag auf einen Montag nach einer repu-
blikweiten Wahl fiel und zur Auswertung derselben hielten sich die Funktionäre von Partei und Regierung aller Bezirke in Berlin auf. Kurzfristig wurde
alles wieder umgestellt: das delikate Büfett gab es in Berlin, das Gratulati-
onsprogramm wurde schmaler: die singenden und tanzenden Kinder des
sorbischen Kindergartens fuhren nicht extra nach Berlin. Hermann Kant
kam gutgelaunt als Gratulant mit der Losung »Überall ist Räckelwitz« und
hatte die Lacher auf seiner Seite. Seitdem ließ ich mich auf keine Bitten
mehr ein, die »wenig Ehrung« beinhalteten. Günter de Bruyn und Werner
Mittenzwei beispielsweise mussten es mir schriftlich bestätigen, dass sie
keine Feier zu ihrem runden Geburtstag wollten. Sie taten das gern.

Wilhelm Girnus war ein hervorragender Kenner von Kunst und Literatur,
der sich jedoch vor allem in den fünfziger Jahren als stellvertretender Intendant des Berliner Rundfunks und Chefredakteur des »Neuen Deutschland«
in den Debatten um Formalismus als schlimmer Dogmatiker erwiesen
hatte. Werner Mittenzwei schreibt dazu: »Von dem Girnus-Artikel (zu Ernst
Barlach – C.B) ging ein Überzeugungspathos aus, das gar nicht zu seiner geistigen Physiognomie zu passen schien. Er hatte Malerei, Kunstgeschichte
und Literatur in Kassel, Breslau, Königsberg und Paris studiert. Die Faschisten hatten ihn jahrelang in verschiedene KZs gesperrt. Diese Jahre müssen
zur Unnachgiebigkeit geführt haben. Offenbar meinte er, alles, was von der
Sowjetunion ausging, mit Konsequenz durchsetzen zu müssen. Anders läßt
sich sein Rigorismus, seine geistige Verbissenheit nicht erklären.«[154]

---

154   Werner Mittenzwei. »Die Intellektuellen.« S. 103.

Seit 1962 lehrte Girnus als Professor für Literaturtheorie an der Berliner Humboldt-Universität und wurde nach dem Rausschmiss von Peter Huchel als Chefredakteur der Akademie-Zeitschrift »Sinn und Form« von den maßgeblichen Kulturfunktionären als dessen Nachfolger favorisiert. Als er nach mühsamen Akademie-Diskussionen 1964 dieses Amt wirklich antrat, waren viele Akademiemitglieder sehr skeptisch. Doch Girnus überzeugte viele seiner Kritiker. Die Zeitschrift behielt Niveau, beförderte streitbare Diskussionen, ließ unterschiedliche Meinungen zu Wort kommen. So gewann Wilhelm Girnus neue Freunde. Zum Beispiel beschrieb Franz Fühmann in der Sektionssitzung zur Rostocker Plenartagung sein Verhältnis zu Girnus so: »Also wirklich ein Beispiel dafür, wie man mit Meinungsverschiedenheiten in einer persönlichen Freundschaft leben kann, und zwar mit weitgehenden, das ist das Verhältnis, das ich zu Wilhelm Girnus habe. Wir streiten uns unentwegt, wir haben es auch gestern getan. Girnus hat drei Arbeiten von mir – ich bin Mitglied des Redaktionsbeirates von ›Sinn und Form‹ – und in der Zeit, in der ich das bin, hat Girnus drei angebotene Arbeiten von mir abgelehnt, hat mir die Gründe dafür gesagt. Ich habe sie nicht einsehen können, aber es hat sich an unsern persönlichen Beziehungen natürlich nichts geändert. Wir geben uns die Hand und ich bin stolz auf diese Freundschaft, die mir Wilhelm Girnus zukommen läßt.«[155]

Die Wahl Wilhelm Girnus' von 1965 war vor allem eine Reaktion auf die neue Funktion in der Redaktion. Damals dachte man, der Chefredakteur der Akademie-Zeitschrift müsse Mitglied der Akademie sein.

Girnus war kein häufiger Gast in der Sektion, aber immer ein Mann mit eigener Meinung. Er war beispielsweise der einzige, der das Schreiben zur Rechtschreibreform bewusst nicht unterschrieb. Viele der Texte, die er in »Sinn und Form« veröffentlichte, stießen in der Sektion auf Ablehnung, aber Girnus ließ sich nicht beirren: Er war der Chef, und wer etwas gegen die publizierten Texte hatte, sollte seine Meinung schriftlich kundtun. So blieb die Zeitung interessant und streitbar.

Kurz vor seinem Tod 1985 besuchte ich ihn im Krankenhaus, wo er ausführlich und emotional von seinen Leiden und Kämpfen während des Faschismus und vor allem von seiner Heimat in Litauen erzählte. Ihm gefiel die Entwicklung in der Sektion nicht, er warnte vor »feindlichen

---

155 Franz Fühmann. Diskussionsbeitrag während der Sektionssitzung der Sektion Literatur und Sprachpflege am 16. 3. 1981 in Warnemünde. AdK-O 923.

Elementen« wie Günter de Bruyn. Ich war erstaunt, wie tief der kompromisslose Klassenkämpfer in diesem gebildeten Mann verwurzelt war.

Die Trauerfeier für ihn ist mir nur deshalb besonders erinnerlich, weil wir händeringend und sogar über das Radio nach dem Trauerredner Professor Robert Weimann suchten, der seinen Urlaub auf einem Boot auf dem Bodden verbrachte und innerhalb der kleinen DDR von der Außenwelt abgeschnitten und unerreichbar war. Quasi als »Ersatz« hatten wir schon Werner Mittenzwei gebeten einzuspringen, was der, wenn auch nicht erfreut, zusagte. Im letzten Moment tauchte Robert Weimann dann doch noch auf, und bot seinem Kollegen an, jeder von ihnen soll seine Trauerrede halten. Mittenzwei lehnte ab, schließlich sei das kein Minnesängerwettbewerb.

1969 – Erich Arendt, Helmut Baierl, Günther Deicke, Wolfgang Kohlhaase, Günther Rücker, Helmut Sakowski, Karl Georg Egel, Hermann Kant, Max-Walter Schulz, Bernhard Seeger, Robert Weimann, Benito Wogatzki und Dieter Noll

1969, als die »Erneuerung« der Akademie und ihre Verwandlung in eine sozialistische auf der Tagesordnung stand und diese sich gründlich verjüngen sollte[156], erhielt die Sektion Literatur und Sprachpflege einen kräftigen Zuwachs. Michael Tschesno-Hell (1980 verstorben), Horst Salomon (1972 verstorben), Erich Arendt, Helmut Baierl, Günther Deicke, Hans Koch, Wolfgang Kohlhaase, Günther Rücker, Helmut Sakowski, Karl Georg Egel, Hermann Kant, Max Walter Schulz, Bernhard Seeger, Robert Weimann, Benito Wogatzki und Dieter Noll stießen dazu, anfangs noch mit unterschiedlichem Status – damals gab es eine Außerordentliche Mitgliedschaft, die wenige Jahre später wieder abgeschafft wurde. (Was unter anderem dazu führte, dass der Literaturwissenschaftler Hans Koch 1974 auf eigenem Wunsch gestrichen wurde. Er war nur ein Mal anwesend gewesen.)

Das war ein kräftiger Zustrom einer neuen Generation, die, wie ein Soziologe das beschrieb, »sich zu den humanistischen und demokratischen

---

156 Ende 1968 lag das Durchschnittsalter der Ordentlichen Mitglieder bei 61,5 Jahren. In: Aufstellung über das Alter der Ordentlichen Mitglieder vom 1. 12. 1968; AdK-O 505.

Die Sektion Literatur und Sprachpflege

Idealen der Verfassung bekannte und sie praktizieren wollten. Mehrere Generationen waren bereit, ihren eigenen Lebensentwurf mit dem staatlichen Werdegang der DDR zu verbinden. Doch in dem Maße wie sie diese Ideale leben wollten, trafen sie auf autoritäre und diktatorische Strukturen.«[157] Es war auch kein Zufall, dass unter ihnen eine verhältnismäßig große Zahl von Fernsehautoren war. Zum einen hatte sich das Medium in den Jahren vorher kräftig gemausert: Das Fernsehen hatte ein Massenpublikum erreicht und probierte auf dem Gebiet der Dramatik Interessantes. Dabei waren die neuen Fernsehproduktionen den Kulturfunktionären politisch weniger suspekt als viele der damals erschienenen Gegenwartsromane, die die Wirklichkeit nicht unkritisch beschrieben. Es war vieles getan worden, um das Fernsehen auch institutionell und propagandistisch aufzuwerten. Im Januar 1967 war der Verband der Film- und Fernsehschaffenden gegründet worden. Im Februar 1969 fand eine theoretische Konferenz des Staatlichen Komitees für Fernsehen über die Entwicklung sozialistischer Fernsehdramatik statt, in der das hohe Lob für die Fernsehautoren auf die Schriftsteller, die nicht für das Fernsehen geschrieben hatten und die bisher die DDR-Literatur repräsentierten, wie eine »Herabstufung« wirkte.

Doch zurück zu den Akademie-Wahlen von 1969: Matthias Braun hat sich in seinem Buch »Kulturinsel und Machtinstrument« ausführlich[158] mit dem um das Wahlgeschehen rankenden Beschlüssen, Intrigen und Ereignissen beschäftigt. Natürlich gab es wieder »fraktionelle« Kämpfe, ein Beispiel ist ein streng vertrauliches Schreiben von Alexander Abusch und Hans Rodenberg an das Präsidium, die in letzter Minute noch Veränderungen auf der Kandidatenliste wollten, und natürlich begründeten sie das ideologisch: »Wir schlagen vor, zur Verstärkung der ideologischen Position in der Akademie (entgegen der Vorlage) noch zu erwägen, den Genossen Hermann Kant, aufgrund seiner noch nicht genügend bewiesenen ideologischen Klarheit, statt als Ordentliches Mitglied nur als Außerordentliches Mitglied zu bestätigen. Auch der in der Diskussion der Parteimitglieder der Akademie nicht bestätigte Genosse Max Walter Schulz sollte als Außerordentliches Mitglied bestätigt werden, wie ursprünglich vorgeschlagen.«[159] Dem folgten noch Absprachen im Politbüro und der Parteigruppe der Mitglieder. Im Wesent-

---

157   Max Hagebök. »Das Dilemma der Kritologen«. In: Das Blättchen 1/2009, S. 7.
158   Matthias Braun. »Kulturinsel«. S. 219 ff.
159   Ebenda. S. 226.

lichen setzten sich zwar die Vorgaben der Partei durch, doch da die Unterscheidung zwischen Außerordentlichen und Ordentlichen Mitgliedern bald hinfällig wurde, war es eine ziemlich sinnlose Rangelei gewesen. Die auf Drängen der Funktionäre nominierten »Fernsehautoren« erhielten dann in der Wahl zwar nur 43 von 49 Stimmen – das war ein nur klitzekleiner Protest, mehr wurde nicht gewagt.

Nun zu den in die Sektion Gewählten:

Einzig Erich Arendt, in diesem Jahr 1969 in die Sektion gewählt, gehörte noch der alten Generation an und teilte deren Lebenswege: Der Lyriker von Rang – der letzte der »großen Alten« – hatte in den zwanziger Jahren erste Gedichte in der avantgardistischen Zeitung »Der Sturm« veröffentlicht. Als KPD-Mitglied emigrierte er 1933 in die Schweiz, lebte zeitweise auf Mallorca, wo er als Hauslehrer arbeitete. Später nahm er als Mitglied der Internationalen Brigaden am Bürgerkrieg in Spanien teil und flüchtete danach nach Frankreich, später nach Kolumbien. Erst 1950 kehrte er nach Deutschland zurück, argwöhnisch beobachtet von einigen seiner früheren Genossen. Arendt galt als Bohemian und schwer verständlicher Dichter, dem Parteidisziplin fremd zu sein schien. Arendt übersetzte vor allem die bedeutendsten Lyriker aus Südamerika, Spanien und Frankreich (u. a. Pablo Neruda, Rafael Alberti, Nicolás Guillén, Jorge Zalamea, Walt Whitman). In der DDR genoss er als Außenseiter, fernab von Fraktionen und einflussreichen Kreisen, vor allem die Liebe und Bewunderung jüngerer Lyriker. War er in den sechziger Jahren oft ans Mittelmeer, vor allem nach Griechenland gereist, lebte er später zurückgezogen in Wilhelmshorst bei Potsdam. Zu Sektionssitzungen erschien er nicht, dagegen liebte er Besuche und Geselligkeit. Dichter, Maler und Bildhauer waren häufig bei ihm zu Gast, – Intellektuelle aus Ost und West. Einig waren sie sich in der Ablehnung einer Politik der Abschottung und Restriktionen. So kreisen auch Arendts späte Gedichte unter anderem um den Abschied von Hoffnungen und verneinen Möglichkeiten des Fortschritts. Die Schönheit von Landschaften und Liebesgenuss besang er dagegen bis ins hohe Alter.

1981, als ich ihn kennenlernte, hatte ein Schlaganfall ihn an sein Haus gefesselt. Seine Gefährtin und Betreuerin war damals eine sehr junge schöne Frau, eher ein Mädchen, Oberschülerin, die Tochter des Nachbarn, die mit ihm die Zeit verbrachte. Als ich das erste Mal recht früh bei ihm auftauchte, mich vorstellte und bekannte verheiratet zu sein, wollte er wissen, wann in der Akademie die Arbeit beginnt. Als ich »früh, acht Uhr« erwiderte, fand er das ziemlich abwegig und fragte ganz entsetzt, wo denn da der Morgensex bleibt. Meine Verlegenheit hat er wohl nicht verstanden.

Eine Ausstellung, die Anneliese Weidemann 1983 ihm zu Ehren gestaltete, verband einzelne seiner Gedichte mit Bildern namhafter Künstler, die Arendt gekannt hatte oder deren Werke er besaß. Das gab einen kleinen Eindruck davon wieder, was die Welt Erich Arendts ausgemacht hatte: Welthaltigkeit, Künstlerbohème, Heimischsein in Farben, Bildern und einer hermetischen Sprache. Ebenfalls 1983, zu seinem 80. Geburtstag, war eine größere Auszeichnung fällig und angebracht: Wir, die ihn hin und wieder besuchten, dachten ganz praktisch an die Notwendigkeit, dass das Dach seines kleinen Hauses zu reparieren sei, was möglicherweise den Geldbeutel des Dichters überfordern würde. Die Auszeichnung, die nun für ihn vorgesehen war, der »Stern der Völkerfreundschaft« war zwar sehr »hoch«, aber – was wir damals nicht wussten – ohne Geld. Arendts Dach war also weiterhin gefährdet. Gott sei Dank war noch Zeit, einen weiteren Orden in diesem Jahr für ihn zu beantragen, den Nationalpreis. Ein Jahr später starb Arendt, das Dach war noch im alten Zustand. Als nach seinem Tod die Gemeindeverwaltung uns mitteilte, dass das Haus in Kürze für neue Mieter und Bauarbeiten geräumt würde, fuhren Anneliese Weidemann und ich kurzentschlossen nach Wilhelmshorst und packten alle dort vorhandenen Papiere – manche lose auf dem Fußboden verstreut – in einen mitgebrachten Wäschekorb. Vieles davon macht nun den Grundstock des Arendt-Archivs aus.

Alle anderen in diesem Jahr neu in die Akademie Gewählten gehörten zur oben beschriebenen »DDR-Generation«, die den Krieg als Kinder oder Jugendliche erlebt hatten, aber eigentlich erst in der DDR »zu sich« kamen. Dann begannen sie zu schreiben und zu dichten und natürlich waren die Inhalte ihrer Bücher aus ihrem Erleben gespeist. Dieter Noll war mit seinem Roman »Die Abenteuer des Werner Holt« (1960) den Spuren des Krieges im Erleben seiner Generation gefolgt, hatte damit ein Massenpublikum gefunden und immensen Erfolg gehabt. So erreichte das Buch bis 1990 die einundvierzigste Auflage, die wiederum mit 20 000 Exemplaren. Alle seine späteren Arbeiten hatten diese Wirkung nicht mehr. An den Sektionssitzungen nahm er ziemlich regelmäßig und immer gut vorbereitet teil. Lediglich, als eine »Stunde der Akademie« zu Christa Wolfs

»Kindheitsmuster« vorbereitet und das Buch sehr kontrovers diskutiert wurde, nahm er seine Bereitschaft, die Veranstaltung zu leiten, zurück: »Vor diesem Buch muss ich einfach passen. Es geht mich auf der einen Seite zu sehr an, auf der anderen Seite lehnt sich manches in mir dagegen auf.« Den Diskussionsleiter müsse einer machen, der Distanz dazu hat.[160]

Da ich ihn lediglich in den 80er Jahren erlebt habe, lernte ich ihn als einen eher verschlossenen und kleinlauten Mann kennen, der mit sich selbst zu hadern schien. Die Auseinandersetzung mit Franz Fühmann auf der Rostocker Plenartagung über seinen Brief an Honecker war noch in guter Erinnerung, lastete auf ihm. Selbst bei einem Besuch, als er im Krankenhaus lag, kam er mir gegenüber darauf zu sprechen und beschuldigte sich, noch immer nicht frei von seiner im Faschismus genossenen Erziehung zu sein.

Als ich ihn einmal zu Hause besuchte, beeindruckte mich die Masse seiner Nachschlagwerke, die die Wände seines Arbeitszimmers bedeckten. Er hatte mehr Lexika als eine mittlere Stadtbibliothek und war stolz darauf, zu allen möglichen Bereichen tiefgründigen und sachkundigen Zugang finden zu können. Auch erzählte er damals von der Freundschaft zu Peter Hacks, die weit weniger im geistigen Verkehr als viel mehr im Austausch von Pflanzen und Gärtnerratschlägen bestand. Noll wusste viel über Botanik und Chemie und schrieb lange Zeit an einem Buch über seine Lieblingssängerin Maria Callas. Nach der Wende verstummte er, ein Manuskript über die Callas ist nie in der Öffentlichkeit aufgetaucht.

Auch Günther Deicke, ein Lyriker, war durch Arbeiten aus den fünfziger und sechziger Jahren aufgefallen. Als ehemaligen Marineoffizier beschäftigte ihn vor allem die Wandlung von Menschen, die sich im Krieg schuldig gemacht hatten, und oft ging es ihm um Deutschland, die Gefahren neuer Kriege und den Traum vom Sieg der Liebe und Geborgenheit. Er arbeitete auch als Redakteur, Herausgeber, Übersetzer und Kritiker. In den achtziger Jahren schien die poetische Quelle verloschen, er schrieb Libretti und arbeitete an einem Buch über Hölderlin. Dass ausgerechnet er in die Akademie gewählt wurde, hat ihn geehrt und verwundert. Uwe Berger berichtete von einem Telefongespräch zwischen beiden, in dem Berger zur Wahl gratulierte und Deicke antwortete: »Ich verstehe immer noch nicht recht, warum

---

160 Dieter Noll. Diskussionsbeitrag auf auf Sektionssitzung vom14. 4. 1977. AdK-O 893.

die Wahl auf mich gefallen ist. Du sagst, der eine übernehme die Aufgabe stellvertretend für andere und ich hätte mich immer für andere eingesetzt. (...) Nun gut. Das aber sehe ich wirklich als meine Aufgabe an: für andere zu sprechen und ihre Interessen zu vertreten. Das nehme ich mir vor.«[161] So bescheiden und kameradschaftlich war er wirklich.

Günther Deicke war oft in der Akademie. Obwohl er zurückhaltend und still wirkte, machte er kluge Vorschläge in Sachen Preise und Veranstaltungen, sprang ein, wenn ein anderes Akademiemitglied ausfiel. Er war ein freundlicher und hilfsbereiter Zeitgenosse. Dass er Mitglied einer Blockpartei (NDPD) gewesen war, wird ein Grund gewesen sein, ihn innerhalb der Reihe damals jüngerer Lyriker zu bevorzugen.

Ebenso wie Dieter Noll und Günther Deicke hatte auch Helmut Baierl mit seinem Frühwerk den größten Erfolg: Sowohl das Lehrstück »Die Feststellung« (1958) als auch die Komödie »Frau Flinz« (1961), in Anlehnung an Brechts »Mutter Courage«, wurden auf den Bühnen des Landes viel und gern gespielt. Mit oft witzigen Wortduellen wurden darin die Vorzüge des Neuen vorgeführt. Das war geistvoll und sehr im Sinne einer Politik, die den Stolz auf das Errungene liebte.

Baierl hat der Arbeit in der Akademie viel Zeit gewidmet. Zeitweilig als ehrenamtlicher Parteisekretär, von 1970 bis 1974 als Sekretär der Sektion, von 1974 bis 1990 als Vizepräsident nahm er an allen Beratungen der verschiedenen Gremien teil, hielt Referate zu Plenartagungen und vertrat die Akademie in anderen Organisationen. Den Erfolg seiner frühen Werke konnte er nicht wiederholen, obwohl er ständig Neues schrieb, das jedoch nicht immer zur Aufführung kam. Manchmal gab es Einsprüche von Seiten der Partei, manchmal lehnten die Theater das Stück ab. Baierl wirkte auf mich wie ein eher unsicherer Mann, der diszipliniert und ein wenig gebrochen sein Schicksal trug. Im kleinen Kreis ließ er manchmal seinen Witz blitzen und war ein guter Unterhalter. Ebenfalls nach der Wende in der Öffentlichkeit verstummt, hat er dennoch nicht zu schreiben aufgehört. Ich kann mich erinnern, dass er an einem Hamlet-Stück, das in der DDR spielt und ganz in Jamben verfasst war, geschrieben hat und auch an

---

161   Uwe Berger über Günther Deicke. In: »Liebes- und andere Erklärungen. Schriftsteller über Schriftsteller.« Berlin und Weimar 1972. S. 60.

seiner Autobiographie. 2005 verstarb er, auch seine letzten Manuskripte haben das Licht der Öffentlichkeit nicht erblickt.

Vom Fernsehen als dem neuen »Rivalen« in der Literaturlandschaft war bereits die Rede. So mancher Kulturpolitiker bevorzugte Fernsehstücke gegenüber Romanen, weil er glaubte, damit besser umgehen zu können. Zum einen hatten im Fernsehen staatlich Angestellte das Sagen und zum anderen durften Fernsehstücke nicht allzu »kompliziert« sein, um von Massen gesehen zu werden. Die Filme waren damals vom Inhalt her meist weniger »problematisch«, das heißt kritisch, die Machart war weniger »modernistisch« und es hatten eine Menge Leute – die Institution Fernsehen, die Abteilung Dramatik, der Regisseur usw. usw. – mitzureden. So sollte auch die Wahl der bekanntesten jungen Fernsehspielautoren in die Akademie eine Wende in der schwer lenkbaren Akademie-Arbeit bringen.

Andererseits genügten die massenwirksamen Arbeiten der meisten Fernsehautoren den strengen Maßstäben, die beispielsweise ein Stephan Hermlin oder Franz Fühmann an Kunst legten, kaum. Spannungen und eine Reserviertheit untereinander waren vorprogrammiert und sind auch in der weiteren Arbeit nie ganz überwunden worden.

Helmut Sakowski, Bernhard Seeger, Benito Wogatzki und Karl Georg Egel gehörten in diese »Fernsehfraktion«, ohne dass ihr Werk über einen Kamm zu scheren ist. Auch der jeweilige Anteil des einzelnen an der Akademie-Arbeit war recht unterschiedlich.

Helmut Sakowski hatte beispielsweise erst mit Stücken für das Theater und später im Fernsehen, die auf heitere Art vom Leben und den Probleme auf dem Land erzählen, auf sich aufmerksam gemacht. Der Fernsehroman – wie ein mehrteiliges Stück im Fernsehen genannt wurde – gehört wohl zu seinen Erfindungen. »Wege übers Land« (1968) – in fünf Folgen, erzählt das Auf und Ab im Leben der Tochter eines Gutsarbeiters, die in den Krieg verwickelt, Vertreibung und Flucht erleidend, in einem mecklenburgischen Dorf ankommt, sich einlebt und zur Genossenschaftsvorsitzenden wird. Mit jeder neuen Folge wurden Rekorde in der Publikumsgunst erreicht. Wenn von Fernsehdramatik die Rede war und diese nach Willen der Kulturpolitik gefördert werden sollte, musste Sakowski beachtet werden. Seine Wahl 1969 war eine folgerichtige zeitgemäße Entscheidung, zumal sich herausstellte, dass der Autor immer neue Fernsehromane produzierte, die manchmal mehr und manchmal weniger die Gunst des Publikums und der Politgrößen trafen. Bei den »Verschworenen« (1971) beispielsweise geriet der Autor ungewollt in ein Fettnäpfchen, weil sich gerade die Politik gegenüber der westdeutschen SPD und damit die Geschichtssicht auf die Partei geändert hatte. »Daniel Druskat« (1976), mit Manfred Krug, Angelica Domröse und Hilmar Thate sowie vielen anderen Stars des DDR-Theaters und des DDR-Films in den Haupt- und Nebenrollen, wurde ein großer »Renner« im DDR-Fernsehen, was die späteren TV-Filme – »Verflucht und geliebt« (1981), »Wie ein Vogel im Schwarm« (1985/1990) und »Marie Grubbe« (1988/1990) aus unterschiedlichen Gründen nicht mehr erreichten. Dass ihm Schreiben Lebensbedürfnis geworden war, bewies er auch nach der Wende, als ihm das Fernsehen nicht mehr zur Verfügung stand: Er schrieb mehrere Romane, die in der Geschichte und Gegenwart Mecklenburgs oder Brandenburgs beheimatet sind. Auch seine Kinderbücher waren witzig und spürten – scheinbar naiv – den neuen Lebensverhältnissen der Ostdeutschen im Alltag von Familien nach.

Sakowski lebte seit 1963 in Neustrelitz und hatte zu verschiedenen Zeiten hohe Funktionen in verschiedenen Gremien inne: Er war Vizepräsident des Kulturbundes, seit 1971 Mitglied des ZK der SED. 1970 bis 1974 war er Vizepräsident in der Akademie, doch soll er da – ähnlich wie in der Sektion – wenig anwesend und aktiv gewesen sein. Er entschuldigte sich als »Auswärtiger« oft, war viel mit den Drehstäben seiner Fernsehfilme unterwegs.

Ich hatte den Eindruck, dass er sich zuweilen in der Akademie mit ihren akademischen Diskussionen fremd fühlte, aber er brachte sich ein bei verschiedenen Veranstaltungen. Als wir beispielsweise einen Abend zu Johannes Bobrowski machen wollten, erwies er sich überraschenderweise als Fan und guter Kenner dieses Schriftstellers und seines Werks. Ähnlich wie Jurij Brězan hatte er etwas von einem »Landadligen« an sich: Er war sich seiner Herrschaft, Macht und Würde in seiner Provinz bewusst, ebenso fühlte er sich für die Seinen verantwortlich. Seine Dramaturgin und enge Vertraute schilderte ihn so: »Er wäre gern so gewesen wie die Helden seiner Geschichten. Alle Rollen, die er für Manfred Krug schrieb, sind so entstanden. Und Krug sagte zu ihm im Gegenzug: ›Wenn ich so aussehen würde wie du, wäre ich längst in Hollywood.‹«[162]

---

162 Helga Korff-Edel. »Übers Land mit Sakowski. Erinnerungen«. Friedland/Mecklenburg 2009, S. 18.

Obwohl er in vielen Auseinandersetzungen diszipliniert und oft überzeugt die Argumente der SED vertrat – er beschrieb das 1990 selbstkritisch
in dem Buch »Mutig waren wir nicht« –, sah er manches kritisch. Er stritt
vehement gegen den Verfall der Altstadt von Neustrelitz oder versuchte
viel, um einen alten jüdischen Friedhof vor dem Missbrauch zu retten. Als
gegen jeden bäuerlichen Verstand neue Strukturen in den Landwirtschaft-
lichen Produktionsgenossenschaften eingeführt werden sollten, legte
er sich mit dem SED-Verantwortlichen für Landwirtschaft an, erreichte
jedoch nie sehr viel. Wenn er das dann – beispielsweise in »Wie ein Vogel
im Schwarm« – zum Stoff seiner Bücher machte, bekam auch er, das Mitglied des ZK der SED, Schwierigkeiten. Doch Sakowski resignierte nicht,
er war zu agil und immer voller Tatendrang und Hoffnung.

Bei mir im Garten steht eine »Sakowski-Weide«, gewachsen aus dem
Trieb einer Weide aus seinem Anwesen. Nie habe ich den ehemaligen
Förster so locker erlebt wie bei der Gartenarbeit.

Ein anderer »Lord«[163] des Genres Fernsehen war Benito Wogatzki, noch
eine Generation jünger als die anderen. Vom Journalismus kommend,
kannte er die Probleme, die mit der Einführung neuer Produktionswei-
sen und der technischen Revolution verbunden waren, gut. Er galt als ein
»Hansdampf« in vielen Bereichen, kannte dank seiner früheren Arbeit
»Gott und die Welt«. Wogatzki war oft zu Sektionssitzungen anwesend
und er trug auch gern die Themen, die ihm in der Gesellschaft aufgefallen
waren, in die Diskussion.

Seine Fernsehserien – vor allem die »Meister-Falk-Folgen« mit dem
Schauspieler Wolf Kaiser in der Hauptrolle – waren beliebt, spätere Arbeiten fanden weniger Anklang. Dass er für einen »parteitreuen« Schriftsteller gehalten wurde, hatte sowohl mit den Inhalten seiner Fernsehstücke
als auch einem vertrauten Umgang mit höheren Parteifunktionären verschiedener Bereiche und Ebenen zu tun. Weil er die »heißen Eisen« aus
Ökonomie und Produktion, die er in seinen Fernsehstücken thematisieren wollte, später nicht mehr genehmigt bekam, zog er sich in Belanglose-
res zurück: Etwa eine freundliche Tierarztserie.

---

163   So beschrieb ihn Hedda Zinner, als sie ihn kennenlernte. In: Fritz Erpenbeck über Benito Wogatzki, in:
       »Liebes- und andere Erklärungen. Schriftsteller über Schriftsteller.« Berlin und Weimar 1972, S. 407.

Wogatzki sah wie die meisten in der Sektion in den 80er Jahren die gesellschaftliche Entwicklung kritisch, doch hinderte ihn das nicht, sich die Überzeugung von einer letztlich sozialistischen Zukunft zu bewahren. So jedenfalls trat er auf. Dennoch meine ich, Distanz zwischen ihm und den anderen verspürt zu haben, obwohl er bei Abwesenheit von Wolfgang Kohlhaase in der Sektion als dessen Stellvertreter fungierte.

Nach der Wende schrieb er unter einem Pseudonym Fernsehserien und verschwand für Jahre in Südfrankreich. Erst 2007 verlegte der Verlag Neues Berlin einen ganz neuen und ziemlich anderen »Wogatzki«: einen Thriller aus der Nachwendezeit, »Flieh mit dem Löwen«, der eine Welt ohne Moral und voller Grausamkeiten spiegelt. Der Glaube oder die Hoffnung auf eine bessere Welt und ein humanistisches Miteinander scheint darin vollkommen verloren.

Karl Georg Egel hatte den Höhepunkt seines Arbeitens für Film und Fernsehen 1969 wohl schon hinter sich. Sein Hörspiel »Genesung« (1955) war in den noch fernsehfreien Stuben der Nachkriegszeit ein Renner gewesen. Mit dem fünfteiligen Fernsehfilm »Dr. Schlüter«(1965/6) und einigen Drehbüchern zu DEFA-Filmen hatte er noch Erfolg, aber es wurde immer ruhiger um ihn. Er sei krank, hieß es.

Ein einziges Mal war er in den 80er Jahren zu einer Sektionssitzung anwesend: Zur Vorbereitung der »Berliner Begegnung« im Dezember 1981. Erst während des Aktenstudiums ist mir das aufgefallen, ich habe an ihn keinerlei Erinnerung.

Ähnlich selten ließ sich Bernhard Seeger blicken. Seegers Hörspiele (unter anderem »Hannes Trostberg«) und Fernsehspiele (unter anderem »Fünfzig Nelken« und »Die Erben des Manifests«) wurden zwar offiziell zu den Spitzenwerken dieser Genre gezählt, waren wohl aber überschätzt. Mit dem Roman »Herbstrauch« (1961), der anders als viele Bücher damals poetische Neigungen offenbarte, hatte er Hoffnungen geweckt, doch war sein 1972 erschienener Roman »Vater Batti singt wieder« einfach nur peinlich. Seeger beschrieb hier die Genesung eines Schriftstellers nach einem schweren Verkehrsunfall, der ihm selbst passiert war.

Hinter vorgehaltener Hand wird man zwar in der Sektion über diesen Reinfall eines Akademiemitglieds gemunkelt haben, eine öffentlich oder halböffentliche Diskussion darüber blieb aus. Wer einmal gewählt war, war in Fragen künstlerische Qualität tabu. Es gab sogar eine öffentliche Lesung dieser Fehlleistung im Rahmen einer »Stunde der Akademie«.

Auch Seeger, in der Nähe Berlins wohnend, beteiligte sich nicht an der Akademiearbeit. Ich sah ihn ein einziges Mal, als ich 1990 unterwegs war, um bei jedem Mitglied die Meinung einzuholen, ob er sich an der Wahl zur Reduzierung der Akademie beteiligt. Bernhard Seeger saß damals warm eingepackt in der Diele seines ansehnlichen Wohnhauses und bedauerte die Kälte der Wohnung, da sie aus Armut nicht heizen könnten. Das war ein verwirrter alter Mann, der die Welt nicht mehr verstand.

Die Bevorzugung der Autoren aus der Fernsehsparte ist auch daran erkennbar, dass von den Autoren mit den wichtigen neuen Prosawerken jener Zeit nur Hermann Kant und Max Walter Schulz berücksichtigt wurden. Dabei hatte die Generation jüngerer Autoren mit streitbaren ersten oder zweiten Büchern nachdrücklich auf sich aufmerksam gemacht und einen Grundstein für das »Leseland DDR«, wie sich die DDR zuweilen nicht grundlos brüstete, gelegt. Neben Strittmatters »Ole Bienkopp« (1963) waren Christa Wolfs »Der geteilte Himmel« (1963), Erik Neutschs »Spur der Steine« (1964) und Hermann Kants »Die Aula« (1965), sowie Max Walter Schulz' »Wir sind nicht Staub im Wind« (1962) die Renner jener Zeit, aber nur Kant und Schulz wurden in die Akademie gewählt. Auf der Liste mit Vorschlägen für neue Mitglieder hatten noch Christa Wolf, Erik Neutsch, Peter Hacks, Paul Wiens, Günter Kunert und Heiner Müller gestanden.

Hermann Kant hatte mit seiner »Aula« die Bildungs- und Aufstiegsgeschichte vieler seiner Generation erzählt: Junge Leute aus Familien kleiner Leute wollen zur späteren Übernahme der Macht die Universitäten »erobern« und üben an der neu eingerichteten Vorstudienanstalt (ABF) zu lernen, miteinander umzugehen, Positionen zu beziehen. Ein Buch voller Heiterkeit und Ironie, das Konflikte nicht aussparte. Für die DDR-Literatur ein neuer Ton!

Kant war und ist ein produktiver Schriftsteller ohne Schaffenspausen. Schreiben ist ihm gleich Leben. Sein Roman »Das Impressum« erschien 1971 verspätet, da sich die DDR-Zensur an einigen Stellen gerieben hatte, was im Nachhinein betrachtet lächerlich war. Mein Lieblingsbuch von Hermann Kant ist der 1977 erschienene Roman »Der Aufenthalt«, in dem Kant anhand eigenen Erlebens in einem polnischen Kriegsgefangenlager und Gefängnis schildert, wie ein einfacher Soldat allmählich seine Mitschuld – auch wenn er selbst nie geschossen hat – am Zweiten Weltkrieg begreift. Zeitweise zusammengelegt mit wirklichen Kriegsverbrechern erlebt Mark Niebuhr deren Arroganz und fehlende Einsicht. Dank polnischer Gefangener und eines gründlichen polnischen Leutnants wird ein falscher Verdacht ausgeräumt, – und so verlässt der Held als ein anderer das Warschauer Gefängnis: Er hat viel nachgedacht und Unerwartetes erlebt. Wie Hermann Kant den Leser daran teilnehmen ließ, war beeindruckend.

In den achtziger Jahren schrieb Kant mehrere Erzählungen, in denen er mit Witz und Spott Szenen aus dem DDR-Alltag auf die Schippe nahm.

Von 1978 – 1990 war er Präsident des Schriftstellerverbandes der DDR, vorher Vizepräsident. Mit diesem Amt hatte er den Schwerpunkt seines gesellschaftlichen Wirkens in den Schriftstellerverband gelegt, was ihn nicht hinderte, an der Arbeit in der Akademie sehr aktiv teilzunehmen. Er war zu den meisten Sektionssitzungen anwesend und machte viele Vorschläge für Preise und interessante Veranstaltungen. So war »Die Stunde der Akademie« seine Erfindung, anfangs moderierte nur er, später wurde gewechselt. Ich habe in vielen Sektionssitzungen erlebt, wie die Sektionsmitglieder über die verschiedensten Fragen kameradschaftlich und freimütig miteinander diskutierten. Dabei war Kants Stimme und sein Wissen über kulturpolitische Zusammenhänge wichtig und gefragt, auch wenn er manchmal scharfzüngig reagierte. So war er, und gleichzeitig war er einer von ihnen, der das gemeinsam Beschlossene auf seiner »Ebene« mit durchzusetzen helfen sollte und wollte. Warum er nach 1989 quasi als »Stellvertreter Honeckers« für Zwangsmaßnahmen gegenüber Künstlern und anderes Ungemach unter anderem auch von Sektionsmitgliedern verantwortlich gemacht wurde und von manchen als Unperson behandelt wurde, lässt sich schwer mit seinem Verhältnis zu den verschiedenen Kollegen vor 1989 belegen. Vielleicht fiel es einigen, nicht wenigen Kollegen aus dem Schriftstellerverband, für die sich Kant eingesetzt hatte, schwer, sich zu erinnern. Der »Sündenbock Kant« konnte für so vieles herhalten, um die eigene Rolle in ein anderes Licht zu stellen. Selbst in der Sektion änderte sich für einige wenige nach 1989 die Farbe, mit der sie das frühere Verhältnis darstellten. Es hatte zwar zuweilen kontroverse Diskussionen mit Franz Fühmann oder anderen gegeben, aber das war doch normal gewesen und wesentlich gemäßigter als beispielsweise die Kontroversen zwischen Hermlin und Hacks! Auch Christa Wolf schien nach meinen Beobachtungen einen guten Kontakt zu ihm zu haben. In vielen Pausen in den Plenartagungen sah ich sie im Gespräch vertieft auf den Gängen stehen.

Max Walter Schulz hatte mit seinem Roman »Wir sind nicht Staub im Wind« (1962) einen Entwicklungsroman geschrieben, der noch einmal die Situation junger Leute während und nach der Zeit des Faschismus erzählte. Es ging vor allem um Wandlung, um Lebenssinn. Was Kant eher witzig dargestellt hatte, erhielt bei dem mehr schwerblütigen Max Walter Schulz philosophische Vertiefung. Seit 1964 war Max Walter Schulz Direktor des Literaturinstituts in Leipzig, hatte also den besten Überblick über junge Leute, die Schriftsteller werden wollten. Selbst schrieb er später vor allem Novellen über den Krieg oder über Schicksale von Kriegsgefangenen. Er war ein Grübler, der über die Leiden seiner Generation nie hinweg gekommen war. 1983 wurde er Chefredakteur der Akademie-Zeitschrift »Sinn und Form«. Nachdem er von Leipzig nach Berlin gezogen war, nahm er regen Anteil an der Sektionsarbeit, denn er brauchte den Rat und Beistand der Kollegen für seine Zeitschrift dringend.

In der Sektion gehörte er zu den Mitgliedern, die sich im kleinen Kreis bitter über kulturpolitische Entscheidungen beklagten, sein Hauptthema war das Verhältnis von Macht und Literatur. Obwohl er oft zu Sektionssitzungen anwesend war, spürte ich zwischen ihm und den anderen Mitgliedern eine nicht aufhebbare Distanz. War es, weil er sich als ehemals »Leipziger« unter den mehrheitlich »Berlinern« fremd fühlte? Oder war es vielmehr seine Rolle in der Kulturpolitik, die ihn manche noch übelnahmen und deshalb seinen Klagen nicht ganz trauten? War er es doch gewesen, der 1969 auf dem VI. Schriftstellerkongress als Vizepräsident öffentlich Christa Wolfs Roman »Nachdenken über Christa T.« mit der Frage »Wem nützt das?« kritisiert und an Christa Wolf appelliert hatte: «Besinn dich auf dein Herkommen, besinn dich auf unser Fortkommen!«[164] Viele Schriftsteller empfanden damals diesen Versuch ideologischen Einwirkens auf Literatur als Missgriff und Max Walter Schulz als einen von Parteifunktionären vorgeschickten Mann. In seinem Arbeitstagebuch schildert der um eine Generation jün-

---

164   Max Walter Schulz. »Das Neue und das Bleibende in unserer Literatur«. Rede auf dem VI. Schriftstellerkongress der DDR. In: NDL 9/1969, S. 50.

gere Volker Braun eine spätere Begegnung mit Schulz und kennzeichnet dabei sehr treffend das Dilemma dieses Mannes: 5.12. 84 »auf der heimfahrt erzählt auch der chefredakteur schulz sehr komische geschichten, freilich ohne humor; er ist ein tragischer genosse. Als direktor des literaturinstituts habe er einmal das wort ›freiraum‹ gebraucht, zwei mann von der sicherheit haben ihn nach der tat gebeten, sich künftig anders auszudrücken. Der witz ist, daß er es tat. ›einmal wollte mich paul fröhlich verhaften lassen‹, in leipzig also, ›und ein wagen der bezirksleitung halle fuhr vor, um mich über die bezirksgrenze zu bringen.‹ Er ist nicht eingestiegen, ›aber wann schreib ich das auf?‹ nie, max walter, nie.«[165] Braun behielt recht, Schulz starb 1991, ohne seine Querelen und Leiden an Partei und führenden Genossen aufgeschrieben zu haben.

Wolfgang Kohlhaase und Günther Rücker[166] kamen von Film und Hörspiel. Ihre Filmdrehbücher und Hörspiele (Kohlhaase: »Eine Berliner Romanze«,1956; »Berlin-Ecke Schönhauser«, 1957; »Der Fall Gleiwitz«, 1961; Rücker: »Der Platz am Fenster«,1962; »Die besten Jahre«, 1965; »Der Fall Gleiwitz«, 1961;) zeichneten sich aus durch ein besonderes Interesse für wechselvolle Schicksale im zwanzigsten Jahrhundert und einen unverstellten Blick auf den Alltag. Ihre Drehbücher fielen auf durch handwerkliches Können, Witz und hohe Sprachbeherrschung. Beide gehörten bald mit Stephan Hermlin zum Stamm derer, die sich in der Akademie und Sektion besonders engagierten. Wie Hermlin Mitglieder der SED waren auch sie keine hardliner. So leise, heiter und elegant viele ihrer Arbeiten waren, ähnlich differenziert verstanden Rücker und Kohlhaase den anzustrebenden Sozialismus – neben der Akzeptanz seiner sozialen Prämissen – vor allem als eine vernünftige, freundliche und großzügige Gesellschaft, die dem einzelnen größtmögliche Chancen zur Entfaltung einräumt, die Platz für Diskussionen hat und die Spaß machen sollte. Beide waren zu intelligent, gewitzt und zu eigenständig, um nur als Befehlsempfänger zu handeln. Für sie und ihre Vorstellungen von Kulturpolitik war die Akademie die geeignetste »Spielwiese«, zumal sie mit dem amtierenden Präsidenten Konrad Wolf befreundet waren.

---

165   Volker Braun. »Werktage«. S. 657.
166   Auch über Günther Rücker befindet sich im zweiten Teil des Buches ein Porträt.

Günther Rücker war von 1974 bis 1982 Sekretär der Sektion, Kohlhaase löste ihn ab und bat 1990 darum, nicht wieder gewählt zu werden. Beide waren also meine unmittelbaren Vorgesetzten. Die Arbeit mit ihnen hat Spaß gemacht, verlangte große Sorgfalt. Was sie selbst von sich verlangten, sollten andere auch können. Bei Rücker imponierte mir sein geselliges Wesen, seine Art zu genießen, sein Einfallsreichtum, selbst seine wechselnden Stimmungen von hoch beglückt bis tief betrübt gaben Impulse für die Arbeit und machten ihn mir sympathisch. Wolfgang Kohlhaase war ein äußerst genauer Arbeiter und Beobachter. »Amtsbriefe«, die in der Sektion auch geschrieben werden mussten, nahm er genauso ernst wie einen literarischen Text. Nicht selten rief er mich abends zu Hause an, um in einem gemeinsam erarbeiteten Brief noch ein »und« oder ähnliche Winzigkeiten einzuarbeiten. Er hatte als unser »Chef« ein wachsames Auge auf alles und jeden, duldete keine Schluderei. Ein bisschen »Angst« vor seiner kritischen Meinung machte wohl jeden von uns noch gewissenhafter. Er verabschiedete sich als Sektionssekretär nach acht Jahren gemeinsamer Arbeit von allen Mitarbeitern der Abteilung 1990 mit einer Einladung in seine Lieblingskneipe am Savigny-Platz. Noch sehr fremd in Westberlin, bestaunten wir den »Weltmann« Kohlhaase, der hier schon fast zu Hause schien. Es war ein schöner Abend!

Beim Arbeiten an diesem Buch habe ich die früheren Kollegen gefragt, wie sie Wolfgang Kohlhaase gesehen haben. Inge Tietze schrieb: »Ich könnte nur sagen, was ich an ihm bewundert habe: Seine geschickte und behutsame Vermittlung zwischen allen Meinungsabgründen in der Sektion, ohne dass jemandem das Gesicht genommen wurde, immer bedacht, immer leise, der Schalk in seinen Reden, Witz und Weisheit in den kurzen Sätzen (heute würde man Statements sagen), die er bei offiziellen Anlässen als Sekretär zu formulieren hatte, das Fehlen von wie auch immer gearteten Allüren oder gar Dünkel, unter denen wir gelegentlich von mancher Seite zu leiden hatten.« (Dass im zweiten Teil meines Buches ein Porträt von Wolfgang Kohlhaase fehlt, gehört zu Recht kritisiert. Kein anderer hat in den achtziger Jahren die Arbeit der Sektion so geprägt wie er. Ich gebe zu, hier »gekniffen« zu haben. Zum einen bin ich keine Filmwissenschaftlerin, zum anderen fürchtete ich, dem Meister des geschliffenen Filmdialogs und dem klugen Vermittler in der Sektion und im Präsidium nicht gerecht werden zu können. Vor diesem »Gott« hatte ich zu viel Respekt.)

Als Sektionssekretär waren Rücker und Kohlhaase besonders gut geeignet, weil sie im Kollegenkreis geachtet und respektiert wurden und zu verschiedenen Mitgliedern sehr gute, manchmal freundschaftliche Beziehungen hatten. Kohlhaase war ein sehr guter Zuhörer, was die Besuche bei den Mitgliedern zu Hause für mich zu Erlebnissen machte. Er fragte, und die Älteren hörten nicht auf zu erzählen, weil sie sein großes Interesse spürten. Ähnlich interessant waren die Begegnungen mit Korrespondierenden Mitgliedern, für die sich Wolfgang Kohlhaase viel Zeit nahm. Höflich, freundlich und interessiert am anderen, beherrschte Kohlhaase die Konversation beispielsweise mit Daniil Granin, James Aldridge, Michel Tournier, Walter Jens und anderen, sodass sich die Gäste in der Sektion wohl fühlten.

Am wichtigsten aber war in jenen Jahren seiner Amtszeit, dass Kohlhaase ein Meister der Vermittlung und des Vergleichs war. Wie oft gab er beinahe gegnerischen Seiten gleichermaßen Recht! Aber nie auf die simple Art, nur um einer Besänftigung willen. Nein, er verstand es glänzend, in der jeweiligen Meinung einen richtigen Kern zu entdecken und den vorhandenen Gegensätzen Wahrheit zuzubilligen. Zudem formuliert er nicht nur in seinen Filmdrehbüchern und den leider nur wenigen Erzählungen, die er geschrieben hat, pointiert, genau und verblüffend. Als er 1986 nach einer Amtsperiode einstimmig wiedergewählt wurde, sagte er: »Ich danke für die Wiederwahl: Es ist ein – wie jeder beobachten kann – hochvergnügliches, wie auch hochunvergnügliches Amt.«[167]

Fast ohne Unterbrechung durch die Wendezeit konnte Wolfgang Kohlhaase seine erfolgreiche Arbeit als Drehbuchautor fortsetzen. So schrieb er weiter Drehbücher oder arbeitete unter anderem an folgenden Filmen mit: «Inge, April und Mai« (1992),« Victor Klemperer. Mein Leben ist sündhaft lang« (1998), »Die Stille vor dem Schuss« (2000), »Sommer vorm Balkon« 2005, »Haus und Kind«(2008), »Whisky mit Wodka« (2009). 2010 wurde er als »Star des ostdeutschen Kinos« auf der Berlinale für sein Lebenswerk geehrt. Er ist sich treu geblieben: Neugierig und genau, interessiert an Schicksalen und Geschichte, engagiert für die Tapferkeit der kleinen Leute, so war er immer. »Was ihm half, war sein Humor, sein sinnliches, durch kein Funktionärsgequatsche irritierbares Verhältnis zur Sprache, zum Dialog.«[168]

---

167   Wolfgang Kohlhaase. Diskussionsbeitrag auf der Sektionssitzung am 3. 4. 1986. AdK -O 1104/1.
168   Susanne Beyer, Martin Wolf. »Wolfgang Kohlhaase. Ein Mann der Zwischengröße.« In: Spiegel 36/2009. S.132.

Professor Robert Weimann ist Literaturwissenschaftler, Anglist, der sich vor allem auch international sehr erfolgreich mit Shakespeare beschäftigt hatte. In der Akademie wurde er gebraucht, als es generell um mehr wissenschaftliche Begleitung ging und die Künstler stärker mit neuen ästhetischen oder kulturpolitischen Fragestellungen bekannt gemacht werden sollten. Von 1978 bis 1990 war er der Erste Vizepräsident der Akademie. Hier hatte er großen Anteil an den Inhalten von Plenartagungen, hielt wichtige Referate, die sich um das Thema »Kunst und Öffentlichkeit« rankten. Seine Ausführungen waren meistens so abgehoben, dass sie das konkrete Schaffen der Mitglieder nicht konkret tangierten. Spöttisch soll Peter Hacks über Weimanns Tätigkeit in der Akademie gewitzelt haben: »Er übersetzt die Beschlüsse der Partei ins Unverständliche.« [169] Während wohl ein Großteil der Akademiemitglieder ihn als einen »Mann vom anderen Stern« empfand, war er für einige so anregend, dass sie Gedanken von ihm produktiv aufnahmen. Wiederum bei Volker Braun fand ich hierzu einen bemerkenswerten Beleg: »23. 7. 84: weimann fragt auf dem plenum der akademie, ob das europäische erbe des klassischen bürgerlichen realismus uns noch als hauptsächlicher traditionsgrund gelten könne, ja ob von da überhaupt »bereits der wille zum leben und zum menschheitlichen überleben« zu erwirken sei. ›angesichts der ungeahnten härte in den zwängen und brüchen dieser zeit‹ seien andere maßstäbe erfordert, aus umfassenderen quellen, auch aus vorbürgerlichen (im ›magischen realismus‹ lateinamerikas, im ritualistischen theater, etwa bei wole soyinka, im mexikanischen muralismo). goethes so versöhnlich tönende botschaft der humanität im interessenkonflikt der griechen und barbaren mute nicht als der weisheit dieser zeit letzter schluß an. ›die geistigen pläne unserer alten waren einem weltausschnitt verpflichtet, der der unsere nicht mehr ist.‹ Die aneignung dieses erbes selbst erscheine undenkbar ohne jene ›welterfahrung, die den realismus dieser tage anders macht, härter noch und kämpferischer, unerbittlich qualvoll im befragen aller illusionen, auch der besten, schnellen hoffnung, die einstmals schon das letzte, erlösende gefecht an die stelle des heute unabsehbaren kämpfens und leidens der völker stellte.‹ Je näher die kunst an diese realität heranfände, umso größer ihre ambivalenz, die unbestimmtheit ihrer wirkungen. ›da ist – mehr denn je – dem leser, dem betrachter aufgegeben, aus der ›notwehr‹ dieser

---

169   André Müller sen. »Gespräche mit Hacks 1963 – 2003«. Berlin 2008. S. 228. Im Folgenden: A. Müller. »Gespräche mit Hacks«.

DIE SEKTION LITERATUR UND SPRACHPFLEGE

produktionen herauszufinden, ›daß der mensch nicht soweit sinken darf‹ … da mag dann wenig raum verbleiben für die ehedem so sichere haltung.‹ Unmöglich, die augen zu verschließen ›vor einer gärenden und zugleich schon exploitierten neuen weltkultur, deren bloße existenz die unsere mit fragen und widersprüchen tieferer art umgibt.«[170]

Bis auf Peter Hacks, der sich auch mit ihm anlegte, galt Weimann in der Sektion als eine Respektsperson.

1972 – PETER HACKS

1972 wurde Peter Hacks[171] in unsere Akademie gewählt, gleichzeitig mit der Aufnahme in die Akademie der darstellenden Künste Frankfurt/Main. In die engere Auswahl für die Kandidaten der Sektion waren damals auch Christa Wolf (6 Stimmen in der Sektionsabstimmung gegenüber 10 von Peter Hacks) und Erik Neutsch (5 Stimmen) gekommen. Bei der darüber stattfindenden Diskussion im Präsidium der Akademie wurde entschieden, dass bei einem Wahlvorschlag Christa Wolf gleichfalls Erik Neutsch nominiert werden müsse. »Die Variante Christa Wolf oder Peter Hacks ohne Berücksichtigung von Erik Neutsch wird nicht für richtig erachtet.«[172] Auf der weiteren Wegstrecke der Wahlliste fielen aber dann Christa Wolf und Erik Neutsch weg, und nur Peter Hacks wurde gewählt.

Er war damals der meist gespielte deutsche Dramatiker in Deutschland. Mit den Stücken »Die Sorgen und die Macht« (1959) und »Moritz Tasso« (1961) hatte er Theaterskandale in der DDR hervorgerufen, denn die Inszenierungen wurden nach ihrer Uraufführung äußerst kontrovers debattiert, was schließlich mit der Absetzung der Aufführungen auf dem jeweiligen Theater und sogar dem Aus des Intendanten Wolfgang Langhoff am Deutschen Theater endete. Seitdem schrieb Hacks Stücke im vor allem mythologischen oder historischen Gewand und hatte großen Erfolg. Seine Bearbeitung von Aristophanes' »Der Frieden« (1962) und der Operette von Offenbach »Die schöne Helena« (1964) waren große, über die Grenzen der

---

170 Volker Braun. »Werktage«. 23. 7. 1984. S. 617/618.
171 Auch über Peter Hacks gibt es ein Porträt im zweiten Teil.
172 Aus dem Protokoll der Präsidiumssitzung vom 18. 4. 1972. In: »Zwischen Diskussion und Disziplin«. S. 322.

DDR hinaus reichende Theaterereignisse. »Ein Gespräch im Hause Stein über den abwesenden Herrn von Goethe« (1974) wurde ein Welterfolg.

Hacks war ein Spötter und Provokateur bester Güte. Einst aus politischen Gründen aus der Bundesrepublik in die DDR gewechselt, nahm er das sozialistische Konzept des Landes ernst, sah sich als Widerpart, Hofnarr und Partner der Politiker, was letzteren gar nicht behagte. Sie lasen in seinen Vorschlägen vor allem die Kritik, dass ihre Welt noch nicht so weit ist, wie sie glaubten. Hacksens Witz und Souveränität verunsicherte sie. Insofern misstrauten sie ihm ähnlich wie seinem Antipoden Heiner Müller, der anders als Hacks nicht das Ideal verteidigte, sondern vor dem Untergang der Welt warnte, den er in seinen Stücken beschrieb.

Peter Hacks beteiligte sich selten an Akademieveranstaltungen, lehnte eigene Lesungen ab, hielt nichts von Gratulationscouren oder Ehrungen ehemaliger Mitglieder. Das widersprach seinen Akademie-Vorstellungen von einem Gremium von Auserwählten im DDR-Olymp, das allein für die Geschicke des Landes zuständig sein sollte. Umso aktiver war er auf Sektionssitzungen, wo er, wie er selbst zugab, sich hin und wieder im Ton vergriff.[173] Er schlug Themen vor, erarbeitete selbst die Diskussionsgrundlage dafür und fühlte sich sichtlich wohl in Streitgesprächen auf hohem Niveau. Niemand, weder Strittmatter und schon gar nicht Hermlin, war vor seiner losen Zunge sicher. Hacks biss um sich, daran waren die Sektionsmitglieder bald gewöhnt. Aber er leistete gleichzeitig eine gute Arbeit. Er hatte im Auftrag der Sektion den Brief über die Rechtschreibreform entworfen. Besonders verdienstvoll war es, dass er dreimal während seiner Akademiemitgliedschaft Arbeitsgruppen zur Dramatik initiierte, die über Monate, ja Jahre hinweg arbeiteten. Das protokollierte Material dieser Arbeitsgruppe ist eine Fundgrube zu Fragen der Dramatik und Ästhetik. Gleichzeitig ist es anregend und amüsant, denn Hacks brillierte hier mit seinem überragenden Wissen und der Lust am Streit und konnte andere zum Nachdenken und Widersprechen motivieren.

---

173   Peter Hacks. Diskussionsbeitrag auf Sektionssitzung vom 17. 1. 1974. AdK-O 899.

Endlich 1974 waren Christa Wolf und Erik Neutsch an der Reihe. Christa Wolf war kraft ihres Werkes und ihrer Rolle im Land 1974 nicht mehr zu umgehen. Die Romane »Der geteilte Himmel« (1963) und »Nachdenken über Christa T.« (1968) hatten die Gemüter ihrer Leser erregt wie kaum andere Bücher, behandelten sie doch existentielle Fragen des »neuen« Lebens in der DDR, bzw. – betrachtet man sich die Wirkung außerhalb: des »modernen« Lebens im zwanzigsten Jahrhundert. Wie kaum ein anderer DDR-Autor artikulierte Christa Wolf in ihren Büchern aktuelle Stimmungen und Fragen, – ein Zeitgefühl, das »in der Luft« lag, aber einem erst mit Christa Wolfs Text in seinen Konsequenzen voll bewusst wurde.

1963, – also Jahre vor ihrer Aufnahme in die Akademie – hatte man mit der Wahl der Genossin Christa Wolf in das ZK der SED auf eine »Vorzeigefigur« gehofft. Die junge und attraktive Frau sollte im Gremium meist alter knöcherner Funktionäre zum einen Hoffnungen auf Veränderungen wachsen lassen und zum anderen um Sympathien für das Gremium werben. Doch Christa Wolf ließ sich nicht lange vereinnahmen. Viel zu sensibel für politische Rangeleien lehnte sie sich während des 11. Plenums 1965 öffentlich gegen pauschale Verurteilungen von Kollegen auf und verteidigte das Recht auf Widerspruch und Kritik an den Verhältnissen. Bereits 1967 wurde sie wieder aus dem hohen Parteigremium entlassen – sie wurde nicht wieder aufgestellt, aber sie wollte auch nicht mehr ZK-Mitglied sein.

Jedes neue Buch von ihr löste Diskussionen aus: Mit »Nachdenken über Christa T.« plädierte sie für das Recht des Individuums, anders zu sein als es offiziell verlangt wurde, und verpflichtete zudem die Gesellschaft, diese Selbstverwirklichung des einzelnen zu unterstützen, ja zu garantieren. Ihre Heldin Christa T. starb zwar an Leukämie, aber die Autorin gab indirekt den Verhältnissen in der DDR eine große Mitschuld. Die bereits zitierte Mahnung von Max Walter Schulz auf dem VI. Schriftstellerkongress: »Besinn Dich, Christa« ignorierte Christa Wolf, sie ging weiter ihren Weg der kritischen Begleitung der DDR und gewann dadurch viele intellektuelle Anhänger.

In der Akademie war sie sowohl in den Sektionssitzungen als auch den Veranstaltungen aktiv. Immer wieder las ich in den Protokollen der Sitzungen, wie sie mit den Worten »Ich wollte dazu gar nichts mehr sagen ...«

begann und sich immer wieder engagierte, mitredete, nicht aufgab. Als sie wegen ihrer Haltung in der Biermann-Affäre von anderen Institutionen gemieden wurde, nutzte sie die Akademie für öffentliche Lesungen. Ihre in dieser Zeit geschriebenen Romane und Erzählungen unter anderem »Kindheitsmuster« (1976), »Kein Ort. Nirgends« (1979), »Kassandra« (1983) oder »Störfall« (1987) wurden oft zum ersten Mal während einer »Stunde der Akademie« vorgestellt. Dies geschah dann nicht in den kleineren Räumen, die meist für Buchvorstellungen genutzt wurden. Wegen des Besucherandrangs zogen wir meist in den »Konrad -Wolf-Saal« um, und einmal – bei der Lesung zu »Kindheitsmuster« – musste wegen der Gefahr, dass unsere Glastüren am Eingang zerdrückt werden könnten, die Polizei um ordnende Hilfe gebeten werden.

Zu Christa Wolfs verschiedenartigem Wirken gehört auch ein misslungenes »Komplott«, das sie mit uns Mitarbeitern geschlossen hatte, als sie nach dem Tod von Maxie Wander einen Heinrich-Mann-Preis posthum für die Kollegin durchsetzen wollte. In Vorbereitung der Sektionssitzung prüften wir genau, ob das möglich sei. Die Statuten enthielten weder einen ablehnenden noch befürwortenden Passus und es gab auch keinen Präzedenzfall. So listeten wir die Verdienste Maxie Wanders ausführlich auf und hatten Hoffnung, dass Christa Wolf mit ihrem Vorschlag durchkommen würde. Aber der freche Peter Hacks machte diese Hoffnung zunichte: Als Pendant schlug er Goethe für den Heinrich-Mann-Preis vor, und schon war das »Komplott« geplatzt. Peter Hacks: »Ich sehe die Debatten in Zukunft mit Grausen, wenn wir jetzt auch noch die Friedhöfe auf den Listen haben.«[174]

Im März 1989 – aus Anlass ihres sechzigsten Geburtstags – planten wir eine größere öffentliche Veranstaltung für Christa Wolf, deren Schaffen mittlerweile in der ganzen Welt Anhänger gefunden hatte und als nobelpreisverdächtig galt. Wir dachten an eine Art Gipfeltreffen der »Weltautoren« – Aitmatow, Frisch, Grass … Es kam anders, wir verabredeten einen Gesprächskreis. Näheres dazu im Kapitel »1989«.

1990 hieß es, Erik Neutsch sei nur wegen des Proporzes in die Akademie gewählt worden, neben der DDR-kritischen Christa Wolf der parteitreue Erik Neutsch. Im Protokoll einer Präsidiumssitzung in Vorbereitung für die Wahlen von 1972 ist zwar eine gegenseitige Bindung genannt, 1974 war

---

174   Peter Hacks auf Sektionssitzung vom 10. 12. 1981. AdK-O 895.

es folgendermaßen: Das Präsidium hatte empfohlen, dass die Sektion, die die größte war, diesmal nur ein neues Mitglied erhalten sollte. Das stieß in der Sektion auf Protest. Den am 5. April 1974 Anwesenden war klar, dass Christa Wolf den ersten Platz auf der Liste hat, doch sie weigerten sich, zu akzeptieren, dass es überhaupt nur einen Kandidaten für die Sektion gäbe. Deshalb bestanden sie auf der Forderung, den Zweitplatzierten noch einmal im Präsidium zu diskutieren. Dass hierfür auch politische Gründe genannt wurden, ist aus dem Protokoll der Sektionssitzung ersichtlich. So Hermann Kant: »Das geht nicht. Das ist unmöglich. Guck dir das mal mit politischen Augen an. Meine Alternative ist: Entweder beide oder keinen. Anders geht es nicht.« Stephan Hermlin: »Würde ich auch sagen.«[175] Die Empfehlung der Sektion an das Präsidium lautete dann auch: »Unter Hinweis auf die letzten Zuwahlen empfiehlt die Sektion die Zuwahl Christa Wolfs mit der Zuwahl Erik Neutschs zu verbinden, eventuell sogar die Wahl eines der beiden Kandidaten ganz zu vermeiden, falls die Zuwahl beider nicht möglich sein sollte. Auch zu diesem Punkt gab es allerdings die Auffassung, dass eigentlich die Wahl etwa von Günter Kunert, Stefan Heym und Volker Braun gegenüber den beiden Genannten als vorrangig zu betrachten wäre.«[176]

(Für manche der an den Wahlen Beteiligten waren die »Mauscheleien« innerhalb des Abgleichs der einzelnen Gruppen und Fraktionen nicht ehrenrührig. Dazu Manfred Wekwerth: »Für mich ist es überhaupt kein ›fauler Kompromiß‹, daß die Akademie, sagen wir, de Bruyn wählte und auf ›höheren Wunsch‹ noch X oder Y als Ausgleich dazu. De Bruyn wurde gewählt, das war mein Anliegen. Ein solcher Kuhhandel findet in jeder Akademie statt, in jedem Sportverein, in jedem Parlament.«[177] Werner Mittenzwei dazu aus historischer Sicht: »Einmischungen von Politikern in die Akademiewahlen gab es zu allen Zeiten und in jedem System.«[178])

Zurück zu 1974:

Nach Popularität und hinsichtlich aktueller Literaturdebatten waren Christa Wolf und Erik Neutsch die richtigen Kandidaten, und so entschied sich auch das Akademiepräsidium für beide. Ich erinnere mich, dass wir als Studenten sowohl den »Geteilten Himmel« als auch »Spur

175 Protokoll der Sektionssitzung vom 5. 4. 1974. AdK-O 899.
176 Protokoll der Sektionssitzung vom 5. 4. 1974. AdK-O 899.
177 Manfred Wekwerth. »Erinnern«. S. 403
178 Werner Mittenzwei. »Zwielicht. Auf der Suche nach dem Sinn einer vergangenen Zeit. Eine kulturkriti-sche Autobiographie«. Leipzig 2004. S. 395. Im Folgenden: Mittenzwei. »Zwielicht«.

der Steine« begeistert gelesen haben: endlich ging es um Gegenwart, die wir kannten. Dass dabei sehr unterschiedliche Schreibweisen angewendet wurden, störte uns nicht, war sogar reizvoll.

Nach dem großen Erfolg von »Spur der Steine« (1964) schrieb Neutsch an seinem Roman »Warten an der Sperre« (Später »Auf der Suche nach Gatt« – 1973), der das wechselvolle Schicksal eines Bergarbeiters verfolgt – anfangs von Partei und staatlichen Leitern gefördert, später bestraft worden – er darf die Arbeit, für die er alles geben wollte, nicht mehr machen. Dieser Roman hat längere Zeit im Verlag als »nicht veröffentlichbar« gelegen, bis bestimmte Überarbeitungen dem beschriebenen Schicksal etwas an Härte nahm. Neutschs Kritik am sturen Verhalten der Obrigkeit unterschied sich damals nicht erheblich von der Christa Wolfs etwa im »Geteilten Himmel« oder in »Nachdenken über Christa T.«. 1974, als über seine Mitgliedschaft diskutiert wurde, war der Roman gerade erschienen.

Was die beiden Autoren aber erheblich unterscheidet, ist ihre Mentalität, ihre Auffassung von Literatur und ihre Art zu schreiben. Während Christa Wolf sensibel und abwägend das Innere ihrer Personen mit allen Zweifeln und Gefühlen beleuchtete und immer differenziertere, in der modernen Weltliteratur übliche Ausdrucksmöglichkeiten hierfür verwendete, ist der aus dem Journalismus kommende Neutsch ein Haudegen, der nicht nur in der Literatur das Direkte liebt. Mit seinem ausgeprägten Sinn für anstehende Probleme und harte Konflikte beschrieb Neutsch in den folgenden Werken – unter anderem »Frieden im Osten« (mehrere Bände), »Zwei leere Stühle« (1979), »Claus und Claudia« (1989) – Schicksale und Konflikte in der DDR und fand mit seinen jeweils aktuellen und nie unkritischen Stoffen immer Anhänger. Die Bücher erschienen in hohen Auflagen (»Spur der Steine« hatte 1990 die 31. Auflage!). Die Inhalte waren konfliktreich, spannend, an der formalen und sprachlichen Gestaltung hatte der Autor meiner Ansicht nach manchmal zu wenig gearbeitet.

Hinsichtlich seiner politischen Einstellung hatte Neutsch nie einen Hehl daraus gemacht, dass er voller Überzeugung zu den Grundsätzen der DDR stand, und er konnte heftig gegen Positionen, die er für falsch hielt, wettern. Wie Kollegen und sein Verlagsleiter später berichteten, ging er dabei auch rabiat und zuweilen denunziatorisch gegen Kollegen vor.[179]

---

179   Vergleiche eine Zuschrift von Horst Matthies zu einem Interview von Erik Neutsch in: Neues Deutschland vom 12. 9. 1994 oder: Eberhard Günther. »Verleger – mehr als ein Beruf. Erinnerungen.« Halle 2009. S. 298.

Auch in der Akademie hat ihn seine polternde und rechthaberische Art nicht viel Freunde eingebracht. Nach seiner Wahl soll er zu Ulrich Dietzel beim Empfang beim Ministerpräsidenten gesagt haben: »Jetzt ist Schluß mit dem Elfenbeinturm, jetzt wird die Akademie umgekrempelt.«[180] Doch bald bekam er das wirkliche Kräfteverhältnis in der Sektion zu spüren: Als er sich beispielsweise zu einem Streitgespräch in Sachen »Kunstfortschritt« als Opponent von Hermlin anbot, schlug das Hermlin aus: »Ich als Koreferent zu Neutsch? Doch wohl nicht.«[181] Hermlin, und nicht nur er, sahen in ihm wegen seines oft – wie sie meinten – grob vereinfachenden, prollhaften Auftretens keinen ernsthaften Gegner, geschweige denn Partner. Nach Neutschs weiterem gescheiterten Versuch, nach 1976 – nach »Biermann« – einen anderen »Wind« in der Sektion wehen zu lassen, kam er immer seltener aus seiner Heimatstadt Halle nach Berlin zu Akademieveranstaltungen. Ein ewiger Vorschlag von ihm, die Akademie soll auch in der »Provinz« mit Veranstaltungen aufwarten, wurde selten verwirklicht.

In seinem Heimatbezirk Halle soll er sich – wie sein Verleger Eberhard Günther schreibt – wegen der Förderung eines Autors wie Günter de Bruyn schriftlich bei der Bezirksleitung der SED beschwert haben, – in der Sektion hat er sich mit dem Sektionsmitglied de Bruyn nicht angelegt, wie er überhaupt hier in den 80er Jahren eher ruhig wirkte. Er stellte seine neuen Texte zwar in der »Stunde der Akademie« vor, doch anders als in Halle oder in anderen Städten der DDR gab es für ihn in Berlin weniger Zuhörer.

1991, als heiß um das Schicksal der DDR-Akademie gestritten wurde, bekannte sich Neutsch zu dieser Akademie, hier habe er »Toleranz gelernt und gelebt.«[182]

Er war einer der ersten namhaften Autoren, die nach 1989 die neuen Ungerechtigkeiten und Bedingungen in einem Roman darstellten (»Totschlag«, 1994). Wieder schlug er, wie es seine Art war, zu und schilderte einen Fall, da der Verlust eines Hausbesitzes eskalierte. Er blieb ein Haudegen und er wird sich auch gegen meine Darstellung wehren, so ist er eben.

180   Ulrich Dietzel. »Tagebuch«. S. 283.
181   Brief Stephan Hermlins an Günther Rücker vom 2. 8. 1974. AdK-O 1762
182   Erik Neutsch. Diskussionsbeitrag auf der Plenartagung am 29. 9. 1991. AdK-O 1677.

Die Wahl 1978 sollte – wie schon beschrieben – nach der Biermann-Affäre Zeichen setzen. Aber es kamen noch weitere Gesichtspunkte hinzu: Seit dem Tode von Alex Wedding 1966 hatte die Sektion keinen Kinderbuchautoren in ihren Reihen mehr, was nicht mit der allgemeinen Hochschätzung dieser Bücher im Lande und unter Kollegen zu vereinbaren sei. Günter Görlich, Gerhard Holtz-Baumert, Benno Pludra hatten schon einige Male zur Debatte gestanden, gewählt wurde jedoch dann Alfred Wellm, der sowohl für Kinder als auch für Erwachsene respektable Literatur geschrieben hatte.

Alfred Wellm war von Beruf Lehrer, und er war das mit Leib und Seele. Selbst ein zurückhaltender Mensch, engagierte er sich für schwache Schüler, für Außenseiter, für das Erkennen der besonderen Fähigkeiten jedes einzelnen, gegen borniere Schulregeln und die Unangreifbarkeit der Lehrerautorität. Seine Kinderbücher sind dieser Haltung verpflichtet, wobei er mit großem Einfühlungsvermögen und Phantasie Träumen und Rechten von Kindern nachspürte. 1968 wurde sein erster Roman für Erwachsene – »Pause für Wanzka oder Die Reise nach Descansar« veröffentlicht. Das ist ein Buch über einen Lehrer, der es in der Volksbildung der DDR schwer hat, einen mathematisch besonders begabten Schüler gegen den Schulalltag mit seinen starren Richtlinien zu fördern. Das Buch hatte 1968 für heftige Diskussionen gesorgt, da sich vor allem die Institution Volksbildung angegriffen sah. Dabei gibt es die Legende, dass die damalige Schulbildungsministerin Margot Honecker ein Verbot des Buches durchgesetzt und einen Verriss in der »Deutschen Lehrerzeitung« veranlasst hätte. Das wiederum hätte nun Walter Ulbricht, um zu zeigen, wer das letzte Wort hatte, auf den Plan gerufen, und mit einer Sondergenehmigung hätte er das Verbot aufgehoben.[183] Nicht nur Hermann Kant hatte das Buch in einem gerade erschienenen Text sehr empfohlen, es wurde überhaupt zu einem Lieblingsbuch für viele und Wellm stieg in die erste Reihe wichtiger DDR-Autoren. 1975 folgte der Roman »Pugowitza oder Die silberne Schlüsseluhr«, gleichermaßen für Kinder und Erwachsene schilderte er die Erlebnisse eines Jungen am Ende des Krieges und beim Neuaufbau.

183 Martin Stolzenau. »Alfred Wellm«. In: Neues Deutschland vom 17. 12. 2011.

Alfred Wellm lebte in einem kleinen Ort – Lohmen – in der Nähe von Güstrow. Die häufige Anwesenheit in der Berliner Akademie war schon deshalb fraglich, ein weiteres Problem war seine Introvertiertheit. Er konzentrierte sich ganz auf sein Schreiben, sodass von Aktivität in der Akademie kaum die Rede sein konnte. Und wenn er einmal da war, schwieg er meist. Während der ganzen Zeit schrieb er an dem Roman »Morisco« (1987). In ihn legte er seine Zweifel über das Gedeihen und Bestehen-Können einer sozialistischen Gesellschaft. Aber er hatte sich mit diesem Buch übernommen. Über 10 Jahre hatte er daran geschrieben, alles in dieses Buch gelegt, alles von diesem Buch erwartet. Als es endlich erschien, gab es keinen Skandal, eher sanftes Lob, wobei die Sprengkraft, die im Buch steckte, bewusst verschwiegen wurde. Wellm wurde schwer krank, eine seltene Blutkrankheit. »Zutiefst erschrocken über die eigene Botschaft und vollkommen erschöpft an Kraft, die die Arbeit gekostet hat«, so hatte es seine Frau formuliert. Er war anfangs vollkommen gelähmt und es war ein großer Erfolg, als er endlich wieder einen Löffel halten konnte, geschweige denn ein Bein bewegen! Alfred Wellm starb 2001. Dass er und sein Schaffen heute fast vergessen sind, ist traurig.

Die Wahl des zweiten Kandidaten hatte dann zum großen Teil mit dem prinzipellen Für und Wider zu tun: Nehmen wir einen Unterschreiber der Biermann-Petition oder nicht? Nach bereits hier zitierter Diskussion (Siehe Kapitel »Die Akademie«, Reparaturbrigade) wurde Günter de Bruyn dann der Kandidat der Sektion.

Günter de Bruyn war nur kurze Zeit Lehrer gewesen und schulte dann um zum Bibliothekar. Mit dem Roman »Der Hohlweg« (1963) reihte er sich ein in die Schilderungen der Erlebnisse junger Leute am Ende des Krieges und in der frühen Nachkriegszeit. Später nannte er diesen Text einen »Holzweg«, denn er wäre allzu brav dem damaligen Klischee der Wandlung gefolgt. Seine nächsten Bücher – »Buridans Esel« (1968), »Preisverleihung« (1972), »Märkische Forschung« (1978) waren dagegen von einem anderen Kaliber. Es sind Miniaturen oder auch Genrebildern ähnliche, genau beobachtete Kabinettstückchen zum DDR-Alltagsgeschehen. Eitelkeiten, Eigenmächtigkeiten und Schwächen von Vorgesetzten und DDR-Repräsentanten wurden in treffenden Details ausgemalt und der Lächerlichkeit preisgegeben. Funktionäre erweisen sich als simple Spießer. Die Schwächen des einzelnen und deren Duldung, bzw. Vertuschung karikierten das offizielle DDR-Heldenbild, stellten es in Frage. Alles war fast liebevoll beschrieben und wirkte satirisch, kleinteilig böse, – de Bruyn war ein »Spitzweg« der DDR-Literatur. So kam viel prekäre DDR-Realität in die Bücher und ans Tageslicht. In »Neue Herrlichkeiten« (1984) setzte de Bruyn dann seiner satirischen Schilderung von DDR-Verhältnissen die Krone auf. Lange Zeit war nicht entschieden, ob der Mitteldeutsche Verlag das Buch veröffentlichen dürfe. Nicht wenige in der Sektion forderten deshalb, dass die Akademie sich einschalte müsse. Doch es geschah nichts. Dagegen wurde Günther de Bruyn immer wieder von der Sektion an die erste Stelle der für den Nationalpreis Vorgeschlagenen gesetzt. Als 1989 endlich die Entscheidung für ihn gefallen war, war die Zeit sehr weit fortgeschritten und de Bruyn lehnte die Auszeichnung ab.

Vom Auftreten her still, bescheiden, fast schüchtern, auch kultiviert und freundlich, fiel de Bruyn in öffentlichen Auseinandersetzungen nie spektakulär auf. In den Sektionssitzungen diskutierte er interessiert mit. Dass er an der Biermann-Petition beteiligt war, mag mit seiner Freundschaft mit Christa und Gerhard Wolf zusammenhängen, ist aber im wesentlichen begründet gewesen mit seiner insgesamt skeptischen Einstellung gegenüber dem gesellschaftlichen Versuch DDR, die erst nach der Wende in seinen autobiographischen Darstellungen für mich offenbar wurde. Ich hatte ihn für einen Sozialisten gehalten und habe auch bei meiner jetzigen Lektüre von Sektionsprotokollen und anderen Veröffentlichungen nichts gefunden, das dem widersprochen hätte. Seit 1989 widmete sich Günter de Bruyn vor allem seiner Autobiographie und einem anderen, schon zu DDR-Zeiten betriebenem Lieblingsthema: der preußischen Geschichte. Seine kritischen Töne gegenüber Missständen der unmittelbaren Gegenwart verstummten nun gänzlich.

Mit der Entscheidung »aus der bewussten Gruppe« de Bruyn auszuwählen, hatten die Sektionsmitglieder damals geglaubt, sich den geringsten politischen Ärger einzuhandeln, was jedoch durch das spätere Gerangel um die Publikation von »Neue Herrlichkeiten« widerlegt wurde.

Sie alle – Anna Seghers, Stephan Hermlin, Alexander Abusch, Erwin Strittmatter, Franz Fühmann, Otto Gotsche, Wieland Herzfelde, Jurij Brězan, Wilhelm Girnus, Erich Arendt, Helmut Baierl, Karl Georg Egel, Hermann Kant, Dieter Noll, Helmut Sakowski, Max Walter Schulz, Bernhard Seeger, Robert Weimann, Benito Wogatzki, Peter Hacks, Erik Neutsch, Christa Wolf, Günter de Bruyn und Alfred Wellm (später noch Volker Braun, Heiner Müller, Karl Mickel, Irmtraud Morgner, Werner Mittenzwei, Waldtraut Lewin, Günter Görlich, Rainer Kirsch, Christoph Hein und Stefan Heym) – das war also die Sektion »Literatur und Sprachpflege«[184], die ich kennengelernt, der ich »gedient« habe. Es war eine heterogene Gemeinschaft von Schriftstellern, die in der DDR in den 8oer Jahren aus sehr verschiedenen Gründen tonangebend waren. Wenn Heiner Müller vor allem durch seine große Bekanntheit in der westlichen Kunstszene als eine Art »DDR-Solshenyzin« eine Ausnahmestellung in der DDR belegte, war Günter Görlich mit seinen Romanen und deren Verfilmung im DDR-Fernsehen beim großen Fernsehpublikum bekannt. Während der eine als eine Art »Abtrünniger« galt, stand der andere dem Berliner Schriftstellerverband vor. Der eine warnte in seinen sprachmächtigen Stücken vor drohender Barbarei, der andere versuchte durch gutes Zureden die Löcher einer heilen Welt zu stopfen. Mehr oder weniger hielt ich alle für Sozialisten, mindestens etwa in dem Sinne wie es der einer Parteitreue unverdächtige Heinrich-Mann-Preisträger Fritz Mierau beschrieb, als er sagte: »Wir waren nicht gegen den Sozialismus. Wir waren der Meinung, der Sozialismus könnte so gut sein, wie die einzelnen Leute ihn machen, und was wir unter Sozialismus verstehen, wäre am Ende doch unsere Sache.«[185] Dies freilich wäre wohl Peter Hacks zu lau gewesen, in einem Gespräch mit seinem Busenfreund André Müller 1981 nannte er sie, mit denen er gemeinsam einige Sträuße ausfocht, »eine bestimmte Schicht, der sowohl Dieckmann als auch Kohlhaase, aber auch zahlreiche andere zugehören: allesamt gebildet, viele von ihnen schreibfähig, allesamt keine Feinde des Sozialismus, aber eben auch nicht seine Freunde. Sie kritisieren zwar, halten sich aber auch wieder raus und unterschreiben zum Beispiel keine Anti-Biermann-Proteste. Sie kennen sich in Kunst und Literatur einigermaßen oder sogar gut aus, verstehen sie aber niemals richtig. Es ist eine seltsame Schicht, größer, als man denkt, und ihr muß man mehr Personen zurechnen, als man annimmt ... Tuis eben.«[186]

Als der damals neue Akademiepräsident Konrad Wolf die Arbeit der Akademie seinerzeit neu in Gang hatte bringen wollen, war er – Filmregisseur

---

184   Bis 1969 hatte sie »Dichtkunst und Sprachpflege« geheißen.
185   Fritz Mierau. »Nach dem Prinzip der schiefen Schlachtordnung aufgestellt«. In: Siegfried Lokatis/Ingrid Sonntag. Heimliche Leser in der DDR. Links Verlag Berlin 2008. S. 83.
186   André Müller sen. »Gespräche mit Hacks«. S. 260.

aus der Sektion »Darstellende Kunst« – der »Überzeugung, gerade diese Sektion (also die der Literaten – C.B.) (müsste) eigentlich der Motor sein für die ganze Akademie. Das liegt einfach in der Natur dessen, was die Mitglieder zu ihrer Lebensarbeit erklärt haben und sie auch ausüben.«[187] Gemeint war ein tiefgründiges Nachdenken über die verschiedensten Aspekte des Lebens, das gleichermaßen anregend für Künstler, ihr großes Publikum und die »Oberen« war. So scheint es auch kein Zufall gewesen zu sein, dass die Sektion Literatur 1972 beispielsweise mit 25 Mitgliedern (Bildende Kunst – 12, Darstellende Kunst – 19, Musik – 14) die stärkste Sektion war und auch meist bevorzugt bei Zuwahlen behandelt wurde.

Natürlich waren die Unterschiede zwischen den Sektionsmitgliedern hinsichtlich künstlerischer Qualität, politischer Haltung, Nähe oder Ferne zum Staat stets erheblich. Doch auch feste Gruppen oder Fraktionen, wie sie Matthias Braun in seinem Buch »Kulturinsel und Machtinstrument« immer wieder behauptet, waren lockerer und diffuser als angenommen. Oft kam die heftigste Kritik an gesellschaftlichen Erscheinungen vom angeblich linientreuen Benito Wogatzki. Hermann Kant suchte zuweilen Unterstützung in der Sektion, wenn ihm im Schriftstellerverband durch Entscheidungen anderer Vorstandsmitglieder die Hände gebunden waren. Max Walter Schulz brauchte die Rückendeckung durch die Sektion, um Publikationen in »Sinn und Form« zu verteidigen. Die Disziplinierung der Sektion über die Vergatterung der Parteimitglieder, wie sie in früheren Zeiten gang und gäbe war, funktionierte nicht mehr. Stephan Hermlin ließ sich so schon lange nichts mehr sagen, auch wenn er sich in bestimmten Fragen der Meinung des alten Kampfgefährten Erich Honecker versicherte. Es kamen mehr und mehr Genossen-Kollegen hinzu, die ihren eigenen Kopf gebrauchen wollten und gebrauchten. Es war eine Truppe kluger Individualisten, die sich von Betonköpfen alter Schule kaum noch etwas sagen ließ. Dies hatte es vor allem in den 60er Jahren auch in der Sektion gegeben. Aber das Land hatte sich entwickelt, Kurella, Tschesno-Hell, Rodenberg und andere waren gestorben und die noch Lebenden – siehe Abusch und Gotsche – von den Neuen überstimmt worden. Als sich beispielsweise Alexander Abusch 1978 noch einmal restriktiv mit einem Brief an Honecker in die Wahlvorbereitung 1978 einmischen wollte und gegen die Kandidatur Günter de Bruyns intervenierte, bemerkte

---

187 Konrad Wolf. Diskussionsbeitrag auf Sektionssitzung vom 27. 9. 1966. AdK-O 446.

die damalige Leiterin der Kulturabteilung des ZK der SED dazu: »Genosse Abusch schätzt die Situation in der Sektion und seine eigene Position offensichtlich nicht real ein. Ich verstehe natürlich, dass ihn der Vorschlag Günter de Bruyn nicht gerade begeistert. Die Mehrheit der Sektionsmitglieder hat aber eine andere Auffassung. Die Zuwahl von Günter de Bruyn würde öffentlich dokumentieren, dass wir einen Schriftsteller nach seiner Leistung und nicht nach seiner Unterschrift beurteilen.«[188]

Worin bestand nun ihre eigentliche Akademiearbeit? In erster Linie sollten sie schreiben, das war ihr Beruf, und Kunst hatte einen hohen Stellenwert. So repräsentierten sie mit ihrem Schaffen die Akademie und das Land, in dem sie lebten und arbeiteten. Dass sie als Akademiemitglieder die Regierung beraten sollten, war – wie schon dargestellt – eine nebulöse Angelegenheit, denn die wenigen Gutachten, die von Akademiemitgliedern für die Regierung tatsächlich angefertigt worden waren, spielten beim »Regieren« wahrscheinlich kaum eine Rolle, und wirklich gefragt bei existenziellen Entscheidungen in Sachen Kunst waren sie nie. Dennoch gab es natürlich laufend indirekten Rat. Was sind Kunstpreise anderes als Ratschläge in Sachen Kunst? Was bedeuten die Zuwahlen neuer Mitglieder anderes als eine Entscheidung über die tonangebende Elite in den Künsten? Wohlgemerkt ging es wirklich um Elite und nicht um Prominenz!

Die Basis der Akademiearbeit der Sektion war die Sektionssitzung. Hier wurde entschieden, wer gewählt wird, wer welchen Preis bekommt, welche Publikationen die Akademie herausgibt, welche Lesungen und Veranstaltungen stattfinden. Und es wurde geredet. Oft geriet man in unerwartete Themen und zu überraschenden Offenbarungen. Es gab Streit, aber man akzeptierte sich. Dieses Prinzip der Loyalität bekräftigte Stephan Hermlin noch einmal in der hitzigen Plenartagung zur Auflösung der Akademie: »Es sind wahrhaftig auch in dieser Akademie, selbst in diesem Raum, einige Akademiemitglieder, mit denen ich nicht gerne zusammen bin, aber ich bin mit ihnen zusammen.«[189]

Natürlich gab es in der Hitze von Diskussionen kleine und größere Boshaftigkeiten, sie waren wie das Salz in der Suppe. Dass Franz Fühmann bei der Auseinandersetzung um die jungen Dichter unter den scharfen

---

188   Brief Ragwitz an Kurt Hager vom 17. 12. 1978. Zitiert nach Matthias Braun. »Kulturinsel«. S. 294.
189   Stephan Hermlin. Diskussionsbeitrag auf der Plenartagung am 29. 9. 1991. AdK-O 1677.

Zungen von Peter Hacks oder Hermann Kant gelitten hat, weiß man erst nach der Veröffentlichung seiner Briefe. Auch seinen im Tagebuch notierten Hass auf die Kollegen konnte Fühmann während der Zusammenkünfte in der Akademie gut verbergen.

Andererseits ist die spätere Behauptung von Peter Hacks, er sei nie imstande gewesen, »mit Frau Christa Wolf ein gemeinsames Papier zu unterschreiben, in ein und demselben Restaurant zu speisen oder überhaupt deren Vorhandensein auf dem gleichen Kontinent zu ertragen«[190], frei erfunden und in Anbetracht des Adressaten Hermann Kant, der es besser wusste, nur frech. Gemeinsam unterschrieben alle drei – Hacks, Wolf und Kant – das Schreiben zur Orthographiereform. Hacks stimmte sogar dem Vorschlag der Sektion zu, Christa Wolf für einen Nationalpreis vorzuschlagen, und im weiteren Text finden sich noch mehr Belege einer durchaus harmonischen Zusammenarbeit der Sektionsmitglieder Peter Hacks und Christa Wolf. Möge mein Buch dazu beitragen, es falschen Legenden schwer zu machen.

Wir Mitarbeiter der kleinen, für die Sektion verantwortlichen Abteilung nannten die Sektionsmitglieder unter uns liebevoll spöttisch »unsere Götter«. Unsere Arbeit war vor allem Dienst an ihnen und ihrem Werk. Etwaige Kritik an bestimmten Wahlentscheidungen stand uns nicht zu. Wer in die Sektion gewählt worden war, um den hatten wir uns zu kümmern. Sympathien und Antipathien mussten außen vor gelassen werden. Unsere Aufgaben bestanden vornehmlich darin, den in der Sektion zu lösenden Aufgaben vor- und zuzuarbeiten. Wir Mitarbeiter sammelten für einzelne Veranstaltungen Material, legten Termine fest und erledigten die organisatorische Kleinarbeit wie Presse, Plakat usw. Wir bereiteten Artikel und Interviews und andere Publikationen über die Mitglieder vor, besorgten Referenten zu Sektionssitzungen, recherchierten in Vorbereitungen von Preisdiskussionen, hielten Kontakte, stellten Besuchsprogramme von Korrespondierenden Mitgliedern zusammen. Natürlich gehörten Gratulationscouren, Krankenbesuche und Trauerfeiern zu unseren Aufgaben. Einiges, was wir erledigten, war auch der Mangelwirtschaft der DDR geschuldet. 1974 beispielsweise schrieb die Abteilung an das Fernmeldeamt und bat um einen zusätzlichen elektrischen Stecker für Wieland Herz-

---

190 Peter Hacks in einem Brief an Hermann Kant vom 29. 10. 2000. In: Peter Hacks. »Verehrter Kollege. Briefe an Schriftsteller«. Berlin 2006, S. 335. Im Folgenden: Peter Hacks. »Verehrter Kollege«.

feldes Wohnung.[191] Zur Vermittlung von Autokäufen gab es in der Akademie eine Anlaufstelle, auch für Wohnungsprobleme und ärztliche Betreuung der Mitglieder. Noch im Mai 1987 war eine Mitarbeiterin unserer Abteilung damit beschäftigt, aus dem Angebot des Centrum-Warenhauses am Alexanderplatz 10 Leiterregale der Marke »Billy« für Irmtraud Morgner zu beschaffen. (Eine FDJ-Brigade des Warenhauses übernahm es schließlich, die beliebte Schriftstellerin zu informieren, dass die Regale endlich eingetroffen sind.)[192]

Die anregende Atmosphäre, auch die Freundlichkeit und das Interesse, das viele Mitglieder in diese Zusammenarbeit einbrachten, entschädigten uns für Eitelkeiten und Arroganz, die es natürlich auch gab.

DIE KORRESPONDIERENDEN MITGLIEDER

Wovon bisher kaum die Sprache war, das sind die Korrespondierenden Mitglieder, die zu jeder Sektion gehörten. Ausländische Künstler mit respektablen Werken. Freunde der Ordentlichen Mitglieder. Gute Kollegen. Sympathisanten mit der DDR. Und ob wir Korrespondierende Mitglieder von internationalem Rang hatten! Sofort fallen mir Pablo Picasso, Dimitri Schostakowitsch, Paul Robeson oder Vittorio de Sica ein! Auch in der Sektion Literatur und Sprachpflege war man nicht arm an großen Namen: Unter anderem Louis Aragon, Miguel Asturias, Alfred Döblin, Lion Feuchtwanger, Nazim Hikmet, Jaroslaw Iwaszkiewicz, Thomas Mann, Pablo Neruda, Martin Andersen Nexö hatten einst dazugehört. Als ich 1981 kam, waren neben anderen noch Julio Cortázar, Peter Weiss, Tschingis Aitmatow, Rafael Alberti, Jorge Amado, Halldor Laxness, James Aldridge und Gabriel Garcia Márquez dabei.

Aber meine erste Begegnung und Arbeitsaufgabe war leider die mit dem Österreicher Hugo Huppert, einen bärbeißigen, knurrigen alten Mann. Laut Programm gingen wir – er, seine Frau und ich – abends in die Komische Oper zu »Der Fiedler auf dem Dach« und mein Gast begann in der Vorstellung zu schnarchen. In der Pause munter geworden, schimpfte er laut auf Stephan Hermlin und »die ganze Bande«. Es fiel mir schwer, die Hauptregel unserer Tätigkeit – Mitglieder sind für uns Götter – zu befolgen.

---

191   AdK-O 1762.
192   AdK-O 1762/3.

Später, mit sympathischeren Korrespondierenden Mitgliedern war das ganz anders. Oft war beispielsweise James Aldridge Gast unserer Sektion. Er, der in London lebende, aus Australien stammende Schriftsteller, hatte zu den Freunden von Anna Seghers, Willi Bredel und anderen in der frühen Akademiezeit aktiven Mitgliedern gehört. In der Friedensbewegung waren sie miteinander verbunden gewesen. Seine Bücher – u.a. »Der Diplomat«, »Glühende Wüsten«, »Das letzte Exil« und das Jugendbuch »Der wunderbare Mongole« waren in der DDR viel gelesen worden. Nun, in den 80er Jahren, hatte James Aldridge auch bei den jüngeren Schriftstellern und Lesern in der DDR einen guten Ruf. Wenn er uns besuchte, veranstalteten wir eine »Stunde der Akademie« mit ihm, er besuchte eine Sektionssitzung, sprach über die Situation in England, besuchte Freunde. Wir Mitarbeiter in der Abteilung mochten ihn und seine temperamentvolle Frau Dinah sehr.

Dennoch fiel auf, dass nicht jedes unserer Ordentlichen Mitglieder neugierig und weltoffen genug war, um seine Zeit für einen ausländischen Gast zu opfern. Da gab es von Seiten der Mitarbeiter viel zu telefonieren und zu organisieren. Neugier und Interesse waren bei »unseren« Göttern unterschiedlich ausgeprägt. Mit der Organisation von Internationalen Plenartagungen aller drei bis vier Jahre, zu denen die Korresponierenden Mitglieder immer eingeladen waren, veränderte sich das Verhältnis jedoch etwas. Die Korrespondierenden Mitglieder, die an den Plenartagungen teilnahmen, fanden durch die Veranstaltungen und Gespräche meist mehr Zugang zu den Problemen, die die Akademie und ihre Mitglieder bewegte. So entstanden Bekannt- und Freundschaften, manchmal wurde daraus auch Zusammenarbeit. In unserer Sektion waren neben Aldridge auch der Kirgise Tschingis Aitmatow (wenn auch ein kurzzeitiger) Gast. Häufig war auch der französische Literaturwissenschaftler Pierre Bertaux aus Anlass von Verlagsbesuchen in der Akademie. Auch der französische Schriftsteller Michel Tournier gab uns die Ehre. Auch weil sie keinen Übersetzter brauchten, waren die deutschsprachigen Korrespondierenden Mitglieder, die im Verlauf der 80er Jahre hinzugewählt worden waren, eine besondere Attraktion im Akademieleben. Doch dazu später.

Alles in allem war das Vorhandensein der Korrespondierenden Mitgliedschaft für die Akademie und die Sektion eine Chance, über den DDR-nationalen Tellerrand hinauszugucken. Ob das immer gelungen und genutzt worden ist, ist eine offene Frage.

Sektionssitzungen

Zweifellos waren die Sektionssitzungen das »Herzstück« der Sektionsarbeit. Hier wurde über Preise entschieden, die Wahlen wurden vorbereitet, Veranstaltungen und Projekte diskutiert und über »Gott und die Welt« gesprochen. Alles, was die Arbeit der Sektion betraf, musste auf den Tisch der Sektionssitzung. Wenn irgendeine »zentrale« Akademie-Entscheidung einmal nicht bis in die Sektion gelangt war, protestierten die Mitglieder heftig. Wenigstens in diesem »hohen« Haus sollte man sich und sie selber wollten sich an die Statuten halten!

Aller vier bis sechs Wochen trafen sich die Sektionsmitglieder. In den Einladungen waren die Themen der Diskussion genannt sowie, wenn vorhanden, Name und Funktion des Referenten. Als Ort stand meist ein Raum in der Akademie (erst in der halben Ruine am Pariser Platz, später in der damaligen Maternstraße) mit bequemen Sesseln und einem langen Tisch zur Verfügung. Es gab Kaffee und belegte Brote (deren Qualität der Feinschmecker Günther Rücker nicht nur einmal monierte), es gab auch eine Flasche Kognak, doch anders als im Gesprächskreis mit den jungen Dramatikern machten vom Alkohol nur wenige Gebrauch. Der Sekretär der Sektion leitete das Gespräch. Ein oder mehrere Mitarbeiter meiner Abteilung, manchmal ein weiterer Gast von der Mitarbeitern der Akademie sowie immer ein Vertreter von »Sinn und Form« saßen dabei. Eine Stenographin – zumeist eine amtierende Weltmeisterin auf diesem Gebiet! – protokollierte die Gespräche. Solche wortwörtlichen Protokolle hatten sich die Sektionsmitglieder ausdrücklich gewünscht, da Zusammenfassungen individuelle Meinungen nicht voll erfassen konnten, und es auf jeden Akzent einer Formulierung ankam. (Natürlich verband die Verantwortliche für den Dokumentenband der West-Akademie damit nur »Kontrolle« und »Aufsicht«![193]) Die Protokolle wurden auf Wunsch der Mitglieder an diese verschickt, sodass sich jeder informieren konnte,

---

193 Christine Fischer-Defoy. »... und die Vergangenheit sitzt immer mit am Tisch«. In: Akademie der Künste. »... und die Vergangenheit sitzt immer mit am Tisch«. Dokumente zur Geschichte der Akademie der Künste (West) 1945/54-1993«. Herausgegeben von der Stiftung Archiv der Akademie der Künste. Ausgewählt und kommentiert von Christine Fischer-Defoy. S. 19. Im Folgenden: »Und die Vergangenheit ...«.

wenn er einmal nicht teilgenommen hatte. In den 80er Jahren war diese Regel ein bisschen eingeschlafen – kaum einer forderte ein Protokoll an, und so liegen sie nun meist unkorrigiert und nicht autorisiert im Archiv. Im Anschluss an die Sitzung schrieb ich ein Kurzprotokoll für das Präsidium, auf einer der nächsten Präsidiumssitzungen berichtete der Sektionssekretär über die Sitzung.

Die Themen hatten die Mitglieder vorgeschlagen, andere ergaben sich aus den Arbeitsaufgaben in der Akademie. So diskutierten sie jedes Jahr mindestens einmal über Literatur-Preise. Andere »Dauerbrenner« waren die Arbeit mit dem literarischen Nachwuchs und die Akademie-Zeitschrift »Sinn und Form«. Immer wieder wurden Fragen zum Verhältnis von Kunst und Politik behandelt, speziell, wenn jeweils bestimmte Entscheidungen im Kulturbereich kritisiert oder unterstützt wurden. Manchmal ging es auch um ökonomische oder ökologische Fragen, um Außenpolitik, einige Male berichteten Sektionsmitglieder über ihre Erfahrungen bei Reisen ins Ausland.

Immer wurde recht offen gesprochen. Man beriet sich, hörte die Meinungen anderer, ergänzte oft mit Beispielen eigenen Erlebens, kam vom Hundertsten ins Tausendste. Die besten Gespräche, so Günther Rücker, wären immer die, die ohne ein bestimmtes Thema zustande gekommen, bzw. die vom Thema abgewichen waren. Gespräche von Leuten, die sich kannten und respektierten. Werner Mittenzwei beschreibt das so: »In der Akademie der Künste kam man wegen der Vereinzelung zusammen, um sich auszutauschen, um Eindrücke und Einsichten zu vergleichen und sich zu vergewissern, in welchen Fragen Übereinstimmung bestand. Gerade diese Spontaneität schuf ein Forum, das zu einem Organ der Politik wurde. Die Gedanken suchten nach Einflussnahme. Es existierte hierbei eine merkwürdige Disziplin. Indem man sich bereit fand, selbst verrückte Ideen zu diskutieren, achtete man auch die, die sie vortrugen, selbst dann, wenn man die Kollegen außerhalb der Akademie mied. In dieser Einrichtung empfahl es sich, eine eigene Meinung auch außerhalb des eigenen Fachs zu haben.«[194] Direkt auf die Sektion Literatur und Sprachpflege bezogen, meinte er: »Die Sektion für Literatur und Sprachpflege war in politischer und literarischer Hinsicht eine gemischte Gesellschaft. Dadurch kamen immer interessante Gesichtspunkte und Meinungen zur

---

194   Werner Mittenzwei. »Zwielicht.« S. 397.

Sprache. Die Streitbaren hielten sich nicht zurück, aber offene Konflikte entstanden fast nie. Man gab mit feiner Ironie zu verstehen, womit man sich nicht anfreunden konnte. Rivalitäten, die existierten, wurden selten ausgetragen.«[195]

Als ich die ersten Male dabei war, verblüffte mich die Offenheit untereinander und die Art der Fragestellungen, die kein Tabu zu kennen schien. Das war in der damaligen Gesellschaft und Zeit ungewöhnlich. In dieser Diskussionsrunde war es nicht möglich, mit Phrasen oder Plattheiten aufzuwarten. Auch was über den Zustand der Gesellschaft gedacht und gewusst wurde, kam direkt auf den Tisch. Gedanken waren gefragt. Widersprüche zugelassen. Dialektik geübt. Manches verblüffte durch eine Art »quer zu denken«, dass ich mich noch heute an mein Staunen darüber erinnere: Dass Hacks beispielsweise die Bummelei der Arbeiter in den Produktionsbetrieben der DDR als einen Ausdruck des Neuen (weniger Stress, angenehmeres Lebensgefühl) proklamierte, oder Christa Wolf in den staatlichen Verbesserungen des Lebensstandards junger Frauen (Babyjahr, zinslose Kredite) die Gefahr eines Rückfalls aus der Emanzipation sah. Weitere Beispiele werden im späteren Text noch folgen.

Wenn jedoch Manfred Wekwerth in seinen Erinnerungen an die Akademie sagt: »Da war Streitkultur nach der Devise: wir fürchten nur eine Frage, die die nicht gestellt wird«[196], so übertreibt er. Natürlich wussten die Mitglieder die Grenzen für das Fragbare und hielten sich dran. Beispielsweise wurde die Rolle der Staatssicherheit nie thematisiert, die führende Rolle der Partei nie in Frage gestellt und keiner wollte wissen, was passiert, wenn der Sozialismus zusammenbräche. Dennoch war allenthalben das Interesse spürbar, die Grenzen des Sagbaren immer weiter hinauszuschieben.

Trotz aller Regelmäßigkeit und der Lust, sich austauschen zu wollen, waren die Sektionsmitglieder eher und öfter unzufrieden mit der eigenen Arbeit. 1979 bemängelte Peter Hacks: »Die Sektion wird langweilig, wenn sie sich immer nur versammelt, um über Pläne und Preise zu reden. Wenn wir uns kein höheres Ziel stellen, werden wir irgendwann einschlafen.«[197] Ein Jahr später der Sektionssekretär Rücker: »Das Ergebnis der Arbeit in

195 Ebenda. S. 398/9.
196 Manfred Wekwerth. »Erinnern.« S. 376.
197 Peter Hacks. Diskussionsbeitrag auf Sektionssitzung vom 7. 3. 1979. AdK-O 897.

diesem Hause lässt uns alle unbefriedigt«, Kohlhaase nannte es »diese gewisse, sehr verhaltene Betriebsamkeit«[198] – und wieder schlug der Sekretär etwas vor, das vielleicht interessieren könnte, diesmal war es die Idee, jeder sollte einmal im Jahr kurz über ein Thema sprechen, das ihn gerade interessiert. Auch dieser Vorschlag versandete mangels Anbietern. Nur die »neuen«, die gerade in die Sektion Gewählten, mussten sich mit einem Vortrag zum Thema ihrer Wahl in einer Sektionssitzung vorstellen. Das wurde Tradition in der Sektion.

Auch später wurden Art und Nutzen von Sektionssitzungen immer wieder debattiert. Beispielsweise am 10.12. 1984[199]: Der Sektionssekretär Wolfgang Kohlhaase war nach längerem Auslandsaufenthalt in die Runde zurückgekehrt und belebte das Ganze mit einem längeren Monolog, in dem er seine Sicht von »draußen« mit der Praxis der Sektion verband und überhaupt Zeitgefühl und die Arbeit in der Sektion im Zusammenhang sah: »Einesteils weiß man, die Interessenlage der Mitglieder ist außerordentlich unterschiedlich, auch die ästhetischen Positionen sind sehr unterschiedlich. Die eigentliche Chance der Sektion wäre, gerade die Unterschiedlichkeit dieser Interessen in eine Art Dialog zu bringen. Wenn dies nicht stattfindet, halbiert man in gewissem Sinne die Versammlung immer: Es interessiert die einen und nicht so sehr die anderen. Ab und zu gibt es den glücklichen Fall, daß man eine Art von Information leistet, irgendjemand wird eingeladen, der alle interessiert, weil es einen Realitätsbezirk betrifft, der für alle interessant ist. Aber letztlich kann man von einer solchen Art Informationsdienstleistung nicht leben. Ein bißchen habe ich das Gefühl, daß zwischen einem allgemeinen Gesprächsverlust, der in den Feldern der Literatur oder der Kunst oder des geistigen Lebens in diesem Land stattfindet, und der Lage der Sektion eine gewisse Korrespondenz besteht. Ich würde es gar nicht sagen, wenn es nur darum ginge, die nächsten Tagesordnungen auszudenken und etwas zu finden, was zur Not besprochen werden könnte und von einiger Substanz ist. Aber das tiefere Problem scheint mir zu sein eine Art Gesprächsverlust. Das hat sicherlich zu tun mit Dingen, die gar nicht in erster Linie im Feld der Literatur

---

198 Sektionssitzung vom 8. 1. 1980. AdK-O 896.
199 Die im Text folgenden Zitate der verschiedenen Sektionsmitglieder sind sämtlich aus dem Protokoll der Sektionssitzung vom 10. 12. 1984. AdK-O 1012.

liegen, sondern es hat zu tun mit einer Weltlage, mit einer Lebenslage, mit einer Lebensstimmung, vielleicht auch einer Irritation, mit einem Verlust an Perspektive, an Zukunftsperspektive. Also, sagen wir einmal, die manchmal zu engen und im nachhinein merkwürdig naiven Gewißheiten, die man sich vor einer Reihe von Jahren zugerufen hat, funktionieren nicht mehr, aber sie sind auch nicht ersetzt durch so etwas wie einen komplizierteren Kontext, der aber Leute verbindet, Generationen verbindet. Ich meine solche Dinge: die Bedrohung, in der man lebt, wird verinnerlicht auf diese oder jene Weise, oder ich meine die außerordentlichen ökonomischen Zwänge, die auf diese oder jene Weise, wenn es praktisch wird, jeden erreichen. Das hat nicht nur mit dem Lebensstandard zu tun. Das hat mit Auflagen zu tun im Theater, mit der Fernsehsituation usw. Ich meine auch die Differenzen, große Differenzen, die es gibt, zum Beispiel in der Arbeiterbewegung der Welt. Wer sieht welche Perspektive? Ich meine eine pragmatische Politik, die wirklich versucht, im Augenblick das jeweils Nächstliegende zu schaffen; denn das Übernächste ist schon ganz unsicher.

Ich glaube, daß alle diese Dinge ihren Reflex werfen in die Künste und in die Literatur. Zu all diesen Dingen gibt es ein bestimmtes Maß Diskussion, ein großes Maß Verdrängung und halbe Erklärungen – also viele Dinge, die den Weltzustand generell betreffen, wenn man die klassische Konzeption der Revolution nimmt, die nun auf irgendeine Weise auf halbem Wege in eine tödliche Konfrontation mit dem Weltuntergang gerät, der möglich ist.

Die Literatur, die Poesie brauchen für ihre humanen Utopien immer auch die sozialen Utopien, das steht in einer gewissen Korrespondenz. Es gibt einen Utopieverlust ganz generell, überhaupt eine Art Wertkrise und vor dem Hintergrund aller dieser Sachen natürlich die entsprechenden Dinge in den Künsten. Vieles driftet auseinander, oder, sagen wir, die Problembewältigung, von der man nicht recht weiß, wie sie in der Realität gemacht werden soll, wandelt sich um in die ästhetische Demontage. Also: die Gewißheiten, über deren Verwandlung (direkt thematisch und gesellschaftlich) man nicht reden kann, werden dann wenigstens im Ästhetischen gekündigt.

Ich sehe da eine Vielzahl von Dingen, sie alle berühren mich, und wenn wir nicht sagen, es endet sowieso alles in Irritation und Beziehungslosigkeit, haben wir genau die geistigen Felder, die bewältigt werden müssen und die wir nicht schulterzuckend der Verwaltung überlassen dürfen, die da natürlich sehr hilflos ist und im Zweifelsfall sagt: Vorsicht ist die Mutter der Porzellankiste, dann laßt uns lieber nichts machen, nichts drucken usw.« Er sprach dann über die aktuellen Fälle: die »Havelobstreportage« in »Sinn und Form«; das neue Buch von Günter de Bruyn »Neue Herrlichkeiten«, das nicht erscheinen sollte; eine neue Anweisung, nach der Zeitschriften keine Vorabdrucke veröffentlichen sollten, wenn diese (was der normale Zustand war) keine Druckgenehmigung hatten; eine Plenartagung der Akademie mit einem Vortrag von Robert Weimann zu »Realität und Realismus«. Dazu dann: »Ich meine, jetzt müßten wir in der Sektion unsere Substanz auf ihre Gemeinsamkeit hin prüfen. Aber selbst Meinungsverschiedenheit, wenn man sie austrägt, ist eine Form von Gemeinsamkeit. Nur wenn man nicht mehr redet, läuft alles auseinander. Müssten wir nicht versuchen, praktischer, vielleicht auch sinnlicher, als es in einem solchen Plenarreferat sein kann (wo es immer gleich um die druckreife Form gehen muß), generell in der Sektion uns anders bemerkbar zu machen, als wir uns von Fall zu Fall bewegen müssen. Man kann immer einmal Einspruch erheben. Auch die Sektion sollte sich über den Vorgang des Nichterscheinens des Buches von de Bruyn durchaus unterhalten, nicht indem wir das Lektorat ersetzen wollen; aber es ist ein Vorgang von öffentlicher Bedeutung, wenn ein Buch eines Mitglieds dieser Sektion nicht erscheint ...« (Ich bin mir bewusst, hier über ein normales Maß hinaus zitiert zu haben, aber in Kohlhaases Beitrag stecken alle Probleme, die für dieses Kapitel bedeutsam sind.)

Stephan Hermlin und Günther Deicke stimmten dem zu. Danach kam Peter Hacks zu Wort und widersprach seinen Vorrednern, auch dem Grundansatz von Wolfgang Kohlhaase: »Wolfgang (Kohlhaase) hat gesagt: die Welt ist in einem Zustand, der sich in der Sektion widerspiegelt. Wenn das so ist, wird sich das Problem in der Sektion nicht lösen lassen. Wir können hier nicht stellvertretend fremder Leute Kämpfe auskämpfen«, und er schlug vor, fortzufahren, wie es bei den verschiedensten Sektionssitzungen der Fall war, mit Professoren und anderen Fachleuten über ausgewählte Probleme zu reden. Gesprächsplattform war dann die entsprechende Sache, und er schlug daraufhin zwei solcher Themen vor, nämlich den »Preis der Kunst« und »Pornographie im Sozialismus«. In seinen weiteren Bemerkungen wird seine Sicht auf Nutzen und Möglichkeiten des Gespräche in der Sektion besonders deutlich: »Ich mache also zwei Vorschläge, von denen ich meine, daß sie hinreichend inspirieren, Lust zu ihnen zu haben, und die niemanden von vornherein so verschrecken, daß er sagt: Es hat keinen Zweck, das zu besprechen.

Über die Sache mit den verbotenen Werken kann man nicht diskutieren. Bevor man über das Verbot von Einzelwerken reden kann, müßte man über die Frage reden: Kann eine Gesellschaft Kunst verbieten? Diese Frage halte ich zur Zeit in der Sektion für nicht konvergenzfähig.«

Dem nun widersprach Hermlin heftig. Er meinte, dass er und die anderen Sektionsmitglieder darin übereinstimmten, dass Bücherverbote nur dann angebracht wären, wenn – wie es Brecht einmal formuliert hatte – Faschismus propagiert oder der Krieg verherrlicht würde. Hacks wagte noch einen Einspruch in Richtung »Anarchie in der geistigen Produktion«, und dann sprachen weitere Sektionsmitglieder – Deicke, Wogatzki, Baierl, M. W. Schulz, Mittenzwei – über jüngste Erfahrungen. Die größte Angst der Oberen bestände darin, dass die Künstler die Gegenwart so darstellen, wie sie ist, während Kunstwerke, die man früher als modernistisch abgelehnt hätte, und auch die »aus dem Westen« unbeanstandet gezeigt werden könnten. Die meisten Redner fanden es dringend notwendig, sich darüber auszutauschen und etwas zu unternehmen, auch wenn Peter Hacks noch einmal seinen Einwand in die Debatte warf: »Es gibt keine Gesellschaften, in denen nicht Kunst verboten wird, und die Anarchie ist die größte Repression«. Das wiederum nahm Wolfgang Kohlhaase auf und präzisierte sein Verständnis der Diskussionsrunden, dann müsse man eben auch über den »legitimen Notfall, dass sich eine Gesellschaft auch mit dem Mittel der Repression wehren muß gegen einen elementaren Angriff auf sie« reden. Er beanstandete, dass es keine »Spielregeln«, kein Bewusstsein für diese Fälle gäbe, aber immerhin ein Tabu solcher Diskussionen gestand er ein: So sei natürlich – »in einer Gesellschaft wie unserer« – das öffentliche Gespräch über ihre Abschaffung »unter allen Umständen tabuisiert«. Christa Wolf schränkte die mögliche Freiheit zum Reden noch einmal ein: «Nur soll man sich dessen bewusst sein, daß man auch in einer Art von Ghetto sitzt und daß wir hier so eine Spielwiese haben«, was wiederum Kohlhaase, den verantwortlichen Sekretär, zu einem verzweifelten Widerspruch veranlasste: »Ich will – es kann

Hoffnung, Ambition oder Torheit sein – nicht akzeptieren, daß wir eine Spielwiese sind. Ich verstehe, aus welcher Ecke du das sagst. Indem du es akzeptierst, wirst du endgültig. Ich meine, wir müssen immer wieder versuchen, uns mit Dingen, die wir nicht für richtig halten, bemerkbar machen, abgesehen davon, daß ein gewisses Maß an Ermutigung und im Einzelfall auch an Entkrampfung stattfindet in einem kleinen Kreis von Kollegen, die in einer bestimmten Art von Austausch miteinander sind. Das ist eine Mini-Funktion, die so eine Sektion leisten kann, daß eine bestimmte Art Gespräch hier möglich ist.« Und bezüglich der öffentlichen Funktion der Akademie bestätigte er seinen Standpunkt: «Wenn ich das Publikum sehe, das in die Akademie kommt, dann sehe ich das öffentliche Bedürfnis nach der schwierigen Frage, und dahinter ist doch ein Bedürfnis nach Wahrheit. Das kommt doch aus Denklust, die diese Gesellschaft bei allen wecken will; nur – sie weiß nicht recht, wo sie damit hin soll. Ich kann doch die Leute, die in dieses Haus kommen, wirklich nur für mein Publikum oder einen wichtigen Teil meines Publikums halten oder so behandeln, also etwas liefern von dem, was sie erwarten.«

Alle Argumente für das Dilemma und den Wert der Sektionsdiskussionen wurden hier ausgesprochen. Die Lust am Denken wollten sich die Akademiemitglieder nicht nehmen lassen und gern auch Einfluss haben. Denklust in Grenzen und intimen Räumen. Denklust in unabgesprochenen und von verschiedenen Beteiligten verschieden verstandenen und gehandhabten Spielregeln. Denklust ohne große Wirkung. Dennoch Denklust. Die Hoffnung stirbt zuletzt.

Hätte Franz Fühmann, der ein halbes Jahr vor dieser Sitzung gestorben war, noch gelebt, er hätte sich in seiner Meinung zu den Sektionssitzungen bestätigt gesehen, die er vier Jahre zuvor in einem Brief an den Akademiepräsidenten Konrad Wolf so beschrieben hatte: »Ja, Sie haben natürlich recht, meine Mitarbeit in der Akademie lässt sehr zu wünschen übrig, und ich sehe auch, und das ist das Fatale, ich sehe auch keine rechte Möglichkeit, dem abzuhelfen, da ich eine Arbeit dort nicht mehr für sinnvoll halte. Wir sitzen da so vornehm auf vornehmen Stühlen in vornehmen Räumen bei vornehmen Brötchen und vornehmen Kognak, und reden und reden und reden und reden und reden und reden und reden und reden und reden und reden und reden und reden und reden und reden und reden und reden und reden und reden und reden, und gemacht wird auf jeden Fall das sowieso schon längst Beschlossne; was solls?«[200]

Dem gegenüber steht ein Ausspruch und die Überzeugung Wolfgang Kohlhaases, der auch zwei Jahre nach der hier beschriebenen Sektionssitzung 1986 darauf beharrt: »Reden ist eine wichtige Form des Handelns. Wie sollen Menschen miteinander handeln, wenn sie nicht miteinander reden? ... Gespräch muß immer wieder versucht werden und ist ein wichtiger Aspekt von Demokratie und politischer Kultur.«[201]

DIE DISKUSSIONEN UM »SINN UND FORM«

Seit Bestehen der Akademie diskutierte die Sektion um die Zeitschrift »Sinn und Form«. Es ging immer um Inhalte, Autoren oder die Besetzung der Redaktion. Quasi war »Sinn und Form« das »Aushängeschild« der Akademie, und so kann es nicht wundern, dass die Akademiemitglieder – Inhaber verschiedener Interessen, verschiedener Kunstauffassungen und verschiedener politischer Ansichten – über Einflussmöglichkeiten und Profil der Zeitschrift stritten. Natürlich waren die jeweiligen Meinungen »von oben« oder »von draußen« dabei nicht unerheblich.

Gegründet und entworfen vornehmlich von Johannes R. Becher, hatte der den Lyriker Peter Huchel zum Chefredakteur gemacht, und Huchel hatte mit zahlreichen Beiträgen in- und ausländischer Essayisten und Dichter ein Niveau vorgegeben, das sich dermaßen von anderen Publikationen in der DDR abhob und auch international auffiel, dass nach der Absetzung Huchels eine grundsätzliche Änderung des Profils dem Ansehen der DDR mehr geschadet als genützt hätte. Honecker war zum 40. Jahrestag der Zeitschrift gezwungen, von ihr als dem »weltweit beachtete(n) Gütezeichen der sozialistischen Nationalliteratur zu sprechen«[202], während der westdeutsche Publizist Gustav Seibt 1999, zehn Jahre später, in ihr eine »geheime DDR, ... eine DDR hinter der DDR«[203] zu entdecken meinte. Heiner Müller resümierte in seiner aus lockeren Interviews

---

200   Franz Fühmann. Brief an Konrad Wolf vom 8. 6. 1979, in: Franz Fühmann. Briefe. S. 303.
201   Wolfgang Kohlhaase. Diskussionsbeitrag auf der Sektionssitzung vom 4. 6. 1986, Adk-O 1104/2.
202   Erich Honecker. »Gruß an die Zeitschrift ›Sinn und Form‹. In: Sinn und Form 4/1989. S. 701.
203   Gustav Seibt. »Das Prinzip Abstand. Fünfzig Jahre Sinn und Form.« In: Sinn und Form 51 (1999) 2.
      S. 205-218.

entstandenen Autobiographie: »›Sinn und Form‹ war das Nobelblatt, am Anfang sehr gut, aber absolut elitär orientiert.«[204]

Matthias Braun untertitelte sein Buch »Die Literaturzeitschrift ›Sinn und Form‹ – ein ungeliebtes Aushängeschild des SED-Kulturpolitik«[205], beschrieb jedoch die stattgefundenen Auseinandersetzungen vor allem über die Berichte, die er in den Akten des einstmaligen Staatssicherheitsdienstes gefunden hatte, ohne damit den hinter den »Vorgängen« steckenden Zusammenhängen gerecht werden zu können.

Auch wenn die Redaktion dem Präsidium der Akademie unterstand, war »Sinn und Form« – auch und gerade als Peter Huchel nicht vom Rat der Sektion Gebrauch machte – Thema in der Sektion. Bekannt ist, dass beispielsweise Friedrich Wolf in den ersten Jahren das Blatt als zu elitär und politisch schwankend – vor allem mit seiner Privatpolemik gegen die Publikation der Gedichte von Oskar Maria Graf – kritisierte, dass sich auch andere Mitglieder in jener Zeit regelmäßig über den selbstherrlichen Leitungsstil Peter Huchels beschwerten und nach Beschränkungen seiner Entscheidungen, Reisen usw. gesucht wurde. Kräftemäßig fast gleichwertig reagierten darauf immer Mitglieder von Rang, die sich schützend vor Huchel stellten. Aber erst 1962 gelang es den Hardlinern, Huchel abzusetzen. Auf einer Sektionssitzung vom 21. 2. 1962 waren sich bei auch vorhandenen Differenzierungen in der Haltung sowohl Bodo Uhse und Stephan Hermlin, aber auch Alexander Abusch, Wieland Herzfelde und Ludwig Renn einig, dass »die Zeitschrift nicht so bleiben kann« (Stephan Hermlin) und »daß ›Sinn und Form‹ als Organ der Akademie nicht das Kunstleben der DDR zeige« (Alexander Abusch). Eine von dieser Sitzung angeregte Analyse der Zeitschrift bestätigte dann dieses Urteil.[206] Präsident Willi Bredel berichtete dann auf einer Plenartagung 1963 von der öffentlichen Kritik des VI. Parteitags an der Zeitschrift: »›Sinn und Form‹ war viele Jahre eine exterritoriale Oase ideologischer Koexistenz in der Akademie.« Peter Huchel sei vorzuwerfen, »daß er die historische Entwicklung der letzen zehn Jahre in Deutschland negierte, daß er nicht nur stehenblieb, sondern sich nach rückwärts entwikkelte und sich immer mehr vom Leben in unserer Republik entfernte. So

---

204   Heiner Müller. »Autobiographie«. S. 99.
205   Matthias Braun. »Die Literaturzeitschrift ›Sinn und Form‹«.
206   Protokoll der Sektionssitzung Dichtkunst und Sprachpflege vom 21. 2. 1962 und Protokoll einer Zusammenkunft von Mitgliedern der Sektion Dichtkunst und Sprachpflege 19. 7. 1962. In: »Zwischen Diskussion und Disziplin«. S. 213 und 214.

wurde die von ihm geleitete Zeitschrift der Akademie in unserer Gegenwart des umfassenden sozialistischen Aufbaus in der DDR eine ›stille Enklave des Liberalismus‹, wie sie die bürgerliche ›Zeit‹ in Hamburg nicht unzutreffend charakterisierte.«[207]

Es war also vor allem ein Kampf unterschiedlicher kulturpolitischer Richtungen, aber es ging dabei auch immer um persönliche Anerkennung, um die Publikation in einem renommierten Organ. Wenn mit der Wahl zum Akademiemitglied ein »Gütesiegel« innerhalb der Akademie verliehen schien, für die Redaktion der Zeitschrift war dies keine Zusage zur Veröffentlichung eines Textes des neuen oder alten Akademiemitglieds. Fiel es wirklich auf, dass unter Huchel nur bestimmte Mitglieder zu Wort kamen und das Bedürfnis anderer Mitglieder nach akademischer Öffentlichkeit zu kurz kam, war dann diese Klage auch unter Girnus zu hören. Als beispielsweise 1977 wieder einmal »Sinn und Form« Thema der Sektionssitzung war, beschwerte sich Otto Gotsche darüber, dass bestimmte »Namen« (wieder einmal ging es um die Biermann-Petenten) vorrangig behandelt würden. Diesen Vorwurf wehrte dann die Mehrzahl der Diskutanten zwar ab – sie alle zusammen gehörten zur DDR-Literatur, aber auf Vielfalt und das Recht aller Akademiemitglieder, hier veröffentlicht zu werden, pochten sie schon. Girnus ließ sich auch von dieser Diskussion nicht in seiner Konzeption beirren.[208]

Später jammerten die Chefredakteure eher darüber, dass der Redaktion nicht genügend Äußerungen von Akademiemitgliedern angeboten wurden und vorlagen. Max Walter Schulz klagte in den Sitzungen oft darüber, gab andererseits aber auch zu, dass die ganzen Jahre über Texte in der Redaktion gelegen hatten, die nach Meinung der Redaktion in den jeweiligen politischen »Lagen« nicht publizierbar gewesen seien. Das galt unter anderen für Arbeiten von Volker Braun, Franz Fühmann, Peter Hacks, aber auch ein Erlebnisbericht von Trude Richter über ihre Lagerzeit in der Sowjetunion muss über Jahre gelegen haben.

Mit der Absetzung Huchels wurde zum ersten Mal die Frage nach dem nächsten Chef akut. Es sollte sich zeigen, dass jedes Mal, wenn ein neuer

---

207   Willi Bredel. Aus dem Stenographischen Protokoll der Plenartagung. 30. 5. 1963. In: »Zwischen Diskussion und Disziplin«. S.183.
208   Sektionssitzung vom 14. 4. 1977. AdK-O 893.

Chefredakteur gesucht wurde – also 1963, 1981 und 1982, die Favoriten aus der Sektion entweder selbst dieses Amt nicht wollten oder aber von den maßgeblichen Kulturfunktionären nicht gewollt wurden. Zu diesen von der Sektion vorgeschlagenen Kandidaten gehörten Bodo Uhse, der jedoch nach Huchel kurze Zeit, wenn auch unbestätigt von der Parteiführung,[209] fungierte, Franz Fühmann, Stephan Hermlin, Günther Rücker, Hermann Kant, Wolfgang Kohlhaase, Werner Mittenzwei, auch Nichtmitglieder wie Friedrich Dieckmann und Dieter Schlenstedt. Die dann amtierenden Chefredakteure Wilhelm Girnus, Paul Wiens und Max Walter Schulz waren nicht die Wunschkandidaten der Sektion, nach manchmal mehreren Diskussionen fügte man sich: Es waren ja immer genügend Genossen in der Sektion, die nach gutem Zureden Einsicht in die Notwendigkeit zeigten.

Wilhelm Girnus entwickelte sich dann sogar entgegen den Befürchtungen vieler Sektionsmitglieder zu einem eigenwilligen, der Vielfalt und interessanten Diskussionen aufgeschlossenem Redakteur. Er agierte mit einem Redaktionsbeirat, dem wechselnd Mitglieder der Sektion – darunter Franz Fühmann, Werner Mittenzwei, Helmut Baierl, Wolfgang Kohlhaase, Günther Rücker, Stephan Hermlin – angehörten. Er nutzte relativ selten die Gelegenheit, Probleme der Redaktion in der Sektion zu debattieren. Mittenzwei charakterisierte im Nachhinein Girnus' Arbeitsweise bei Konflikten mit der Parteiführung so: »Wenn Hager etwas gegen ›Sinn und Form‹ hatte – ich war oft mit dabei –, wurde Girnus hinbestellt, dann haben sich beide angeschrien. Der Präsident war überhaupt nicht im Spiel«[210] – soll auch heißen: Girnus »schulterte« viel allein und konnte mit seiner Verteidigung erreichen, dass bestimmte Meinungsverschiedenheiten nicht in die Öffentlichkeit kamen. Girnus' Nachfolger Paul Wiens war zu kurz im Amt, als dass man Prinzipielles über seine Arbeitsweise sagen könnte.

Der letzte Chefredakteur zu DDR-Zeiten Max Walter Schulz, obwohl schon lange Sektionsmitglied, war überhaupt nicht die »erste Wahl« der Sektion gewesen. Es war damals in der Sektion zu einer sehr ungewöhnlichen Koalition zwischen Peter Hacks, Stephan Hermlin und Helmut Sakowski gekommen, die Friedrich Dieckmann durchsetzen wollte. In der zweiten Diskussion hierzu scheiterten sie. Präsident Wekwerth nahm extra deshalb an der Sektionssitzung teil und musste seine ganze Autorität in die

---

209   Siehe dazu Matthias Braun: »Die Literaturzeitschrift ›Sinn und Form‹«. S. 64.

210   Werner Mittenzwei. Diskussionsbeitrag auf der Sektionssitzung vom 23. 6. 1988, AdK -O 1273.

Waagschale werfen – mit Dieckmann sei »mit den führenden Stellen des Staates und der Partei ein Vertrauensverhältnis« nicht herzustellen. [211] Als Max Walter Schulz dann eingesetzt war, suchte er oft den Rat in der Sektion und es wurde zur Gewohnheit, einmal im Jahr sowohl Rechenschaft als auch Ausblick über »Sinn und Form« zu geben. Oft und intensiv klagte er dann über die Behinderungen, die ihm widerfuhren: »Meine Situation ist die, wenn ich nicht mindestens alle zwei Monate einen sogenannten provokativen Artikel im Heft stehen habe, bin ich erledigt. Dafür habe ich jedes Mal den Kopf hinzuhalten. Es tut bloß weh, wenn man für Dinge, die man parteilich gemeint hat – man kann sich einmal täuschen – von der eigenen Partei die Prügel bekommt.«[212] Der Schulterschluss mit den Mitgliedern war ihm wichtig. Die Sektion stand hinter »Sinn und Form«.

In seinen Erinnerungen erzählt der langjährige stellvertretende Chefredakteur Armin Zeißler zwar einiges über seine unterschiedlichen Chefs, doch durch altersbedingte Verklärung alles in einem recht milden Licht.[213]

Ich will vor allem von den Diskussionen und Auseinandersetzungen berichten, die ich miterlebt habe. Ich bekam den Eindruck, dass die Sektion »Literatur und Sprachpflege« sich doch »zuständig« für »Sinn und Form« fühlte, schließlich war der »Chef« entweder Mitglied der Sektion oder wurde kurz nach seiner Inthronisierung in die Sektion gewählt. Außerdem dominierten von Anfang an Aufsätze zur Literatur oder literarische Texte das Blatt, was hin und wieder auch die Kritik anderer Sektionen hervorrief.

Zwei »Vorkommnisse« in der Amtszeit von Max Walter Schulz waren es, die sich mir einprägten: So erregte 1984 die »Havelobst-Geschichte« die Gemüter. In Heft 2/1984 waren zwei Tonbandprotokolle veröffentlicht, die Gabriele Eckart mit Mitarbeitern des groß und neu aufgezogenen Betriebsprojekts VEB Havelobst geführt hatte. Die damals junge Autorin hatte als »FDJ-Kulturarbeiterin« mit vielen Leuten aus dem havelländischen Obstanbaugebiet gesprochen, die Gespräche festgehalten, und 21 davon wollte sie in einem Buch veröffentlichen. Schon im Vorhinein war

---

211 Protokoll der Sitzung der Sektion Literatur und Sprachpflege am 16. 3. 1983, AdK-O 1011.
212 Max Walter Schulz. Diskussionsbeitrag auf Sektionssitzung vom 23. 10. 1984. AdK-O 1012.
213 Armin Zeißler. »Meine Weggefährten. Ein Vierteljahrhundert bei ›Sinn und Form‹«. NORA Berlin 2004. Im Folgenden: Armin Zeißler. »Meine Weggefährten«.

es dabei zu Einsprüchen und Änderungen gekommen. Die Vorveröffentlichung zweier Gesprächsprotokolle in »Sinn und Form« heizte die Situation an, obwohl – liest man die Texte – die Harmlosigkeit des Ganzen kaum noch zu überbieten war. Da erzählten ein Betriebsleiter und seine Frau von ihrer Arbeit und ihrem Alltag. Sie schilderten, was gut lief und was klemmte, zeigten sich höchst motiviert, für die Gesellschaft das Bestmögliche herauszuholen, stießen manchmal auf Widerspruch und setzten sich meist durch. Sie redeten über Kindererziehung, Jugendträume, Freundschaften, Vorstellungen vom Alter – frei von der Leber weg, unsortiert. Natürlich äußerten sie dabei auch selbstbewusst Zweifel, ob alles so richtig war, wie es lief, und sprachen ziemlich am Rande das überall diskutierte, jedoch heikle Thema eingeschränkter Reisefreiheit an. Selbst als Betriebsleiter oder Genossenschaftsvorsitzende tätig, war es ihnen ein Herzensbedürfnis, über ihr Verhältnis zu den Mitarbeitern zu sprechen, ihren Umgang mit ihnen und so machten sie sich auch ihre Gedanken über das Verhalten der höheren Genossen zu ihnen. Der Beitrag des Betriebsleiters Hans endete mit dem Bericht über sein vergebliches Bemühen, einen Freund in Nairobi besuchen zu können, und er fragte; »Ist das Misstrauen größer als das Vertrauen?«[214] Alles in allem handelte es sich um brave und aktive DDR-Bürger, die sich einsetzten, lebenserfahren und klug waren. Sie sprachen die Sorgen aus, die nicht nur sie bewegten.

Die Aufregung darüber kam von »oben«. Nicht etwa, dass die »hohen« Genossen »Sinn und Form« gelesen hatten, auf ihren Schreibtischen lagen von aufmerksamen Dienern durchgesehene Westzeitungen, und da war in einer dpa-Meldung zu lesen: »In ungewohnt deutlicher Weise sind jetzt in der DDR-Kulturzeitschrift ›Sinn und Form‹ kritische Fragen zu den eingeschränkten Reisemöglichkeiten, zu mangelnder Offenheit in der Diskussion gesellschaftlicher Probleme und zu dem staatlichen Misstrauen gegenüber den Menschen gestellt worden.«[215] Wie meist: Dass der »Westen« es bemerkt hatte und lobte, fiel auf und war das einzige Kriterium, um aufmerksam zu werden. Eine Diskussion über die angesprochenen Probleme war nicht beabsichtigt, nur Abstrafung derer, die so etwas veröffentlichen ließen. Bemerkenswert dabei auch, dass es sich überhaupt nicht um ästhetische oder philosophische Fragen, die ja in

---

214   Gabriele Eckart. »Zwei Tonbandprotokolle aus dem ›Havelobst‹«. In: Sinn und Form 2/1984. S. 301.
215   Matthias Braun. »Die Literaturzeitschrift ›Sinn und Form‹«. S. 130.

einer Zeitschrift wie »Sinn und Form« anstanden, handelte. Im gleichen beanstandeten Heft gab es einen Artikel über Franz Kafka, was nun überhaupt kein Problem mehr zu sein schien. Einzig die »Selbstdarstellung des Sozialismus«, wie Helmut Baierl sich ausdrückte, wurde zum Tabu gemacht. Dazu Benito Wogatzki in derselben Diskussion: «Wir zeigen im Moment alle Filme von drüben, alle Stücke, wenn wir nur nicht unser eigenes Leben behandeln müssen. Wir sind zu allem bereit, wenn nur dies nicht geschieht.«[216]

Es kam zu den verschiedensten Gesprächen zwischen der Kulturabteilung des ZK der SED und dem Chefredakteur von »Sinn und Form«, sowie seinem Stellvertreter. Der informierte in der Aprilsitzung die Sektion über das Geschehen. Außerdem fanden außerordentliche Parteileitungssitzungen statt. Im Präsidium wurde darüber verhandelt. Schließlich musste der Chefredakteur Max Walter Schulz auf einer Sitzung des ZK-Sekretariats Selbstkritik üben, was Schulz in der Sektion hinterher folgendermaßen beschrieb: »Wenn ich Katholik wäre, würde ich sagen: Das war eine Correctio fraterna. Ich habe aber auch nicht hinter dem Berg gehalten mit meinen Bemerkungen. (...) Ich hatte hinterher mit Manfred Wekwerth und Kurt Hager ein Gespräch von drei Stunden. Kurt Hager sagte, daß Genosse Honecker in dieser Situation ziemlich belastet war von der Großwetterlage in der Politik. Es muß offenbar auch eine Befürchtung bestehen, daß durch eine zu lockere Handhabung kulturpolitischer Medien vielleicht Zustände entstehen können, wie sie in Polen entstanden sind oder in Ungarn gang und gäbe sind.«[217]

Ich kann mich noch gut an die damalige Atmosphäre erinnern: Alle irgendwie damit Beschäftigten – ich schrieb beispielsweise ein »Gutachten« über das Buch und plädierte dafür, es zu veröffentlichen – fanden den Streit albern und lächerlich. Hacks nannte es in einer der nächsten Sektionssitzungen: »Gemüse-Quatsch, der zu einem Weltereignis hochstilisiert wird.«[218] Wir »mittleren« und unteren Mitarbeiter saßen bockig in den verschiedenen Sitzungen und wollten nicht glauben, was uns von unseren Chefs als festgeschriebener Standpunkt von Präsidium und Generaldirektor verkündet wurde: »Das Vorgehen der Chefredaktion von

216 Protokoll der Sitzung der Sektion Literatur und Sprachpflege am 10.12. 1984. AdK-O 1012.
217 Protokoll der Sitzung der Sektion Literatur und Sprachpflege am 23. 10. 1984. AdK-O 1012.
218 Protokoll der Sitzung der Sektion Literatur und Sprachpflege am 10. 12. 1984. AdK-O 1012.

›Sinn und Form‹ wird als politischer Fehler bezeichnet. Sie ist ihrer hohen Verantwortung besonders zum gegenwärtigen Zeitpunkt nicht gerecht geworden.«[219] (Mit dem Zeitpunkt war eine gerade bevorstehende Wahl gemeint und man fürchtete, ohne Wahlmanipulierung die 99,9% nicht zu erreichen.) In der Sektionssitzung vom 23. 10. 1984 gab Max Walter Schulz noch einmal eine bereits ziemlich abgeklärte subjektive Zusammenfassung aller Vorgänge um das »Havelobst«, setzte sie in einen »höheren« Zusammenhang mit den Befürchtungen und Ängsten der Funktionäre, damit die gängige Pressepolitik infrage zu stellen. Weil die Westmedien nicht aufhören würden, über dieses Buch zu berichten, wäre das für die Funktionäre ein Beweis dafür, dass die Veröffentlichung ein Fehler gewesen sei. Den einzugestehen, sei er bereit, – wenn damit kein Parteiverfahren oder eine andere Bestrafung verbunden würde. Es war also ein »Kuhhandel« vereinbart worden. Max Walter Schulz räsonierte: »Schlucken wir das einfach.«[220] Als ein unmittelbar davon Betroffener beschreibt der Stellvertretende Chefredakteur Armin Zeißler – ein guter, aber auch »braver« Mann – das im Nachhinein so: »Die politische Argumentation, auf der die Kritik fußte, dominierte und veranlaßte uns, die Gegenargumentation nicht auf die Spitze zu treiben, sondern eine Haltung zu beziehen, die eine weitere Arbeit ermöglichte, ohne unsere Risikofreudigkeit aufzugeben.«[221] Gab hier ein Klügerer nach oder war wieder einmal eine Schlacht um Vernunft verloren?

Das nächste Vorkommnis mit »Sinn und Form« war von einem anderen Kaliber und endete bemerkenswert. Immerhin waren seit 1984 vier Jahre ins Land gegangen, die neue sowjetische Politik erweckte Hoffnungen – so also erschienen in Heft 3/1988 zwei Aufsätze, die für Aufregung sorgten. Einer davon war ein Text von Johannes R. Becher, in dem Becher sehr eindrucksvoll und tiefsinnig über den Terror der Stalinzeit reflektierte. Becher hatte 1957 den Aufsatz in letzter Minute ängstlich zurückbehalten, aber nicht vernichtet, so kam er ins Archiv. Nun wurde er unter dem Titel »Selbstzensur« erstmalig veröffentlicht. Der andere Text stammte von

---

219   Kurzprotokoll des Präsidium vom 10. 4. 1984. AdK-O 1103.
220   Protokoll der Sitzung der Sektion Literatur und Sprachpflege vom 23. 10. 1984, AdK-O 1012. Auch in: »Zwischen Diskussion und Disziplin«. S. 398.
221   Armin Zeißler. »Meine Weggefährten«. S. 79.

Trude Richter und schilderte ihr Erlebnis als deutsche Kommunistin in einem sowjetischen Gulag. Offenbar war das der Artikel, der schon lange in der Redaktion gelegen hatte. Schon 1984 hatte Max Walter Schulz im Bericht an die Sektion gesagt: »Wir haben ein paar Dinge nicht bringen können. Ich denke da etwa an einen sehr ergreifenden Beitrag von Trude Richter über Kolyma, also über die Lagerzeit. Ich habe mit Kurt Hager selbst gesprochen, und es gab ein sehr entschiedenes Nein dazu, ohne daß er den Vorgang kannte.«[222] Nun also schien die Zeit gekommen zu sein, ungefragt – selbst wie Matthias Braun berichtet[223]: ohne Absprache mit dem Präsidenten Wekwerth! – diese Beiträge zu veröffentlichen.

Wieder wurden die Oberen über den Bericht in den Westmedien auf die Artikel aufmerksam und diesmal witterten sie gar eine Strategie der offensiven Aufarbeitung des Stalinismus in der Sowjetunion und damit auch das Beleuchten des Schicksals der eigenen Partei. Präsident Wekwerth wurde schleunigst ins »Große Haus« bestellt. Dem Vernehmen nach soll Kurt Hager das Corpus Delicti wutentbrannt auf den Tisch geknallt und mit harten Maßnahmen gedroht haben.[224] Hager habe abschließend, das Heft in der Hand, gefragt: «Haben wir dafür gekämpft? Habe ich dafür in Spanien gekämpft?« Selbst von einem Verbot von »Sinn und Form« sei die Rede gewesen.[225]

Es folgten ähnliche Rituale wie 1984, permanente Parteileitungssitzungen, Parteiversammlungen, Beratungen, Vorladungen, Einschüchterungen. Nur diesmal war in der Akademie keine Bereitschaft mehr vorhanden, Fehler, die man nicht einsah, zuzugeben. Ulrich Dietzel notierte in seinem Tagebuch: »Noch nie habe ich in der Akademie so einhellig eine Distanz, ja eine Zurückweisung der von oben kommenden Forderungen festgestellt (Sinn und Form, Staeck-Ausstellung). Noch nie war so deutlich, wie isoliert die Machthaber sind.«[226]

Auf der Präsidiumssitzung vom 10. Mai stand die Vorbereitung einer Plenartagung mit Kurt Hager zum ersten Mal auf der Tagesordnung. Der vollmundige Titel »Auf dem Wege zur Jahrhundertwende – Ein Treffen

---

222 Protokoll der Sitzung der Sektion Literatur und Sprachpflege vom 23. 10. 1984, AdK-O 1012. Auch in: »Zwischen Diskussion und Disziplin«. S. 397.
223 Matthias Braun. »Kulturinsel«. S. 417.
224 Ebenda.
225 Ulrich Dietzel. »Tagebuch«. 16. 6. 1988. S. 208.
226 Ebenda. S. 210.

mit Kurt Hager« wurde zugunsten des schlichteren »Politik und Kunst – heute und morgen« aufgegeben. Außerdem wurde beschlossen: »4. In einem vorbereitenden Gespräch wird der Präsident besonders interessierende Fragestellungen an Kurt Hager übermitteln. Ausgangspunkt sind Diskussionen der letzten Monate im Präsidium und in den Sektionen sowie die Quartalsberichte der Akademie. 5. In den Sektionen sind, ausgehend von interessanten Wortmeldungen der letzten Zeit, einige Mitglieder, z. B. Gerhard Scheumann, Kurt Maetzig, Karl Mickel, Günther Rücker, Werner Mittenzwei als Diskussionsredner zu gewinnen. 6. Es wird keine Presse eingeladen.«[227] Am 14. Juni stand die Vorbereitung der Plenartagung noch einmal im Präsidium zur Debatte. Bei aller Loyalität sollte diesmal wirklich gestritten werden.

Am 23. Juni 1988 fand eine Sitzung der Sektion Literatur und Sprachpflege statt, auf der Robert Weimann über seine Erlebnisse und Eindrücke anlässlich einer Amerika-Reise sprach, aber schließlich kam man doch auf das Thema »Sinn und Form« zu sprechen und der Gedankenaustausch darüber war einmütig. [228] Helmut Baierl, Robert Weimann, Werner Mittenzwei, Wolfgang Kohlhaase, Günther Deicke, Waldtraut Lewin gaben ihrer angestauten Wut freien Lauf. Die »Linie« von »Sinn und Form« sei ganz im Einvernehmen mit offiziellen Verlautbarungen, dass weiße Flecken der Geschichte aufgearbeitet werden müssten und sie widersprachen der Meinung, dass »Sinn und Form« eine Linie gegen die Partei entwickle. »Wieviel können wir aus unserer Sicht der Öffentlichkeit, der Politik, der Führung zumuten an Bewältigung oder an Arbeit mit der Vergangenheit«, fragte Robert Weimann und die Antwort war einmütig zugunsten der historischen Wahrheit: Wolfgang Kohlhaase: »Es würde mich interessieren: wie ist die Linie gegenüber den Erinnerungen von Becher, gegenüber seinen Reflexionen, oder wie ist die Linie gegenüber den Erinnerungen von Trude Richter? Es muß doch substantieller werden, als daß ich sehr allgemein höre: Die ist nicht die Linie. Die Sowjetunion arbeitet ihre Geschichte auf, dies ist ein Weltvorgang. Man kann sich näher dazu stellen oder ferner halten. Ist die Linie, daß wir, wenn sie ihre Geschichte aufarbeitet, uns aus der Geschichte möglichst heraushalten? Oder die Linie könnte sein: wir haben eine andere Sicht auf die Geschichte. Dann muß

---

227   Kurzprotokoll der Sitzung des Präsidiums am 10. 5. 1988. AdK-O 1584.
228   Alle folgenden wörtlichen Zitate aus dem Protokoll der Sektionssitzung vom 23. 6. 1988. AdK-O 1273.

die Sicht auf die Geschichte artikuliert werden. Das ist ja die Geschichte der internationalen Bewegung. Also welche merkwürdige Wiedereinführung der Grenzen in den großen, übergreifenden Fragen! Das kann es doch gar nicht geben …« Rücker präzisierte und ergänzte, dass dies eine einzige Geschichte sei, denn auch deutsche Kommunisten wurden zu Opfern, bzw. hatten unter ihrem Schweigen jahrzehntelang gelitten und er erzählte die Geschichte von Husemann, der zwei Söhne hatte, von denen der eine 1937/8 in der Sowjetunion umgekommen war, was nie erwähnt wurde. »Das zu verschweigen ist nicht nur Unkultur, das ist Barbarei, das ist ein Stück Unmenschlichkeit, mit der wir uns auseinandersetzen müssen. So sehe ich es. Und so möchte ich auch dem Genossen Hager die Frage stellen für mich persönlich: Wie soll man denn leben? Sonst kann es eines Tages passieren, daß der Gegner uns die von uns geschriebenen Worte entgegenhält, und er wird uns auf unser eigenes geschichtliches Vakuum aufmerksam machen in einer Weise, daß wir dann wieder verteidigend oder schweigend in einer nach meinem Dafürhalten unglücklichen Situation dastehen, wie wir sehr oft eine unglückliche Figur machen in dieser Diskussion, nur weil wir nichts anfassen.« Und später noch einmal Rücker: »Nur in einem kommen wir nicht aus unserer Lage heraus, nämlich wenn wir nicht die Wahrheit sagen. Ich meine die geschichtliche Wahrheit. Wenn wir die Sachen nicht in den Zusammenhang der Geschichte stellen, werden wir verzerrte Bilder bekommen, die sich ungeheuer gut ansehen für gewisse Leute, die sich ganz leicht haben lassen von der anderen Seite, die werden wir die Woche zweimal haben. So wie wir ›Dallas‹ und ›Denver‹ angeboten bekommen, so werden wir Geschichten aus unserer Vergangenheit angeboten bekommen in bunten, freundlichen und bösen Bildern, die mit der geschichtlichen Wahrheit nur noch ganz entfernt zu tun haben. Wir werden schweigen dazu, und wir werden wie die Schulbuben auf der Schulbank sitzen und in der Ecke, und wir werden wieder schweigen müssen. Und das dürfen wir nicht zulassen! Wir müssen die Geschichte wieder wirksam werden lassen in ihrer ungeheuren Kraft und Einmaligkeit dieses Jahrhunderts. Wir können das. Die nicht, die wollen es auch gar nicht.« Mittenzwei wies noch einmal darauf hin, dass es ein Argument sein könne, dass die SED Fragen um Stalin früher als andere in Ordnung gebracht hätte. Hager sei sehr »stolz, höchstwahrscheinlich, weil es mit erheblichem Widerstand verbunden war, das in den

Bericht des Plenums hineinzubringen. Damit aber ist die Frage nicht erledigt. Nur habe ich immer gelernt, daß Beschlüsse durch die gesellschaftliche Praxis umgesetzt werden, das heißt also, daß man darüber spricht und daß man die Frage in den Köpfen klärt. Das aber soll plötzlich hier nicht stattfinden.«

Die am 7. 7. 1988 stattfindende Plenartagung[229] mit Kurt Hager erlebte nicht nur ich als Ereignis der besonderen Art. Kurt Hager referierte in gewohnter Manier – scheinbar souverän und scheinbar optimistisch – über die aktuelle Situation: »Wir befinden uns in einem durch Kontinuität und Diskontinuität, durch Widersprüche gekennzeichneten Prozeß qualitativer Neuerungen« … Unerschütterliches Bündnis mit der Sowjetunion … Mit der Geschichte müsse man sorgsam umgehen und sich besonders vor Halbwahrheiten, Entstellungen und Auslassungen hüten.

Seine Kritik an der Veröffentlichung der Texte von Johannes R. Becher und Trude Richter in »Sinn und Form« bettete Kurt Hager in einen sehr persönlichen Bezug: »Um nicht mißverstanden zu werden, möchte ich sagen, daß wir Kommunisten der älteren Generation die Erschütterung über die Enthüllungen des XX. Parteitags zum Personenkult um Stalin und zu den von ihm begangenen und gebilligten Verbrechen nicht minder stark erlebt oder vielmehr erlitten haben als Becher, wenn wir sie auch nicht in dieser überhöhten künstlerischen und dichterischen Art darstellen oder dazu Stellung nehmen konnten. Warum aber hat er diese Aufzeichnungen nicht veröffentlicht? Das ist die Frage, die ich mir stelle. Er hat sie 1957 zurückgezogen bei der Herausgabe des ›Poetischen Prinzips‹. Sind ihm Bedenken gekommen, weil er so wenige Jahre nach der faschistischen Barbarei den Satz schrieb, ich zitiere: ›Der Sozialismus hat erst die menschliche Tragik in Freiheit gesetzt. In ihm hat sich die Tragödie gleichsam selbst überstiegen und übersteigert und kündet uns nicht eine ›frohe Zukunft‹, wie es im allgemeinen heißt, sondern ein Zeitalter an, dessen tragischer Gehalt mit keinem der vorhergehenden vergleichbar ist …‹. Gegenwärtig wird von Theoretikern und Publizisten in manchen sozialistischen Ländern so viel zur Demontage des Sozialismusbildes, zum Vergessen des massenhaften Heroismus bei seiner Geburt und seinem Werden getan, daß diese Stelle aus den Aufzeichnungen Bechers nicht hilfreich ist. «

---

229   Alle folgenden Zitate aus dem Protokoll der Plenartagung vom 7. 7.1988. AdK-O 1397.

Es ging Hager um Verschiedenes. Er wollte sich wehren gegen einen »kampagneartigen Charakter« von Enthüllungen über sowjetische Verfolgungen und Opfer des Stalinismus, zugleich auch dagegen, die neue Art des sowjetischen Umgangs damit in der DDR zu befürworten. Er fürchtete, dass der offene Umgang mit den dunklen Seiten der Geschichte seiner Bewegung dem Ansehen des Erreichten schaden könne. Er wollte bewahren, was seiner Generation heilig gewesen war. Das sollte ohne Flecken bleiben. Am meisten aber schien ihn das Zitat Bechers getroffen zu haben, das den Sozialismus nicht als »frohe Zukunft«, sondern als ein »Zeitalter von ungeheurer Tragik« bezeichnete. Diese Revision aller Aussagen über den Sozialismus konnten die »Erbauer« desselben nicht hinnehmen, auch wenn diese vom längst toten Genossen Becher kam!

Die sich daran anschließende Diskussion war für mich ein Ohrenschmaus, ein sehr lebendiges Kapitel angewandter Marxismus, denn Akademiemitglieder wie Wolfgang Kohlhaase, Stephan Hermlin, Helmut Baierl, Robert Weimann, Werner Mittenzwei, Volker Braun und das Redaktionsmitglied von »Sinn und Form« Sebastian Kleinschmidt nahmen sich zwar respektvoll der Argumente Hagers an, widerlegten diese dann höchst wirkungsvoll und überzeugend:

Kohlhaase: »Ich glaube nicht, daß wir die Zukunft gewinnen ohne ein Bewusstsein der ganzen Geschichte, der eigenen und der Geschichte eines Landes, dem wir so nahe sind und nahe sein müssen wie der Sowjetunion.«

Volker Braun verwies auf Karl Marx, der schon gesagt habe, daß in Zeiten zunehmender menschlicher Angleichung die Zeit wirklicher Freuden und wirklicher Leiden beginne. »Ich glaube, das wirklich wichtige an so einer Schrift ist doch, daß man verwiesen ist auf ein Nachdenken über ein Problemfeld, das vielleicht von ganz anderer Seite her längst und in ähnlicher Weise bedient wird.«

Gisela May meinte, dass die erreichte Souveränität auch den Mut zum Bekennen von Schwierigkeiten fördern solle.

Werner Mittenzwei sprach von den in der DDR erfolgten Rehabilitierungen Deutscher, die in der Stalinzeit schuldlos verurteilt waren, was jedoch in der Öffentlichkeit bis jetzt keine Klärung gefunden habe. Und dann zu »Sinn und Form«: »Dialogfähigkeit muß aber ein geistiges Training sein. Und gerade als ein solches geistiges Training verstanden wir die Arbeit in ›Sinn und Form‹.«

Sebastian Kleinschmidt: »Fortschritte im Geschichtsbewußtsein sind Fortschritte im Öffentlichwerden historischer Wahrheiten« und meinte, daß der Sozialismus gerade einen qualitativen Sprung nach vorn mache.

Kurt Hager, der auf die meisten Diskussionsredner sofort antwortete, wurde immer kleinlauter und nahm schließlich eine fast demütige Haltung an, indem er in der Hauptsache den meisten Rednern Recht gab und sich bei ihnen für diesen Gedankenaustausch bedankte. Seine Haltung gegenüber »Sinn und Form« revidierte er: »Ich möchte noch einmal mein Bekenntnis zu ›Sinn und Form‹ ablegen. Es ist wirklich eine Zeitschrift, mit der wir schon seit vier Jahrzehnten gut auskommen. Sie erfüllt viele unserer Bedürfnisse. Und ich muß ehrlich sagen, sie vermittelt eine Vielfalt von Werten und von Werken auch aus der internationalen Literaturgesellschaft, die man sonst überhaupt nicht zu Gesicht bekäme.«

Was die »Großlage« anbelangte, war der Optimismus des Einleitungsreferats erheblich trüber und in einzelnen Sätzen wäre durchaus erkennbar gewesen, wie nahe diese Gesellschaft am Abgrund stand. Neben solchen Plattitüden wie »Der Umgang mit Schwierigkeiten ist schwierig«, gab Kurt Hager auch zu bedenken, die DDR sei ein Grenzland, mittlerweile international anerkannt und kreditwürdig. »... was aber nicht für alle Zukunft sicher ist, wenn wir uns nicht anstrengen, es zu bleiben... Es ist immer dieses Wechselspiel zwischen Wollen und Können.« Da hatte er schlüssig die wirkliche politische Lage durchblicken lassen, doch die meisten Teilnehmer der Tagung – auch ich – sahen vor allem in dieser Begegnung einen Sieg der Mitglieder.

Im Schlusswort nannte Manfred Wekwerth die Plenartagung »beispielhaft«. Gleich danach muss eine erste Auswertung durch das Präsidium stattgefunden haben und selbst die sonst immer stocktrockene Einschätzung in den Kurzprotokollen des Präsidiums enthielt die Erfolgsmeldung: »1. Der Verlauf der Plenartagung ist grundsätzlich als erfolgreich und nützlich einzuschätzen. 2. Die Entscheidung, Gen. Kurt Hager zum Gespräch und nicht um ein Referat zu bitten, hat sich als richtig erwiesen. 3. Einen besonderen Gewinn brachte der dadurch zustande gekommene Dialog ...«[230] Die sozialistische Presse sorgte tags darauf freilich dafür, dass sehr wenig über den wirklichen Verlauf der Tagung an die Öffentlichkeit gelangte. Sie war ja auch nicht erwünscht gewesen.

---

230   Kurzprotokoll der Präsidiumssitzung vom 7. 7. 1988. AdK-O 1584.

Die ungeschminkten Meinungen der Teilnehmer unterschieden sich freilich erheblich. In Erlebnisberichten und Memoiren vieler Teilnehmer taucht diese Tagung auf als bemerkenswertes Erlebnis. Werner Mittenzwei bemühte sich noch um eine gewisse Sachlichkeit: »Hager versuchte bei seinem Standpunkt zu bleiben, argumentierte aber keineswegs mehr so entschieden wie früher. Mir schien er kleinmütig und verworren. Hager merkte wohl, dass sich hier niemand die Leviten lesen ließ. Während früher die Politiker in die Akademie kamen, um die Mitglieder zu ihrer Sache zu bekehren, hatte sich das Verhältnis jetzt umgekehrt, Akademiemitglieder versuchten, das Politbüromitglied für ihren Standpunkt einzunehmen. Doch was den Parteiführern in früheren Zeiten nicht gelang, das erreichten die Künstler jetzt auch nicht.«[231] Ulrich Dietzel notierte seinen Eindruck im Tagebuch: »Nichts Neues, nichts Aufregendes. (...) Deicke nach der Tagung zu mir: ›Na, wie befinden Sie sich? Ich dachte, als ich Hager hörte, immer an einen meiner Lehrer. Er war ein guter Lehrer gewesen. Aber in den letzten Jahren gab er nur noch Religion. Er konnte nur noch Religion geben. Nur dazu war er noch fähig.‹ Die Mehrheit unserer Politbüro-Mitglieder kann ebenfalls nur noch Religion geben.«[232] Gleichzeitig bewunderte Ulrich Dietzel den Verlauf der Diskussion seitens der Akademiemitglieder: »Dieses Niveau macht der Akademie keiner nach«[233], während er schon einen Monat vorher angesichts dieser Auseinandersetzung in Hinsicht auf die »Oberen« geurteilt hatte: »Das ist Senilität. Emotion anstelle von Argumenten. Allmählich wird den Treuesten auffallen, daß mit diesen Leuten kein Staat mehr zu machen ist. Sie sind bereits in einem so vorgeschrittenen Alter, daß sie ihre Unfähigkeit nicht mehr wahrnehmen. Jetzt merken's nur noch die anderen. Ein makaberer Zustand, denn sie haben die Macht und scheinen entschlossen, sie einzusetzen.«[234]

Walter Heynowski, der Dokumentarfilmer aus der Sektion Darstellende Kunst, führte dagegen Jahre später (1989) sein Erlebnis dieser Plenartagung als »Beweis der Macht der Akademie« an.[235]

---

231   Werner Mittenzwei. »Zwielicht«. S. 426/7.
232   Ulrich Dietzel. »Tagebuch«. S. 211.
233   ebenda.
234   Ebenda. S. 208.
235   Walter Heynowski. Diskussionsbeitrag auf der Sektionssitzung der Sektion Darstellende Kunst am 31.
      5. 1989. In: »Zwischen Diskussion und Disziplin«. S. 422.

Auch Volker Braun hielt dieses bemerkenswerte Ereignis in seinem Arbeitstagebuch fest: »hager besucht die plenartagung der akademie, um sich über den kurs der zeitschrift zu beschweren. Redakteur kleinschmidt entgegnet ihm ruhig und bestimmt, und die hoheit muß auf der ganzen linie den rückzug antreten. Damit sind in dem punkt die machtverhältnisse geklärt.«[236]

Was war es nun, was wir erlebt hatten? Ein letztes Aufbegehren von senil Gewordenen? Das Fehlen »eines längerfristigen strategischen Konzepts«, wie es Manfred Jäger für die 8oer Jahre auf dem Gebiet der Kunst und Kultur allgemein konstatierte[237]. Eine Sternstunde marxistischer Argumentation in Sachen Geschichte und Gesellschaftsbetrachtung? Einen der wenigen Versuche der Akademie, selbstbewusst die Politik belehren zu wollen und zu können? Von allem war etwas in diesem Erlebnis. Und es beweist Manfred Wekwerths These im Nachhinein: »Eigentlich war die Akademie eine Macht, die wir viel zu wenig gebrauchten. Eben gegen diese geistige Ohnmacht.« [238]

DISKUSSIONEN ÜBER DEN NACHWUCHS

Die übergroße Mehrheit der Kunstakademien in der Welt besteht aus Künstlern (meist Männern) im fortgeschrittenen Alter. Auch in der DDR-Akademie war das nicht anders. Stephan Hermlin war mit 37 Jahren das jüngste Sektionsmitglied, das je aufgenommen wurde. (Franz Fühmann war 39 und auch außergewöhnlich jung.) Es war schon eine große Ehre, in den »Vierzigern« aufgenommen zu werden. Diese Künstler mussten ja ihre ersten Erfolge hinter sich haben, und naturgemäß war ihrer Generation bereits eine neue, jüngere auf den Fersen, die oft gegen die Älteren rebellierte, vor allem aber oft andere Ansichten über Kunst und das Leben hatte. Dieses Verhältnis der Generationen bewegte die Akademiemitglieder und ihre Funktionäre von Beginn an, und die Versuche, Einfluss auf

236   Volker Braun. »Werktage«. S. 894.
237   Manfred Jäger. »Kultur und Politik in der DDR,1945 – 1990«. Köln 1995. S. 187.
238   Manfred Wekwerth. »Erinnern«. S. 379.

die Jüngeren zu nehmen, waren zahlreich, unterschiedlich und in der Sektion Literatur selten von Erfolg gekrönt.

Von Anfang an war der Gedanke der Meisterschülerschaft mit der Akademie verbunden: Brecht beispielsweise war vor allem deshalb am Zustandekommen der Akademie interessiert gewesen. Schon zu Beginn der fünfziger Jahre bemühte man sich um feste Arbeitsbeziehungen zwischen Jüngeren und Akademiemitgliedern, manche bewährten sich, andere kamen nie zustande oder endeten sang- und klanglos. So war damals einmal jedem Sektionsmitglied ein jüngerer Autor quasi »verordnet« worden – ein Unternehmen, das nicht gut gehen konnte. Lediglich Brecht hatte sich »seine Leute« gesichert und so gelten Heinz Kahlau und Wera Küchenmeister und Bernhard K. Tragelehn als seine Akademie-Meisterschüler. Die Sektion Bildende Kunst hatte es am besten verstanden, eine regelrechte Meisterschülerausbildung aufzubauen. Die meisten Mitglieder hatten einen oder mehrere Meisterschüler, deren Schaffen handwerklich beraten und begleitet wurde. Daneben reiste man meist gemeinsam in die großen Galerien der Sowjetunion, später auch Westberlin. Meisterschülerausstellungen gehörten zum Programm. In ihrer Meisterschülerzeit wurden die jungen Leute finanziell unterstützt und fühlten sich einigermaßen geschützt hinter dem breiten Rücken und Ruf des »Meisters«. Ähnlich agierte die Sektion Musik. Vereinzelt nahmen auch Akademiemitglieder der Sektion Darstellende Kunst Meisterschüler, nur in der Literatur kam seit Brecht ein solches Verhältnis nicht zustande, obwohl die Diskussionen darüber sich über alle Jahre des Bestehens der Akademie hinzogen. Der Haupteinwand war immer, dass Literatur weniger mit handwerklichen Fertigkeiten verbunden sei als beispielsweise die Malerei und eine zweijährige Schülerzeit wenig abrech- und vorzeigbare Ergebnisse bringen könnte. Nach Gründung des »Literaturinstituts Johannes R. Becher« 1955 wurde auf diese Schule verwiesen.

Dass jedoch vornehmlich politische und ästhetische Meinungsunterschiede – die politische Haltung zur aktuellen Gesellschaft – hinter den Divergenzen und letztlich der Ablehnung von Meisterschülern in der Sektion stand, war ein offenes Geheimnis. Wolfgang Kohlhaase sprach es 1985 einmal deutlich aus: »Der andere Grund war der, daß wir befürchteten, es würden sich bestimmte flügelmäßige Gruppierungen in unserer Sektion lediglich verlängern um die entsprechenden Meisterschüler. Es ging nicht darum, daß wir irgendwelchen Streit vermeiden wollten, aber wir waren uns sehr im unklaren, ob sich ein Meisterschüler von der Gesamtsektion akzeptieren ließe. Ein bißchen haben wir den ersten Grund vorweg genannt, also Handwerk ist auf andere Weise zu erwerben beim Schreiben als bei anderen Dingen. Ein bißchen haben wir die Exklusivität dieser Mehrheitsentscheidungen gescheut, die davon abhängig sind, wer gerade anwesend ist.«[239]

Hatten die Kulturoberen anfangs geglaubt, die »anders tickenden« Jungen von den Akademiemitgliedern »erziehen« und disziplinieren zu lassen, merkten sie schon bald, dass die »Alten« wenig bereit und fähig dazu waren. Hermlin bekannte zu all den verschiedenen Bemühungen um Meisterschüler über die Jahre hinweg: »Dazu braucht es eine pädagogische Ader«, die nur wenige Dichter hätten. Er beispielsweise sollte in den 50er Jahren der »Meister« von Paul Wiens sein. »Was hätte ich ihm beibringen können? ... Unsinn!«[240]

Aber es gab immer wieder Versuche, die Sektion für die – wie es hieß – »Nachwuchsarbeit« einzuspannen. Ein Beispiel war die Geschichte um Heiner Müllers »Umsiedlerin«[241]. 1961 wurde die Akademie, speziell die Sektionen Literatur und Darstellende Kunst vom Stellvertreter des Vorsitzenden des Ministerrats, der nicht zufällig ein Mitglied der Sektion Literatur war, nämlich Alexander Abusch, zu einem »wissenschaftlichen Gutachten« über das Stück »Die Umsiedlerin oder die Lage auf dem Lande« verpflichtet, was im Klartext hieß: Die Akademiemitglieder sollten die bereits erfolgte Absetzung des Stücks im Nachhinein kraft ihres Ansehens bestätigen. Das Stück wurde an alle Sektionsmitglieder versandt und um schriftliche Stellungnahmen gebeten. Die trafen, wenn überhaupt, sehr zögerlich ein. In einer Sektionssitzung wurde dann von allen zwar bestätigt, dass das Stück berechtigt abgesetzt worden sei, wobei gleichzeitig das zweifellos vorhandene Talent des jungen Autors Heiner Müller hervorgehoben wurde. Einige Mitglieder wurden dann mit der Zusammenfassung der Meinungen beauftragt, und unter Federführung von Franz Fühmann entstand ein negatives Gutachten, wofür sich Franz Fühmann

---

239 Wolfgang Kohlhaase. Diskussionsbeitrag auf Sektionssitzung vom 24. 6. 1985. AdK-O 1086.
240 Stephan Hermlin. Diskussionsbeitrag auf Sektionssitzung vom 10. 6. 1971. AdK-O 901.
241 vgl. dazu: »Zwischen Diskussion und Disziplin«. S. 244 – 255.

SEKTIONSSITZUNGEN

lebenslang schämte. Die Erinnerung daran mag einer der Gründe gewesen sein, warum Fühmann später so gänzlich andere Aktionen seitens der Sektion in Sachen Nachwuchs vorschlug. Statt Verbot und damit Unterstützung staatlicher Sanktionen sollte die Sektion ein Hort der Verteidigung und Unterstützung junger Autoren werden. Im Fühmann-Porträt im zweiten Teil ist die Entwicklung von Fühmanns Auffassung dazu genauer beschrieben.

Jedenfalls wurden erst einmal nach der Pleite mit Müllers »Umsiedlerin« die Anforderungen nach Gutachten weniger. Lediglich zu Christa Wolfs »Geteiltem Himmel« soll es wieder eine Anfrage gegeben haben, aber dazu fand ich nichts. Die allzu zögerliche Behandlung und die mit vielen »Wenn und Aber« versehenen Meinungen entsprachen nicht den Vorstellungen von Kunstbehörden, die keine differenzierenden Diskussionen, sondern schnelle und strikte Entscheidungen brauchten.

Kurz nach der Müller-Aburteilung waren dann nicht nur ein Text, sondern eine ganze Sammlung Stein des Anstoßes: Als der damalige Sekretär Stephan Hermlin 1962 junge Leute aufrief, ihre Gedichte einzusenden und eine öffentliche Veranstaltung damit durchführte, meldeten sich viele. Weit über tausend Gedichte wurden Hermlin zugesandt. Damals waren die jungen Leute interessiert, sich vorzustellen, zumal Hermlin großes förderndes Interesse zeigte. Er allein besorgte die Auswahl der gelesenen Gedichte, und natürlich entdeckte der Fachmann unter den vielen eingesandten Gedichten wirkliche Talente: Zum ersten Mal erschienen die Namen von Volker Braun, Karl Mickel, Sarah und Rainer Kirsch, Wolf Biermann in der Öffentlichkeit. Zum ersten Mal äußerten sich in der Akademie lyrische Stimmen, die nicht in ein allgemeines Lob der Gegenwart einstimmten, nun wurden auch kritische Fragen artikuliert. Kurz vor dieser Veranstaltung war schon eine Ausstellung der Sektion Bildende Kunst (verantwortlich Fritz Cremer) mit Werken junger Maler, Graphiker und Bildhauer »durchgefallen«, Hermlin hätte also gewarnt sein können, aber er ließ nicht locker: die Veranstaltung fand statt und die Diskussion darüber beschäftigte die ganze Akademie mehrere Monate lang. Noch auf der Plenartagung im Mai 1963 musste der damalige Präsident Willi Bredel über die Vorwürfe referieren, die ihm wegen der Lyrikveranstaltung auf dem VI. Parteitag gemacht wurden: Unter den von den jungen Leuten auf der Veranstaltung spontan vorgelesenen

Gedichten, »aber auch unter den von Hermlin vorgetragenen Gedichten waren einige von zweifelhaftem Wert und etliche sogar unvereinbar mit unseren politischen und moralischen Grundsätzen. Ich denke dabei besonders an Gedichte wie das von Wolf Biermann, ›An die alten Genossen‹. Vor dem Parteitag wurde der Akademie der Vorwurf gemacht, daß sie das unwidersprochen duldete und sich nicht mit diesen jungen Dichtern kritisch auseinandergesetzt hat. Auch Kollege Hermlin hat eingesehen, daß diese Unterlassung ein Fehler war, und ihn bedauert. Ein guter Auftakt wurde auf diese Weise verpatzt. Der Akademie aber, glaube ich, bleibt das Verdienst, der jungen Lyrik in der Deutschen Demokratischen Republik zum Durchbruch verholfen zu haben, und es wäre grundfalsch, zu resignieren oder gar der Meinung zu sein, keinerlei Initiative mehr zu entwickeln und zu sagen, Aktivität werde bestraft.«[242]

In Wirklichkeit aber war Aktivität bestraft worden: Hermlin wurde so lange bearbeitet, bis er seine Funktion als Sekretär der Sektion aufgab. Ausgerechnet der Scharfmacher Alfred Kurella übernahm Hermlins Funktion.

Doch in Sachen »junge Literatur« sollte und musste es weitergehen, beispielsweise wollten Abusch und Gotsche eine »Gegenveranstaltung« organisieren, auf der ausgesuchte brave (und oft untalentierte) Dichter lesen sollten.

Es wurden auch weiterhin junge Autoren in die Sektion eingeladen. Bei den verschiedenen Treffen müssen eine ganze Menge jüngerer Autoren beteiligt gewesen sein, so finden sich Namen wie Heinrich Goeres, Klaus Steinhaußen, Helmut Preißler, Siegfried Pitschmann, Manfred Bieler, Günter Kunert, Christa Wolf, Dieter Noll, Volker Braun, Max Walter Schulz, Helmut Hauptmann, Hermann Kant und Günter de Bruyn. Die beiden zuletzt Genannten haben später mehrere Male von ihrer Begegnung erzählt: Sie fanden es gruslig, von den »Alten« examiniert zu werden. Kant beispielsweise erinnerte sich, von Helene Weigel gefragt worden zu sein, was er lese und welchen Klassiker er kenne. Kant und de Bruyn hielten denn auch als Akademiemitglieder von derartigen Treffen wenig, dabei ging es nicht nur um eine peinliche Erinnerung. De Bruyn sah in der notwendigen Verschiedenheit von Generationen Barrieren, die eine

---

242   Willi Bredel auf der Plenartagung vom 30. 5. 1963. In: »Zwischen Diskussion und Disziplin«. S.183.

Beurteilung seitens der Älteren verbieten. »Ich habe immer das Gefühl, man ist in vieler Hinsicht nicht befugt zu einem Urteil über diese junge Literatur, weil man das Lebensgefühl der jungen Leute nicht teilt bzw. nicht richtig einschätzen kann.«[243]

Die Verpflichtung gegenüber den »Jungen« blieb, andere Unternehmungen wurden gestartet: Ein Versuch war der Besuch des 1955 gegründeten Literaturinstituts in Leipzig, an dem junge, am Schreiben interessierte Leute studieren konnten. Dank Max Walter Schulz als Direktor des Instituts gab es Ende der 70er Jahre gute Beziehungen dorthin. Im Archiv fand ich einen Brief Max Walter Schulz' an den damals amtierenden Sektionssekretär Dieter Noll in Vorbereitung eines Sektionsbesuchs in Leipzig, in dem Max Walter Schulz seine Haltung zum literarischen Nachwuchs beschreibt. Im Gegensatz zu den Sorgen, die unter anderem Dieter Noll hinsichtlich der Entwicklung junger Autoren bewegten, antwortete Max Walter Schulz geradezu blauäugig und optimistisch: »Ich wollte nur sagen, mir ist es vor der Entwicklung überhaupt nicht bange, wenn wir das erkennen, was die jungen unterkühlten Idealisten wirklich wollen. Manchmal denke ich, ich unterscheide mich von einem jungen, sehr hiesigen Unruhestifter durch nichts als die Grenze, die mir mein Alter (...) unweigerlich zieht.«[244]

1959 und 1962 fanden gut vorbereitete Sektionssitzungen nur zum Thema Nachwuchs statt,

1972 gab es ein Treffen, von den 45 Eingeladenen waren 38 gekommen. Die Akademie beteiligte sich auch an den Leipziger »Tagen der Jungen Literatur« mit offenen Gesprächen und vielen jungen Leuten. Franz Fühmann berichtete in der Sektion ziemlich enthusiastisch davon. Dass es schon damals vor allem an Publikationsmöglichkeiten für die jungen Leute mangelte, wurde in der Sektion zwar gesehen, aber – da waren sich Stephan Hermlin und Franz Fühmann einig – »Sinn und Form« kam nicht in Frage.[245]

Im selben Jahr beantragte Erwin Strittmatter, einen mongolischen (tuwinischen) Autor betreuen zu wollen, was wegen der vielen Details einer Auslandsverbindung nicht klappte.

---

243   Sektionssitzung vom 22. Juni 1983, ZAA 1011. Auch in: »Zwischen Diskussion und Disziplin«. S. 494/5.
244   Max Walter Schulz an Dieter Noll am 3. 4. 1979. AdK-O 1762/5.
245   Sektionssitzung vom 13.12. 1972. AdK-O 231.

1978 gab es neben den verschiedenen anderen intersektionellen Arbeitsgruppen auch eine zum Thema »Nachwuchs«. Sehr erfolgreich scheint sie,
will man einen Bericht Max Walter Schulz' glauben, nicht gewesen zu sein.

Auch 1978/1979 stand das Thema auf der Tagesordnung der Sektion.
Hier wurde nun deutlich, dass es nicht mehr einfach darum ging, die jungen Leute in die Sektion zu bitten. Die Lage war gekippt, dazu Hermann
Kant: »Ich meine, es gibt wahrscheinlich überhaupt keine Institution, die
geeignet ist, aber wir sind am ungeeignetsten. Soweit ich diese jüngeren
Leute kenne, haben sie die Stacheln nach außen gekehrt und rollen sich
noch dazu ein, wenn sie ›Akademie‹ hören.« Daraufhin Christa Wolf: »Ja,
der Zug ist durch. Die halten nicht soviel von uns als Ganzes gesehen.«
Und Strittmatter: »Weil niemand mit ihnen offen spricht. Sobald sie den
Mund aufmachen, bums, kriegen sie eins auf Maul.« Noch einmal Christa
Wolf: »Die Situation ist umgedreht. Wir haben uns zu verantworten, wir
haben uns zu stellen und ihren Fragen und ihren Blicken und ihren Zweifeln an uns. «[246]

Gegenseitiges Unverständnis wurde eingestanden, was natürlich auch
bedeutete, den anderen herabzusetzen, so 1979 in einer Sektionssitzung.
Noch da beklagte sich auch Franz Fühmann: »Von 1000 Blatt kann man
garantiert 980 in den Papierkorb werfen. Rosarotes kriege ich schon nicht,
aber das meiste ist dann aschgrauer Kitsch. Das sind zum Teil bedauerns-
werte junge Leute, die nichts anderes artikulieren können: Es ist alles
Scheiße, und: Ich fühle mich unglücklich und unwohl.« Ähnlich Hacks:
«Ich behaupte nicht, daß es an Nachwuchsarbeit mangelt, sondern daß es
an Nachwuchs mangelt.« Wieland Herzfelde fasste das Thema der Diskussion als »Faszination an der Möglichkeit des Nachwuchses« zusammen.[247]

Nichtsdestotrotz stand die Frage nach Meisterschülern in der Sektion
Literatur und Sprachpflege immer mal wieder zur Debatte, so 1981 und
auch 1982. 1981 wollte Franz Fühmann Uwe Kolbe als seinen Meisterschüler annehmen dürfen. Mehrheitlich wurde dieser Vorschlag in der Sektion
abgelehnt. Überliefert ist ein Brief von Peter Hacks aus dem folgenden
Jahr an die Sektion, in dem er auf seine Art die Ergebnisse der Diskussion
um Meisterschüler auf den Punkt bringt:

---

246 Alle Zitate aus Protokoll der Sektionssitzung vom 13. 11. 1978. AdK-O 892.
247 Alle Zitate aus Protokoll der Sektionssitzung vom 7. 3. 1979. AdK-O 897.

»Sehr geehrte Kollegen, da mich die nächste Zusammenkunft der Sektion nicht mehr am Ort trifft, erlaube ich mir, meinen Beitrag zur Erörterung des zweiten Tagesordnungspunktes schriftlich vorzulegen.

Ich schicke vorweg: wenn ich jemals einem beginnenden Dichter begegnet wäre, der sichere Anlagen und eine verbürgbare Zukunft verraten hätte, hätte ich eine Akademie-Schülerschaft für ihn durchgesetzt, ob das nun Brauch gewesen wäre oder nicht.

Dennoch warne ich vor der Einführung eines solchen Brauchs. Es ist kein Zufall, daß es – anders als bei den Malern, Musikern und Schauspielern – für Schriftsteller keinen ordentlichen Ausbildungsgang gibt. Der lehrbare, nämlich der handwerkliche Teil des Berufs ist beim Schriftsteller kleiner als in den übrigen Künsten.

Und vergessen wir nicht: diejenigen Schriftsteller, die diesen handwerklichen Teil bis zur Lehrfähigkeit beherrschen, sind leider an den Fingern einer Hand abzuzählen.

Ich schlage also vor, die Sache uninstitutionalisiert und die Frage, wie bisher, offen zu lassen. Ich schlage aber auch vor, über den Ausbildungsstand in allen Künsten und somit auch in der Literatur mit äusserstem Ernst nachzudenken. Die Verwahrlosung des Könnbaren, der Krebsschaden der Unprofessionalität ist unbeschreiblich.

Es gibt in der DDR kein Lehrbuch der Dramaturgie, es gibt keine brauchbare Verslehre, es gibt keine Überlegung zur Technik von Roman, Novellen, Shortstory, die den mindesten Nutzen hätte. In der Zeit, als die Maler noch malen lernten, war ihre fruchtbringendste Studienform das Kopieren. Analog hierzu denke ich, die fruchtbringendste Studienform für Schriftsteller sei das Übersetzen. All diese Fragen sind in unserem Land unerwogen, und nahezu alles, was im Kunstunterricht geschieht, ist Pfusch.

Ich schlage also endlich vor, über das Gesamtproblem der Erziehung unserer angehenden Künstler sowohl eine Sektionstagung als auch ein Plenum vorzubereiten.

Ergebenst
Ihr Peter Hacks.«[248]

---

248 Peter Hacks an die Sektion. Brief vom 24. 4. 1982. AdK-O 1762.

Der Brief galt der Vorbereitung der Sektionssitzung vom 19. 5. 1982. Damals war auch der Sekretär der Sektion Musik, der Komponist Siegfried Matthus, eingeladen, der über die Erfahrungen und die Arbeitsweise seiner Sektion, die Meisterschüler besaß, berichtete. Wie Hacks vorgeschlagen hatte, blieb die Frage offen.

1983 – zum Wahlplenum – startete Max Walter Schulz einen neuen Anlauf mit dem Vorschlag, eine Meisterklasse für junge Schriftsteller einzurichten. Kohlhaase sprach auf diesem Plenum von einem notwendigen »lustvollen Verhältnis zu Problemen jüngerer Schriftsteller.«[249]

Kurz vorher war von Franz Fühmann etwas angerührt worden, das möglicherweise ein großer Durchbruch hinsichtlich der Veröffentlichung von in Schubladen befindlichen Arbeiten jüngerer Autoren hätte werden können, jedoch kläglich endete. Kein Sektionsmitglied außer dem Sekretär Günther Rücker war über diesen Vorgang informiert, noch daran beteiligt. Der Streit über die Anthologie spielte sich ausschließlich in den oberen Korridoren, also der oberen Leitungsebene der Akademie ab, wobei – wie vielfach dokumentiert – die Staatssicherheit in jede neue Entwicklungsphase einbezogen war.[250]

Zwischen dem Präsidenten Konrad Wolf und Franz Fühmann war es Ende der 70er Jahre zu einem Briefwechsel und Spaziergängen im lauschigen Märkisch-Buchholz gekommen. Wolf wollte Fühmann zu einer aktiveren Arbeit in der Akademie gewinnen, Fühmann vertraute ihm seine Zweifel und seinen Ärger über die Kulturpolitik an. Es war ein Zwiegespräch zweier Männer, die um gegenseitiges Verständnis rangen. Dabei muss von Seiten Wolfs der Vorschlag gefallen sein, die nicht veröffentlichten Arbeiten von Fühmanns Schützlingen in einem Arbeitsheft der Akademie zu drucken. Fühmann griff die Idee sofort auf, beauftragte Sascha Anderson und Uwe Kolbe mit der Sammlung und Zusammenstellung so einer Anthologie und war sehr zuversichtlich, dass dies gelingen könne. Doch sowohl Konrad Wolf als auch Franz Fühmann hätten laut Statut mit ihrer Idee durch die Instanzen der Akademie gemusst, aber weder Franz Fühmann hatte anfangs die

---

249   AdK-O 2485.
250   Dazu: Matthias Braun. »Kulturinsel«. S.315 – 335. Sowie: Klaus Michael. »Eine verschollene Anthologie«. In: Peter Böthig, Klaus Michael. »Machtspiele. Literatur und Staatssicherheit im Fokus Prenzlauer Berg«. Leipzig 1993. S. 202 – 216. Im Folgenden: Klaus Michael. »Eine verschollene Anthologie«.

Sektion eingeschaltet noch Konrad Wolf das Präsidium. Als die Sammlung mit Texten sehr unterschiedlicher Qualität und fast nur kritischer bis ablehnender Haltung vollständig war, soll es auch Franz Fühmann den »Atem verschlagen haben«, aber er wollte die »großen Schwierigkeiten«,[251] die er ahnte, angehen und schaltete den Sekretär der Sektion Günther Rücker in das Projekt ein. Der sah sofort, dass eine solche geballte Ladung unerwünschter Literatur kaum eine Chance zur Veröffentlichung hatte und schon in einer Abstimmung durch die Sektion durchfallen würde. Rücker, der eher konservative Stilist und für die DDR einstehende Genosse, fand nach eigenen Aussagen zu vielen Texten keinen Zugang und schlug vor, einzelne Arbeiten in »Sinn und Form« abzudrucken und vor allem: mit den jungen Leuten zu reden.[252] Es kam zu einem unergiebigen Treffen zwischen Fühmann, Rücker, Kolbe und Anderson. Danach wurde auch Konrad Wolf gebeten, alles genau zu lesen. Wolf, so bezeugen es die Papiere im Archiv, habe gründlich gelesen und jeden Text mit handschriftlichen Bemerkungen versehen. Fühmann gegenüber gestand er schließlich ein, dass die Anthologie so nicht zu veröffentlichen sei. Da hatten sich die jungen Autoren aber bereits verständigt, dass sie keinen ausschließen und auch nicht Einzelnes zum Druck geben wollten. Der letzte Akt im Hause der Akademie war ein »Weihnachtsbrief« Fühmanns an Konrad Wolf[253], in dem sich Fühmann gegen die Vorwürfe verwahrte, damit einer feindlichen Gruppenbildung Hilfe geleistet zu haben. Er legte den Brief an als ein – sein – Vorwort für diese Anthologie, in dem er Entstehung und Beweggründe erklärt, wohl wissend, dass es sich um ein fiktives Vorwort eines Buches handelte, das von der Akademie nicht verantwortet und in der DDR nie gedruckt werden wird. Er war nun auch nicht mehr bereit, die jungen Dichter in der Akademie vorzustellen.

In der Akademie wird man froh darüber gewesen, diesen Fall zu den Akten legen zu können, bei der Staatssicherheit und im Ministerium für Kultur schienen die Wellen deshalb hochgeschlagen zu sein. Ich – damals neu in der Akademie, aber verantwortlich für die Sektion – habe in dieser Zeit nichts von diesen Vorgängen erfahren. Erst in der Sektionssitzung im Juni 1983 erzählte Fühmann nunmehr abgeklärt und beiläufig davon.

---

251 Franz Fühmann an Günther Rücker. Brief vom 2. 7. 1981, AdK-O 772.
252 Günther Rücker an Franz Fühmann. Brief vom 9. 7. 1981, AdK-O 772.
253 Franz Fühmann an Konrad Wolf, Brief vom 22. 12. 1981. In: Franz Fühmann. »Briefe«. S. 396 – 401.

Dieser Fall ist in der DDR-Literaturgeschichtsschreibung, die nach der Wende einsetzte, einer der Präzendenzfälle, wie Literatur bespitzelt und verhindert wurde.[254] Die Akademie geriet in ein schlechtes Licht, und es lässt sich nicht leugnen: natürlich gab es für Künstler, die in kulturpolitischer Verantwortung standen, obwohl sie manches im Lande kritisch sahen – wie Konrad Wolf und Günther Rücker – Grenzen in ihrem Verständnis für Kritik. Das hatte sowohl zu tun mit einem auf Realismus beruhendem Kunstverständnis und vor allem der Vorstellung, dass die der herrschenden gesellschaftlichen Verhältnisse zu respektieren und zu akzeptieren wären. Natürlich überschritten die jungen Autoren diese Grenze und natürlich konnten und wollten das Leute wie Konrad Wolf und Günther Rücker nicht verstehen.

Dennoch kam die Sektion auch weiterhin um Fragen über die Jungen nicht drumrum. So wurde vom Präsidium 1983 eine Plenartagung zum Thema »Jugend heute – Erfahrungen, Probleme, Erscheinungen« vorbereitet, die enttäuschend ausfiel, da der eingeladene Redner von der Akademie der Pädagogischen Wissenschaften nur Allgemeines von sich gab. Aber die Sektion sollte sich vorher damit beschäftigen und so fand im Juni wieder eine Sektionssitzung über Nachwuchs statt. Der damals schon kranke Fühmann revidierte seinen Entschluss, nicht mehr zu kommen und hielt ein große Plädoyer für die jungen, ungedruckten Dichter, beschrieb einige von ihnen: Gert Neumann, Wolfgang Hilbig, Wolfgang Hegewald, Christa Moog, Michael Wüstefeld. Noch ausführlicher sprach er über sein besonderes Sorgenkind Dieter Schulze, den er für ein Genie, vergleichbar mit Georg Trakl oder Georg Heym hielt. Der ehemalige Hilfsschüler Dieter Schulze war wegen Körperverletzung mit der Justiz in Konflikt geraten. Franz Fühmann, Heiner Müller und Christa Wolf hatten für ihn gebürgt, kümmerten sich auch finanziell um ihn und dennoch wurden seine Manuskripte beschlagnahmt und Schulze wegen angeblicher Assozialität verfolgt. »Kurzum, ich halte die Lage von ungemein begabten Leuten für schlimm, zum Teil für katastrophal. Die Unkenntnis darüber ist schlimm.«[255] Fühmann ließ im Anschluss daran das staatliche Förderprogramm mit Poetenstunde und Poetensemi-

---

254   Klaus Michael. »Eine verschollene Anthologie«.
255   Dies und alle folgenden Zitate: Sektionssitzung vom 22. 6. 1983. AdK-O 1011. Auch in: »Zwischen Diskussion und Disziplin«. S. 494 ff.

SEKTIONSSITZUNGEN

naren nicht unerwähnt, um aber gleich darauf wieder auf »das große Heer von ungemein begabten Leuten« sprechen zu kommen, »die eben halt ihre eigenen Dinge haben, wobei ich auch oft das Gefühl habe, es gibt eine Reihe von Sachen, die sie schreiben, wo ich nicht reinkomme.« Fühmann erwähnte Lothar Trolle und lobte das Vorhandensein der Zeitschrift »Temperamente«, erzählt dann über das gescheiterte Projekt der Anthologie, um schließlich drei Dinge vorzuschlagen: »Erstens würde ich nach wie vor dafür plädieren, daß man die Möglichkeit hat, Meisterschüler zu haben und ich sage es noch einmal, nicht, um eine Schule oder so etwas zu ersetzen, das ist dummes Zeug, sondern einfach, um ihnen ein bißchen staatsbürgerlichen Schutz zu geben, um dann hinter ihnen stehen zu können und eine Möglichkeit zu haben, ein bißchen Welt zu öffnen oder irgendetwas. Eine zweite Möglichkeit – ich meine das wirklich ganz, ganz ernsthaft – ist die Frage, ob es möglich ist, in der Akademie irgendetwas wie eine Rechtsstelle zu schaffen. Ich bin nicht mehr gewillt, mich abzufinden, daß ein Junge zu mir kommt und sagt, man hat mir meine sämtlichen Dinge beschlagnahmt. (...) Das Dritte ist, zu überlegen, (...) ob es eine Möglichkeit gibt, irgendein Gremium zu schaffen, das, sagen wir mal, einmal im Jahr irgendetwas macht, was das Vorstellen junger Talente betrifft, das könnte ein Arbeitsheft sein, was irgendwie einen Status hätte wie ›Sinn und Form‹, wo man junge Maler, junge Komponisten oder eben junge Schriftsteller vorstellt.«

In der weiteren Diskussion kümmerten sich die Sektionsmitglieder kaum um die drei Vorschläge, sondern hielten sich am für sie Unerhörten fest – der Kriminalisierung der Jungen. Wieder schilderte Franz Fühmann den Fall Dieter Schulze, steigerte sich in seiner Anklage gegen dessen Behandlung und endete: »Der Umgangston bei der Kriminalpolizei ist: Sie können ja noch nicht einmal richtig Deutsch schreiben, Sie wollen ein Schriftsteller sein? Sie wissen ja noch nicht einmal, wie man Vater schreibt. Das schreibt er wahrscheinlich mit F, davon schreibt er mit F.« Dies wiederum veranlasste Hermann Kant zur spöttischen Replik: »Obwohl das natürlich kein Ausweis für Genie ist, wenn Vater mit F geschrieben wird«, und zog so Fühmanns Verklärung der jungen Genialen auf den Boden der sehr profanen Wirklichkeit, was, wie spätere Reaktionen zeigten, Franz Fühmann als persönliche Beleidigung empfand: »Ich weiß, daß Franz Fühmann überaus große Ahnung von Literatur hat und wahrscheinlich nicht allzu leichtfertig ist, wenn er jemanden hier sehr lobt. Aber ein bißchen Arglosigkeit scheint mir bei dem, was Du darstellst, doch im Spiel zu sein; denn es tauchen bei mir ein bißchen zu viel Assoziale – von Dir so genannte – im Zusammenhang mit dem Genialen auf, und daß das möglicherweise alles auch, sagen wir mal, politische Komponenten hat, das läßt Du hier ein bißchen weg.« Kant wollte das von Fühmann Angepriesene selber und genau lesen, wollte sich selbst ein Urteil bilden. Kant sprach von eigenen Erfahrungen mit Texten junger Leute, die ihn nicht überzeugten und wehrte sich gegen Pauschalisierungen: »Ich bin nicht bereit, den Begriff der Wohlanständigkeit sozusagen zu koppeln mit literarischer Tauglichkeit, Talent oder gar Genie. Das eine muß mit anderen gar nichts zu tun haben. Aber wenn es allzu sehr so aussieht, als sei das, was staatsbrav ist, literarisch untauglich und das, was staatsverdrossen auftritt, sei auf dem Weg zum Genialen, dann wehre ich mich.«

Dem Diskussionsleiter Wolfgang Kohlhaase blieb es überlassen, die Diskussion weg von den »großen Verallgemeinerungen« zur praktischen Sektionsarbeit zurückzuziehen. Er schlug den Mitgliedern vor, dass sie entscheiden sollten, welchen jüngeren Kollegen sie gern in der Sektion vorstellen würden, was gründliche Vorbereitung der anderen Sektionsmitglieder zur Bedingung habe. Fühmann verwies auf die heterogene Zusammensetzung der Sektion, in der beispielsweise die Meinung der Prosaistin Christa Wolf schwerlich mit der von Bernhard Seeger oder Otto Gotsche übereinstimmen würde. (Was zwar stimmte, aber zu dieser Zeit hatten weder Bernhard Seeger noch Otto Gotsche einen wirklichen Einfluss mehr auf die Sektion.) Günther Rücker gab zu bedenken, dass dies nichts im Sinne der jungen Leute bringe, denn die wollten nicht reden sondern gedruckt werden, und hierüber könne die Sektion nicht entscheiden. Das Ganze endete einigermaßen unverbindlich, vor allem wurde auf die anspruchsvollen Vorschläge Fühmanns nicht geantwortet. Es vergingen noch drei Jahre, bis Kohlhaases Vorschlag – im Grunde ein Minimalprogramm – endlich realisiert wurde.

Diese kontroverse und scheinbar ergebnislose Sektionssitzung von 1983 hatte jedoch ein interessantes Nachspiel: Zur Sektionssitzung vom Februar 1984 waren die Sektionsmitglieder auf Vorschlag von Franz Fühmann im Vorhinein mit Texten von Wolfgang Hilbig versorgt worden, und es sollte endlich einmal konkret am Material über einen jungen Dichter diskutiert werden. Alle anwesenden Sektionsmitglieder hatten es gelesen und waren des Lobes voll über das Talent und Können dieses Mannes, der sich in der thüringischen Provinz, in düsteren Heizungskellern verfallender Industriebetriebe zu einem Dichter von Rang entwickelt hatte. Mittlerweile waren auf Betreiben von Stephan Hermlin Gedichte Hilbigs in »Sinn und Form« veröffentlicht worden, nach dem mühsamen Kampf Fühmanns um die Veröffentlichung eines ersten Gedichtbandes schien ein nächster nicht mehr aussichtslos. Fühmann genoss seinen Triumph, er hatte dieses Urteil erwartet, also vertraute er noch auf das Urteil der Kollegen.

Peter Hacks war es, der wieder Sand ins Getriebe dieser allgemeinen Zustimmung warf. Er gab zu: »Das ist ein Dichter«[256], um jedoch dann das eigentliche Problem des schwierigen Verhältnisses zu jungen Dichtern oder zu denen, die nicht gedruckt wurden, beim Namen zu nennen: »Die wirkliche Frage ist, ob eine Gesellschaft sich ohne weiteres auf den Standpunkt stellen kann, daß sie einen ausgezeichneten, aktiven und energischen Feind dennoch druckt, nur weil es Literatur ist, was er macht. Das ist eine Frage, die ist außerordentlich schwierig. Sie ist philosophisch schwierig, und sie ist praktisch schwierig; denn praktisch wissen wir, wie die Gesellschaften solche Fragen lösen. Sie machen es zu einer Machtfrage. Wenn der Feind sehr berühmt ist, drucken sie ihn doch (…), und wenn er nicht mächtig ist, gibt es ihn nicht. So ist doch die praktische Lösung der Sache. Aber wir müssen uns ja ein bißchen um die philosophische Lösung bemühen.« Hacks ging dann auf das Beispiel Biermann ein, der – nach Hacks – »ein aktiver Feind dieser Gesellschaft war, so wie sie organisiert ist und wie man sie in ihrer Organisiertheit nicht ohne weiteres stören kann, ohne sie zu gefährden.« Einen solchen Fall nannte Hacks dann einen »Grenzfall, wo Politik vor Kunst geht.« Das wäre selten und eine extreme Lage und hätte nichts mit den auch vorgekommenen Verboten zu tun, daß einem die Haare eines Autors nicht gefielen. Da sollte die Sektion und Akademie helfen, aber er wende sich dagegen, »daß einer sagt, wer hier wohnt, muß gedruckt werden.«

Damit hatte Hacks die Diskussion mit den »politischen Komponenten« verbunden, die in der vorausgegangenen Sektionssitzung schon Hermann Kant erwähnt hatte, nur, Hacks war wesentlich deutlicher

---

256 Dies und alle weiteren Zitate: Protokoll der Sektionssitzung vom 1. 2. 1984. AdK-O 1012, teilweise in: »Zwischen Diskussion und Disziplin«. S. 506 – 509.

geworden. Natürlich war dies eine Herausforderung vor allem an Franz Fühmann, der seine Schützlinge gegen einen Feindvorwurf verteidigen musste. Wer aber war ein »Feind« in der DDR? Fühmann konterte: »Mir ist Ihr (Hacks') Begriff der Gesellschaft zu monolithisch. Die Gesellschaft und ihre Feinde. Ich betrachte weder Gert Neumann, der ganz sicher der Gesellschaft, wie sie sich gibt, wie sie sich zeigt, sicher nicht, um das mal milde zu sagen, wohlgesonnen ist. Ich betrachte ihn aber nicht als meinen Feind. Ich betrachte mich aber als ein Glied dieser Gesellschaft. Ich habe auch Biermann nicht als meinen Feind betrachtet. Er ist ein Ausdruck der Widersprüche, die in dieser Gesellschaft sind, und wir sind nun mal so organisiert, und ich halte das für einen Mangel und für einen Nachteil, daß der eine Pol eben nur eine ganz bestimmte Breite von dem, was seiner Meinung entspricht oder noch entspricht oder nicht widerspricht, zuläßt. Also, einen direkten Feind der Gesellschaft, der hier lebt – ich weiß nicht, ob man überhaupt den Begriff des Schriftstellers, die Beziehung Gesellschaft und Schriftsteller dahin bringen kann, die Gesellschaft und ihre Feinde. Als einen Feind würde ich ansehen einen Faschisten, als Feind würde ich ansehen einen Antisemiten, da verstehe ich das, da bin ich dafür, aber das gehört dann, bitteschön, nicht hierher ...«

Fühmann nannte dann Beispiele früherer »Feinde« auf dem Gebiet der Kultur – abstrakte Kunst, Kafka – die wenig später in die Gesellschaft integriert wurden. Die Struktur der Gesellschaft war durch sie nicht beschädigt worden, wie einst prophezeit. Er – Fühmann – hätte dagegen doch gern einige gesellschaftliche Strukturen geändert gesehen..

Diese im Raum stehenden gegensätzlichen Positionen löste der Diskussionsleiter Wolfgang Kohlhaase salomonisch: »Natürlich widerstrebt es einem zunächst, Menschen, die in diesem Land leben, (...),Leute, die auf diese oder jene Weise Betroffenheit äußern zur Realität, mit einem solchen Etikett (>Feind<) zu versehen, zumal es ja ein nicht falscher Gedanke ist, in jedem Denksystem, was einer anstrengt, liegt ein Element der Berechtigung, selbst dann, wenn ich mit den Schlußfolgerungen nicht übereinstimme, und in jedes Menschen Existenz steckt eine bestimmte Art von Wahrheit. Andererseits (...) leben wir in großen Zwängen, ob wir wollen oder nicht, und diese Zwänge sind keine Ermessensvorgänge, die sich eine Regierung herstellt, und sie kann sich dem auch nicht ohne weiteres entziehen. Und es entstehen (...) leider eben nicht nur so einfache Kategorien wie Rassismus, Antisemitismus als die hier genannten, Faschismus, von denen man sich im Zweifelsfalle leicht und in großer Einigkeit distanziert, sondern es sind, glaube ich, sehr schwierige Fragestellungen. (...) Ich würde mich in einem Hacks anschließen, Schriftstellerei ist nicht auf wunderbare Weise dem Streit der Welt enthoben.«

Noch vor dieser Sektionssitzung über Wolfgang Hilbig hatte einen Monat zuvor eine Sektionssitzung stattgefunden, in der – wie alle anderen – das neue Sektionsmitglied Volker Braun etwas zum Besten geben sollte. Braun sprach unter anderem darin auch über die notwendige Arbeit der Sektion und schlug vor: »ständige Begegnungen mit einerseits geladenen Gästen, andererseits (...) wo ein Kreis junger Autoren sich treffen könnte, vielleicht in der Obhut der Akademie und vor einem aufgeschlossenem Publikum (...) Weil ich meine, daß bei uns wirklich diese Verbindung, die es in bestimmten Jahren gab, der Schreibenden mit einem Publikum, nicht mehr gibt. Es gibt eine Reihe Leute, die es überhaupt aufgegeben haben, sich zu stellen, sich der Öffentlichkeit zu stellen.«[257] Damit knüpfte Braun an das Statement des ebenfalls neuen Sektionsmitglied Heiner Müller vom September 1983 an, der Ähnliches vorgeschlagen hatte. Müller griff auch sofort Brauns Idee auf und nannte offen die Gründe für das nicht Zustandekommen sowohl einer internen als auch öffentlichen Diskussion: ...« Weil man Angst vor Literatur hat, glaubt, Angst haben zu müssen« und plädierte erneut für die Anstrengung der Sektion, etwas zu tun. Auf die Zweifel Christa Wolfs an derartigen Unternehmungen antwortete Heiner Müller: »Christa, so sehr Du recht hast, darüber müssen wir nicht streiten. An dieser Grundstruktur ist sicher von uns aus nichts veränderbar, aber es geht darum, immer wieder mal Inseln zu bilden, also jede Möglichkeit zu benutzen, um eine Versuchsbohrung zu machen.« Die Sektion stellte sich zwar nicht offen einem Kampf, der aussichtslos schien, aber »Versuchsbohrungen« waren doch immerhin etwas!

Nach diesen Höhepunkten in der Diskussion um junge Autoren – war nicht alles gesagt und man konnte sich nicht einigen, aber vielleicht annähern? – galten die Bemühungen vor allem praktischer Arbeit. Endlich 1986 war es so weit, dass Kohlhaases schon lang geäußerter Vorschlag Realität

---

257   Dies und die folgenden Zitate: Sektionssitzung vom 10.1. 1984. AdK-O 1012/1.

wurde: In internen Sektionssitzungen wurden auf Vorschlag eines Mitglieds jüngere Autoren vorgestellt und gemeinsam beraten, was die Sektion für sie tun könne. Karl Mickel stellte Bert Papenfuß-Gorek vor, Heiner Müller Reinhard Jirgl, 1987 waren u. a. Kerstin Hensel (vorgeschlagen von Max Walter Schulz), Uta Ackermann, Anett Gröschner (vorgeschlagen von Günther Deicke) in so einer Veranstaltung, 1988 Peter Dehler (vorgeschlagen von Karl Mickel), Ingrid Weißbach, Ortlep Stapf, Christine Zander und Andreas Klick (vorgeschlagen von Waldtraut Lewin).

Da es die Regel war, von einem Mitglied verantwortet zu werden und dieses sich natürlich nicht blamieren wollte, war die literarische Qualität fast automatisch vorausgesetzt. Manchmal – beispielsweise im Fall von Reinhard Jirgl – wurde die Verbindung zu seinem Verlag aufgenommen und durch Gutachten und anderes versucht, eine Druckgenehmigung zu bewirken. Oft waren die jungen Leuten so überzeugend, dass sie zu den nächsten Anwärtern eines Anna-Seghers-Stipendium wurden.

Dass das natürlich ein »Tropfen auf dem heißen Stein« war, spürten viele. Christa Wolf bekannte auf der Sektionssitzung 1986, wo diese gemeinsamen Zusammenkünfte endgültig verabredet worden waren: »Im Grunde habe ich das Gefühl, zu wenig zu tun für die junge Literatur, nicht unbedingt persönlich, ich tue schon etwas, aber ich meine, wir als Akademie. Ich habe das Gefühl, wir als Sektion der Akademie tun zu wenig. Warum zucke ich trotzdem zurück, wenn dieses Problem kommt, sagen wir mal Meisterschüler? Abgesehen davon, daß ich mich sehr unbehaglich fühlen würde, einen Meisterschüler oder eine Meisterschülerin zu haben – es ist im Grunde noch etwas mehr. Ich habe, ehrlich gesagt, im Augenblick keine große Zuversicht, daß wir auch als Kollektiv der Sektion imstande sein könnten, die jetzige kulturpolitische Situation für die junge Literatur entscheidend zu verbessern, und damit meine ich ihre Publikationsmöglichkeiten.«[258]

Die an sich harmlosen Zusammenkünfte junger Dichter mit der Sektion hatten für mich so etwas wie eine »schicksalhafte« Bedeutung. Mich besuchten zwei Genossen der Staatssicherheit, die schon informiert waren, dass es solche internen Veranstaltung gäbe. Ob ich bereit wäre, ihnen jedes Mal vom Ergebnis dieser Treffen zu berichten. Da ich wusste, dass es schon auf

---

258 Sektionssitzung vom 23. 1. 1986 AdK-O 1104/1.

Grund der Regeln vor allem Zustimmung zu den Vorgestellten geben würde und ich natürlich den Genossen zu einem richtigen Bild verhelfen wollte, sah ich keinen Grund nicht einzuwilligen. Es blieb auch bei Informationen über diese Begegnungen – keine weiteren Verpflichtungen, noch nicht einmal zu einem »IM«. Das wurde natürlich nach der Wende »mein Makel«, den ich nicht los wurde, nicht nur, weil es keine aussagekräftigen Akten gibt. Das hat mir mehr als Ärger, auch Krankheit, Verleumdung und viel Misstrauen eingebracht und natürlich bereue ich heute meine Blauäugigkeit, den Genossen helfen zu wollen, indem ich die Kulturpolitik der Sektion verteidigte und die vorgestellten jungen Autoren als Talente beschrieb. Ich hatte mir damals zu wenig Gedanken gemacht über die generelle Rolle dieser schnüffelnden und argwöhnenden Institution.

Ich fühlte mich nicht wohl in Gegenwart dieser nicht sehr klugen Männer, aus Feigheit oder auch Disziplin habe ich die Kontakte nicht abgebrochen. Schuldig im Sinne einer Denunziation fühle ich mich auch heute nicht, und es hat mir gut getan, als ich nach meiner Ablösung auf meinen persönlichen Brief an die Mitglieder über diesen Vorgang von einigen – unter anderem Günter de Bruyn und Volker Braun – insofern Verständnis erfuhr, als dass sie mir und meiner Arbeit noch im Nachhinein ihr Vertrauen aussprachen.

Dagegen ist in den vergangenen zwanzig Jahren in mir eine Art Verständnis, ja Solidarität gegenüber den vielen gewachsen, die wegen eines Stasi-Verdachts ausgegrenzt werden, die sofort abgestempelt sind als Unmenschen und die bis an ihr Lebensende diesen Makel tragen. So leidvoll sie war, ist diese Erfahrung dennoch wichtig für mich gewesen: Ich bin vorsichtiger geworden bei der Einschätzung von Menschen, aber auch aus dem Verhalten anderer mir gegenüber habe ich viel über diese anderen gelernt.

Das leidige Thema Staatssicherheit in der Akademie hat Matthias Braun in seinen beiden Büchern sehr ausführlich und bestimmt – was die Aktenlage angeht – erschöpfend behandelt. Ich habe mich deshalb hier entschlossen, die Arbeit in der Akademie zu beschreiben, die ich erlebt habe. Deshalb werde ich keine neue »Akteneinsicht« vornehmen.

Doch zurück zum Thema Sektion und Nachwuchs. Anderthalb Jahre vor den Wendewirren auch in der Sektion kam Peter Hacks mit einem Vorschlag in die Sektion, der sowohl die damalige Lage im Verhältnis zu den »Jungen« als auch Hacksens Ambitionen entsprach.

In der Sektionssitzung am 11. April 1988 sagte er zum Verhältnis Jugend und Akademie oder überhaupt Gesellschaft und Jugend: »Die Jugend kann nur akzeptiert werden, denn sie ist nicht belehrbar. Aber das ist kein normaler Zustand. Ein normaler Zustand ist, daß die Jugend sich sowohl in Opposition wie in Nachfolge der vorhergegangenen Generation versteht. Wenn wir nur noch eine Verweigerung und überhaupt keine Nachfolge mehr konstatieren, wie in den letzten Jahren, einer Zeit, das will ich von den Russen übernehmen, die Stagnationsperiode genannt werden sollte, dann haben wir das angerichtet. Wenn sie so blöd sind, haben wir offenbar Blödsinn angeboten.«[259] Hacks schlug eine Gesprächsrunde mit jungen Dramatikern unter seiner Leitung vor. Schon zweimal hatte er in Akademie diese Arbeitsform probiert, in den 70er Jahren mit gestandenen Dramatikern und Literaturwissenschaftlern, diesmal also mit jungen Dramatikern.

Nun trug sein Vorschlag der aktuellen politischen Situation Rechnung. Er sagte unter anderem: »Zwischen den Leuten, die ich jetzt mal mit dem Schimpfwort ›Nachwuchs‹ bezeichne, und der Erwachsenenwelt gibt es eine Menge Meinungsverschiedenheiten nicht nur über den Zweck und die Ziele der Kunst, auch über alles andere. Deswegen ist das Technische, das Handwerkliche an der Sache von mir ausgesucht worden als die Verständigungsebene, die zwar die Niedrigste ist, aber die unter Umständen eine Verständigung überhaupt erlaubt.«[260] Die Akademiemitglieder, die junge Dramatiker kannten, sollten Vorschläge machen, wer dazu eingeladen werden sollte. Für uns verblüffend schlug er auch Katarina Witt vor, die gerade bekannt hatte, Schauspielerin werden zu wollen. (Sie kam nie, und ich weiß auch nicht, ob der Vorschlag je zu ihr gedrungen ist.) Auf alle Fälle schrieben wir – die Mitarbeiter der Abteilung – nun die von Hacks, Karl Mickel, Helmut Baierl und anderen vorgeschlagenen jüngeren Dramatiker an, luden sie ein. Die Reaktion war meistenteils zustimmend, und so kam es zu einem Kreis mit Jochen Berg, Werner Buhs, Peter Dehler, Joerg Michael Koerbl, Ronald Schernikau, Stefan Schmidt, Michael Sobe, Jens Sparschuh, Lothar Trolle und Peter Hacks, aber auch Wolfgang Kohlhaase, Waldtraut Lewin, Helmut Baierl, Christoph Hein und Karl Mickel waren meistens dabei und genossen diese »Schulstunde«, in der der

---

259   Peter Hacks. Diskussionsbeitrag auf Sektionssitzung vom 11. 4. 1988. AdK-O 1273.
260   Sektionssitzung vom 11. 4. 1988. AdK-O 1273.

Lehrer Peter Hacks brillierte und Aufgaben vergab.[261] Die »Schüler« waren in meiner Erinnerung eher schüchtern und irritiert über so viel Konventionen und ungewöhnliche Übungen. In einer Zeit, da das Theater alle Regeln über Bord warf, debattierte man den Aufbau eines Dramas, die Rolle der Pause und anderen traditionellen Kram! Wolfgang Kohlhaase, Waldtraut Lewin oder Helmut Baierl spielten gut und gerne mit und schienen mehr zu lernen und lernen zu wollen als die »Jungen«.

Die Veranstaltungen – mit Kaffee und Kognak, von Hacks in Briefen auch »Akademie-Kränzchen«[262] genannt – fanden an einem großen Tisch statt. Manchem Teilnehmer mundete der kostenlose Kognak besonders gut. Hacks, der das nicht zu bemerken schien, nahm aber dann diesen »Kandidaten« besonders intensiv ins Kreuzverhör.

Scheinbar ging es nie um Politik, obwohl es »draußen« zu brodeln anfing. Als das Ende der DDR abzusehen war, beendete Hacks diese Runde. So etwas gehe nur in der DDR, sagte er und verabschiedete sich.

Nachzutragen bliebe: 1990 endlich, als die Existenz der Akademie auf der Kippe stand, befürwortete die Sektion Literatur und Sprachpflege die Aufnahme von Meisterschülern in die Sektion. Zu praktischen Schritten dazu kam es nicht mehr.

POLITIK UND ALLES MÖGLICHE UND UNMÖGLICHE

Dass es in den Sektionssitzungen »unpolitisch« zuging, wird nach den bisherigen Zitatproben niemand behaupten können. Erstaunlich dabei ist für mich im Nachhinein, wie die Sektionsmitglieder es schafften, bei allen Differenzen zusammenzubleiben und zu reden. Ein Knackpunkt für diese Entscheidung war nach meinem Dafürhalten die Biermann-Affäre, über die ich schon im Kapitel »Die Akademie/Reparaturbrigade« geschrieben habe. Auf einer Sektionssitzung vom April 1977 resümierte Wolfgang Kohlhaase das Geschehene: »Es ist ja nicht zu verkennen, daß das im letzten Winter ein sehr entschiedener und ein sehr harter politischer Konflikt war, der verschiedene Genossen und Kollegen auf entgegengesetzten Positionen gesehen hat. Das

---

261   Alles wortwörtlich nachzulesen in: Peter Hacks: Berlinische Dramaturgie. Band 4.
262   Peter Hacks in einem Brief an Christoph Hein vom 5. 5.1988. In: Peter Hacks. »Verehrter Kollege.«. S. 264, auch an Lothar Trolle, ebenda S. 266.

ist die eine Seite der Sache. Und ich glaube, dieser Konflikt, soweit es eine Frage bestimmter Klärungen, Diskussionen, Meinungen und selbst organisatorischer Konsequenzen war, ist von der Partei ausgetragen worden. Andererseits erinnere ich mich sehr genau, daß gerade in dem Moment, als dieser Konflikt sehr aktuell diskutiert wurde und als die Emotionalität auf allen Seiten sehr hoch war, (...) sehr deutlich gesagt worden ist: Das darf nicht zu dem Missverständnis führen, daß bestimmte Genossen oder Kollegen in Zukunft nicht mehr in den Beruf gehören, nicht mehr in die DDR gehören. (...) Sondern es ist bei aller Entschiedenheit der Meinung auch die Gemeinsamkeit betont worden. Und wenn ich mich umsehe in der Geschichte der Arbeiterbewegung, oder wenn ich mich gerade, weil wir von dem dauernd reden, umsehe, was die politischen Haltungen Lenins betrifft, so ist das ja nicht nur eine Geschichte von unablässiger Trennung, sondern es ist auf eine aufregende Weise die Geschichte kompliziertester Auseinandersetzungen mit aller Bemühung, den weiterreichenden gemeinsamen Gedanken zu finden. (...) Ich glaube also, daß die entschiedene politische Auseinandersetzung überhaupt nur einen Sinn hat, wenn sie dazu führt, daß es gemeinsam weitergeht.«[263]

Und so bemühten sich die Sektionsmitglieder weiterhin um gegenseitige Loyalität und Respekt. Als politische Menschen und Literaten waren sie so geprägt und bewegt vom Zeitgeschehen, dass es ihnen unmöglich war, das, was einige hin und wieder ankündigten, wahr zu machen: gänzlich »aussteigen« konnte und wollte keiner von ihnen, und so saß man wieder zusammen und redete. Zuweilen stießen dann auch mal diametral unterschiedliche Auffassungen zusammen, obwohl man große Auseinandersetzungen eher vermeiden wollte, denn die Gemeinsamkeit war – das wussten sie alle – höchst fragil.

Geklagt wurde allemal. Klagen und Unverständnis über getroffene Entscheidungen ziehen sich durch die Protokolle. Max Walter Schulz verallgemeinerte dies in einer Sektionssitzung von 1984, ohne von den Anwesenden Widerspruch zu ernten: «Wir behaupten unentwegt, die Kontinuität unserer Kulturpolitik ist ungebrochen. In einem bestimmten Sinn hat man da auch recht: Es werden gleiche Fehler konstant wiederholt.«[264]

---

263   Wolfgang Kohlhaase. Diskussionsbeitrag auf Sektionssitzung vom 14. 4. 1977. AdK-O 893.
264   Max Walter Schulz. Diskussionsbeitrag auf Sektionssitzung vom 23. 10. 1984. AdK-O 1012/3

Um zu verhindern, dass man nur noch im »eigenen Saft« schmorte und die Wirkungslosigkeit der Klagen alle lähmte, lud man sich Fachleute ein und sprach (mehrere Male) über ökonomische Probleme, über Massenmanipulation, über Abrüstungsfragen, über Genetik, Jugendprobleme, neue Medien, auch Atomenergie war ein Thema. Diese Informationen über die verschiedensten Bereiche machten die Probleme, die es überall gab, sehr deutlich. Spürbar war die große Hilflosigkeit der DDR-Gesellschaft – scheinbar im Unterschied zur neuen politischen Offensive der Sowjetunion. »Was ich beklage, ist generell ein Defizit an gesellschaftlichem Nachdenken über viele dieser Fragen auf unserer Seite. (...) Und es ist ein Unterschied, ob sich eine Gesellschaft zu Risiken und Hoffnungen, zu Zukunftsperspektiven aktiv verhält oder ob sie dem durchschnittlichen Menschen keine andere Möglichkeit läßt, als sich zu entscheiden zwischen Angst und Betäubung«[265], kritisierte Wolfgang Kohlhaase und forderte, von Christa Wolf, Karl Mickel und Benito Wogatzki nachdrücklich unterstützt, »eine andere Problematisierung dieser Lebenslagen.« Mickel ergänzte: »Wir haben ein gewisses Geschick, etwas unscharf zu sehen, um weiterleben zu können.«[266] Christa Wolf fügte hinzu, dabei die Rolle der Literatur im Auge: »Von den vielen Funktionen der Literatur ist immer noch (...) eine der wichtigsten die Herstellung von Utopien in dem Sinne von Zukunftsperspektiven mit ihren sehr spezifischen Mitteln.« Dafür wäre jedoch eine andere als die offizielle Problematisierung von Lebenslagen nötig. Konkret zur Atomenergie: »Ich habe mich auch mit dem Thema beschäftigt und bin darauf gestoßen, daß ich nicht umhin komme oder kann, die Auswirkung dieser und ähnlicher Ereignisse zu beschreiben, ohne mich selbst in Frage zu stellen als Schreibende innerhalb des Systems. Ich meine dieses System nicht als sozialistisch oder kapitalistisch, sondern diesen industriell-militärischen Komplex. (...) Ich kann nicht, obwohl ich mich dafür interessiere und versuche, mich sachkundig zu machen, den Leuten, die bei uns Kernkraftwerke entwickeln und betreiben, Vorschläge machen, was sie anstelle dessen tun können. Was ich kann und versuchen könnte, wäre, sie in meine Überlegungen einzuführen, die ich zu diesem Thema habe.«[267]

---

265 Wolfgang Kohlhaase. Diskussionsbeitrag auf Sektionssitzung vom 5. 2. 1987. AdK-O IIII/1.
266 Karl Mickel. Ebenda.
267 Christa Wolf. Ebenda.

Die Fragen der großen Politik rückten mehr und mehr in den Vordergrund, sodass selbst der quartalsmäßig zu liefernde Informationsbericht der Akademie an die Parteiführung, der meist mehr verschwieg oder höchst gefällig formulierte, für das erste Quartal 1988 berichtete: »Nach wie vor standen und stehen Probleme unserer Innenpolitik im Zentrum der Diskussion. Es ist festzustellen, daß der Drang nach Debatten über Gesellschaftspolitik die Bereitschaft zur Diskussion über Fragen der Kulturpolitik übertrifft.«[268]

Am 11. April 1988 machte sich wieder einmal das große Unbehagen an der innenpolitischen Lage in der Sektion Luft. Wogatzki konstatierte: »Noch nie haben wir einen großen Verzicht auf Kultur und geistige Vorstöße wie im Moment«.[269] Rücker stöhnte: »Alle Gespräche, die wir in diesem Haus hatten mit den Zuständigen, haben uns um nichts klüger entlassen, als sie uns im Augenblick der Einladung fanden, weil es ein ganz natürlicher Vorgang ist, daß ein Politiker der ersten Garnitur in diesem Haus nichts anderes sagen wird, als er überall sagt.. Und wir werden, wen immer wir einladen, über Ökonomie zu sprechen, nicht einmal das erfahren, was wir hier unter uns besprechen, wobei ich nie weiß, ob es richtig ist. Denn ich habe über Ökonomie soviel gehört, was richtig sein sollte, daß ich nicht mehr weiß, was richtig ist, und es geht nicht mehr in meinen Kopf, ich kann es nicht studieren, ich kann mich nicht darüber belehren lassen. Ich kann nichts tun als zuhören. Und wenn Mickel dieses sagt, finde ich es völlig logisch, und wenn Mackel etwas anderes sagt und es so gut macht wie Mickel, finde ich es auch absolut logisch.«

Solche Meinungen unterschieden sich nicht wesentlich von vorhergegangenen Debatten, in denen immer wieder über die Kulturpolitik geklagt worden war. Doch diesmal weitete sich die Sicht – neben konkreten kritikwürdigen Entscheidungen wurde ein Zusammenhang zwischen Kulturpolitik und allgemeiner Situation im Lande gesehen und die Lage insgesamt für ernst gehalten. Man sah Gefahren für die generelle Existenz des Sozialismus, für dessen Erhalt beispielsweise Karl Mickel plädierte.

Dem schlossen sich sofort Peter Hacks (»Wobei die Kunstpolitik die Stelle ist, die sich am schwersten verteidigen lässt.«), Benito Wogatzki,

268   Informationsbericht der Akademie für die Zeit vom 1. 1. 1988 bis 31.1.1988. In: »Zwischen Diskussion und Disziplin«. S.408.
269   Alle Zitate: Sektionssitzung vom 11. 4. 1988. AdK-O) 1273.

Werner Mittenzwei und Wolfgang Kohlhaase an, letzterer nicht ohne den Zusatz: »Ich fühle mich unwohl bei dieser Belagerungsphilosophie, weil ich glaube, wir werden auch bei dem, was wir unter allen Umständen verteidigen müssen, nur etwas verteidigen, wenn wir es verbessern, nicht, wenn wir es festschreiben und sagen: Es ist nicht daran zu rütteln.«

Quasi die Fortsetzung dieser Diskussion fand am 14. Dezember 1988 statt. In einem Thesenpapier hatte Robert Weimann Vorschläge zur Arbeit der Akademie in den 90er Jahren gemacht, das offenbar an dem, was den Sektionsmitgliedern auf den Nägeln brannte, vorbeiging. Mittlerweile waren fünf sowjetische Filme verboten worden, auch eine Ausgabe der Zeitschrift »Sputnik«, in der ausführlich über Stalins Verbrechen in den 30er Jahren berichtet worden war und ein Dokumentarfilm über Friedrich Wolf sollte nicht ungestrichen erscheinen. Wieder ging es um »schwarze Flecken« der eigenen Geschichte und wieder appellierte Wolfgang Kohlhaase an die Pflicht zur ganzen Wahrheit: »Man kann nur dann nicht manipuliert werden und der Halbwahrheit zum Opfer fallen, wenn man die Wahrheit weiß. Es gibt keinen anderen Weg als Wissen. Das Gegenmittel zur Manipulation ist der Glaube. Das mag für die Fundamentalisten zutreffen, die die Welt reduzieren auf den Gesichtspunkt des Glaubens. Das ist für uns nicht brauchbar. Wir müssen in unserer eigenen Geschichte, unseren eigenen Umständen Bescheid wissen. Wir können uns weder den Begriff wegnehmen lassen noch den Vorgang. Demokratie kann nur sein, daß sich immer mehr Leute in unserer Gesellschaft für immer mehr Dinge interessieren und an immer mehr Dingen beteiligt sind. Dem steht eine Tradition entgegen, die Arbeitsteilung, sozusagen eine Autoritätsstruktur, die unsere Gesellschaft nicht erfunden hat, die in der Menschheitsgeschichte eine viel größere Tradition hat als das Prinzip der Demokratie.«[270] Man wollte sich der Vorgänge annehmen und verlangte die Auseinandersetzung mit dem Friedrich-Wolf-Film im eigenen Kreis, aber auch diese Arbeit des Protestierens und Zurechtrückens wurde als ungenügend empfunden. Günther Deicke und vor allem Christa Wolf stellten die Arbeit der Akademie in Zweifel: «Natürlich müssen wir unsere Arbeit fortsetzen und müssen sehen, daß wir auf unserem Gebiet selbst etwas erarbeiten. Aber wir können das eine nicht tun, ohne das andere zu lassen. Wenn wir stumm bleiben und so tun, als ob das alles wunderbar ist, daß wir im warmen Raum bei guter Beköstigung und auch

---

270   Alle Zitate: Sektionssitzung vom 14. 12. 1988. AdK-O 1273.

noch mit Salär sitzen und alle diese Privilegien weiter benutzen und uns damit zufriedengeben, dann tut es mir leid, dann hat die Akademie versagt.« Deicke: »Was nützt denn alle Klugheit, Überlegung und Dialektik, die hier angestrengt wird, wenn sie unter uns bleibt, wenn sie nicht wirkt, nicht wirken kann? Darüber müssen wir doch zuerst nachdenken.«[271] Die Stimmung blieb aufgebracht, das Jahr 1989 stand bevor.

Ein ganz anderes Thema, dessen Behandlung nicht an die Öffentlichkeit drang, ist die Diskussion über eine geplante Rechtschreibreform, die sogar zu einem Ergebnis geführt hatte: einen Brief an den Ministerrat.[272]

Wenn auch nicht so oft wie die anderen »Dauerthemen« waren Fragen der Rechtschreibung und Orthographie seit den fünfziger Jahren (1954/55) auf der Tagesordnung. Immer ging es um Bestrebungen, bestimmte Regeln zu verändern, wobei die große Schwierigkeit darin bestand, dass sich alle deutschsprachigen Länder daran beteiligen müssten. Da das Wort »Sprachpflege« im Namen der Sektion auch auf eine diesbezüglich verpflichtende Funktion hinwies, waren die Sektionsmitglieder sehr interessiert, den jeweiligen Stand der Verabredungen der Sprachwissenschaftler zu kennen. 1974 und 1976 wurde darüber gesprochen. Leider hinterließen die Referenten – Sprachwissenschaftler aus Universitäten der DDR oder aus der Akademie der Wissenschaften – keinen guten Eindruck bei den Sektionsmitgliedern. Wie bei Beamten schien es den Wissenschaftlern nur um einzelne Reageländerungen oder ein williges Sich-Anpassen an Überlegungen der Schweizer, Österreicher und Westdeutschen zu gehen. Das passte den Sektionsmitgliedern überhaupt nicht, empört bis mitleidig sahen sie auf die Sprachwissenschaftler, zur Not auch bereit, allein als DDR das, was sich bewährt hatte, beizuhalten. Hacks schimpfte: »Der Fortschrittsbegriff (…) ist der imperialistische, nämlich die Anpassung an die seiende Misere … wir verlassen Goethe für Helmut Schmidt.«[273] Bis auf Dieter Noll stimmten ihm alle zu.

1982/83 wurde das Thema wieder brisant. Friedrich Dieckmann hatte die Sektion auf die Sachlage hingewiesen und ihre Einmischung gefordert: Eine Kommission, bestehend aus Sprachwissenschaftlern aller deutschsprachigen Länder, hatte ein Dokument erarbeitet, das weitgehende

271 Ebenda.
272 Der gesamte Brief befindet sich im Dokumenten-Anhang.
273 Sektionssitzung vom 20. 6. 1974. AdK-O 899.

Vorschläge zu einer Reform der deutschen Rechtschreibung enthielt, unter anderem sollten bis auf Satzanfänge und Namen alle Wörter klein geschrieben werden. In die Sektion daraufhin eingeladene Sprachwissenschaftler aus der DDR hatten das Vorhaben wegen der damit verbundenen Vereinfachung – die Schüler würden es leichter haben – vehement verteidigt, was die meisten Mitglieder umso mehr erboste. In der Sektionssitzung vom Januar 1983 wurden die verschiedenen Argumente gegen eine solche Reform gesammelt, die zum einen die Wurzeln und Eigenarten des Deutschen bis ins Philosophische bedachten, nicht an den Schwierigkeiten von Druckereien und Bibliotheken und Lesegewohnheiten vorbeisahen, aber auch den Spaß an der Sache nicht zu kurz kommen ließen. So kursierten Sätze, die – alles kleingeschrieben – höchst missverständlich waren, wie »Wir haben in Moskau liebe genossen«, oder: »Helft den armen vögeln im winter.« Letztendlich erklärten sich Peter Hacks, Dieter Noll (der vollkommen umgeschwenkt war von seiner früheren Haltung), Hermann Kant und Wolfgang Kohlhaase bereit, den Brief zu formulieren. Am 13. Januar wurde er in der Sektion verabschiedet. Bis auf Wilhelm Girnus, der die Reform befürwortete, unterschrieben alle Sektionsmitglieder.

Der Brief ging seinen »sozialistischen« Gang: von Manfred Wekwerth zu Kurt Hager, von dem zu Willi Stoph. Der antwortete in einem Schreiben vom 20. 5. 1983: »Die Bedenken der Schriftsteller, daß in absehbarer Zeit eine Reform der deutschen Sprache beschlossen werden könnte, ohne daß die berechtigten Hinweise vieler davon betroffener Bevölkerungsgruppen berücksichtigt werden, sind unbegründet.«[274]

Auch in anderen deutschsprachigen Ländern hatte es wohl heftige Bedenken gegen eine derartige radikale Veränderung gegeben. Die um über ein Jahrzehnt später erfolgte Reform war – wie wir sie zu spüren bekamen – wesentlich vorsichtiger, aber auch nicht eben sinnvoll oder erfolgreich. Ich finde den Brief noch heute ein Glanzstück an gescheiter Argumentation und ein seltenes Beweisstück, wie ernst die Akademiemitglieder die Beratungsfunktion der Akademie nahmen.

Eines der ausgefallensten Themen war wohl die von Peter Hacks vorgeschlagene und vorbereitete Diskussion zu »Pornographie im Sozialismus« vom Dezember 1986. Immerhin waren hierzu elf Sektionsmitglieder

---

274   Willi Stoph an Manfred Wekwerth am 20. 5. 1983. AdK-O 1588.

gekommen. Hacks brillierte mit Argumenten dafür und dagegen, Schulz, Kohlhaase, Mickel und Noll lieferten einige interessante zusätzliche Gedanken, die mit dem Gebundensein an Kulturkreis, Religion, Geschichte und auch mit Prostitution zu tun hatten. Hermlin wollte immer wieder die ästhetische Seite dabei betont wissen, die laut Hacks diesmal überhaupt nicht interessierte. Endlich mit Irmtraud Morgner kam frontaler Widerstand auf: (...) »sozusagen an Biertischen sollten Frauen schweigen. (...) Pornographie ist für mich die Abspaltung des Gefühls von der Sexualität. (...) Es gibt nur eine Form der Pornographie, und das ist die für Männer gemachte. (...) 90 Prozent der Pornographie besteht darin, eine Frau so darzustellen, daß man sie verachten kann.«[275] Christa Wolf unterstützte – wenn auch weniger aufgeregt und eher belustigt über den Eifer der diskutierenden Männer und der einen beteiligten Frau – Waldtraut Lewin – das Aufbegehren der zum ersten und einzigen Mal anwesenden Geschlechtsgenossin Irmtraud Morgner, um letztendlich dann doch den Männern die Diskussion zu überlassen. Es kam weder zu einer Einigung noch gar zu einem »Beschluss«. Ein bisschen verwirrt zu haben schien das Thema die sich nicht prüde gebenden Männer jedoch: Hermlin und Mickel vertauschten beim Weggehen die Mäntel und stellten das erst am nächsten Tag fest. Wir Mitarbeiter hatten uns zu kümmern, dass jeder Mantel wieder zu seinem Besitzer kam.

---

275 Irmtraud Morgner. Diskussionsbeitrag auf Sektionssitzung vom 11. 12. 1986. AdK-O 1104.

Wahlen und Preise

»Die Akademie zählt zu ihren Mitgliedern Persönlichkeiten, die beispielgebende Leistungen in Kunst und Kunstwissenschaft vollbracht haben. ...
Voraussetzungen für die Wahl zum Ordentlichen Mitglied sind die Anerkennung des Statuts der Akademie;
hohe Qualität des künstlerischen und wissenschaftlichen Schaffens, das auf der Grundlage der Kultur- und Kunstpolitik der DDR, den großen Traditionen verpflichtet und vom Geist des proletarischen Internationalismus geprägt, eine hohe Ausstrahlungskraft besonders auf die junge Generation und Vorbildwirkung für den künstlerischen Nachwuchs ausübt; Bereitschaft zur aktiven Mitarbeit an den Aufgaben der Akademie ...
Die Wahl aller Mitglieder erfolgt im Plenum der Akademie.
Die Wahl von Ordentlichen und Korrespondierenden Mitgliedern erfolgt in der Regel alle vier Jahre zusammen mit der Neuwahl des Präsidiums ...«[276]

»Die Akademie wählt neue Mitglieder. Eine Farce. Da wird von oben eine Liste offeriert und durchgesetzt (Parteidisziplin usw.). Nach langen Wochen, in denen die Arbeit weitgehend stagnierte, wird unten geringfügig geändert, und oben wird noch einmal beschlossen: Es wird nichts geändert. Im Gegenteil, es kommen noch neue Namen hinzu (einer ist darunter, den zu wählen einer Mehrheit der Mitglieder nicht eingefallen wäre). Spätestens jetzt weiß jeder, daß nicht diskutiert, sondern pariert werden soll. Die Formen bleiben demokratisch, denn es wird freiwillig so gewählt, wie es gewünscht wird.«[277]

Die erste Passage ist ein Ausschnitt aus dem Statut der Akademie, die zweite eine Tagebucheintragung aus dem Jahr 1969 eines leitenden Mitarbeiters, der die Wahl und das Gerangel darum hautnah miterlebt hat. Was

---

276 Statut der Akademie der Künste der Deutschen Demokratischen Republik, seit 1.1.1978 in Kraft.
277 Ulrich Dietzel. »Tagebuch«. S. 42.

Ulrich Dietzel 1969 beschrieb, war damalige Realität, wobei mit »oben« Verschiedenes gemeint war: Das Präsidium der Akademie, die Kulturabteilung des ZK der SED, Politbüromitglieder, das Ministerium für Kultur, Mitglieder des Ministerrats. Sie alle meinten, Gründe zum Mitsprechen zu haben. Sie fanden das ganz natürlich. Zwei Meinungsmacher – Alexander Abusch und Alfred Kurella – waren dabei besonders aktiv, und die Wahl 1969 muss im Vergleich zu späteren chaotisch gewesen sein.

Dabei gab es in der Geschichte dieser Akademie durchaus auch Beispiele, wo der Protest einzelner Mitglieder gegen die Kandidatur eines Kollegen sich nicht nur durch ein einzelnes »Nein« auf der Wahlliste geäußert, sondern auch öffentlich wurde: So protestierte Herbert Ihering 1952 in aller Form gegen die Wahl Hans Rodenbergs – aus künstlerischen Gründen, denn dessen Inszenierung von »Luise Millerin« soll eine Katastrophe gewesen sein.[278]

Als ich 1981 in die Akademie kam, stand die Wahlvorbereitung für 1982 auf der Tagesordnung. Die Prozedur war folgende: Im Präsidium wurde festgelegt, wie viele neue Mitglieder aufgrund der Sektionsmitgliederzahlen gewählt werden dürfen. Danach wurden von den einzelnen Abteilungen in Vorbereitung der Sektionssitzung, auf der die Diskussion von Wahlvorschlägen auf der Tagesordnung stand, an die Sektionsmitglieder Briefe versandt mit der Bitte, ihre Vorschläge schriftlich darzulegen. Die Antworten enthielten eine Reihe von Namen, jedes Mitglied hatte einen besonderen Favoriten, einen Freund aus dem Kollegenkreise. Natürlich gab es auch Bücher, die gerade in aller Munde waren und die die Ansprüche der Mitglieder erfüllten. So schlug Helmut Sakowski unter anderem seinen Freund Peter Edel vor, Benito Wogatzki Rudi Strahl, die »Auswärtigen« gerne eine Auswärtigen, der Sorbe Brězan einen Sorben. Werner Mittenzwei, als Sachverständiger für Akademieeigenheiten im In- und Ausland, in Geschichte und Gegenwart hielt das für normal: So »meinen die Künstler gerade dann frei zu wählen, wenn sie ihren persönlichen Vorlieben Ausdruck verleihen können. Auch das war in der Geschichte immer so. Und darin liegt auch ein gewisser Reiz. (...) Es ist eine naive Wunschvorstellung zu meinen, eine Generation müßte die Größten und die Bleibenden ihrer Zeit küren. Wenn ich mich in der Geschichte umschaue, war das selten der Fall.«[279]

---

278   Manfred Wekwerth. »Erinnern«. S. 423.
279   Werner Mittenzwei. »Zwielicht«. S. 395.

Oft erinnerte man sich einer »Warteliste«, die es offiziell nicht geben sollte, aber vergangene Diskussionen und letzendlich durch das enge Netz Gefallene waren so leicht nicht zu vergessen. Wenn es sich dabei um schon ältere Kollegen handelte, argumentierte das Präsidium oft mit der notwendigen Verjüngung der Akademie. Beispielsweise war das einer der Gründe, warum der von vielen vorgeschlagene Kurt Stern nicht mehr zur Diskussion stand und nie Akademiemitglied wurde.

Mit der Auflistung der Vorschläge ergab sich allmählich eine Rangordnung. Wolfgang Kohlhaase erklärte: »Es gibt keinen anderen Weg, als daß sie (die Kandidaten – C. B.) jemand hier ins Gespräch bringt, und sich hierzu im kompetenten Kreis dazu Mehrheiten finden.«[280] So war die Anwesenheit auf einer Sektionssitzung, auf der die Nominierung zur Wahl der neuen Mitglieder auf der Tagesordnung stand, wichtig und ausschlaggebend. Jede Stimme zählte und die Konstellationen bei plötzlich notwendigen Stichwahlen waren selten vorhersehbar.

Die dazu einberufene Sektionssitzung fand am 30. September 1981 statt.[281] Es waren verhältnismäßig viel – zwölf Mitglieder anwesend. 16 Mitglieder von insgesamt 26 hatten ihre Vorschläge schriftlich eingereicht. Alexander Abusch, Anna Seghers, Erich Arendt, Max Walter Schulz, Wilhelm Girnus, Wieland Herzfelde, Peter Hacks, Bernhard Seeger, Erwin Strittmatter hatten nicht geantwortet, deshalb riefen wir sie an. Aus den Briefvorschlägen hatte sich dann folgende Liste mit diesen Kandidaten ergeben: Heiner Müller, Volker Braun, Paul Wiens, Günter Görlich, Karl Mickel, Benno Pludra, Fred Rodrian, Peter Edel, Werner Mittenzwei, Fritz Mierau. Auf Vorschlag von Wolfgang Kohlhaase wurde noch Fred Wander hinzugefügt.

Der Sekretär der Sektion Günther Rücker gab bekannt, dass die Sektion laut Akademieschlüssel berechtigt sei, zwei bis drei neue Mitglieder zu wählen. Der Präsident der Akademie hätte ihm jedoch gesagt, von der Literatur dürften es durchaus fünf oder sechs sein. Sie sollten sie nur im Präsidium beantragen. Daraufhin entspann sich eine Diskussion um die Chancen der beiden letzten in der Reihenfolge. Die zwei ersten jedoch standen auf Grund der höchsten Stimmenzahl fest: Volker Braun (7 Stimmen) und Heiner Müller (6), sie waren also »gesetzt«. Paul Wiens mit vier

---

280 Wolfgang Kohlhaase. Diskussionsbeitrag auf der Sektionssitzung vom 12. 12. 1985. Siehe Dokumententeil.
281 Protokoll der Sektionssitzung vom 30. 9. 1981. AdK-O 895.

Stimmen war schon bestätigt als der nächste Chefredakteur von »Sinn und Form«, hatte also »gesamtakademische« Bedeutung. Mit je drei Stimmen folgten Günter Görlich, Werner Mittenzwei und Karl Mickel. Nach ausführlicher Diskussion wurden alle sechs nominiert, wobei bei Paul Wiens die sektionsübergreifende Bedeutung und bei Werner Mittenzwei das Interesse der Sektion Darstellende Kunst als beachtenswert hinzugefügt wurde.

Am 10. 12. 1981 stand das Thema noch einmal auf der Tagesordnung.[282] Die Vorschläge waren im Präsidium diskutiert worden und die Sektion zu einer nochmaligen Präzisierung aufgefordert. Im Präsidium, so referierte Robert Weimann, hätte man die Sonderbegründung für Wiens und Mittenzwei nicht so recht eingesehen und das vielleicht mögliche Maximum wären 5 neue Mitglieder für die Sektion. Das Präsidium hätte daraufhin Braun, Müller, Wiens, Mittenzwei und Görlich vorgeschlagen. So leid es den Präsidiumsmitgliedern tue – Mickel müsse warten. Das war noch einmal Grund für eine auch vom Präsidium gewünschte ausführliche Diskussion: Der Wegfall Mickels wurde sehr bedauert. Lieber wollte man Werner Mittenzwei warten lassen. Der wäre als Literaturwissenschaftler schon Mitglied der Akademie der Wissenschaften. Die Vorliebe für einen »von ihnen« – einen Schriftsteller – wurde allenthalben deutlich. Doch vor allem Robert Weimanns Fürsprache für Werner Mittenzwei – er hob dessen internationale Bedeutung hervor und die notwendige Verstärkung wissenschaftlicher Arbeit in der Akademie – ließ die Waage zugunsten des Literaturprofessors ausschlagen.

Diese fünf waren denn »Programm« der Sektion. Kohlhaase urteilte: »Es ist immer ein Dilemma mit diesen Vorschlägen und ich fühle mich unwohl, bei denen zu sitzen, die darüber zu befinden haben, ob er reinkommt oder draußen bleibt. Ich halte diese Liste insgesamt (...) für vertretbar und richtig, weil ihr offensichtlich die Idee zur Integration innewohnt. (...) Eine solche Idee zur Integration, des Zusammenkommens statt des Aneinandervorbeitriftens finde ich wichtig, auch für eine richtige politische Idee ...«[283]

Heiner Müller, Volker Braun, Werner Mittenzwei, Günter Görlich hatten schon bei der vorherigen Wahl auf der Liste gestanden.

---

282   Protokoll der Sektionssitzung vom 10. 12. 1981. AdK-O 895.
283   Wolfgang Kohlhaase. Diskussionsbeitrag auf Sektionssitzung vom 10. 12. 1981. AdK-O 895.

Ginge es vornehmlich um das geforderte internationale Ansehen, war der auf den Bühnen der Welt gefeierte Heiner Müller überfällig. Aber sein Werk war für die DDR-Oberen sperrig, seine Rolle als Mahner vor der Barbarei machte ihn verdächtig und es war nicht vergessen, dass er zu den Erstunterzeichnern der Biermann-Petition gehört hatte.

In der Akademie war er kein Fremder. Schon 1959 hatte er zusammen mit seiner damaligen Frau Inge den begehrten Heinrich-Mann-Preis für die Stücke »Der Lohndrücker« (1956) und »Die Korrektur« (1957/58) bekommen. Von dem misslichen Gutachten der Sektion zu seinem Drama »Die Umsiedlerin« (1961) war schon die Rede. Später wandte er sich oft antiken oder klassischen Stoffen zu: »Philoktet« (1958), »Herakles« (1964), »Medeaspiel« (1974), »Hamletmaschine« (1977). Mit Sprachgewalt, eindrucksvollen Bildern, konsequent erbarmungslos malte er die Zwänge und Abgründe einer immer barbarischer werdenden Welt. Warnte er vor einer solchen Entwicklung oder hatte er nur Freude am Zerstören von Hoffnungen und Illusionen? Die Realität einer sozialistischen Gegenwelt war ihm zu schwach, verlogen, falsch ... Mit einer Sprachkultur ohnegleichen formulierte er – erbarmungslos, böse und genau – Geschichts- und Lebenslagen scheiternder, illusionärer Hoffnungen. Er war der Chronist fiktiver Niederlagen.

Damals fanden Inszenierungen seiner Stücke auf den Bühnen der Welt statt. Er selbst weilte mehr im westlichen Ausland als in der DDR. Jedoch hatte er einen guten Draht zu vielen Kollegen im Land. Sie verband ähnliches Herkommen, gemeinsame Lehrgänge in der Jugend, Zusammenarbeit bei verschiedenen Projekten, gemeinsamer Kampf gegen Borniertheit und Unverstand, Kneipenabende, Debatten. Sowohl Feigheit wie Solidarität hatte er erfahren, aber er teilte noch immer mit vielen den gemeinsamen, wenn auch vagen Glauben, dass es nur mit einem vernünftigen Sozialismus Zukunft gäbe. In seiner Begründung zum Wahlvorschlag Heiner Müller beschrieb das Helmut Baierl so: »Er gehört für mich zu den besten Schreibern in deutscher Sprache, hat internationalen Ruf und ist in seinem tiefsten Herzen, bei aller Unbequemlichkeit, ein treuer Freund unserer gesellschaftlichen Verhältnisse.«[284] Uwe Kolbe, Lyriker einer jüngeren Generation, von Müller gefördert, schätzte den Sprachgewaltigen, teilte aber schon nicht mehr dessen Auffassung, die er sehr schön so beschrieb: »Heiner Müller, für den der Sinn als Utopie im

---

284 Wahlvorschlag von Helmut Baierl 1981, AdK-O 1762/1.

Osten und das Ende der Geschichte im Westen lagen, er selbst der Welt-geist, der sich auf das Eindringen der Dritten in die Erste Welt verließ, dabei ständig auf der Mauer auf der Lauer resp. zwischen Grandhotel und Paris Bar pendelnd, nie ohne Whisky and Cigar.«[285]

Müller freilich schwächte in seiner Autobiographie so eine »Standort-bestimmung« ab: »... Ich bin Höhlenbewohner, oder Nomade, vielleicht gegen meine Natur. Jedenfalls werde ich das Gefühl nicht los, daß ich nir-gends hingehöre.«[286]

Volker Braun war international nicht so bekannt wie Heiner Müller. Obwohl er auch schon 42 Jahre alt war, repräsentierte er die »DDR-Jungen« auf beste Weise: Sohn einer Arbeiterfrau, deren Mann im Krieg geblieben war. Ober-schule und Studium in der DDR. Er war aufgefallen bei der von Stephan Hermlin initiierten spektakulären Akademieveranstaltung »Junge Lyrik« 1962, galt als ein philosophischer Lyriker, der die inneren Widersprüche der gesellschaftlichen Entwicklung poetisch befragte. Ihm ging es in sei-nen Texten – Gedichte, Prosa und Theaterstücke – um die veränderten Beziehungen zwischen »oben« und »unten«, die Rolle der von Ausbeutung befreiten Arbeit bei der Emanzipation des Menschen, um globale Entwick-lungsfragen und historische Beispiele. Volker Braun hatte selbst als Maschi-nist in einem Tagebau gearbeitet, als studierter Philosoph kannte er Marx und Hegel genau, als interessierter Historiker wusste er um die schwarzen Flecken in der Geschichte auch der sozialistischen Gesellschaft. 1971 erhielt er nach hitzigen Kämpfen um diese Preisverleihung statt des Johannes R. Becher-Preises den Heinrich-Heine-Preis[287]. 1976 gehörte er zu den zwölf Erstunterzeichnern der Biermann-Petition. 1980 setzte die Sektion für ihn den Heinrich-Mann-Preis durch. Sich selbst beschrieb Braun so: »... ich weiß nur soviel: daß ich provoziere, die ich doch liebe, die gesellschaft, und die frau, daß ich sie verletze aus ungeduldiger liebe, und die verletzte schlägt zurück oder umgekehrt ich.«[288]

Wären die DDR-Oberen wirklich interessiert gewesen an den Quali-täten, die ein Ordentliches Mitglied auszeichnet – »großen Traditionen

---

285 Uwe Kolbe. »Marginalien, bereitgestellt zur erzählerischen Rekonstruktion einer verblassenden Identi-tät«. In: Uwe Kolbe. »Vinetas Archive. Annäherungen an Gründe«. Göttingen 2011, S. 46.

286 Heiner Müller. »Autobiographie«. S. 241.

287 »Zwischen Diskussion und Disziplin«. S. 344

288 Volker Braun. »Werktage«. S. 63.

verpflichtet und vom Geist des proletarischen Internationalismus geprägt, eine hohe Ausstrahlungskraft besonders auf die junge Generation und Vorbildwirkung für den künstlerischen Nachwuchs ausübend« – Volker Braun war dafür prädestiniert.

Werner Mittenzwei war ein international bekannter Theaterwissenschaftler, der sich vor allem durch seine Arbeiten zu Bertolt Brecht und zum antifaschistischen Exil große Verdienste erworben hatte. Unter seiner Leitung waren die sieben Bände »Kunst und Literatur im antifaschistischen Exil« (1978 ff) entstanden. Seine literaturwissenschaftlichen Arbeiten zeichnen sich aus durch akribische Quellenarbeit und eine eher literarische als wissenschaftliche Sprache. Dass er bei der Durchsetzung seiner Arbeiten durchaus auch auf die Hilfe der Akademie angewiesen war, bewies das Ringen um die Veröffentlichung seiner zweibändigen Brecht-Biographie 1986, für die sich sowohl die Sektion als auch Präsident Manfred Wekwerth einsetzten.

Günter Görlich war von Alexander Abusch, Helmut Baierl und Dieter Noll vorgeschlagen und favorisiert worden, weil – so die Begründung von Alexander Abusch – er einer von denen (wäre), die einigermaßen aus der Arbeiterklasse direkt kommen. (…) Wegen der sozialen Zusammensetzung der Akademie wäre das wichtig. Es sollten keine einseitigen Wahlen vorgenommen werden.[289] Zwar wurde diese Begründung von einigen zurückgewiesen, denn alle wussten: Görlichs Arbeiten waren hinsichtlich literarischer Qualität nicht mit denen Volker Brauns oder Heiner Müllers vergleichbar. Das war eine ganz andere Liga, dennoch formulierte Kohlhaase: »In eine solche Integration würde sich ein Name wie Görlich einpassen (…). Es ist eine ganz bestimmte Farbe in unserer Literatur, repräsentiert ganz bestimmte Leserbedürfnisse, ein ganz bestimmtes Publikum. Natürlich kann man ihn in die Nachbarschaft anderer Namen bringen, die auch in der Akademie immer eine gewisse Rolle gespielt haben.«
 Görlich, als junger Mann aus sowjetischer Kriegsgefangenschaft in die DDR gekommen, wurde zuerst Heimerzieher, dann Journalist und schließlich Autor von Kinder- und Jugendbüchern. Später schrieb er auch für Erwachsene. Seine Texte waren spröde, oft didaktisch, strikt die jeweilige Handlung verfolgend, fanden aber einen großen Leserkreis

---

289 Alexander Abusch. Wahlvorschlag auf Sektionssitzung vom 10. 12. 1981. AdK-O 895.

und wurden häufig durch das Fernsehen der DDR verfilmt und von vielen gern gesehen. Mit seinen Büchern leistete Görlich eine Art praktische Lebenshilfe, die so direkt in mehr poetischen oder philosophischen Texten nicht vorkommt. Bestsellerautoren seiner Art gibt es überall, nur wäre man vielleicht in anderen Ländern nicht auf die Idee gekommen, sie in den Parnass der Hochkultur zu wählen.

Görlich, wie viele andere Mitglieder auch Mitglied der SED, galt zwar wegen einiger seiner Erklärungen und Handlungen und vor allem als Funktionär des Schriftstellerverbandes und der SED als »linientreu«, war aber in seinen Büchern durchaus kritisch gegenüber bestimmten Erscheinungen des täglichen Lebens. In seiner Erzählung «Eine Anzeige in der Zeitung« (1978) hatte er beispielsweise das Schicksal eines jungen Lehrers beschrieben, der sich nicht gegen den Gewohnheitstrott in der Schule durchsetzen konnte. »Die Chance des Mannes« (1982) handelte von einem Staatsfunktionär, den seine Frau wegen seiner Kälte und Desinteressiertheit verließ. Obwohl – wie es damals hieß – »Sprengkraft« in den Texten steckte und die Leser eifrig diskutierten, fehlte den Büchern Tiefe und die Kraft zur Metapher. Ähnliche Schicksale wie das des Lehrers aus der »Anzeige in der Zeitung« waren cirka zehn Jahre früher von Christa Wolf in »Nachdenken über Christa T.« oder Alfred Wellm in »Pause für Wanzka« anspruchsvoller gestaltet worden. Sie hatten mit der Thematik gesellschaftliche Existenzfragen aufgeworfen, während Görlich in seinen Büchern immer dicht an den Einzelfällen, mit denen er individuelle Mängel beschrieb, blieb. Als Funktionär war Günter Görlich lange Zeit der Vorsitzende des Bezirksverbands Berliner Schriftsteller. Nach dem Präsidenten des Verbands trug Günter Görlich damit eine Last und Verantwortung, um die ihn wenige beneideten. Auch Helmut Baierl hatte Günter Görlich vorgeschlagen, seine Begründung scheint mir treffend: »Günter Görlich lernte ich in der Partei- und Verbandsarbeit kennen. Hier leistet er Enormes. (...) Günter ist ein exakter Literatur-Arbeiter mit Ideenreichtum, Mut und einer proletarisch kruden, aber genauen Sprache, die nicht jedem gefällt. Er ist ein Funktionär auf unserem schwierigen Pflaster der Literatur – und all diese Vorzüge Günter Görlichs bewegen mich, ihn zur Wahl vorzuschlagen.« Görlich war also der Kompromiss, den die Fürsprecher für Volker Braun und Heiner Müller ungesagt schlossen. Bezeichnend für das sich verändernde Kräfteverhältnis in der Akademie ist dabei wohl auch die Tatsache, dass Günter Görlich dann zur Wahl die mit Abstand wenigsten Stimmen (14 Gegenstimmen)[290] erhielt, fünf Jahre vorher war das dem Biermann-Petitionsunterschreiber Günter de Bruyn widerfahren.

Görlich war kein schlechter Kompromiss: Er war klug genug, die ästhetische Kompetenz und Überlegenheit vieler seiner Kollegen zu schätzen. Im Zusammensein mit den Kollegen wirkte er bescheiden, ja – ich fand – manchmal kleinlaut, verschüchtert, aber nie anmaßend oder fordernd. In den Sektionssitzungen bereicherte er die Diskussion oft durch direkte Erfahrungen aus der Produktion, die er wiederum einem seiner Söhne verdankte. Er war nie wirklich ein »Gegenpol« zu Heiner Müller oder den anderen.

Der fünfte Vorschlag der Sektion – Paul Wiens – konnte nicht realisiert werden, weil Wiens plötzlich verstarb.

Die Vorschläge der Sektionen waren erstmals im Präsidium gelandet, das sich im November mit »dem Stand der Vorbereitung der Akademiewahlen« beschäftigte.[291] Alles schien im Lot, das Kurzprotokoll der Präsidiumssitzung notierte: »Konrad Wolf betonte in der Diskussion erneut, daß bis zuletzt der demokratische Vorgang der Meinungsbildung gesichert werden muß. Die bisherige Wahlvorbereitung verlief sehr sachlich. Das Präsidium wird – auf der Grundlage der Vorschläge der Sektionen – den Wahlvorschlag beraten und ihn den Sektionen übergeben.« Daraufhin fand die hier beschriebene Dezember-Diskussion in der Sektion statt.

Sicher ist, dass der Vorschlag auch nach »oben« (das hieß in das Zentralkomitee der SED) übergeben wurde. Zunächst kam eine, wenn auch erst zögerlicher Zustimmung vom »Büro Hager« und der SED-Kulturabteilung. Doch ihr folgte von »noch weiter oben« im Frühjahr 1982 ein kategorisches Nein. Es hieß, Willi Stoph, der Vorsitzende des Ministerrats, würde den Vorschlägen Braun und Müller nicht zustimmen.

Nun begann das Tauziehen, – Vieraugengespräche, Briefe usw. Was dabei auffällt: Die Akademie schien diesmal nicht bereit, die eigenen Vorschläge zurückzuziehen. Man war im Gegenteil entschlossen, die »Wahlen« auszusitzen, sie so lange nicht einzuberufen, bis die Vorschläge genehmigt würden. Wie ernst es dem Präsidium dabei war, macht eine etwas rührselige Episode, erzählt von Kurt Hager, deutlich: Als Konrad Wolf Anfang des Jahres

---

290 AdK-O 2485.
291 Kurzprotokoll der Sitzung des Präsidiums vom 10. 11.1981. AdK-O 999.

schwer erkrankt war, sei er drei Tage vor seinem Tod im Arbeitszimmer Kurt Hagers erschienen. Und worum ging es dem Todkranken? Hager schreibt: »Als wir uns begrüßten, spürte ich seine heiße Hand und sagte: ›Aber Koni, Du hast doch hohes Fieber und gehörst ins Bett.‹ – ›Egal‹, sagte er, ›ich muß mit Dir noch über die Akademie sprechen.‹ Es ging um Zuwahlen zu den Sektionen, und er wollte sich bei mir vergewissern, daß seine Vorschlagsliste akzeptiert würde. Ich hatte keine Einwände, und wir verabschiedeten uns. Drei Tage später kam die Nachricht von seinem Tod.«[292]

Ob Kurt Hager wirklich für die Akademieliste eingetreten ist, sei dahingestellt. Wahr ist, dass nach dem Schock, den Konrad Wolfs Tod in der Akademie auslöste, der präsidentenlose Zustand mit einer Wahl überwunden werden musste. Diese fand, wie schon vorn beschrieben, im Juli 1982 statt, doch die anstehende und meist gleichzeitig vollzogene Wahl neuer Ordentlicher und Korrespondierender Mitglieder unterblieb. Der neue Präsident Manfred Wekwerth rechnete es sich und seinem Präsidium als Ehre an, im Juni 1983 – es war fast ein Jahr vergangen! – endlich zur Wahl schreiten zu können: Auf der Wahlliste standen trotzig die Namen Heiner Müller und Volker Braun! Hacks lobte: »Die Akademie war störrisch.« Und er protestierte gemeinsam mit den anderen dagegen, dass Heiner Müller nicht wie vorgeschlagen, den Nationalpreis bekommen hat.[293]

Welchen Kampf das gekostet und welche Tricks dabei angewendet wurden, beschrieb Manfred Wekwerth in seiner Autobiographie: »Den Generalsekretär zu erreichen war nur möglich über Bitt- oder Drohbriefe. Als zum Beispiel Müller und Braun nicht in die Akademie gewählt werden sollten, half nur noch Druck. Ich drohte mit einer öffentlichen Pressekonferenz. Zusätzlich hatte ich angekündigt, daß die Akademie in einen Wahlstreik eintritt. Daß wir so lange keine Mitglieder mehr wählen würden, wie Müller und Braun nicht gewählt werden dürfen.«[294]

Die oberste Zustimmung dafür hatte Wekwerth quasi in der letzten Minute erhalten. Nachdem das Gespräch mit vielen hohen Funktionären, darunter auch Willi Stoph, keine direkten Entscheidungen gebracht hatte, kam es am 9. Juni – am 30. fand die Wahl statt – zu einem von Kurt Hager vermittelten Gespräch zwischen Manfred Wekwerth und Erich Honek-

---

292 Kurt Hager. »Erinnerungen«. Leipzig 1996. S. 360. Im Folgenden: Kurt Hager. »Erinnerungen«.
293 Peter Hacks auf Sektionssitzung vom 1. 2. 1984. AdK-O 1012.
294 Manfred Wekwerth: »Erinnern«. S. 393.

ker. Wekwerth beschreibt das später in einem Gespräch mit Hans-Dieter Schütt folgendermaßen: «Honecker wusste fast nichts über die beiden. Daher musste er mir wohl oder übel zustimmen, endlich den Boykott gegen sie zu beenden. Außerdem konnte er sich einen Krach mit der Akademie schon nicht mehr leisten. Ich sagte ihm, die beiden Schriftsteller seien für ihn und uns besser als all die, die ihn verklärten und höfische Kunst praktizierten.«[295] An Kurt Hager schrieb er direkt nach dem Gespräch: »Gestern hatte ich das Gespräch bei Erich Honecker, was mich in seiner Offenheit und Freundlichkeit ungeheuer bewegt hat und bewegt. Ich möchte Dir persönlich noch einmal für die Unterstützung in allen Akademie-Fragen danken.«[296] Der zuständige SED-Sekretär war also mit der Akademie im Bunde gewesen, aber dennoch bleibt ein bitterer Geschmack: Nur der Allerhöchste konnte die Entscheidung treffen! Wekwerth nannte später so etwas »Gnadenakt«. Leichtfertig könnte man es einen Sieg der Fachleute über die Bürokraten nennen. War die Parteiführung wankelmütig geworden? Gab es überhaupt ein Konzept für den Umgang mit Künstlern, eine kurzfristige oder gar langfristige Kulturpolitik? Oder war Kulturpolitik generell unwichtiger geworden?

Ich denke, man wollte vor allem nur Ruhe im Land, keine schlechten Meldungen und keine kritischen Interviews in den Westmedien. Querdenker störten, doch es wurden immer mehr – auch in den Reihen der eigenen Genossen, überhaupt der künstlerischen Intelligenz, deren Werke man selbst nicht kannte. Man ließ lesen, und die Gutachten fielen verschieden aus, weil auch die Gutachter von unterschiedlicher Qualität und Haltung waren. Das Schiff DDR wackelte, nicht vor allem wegen ungewohnter Gedanken, aber – wie man glaubte – auch deswegen. Mit internationalen Größen wie Heiner Müller oder Volker Braun oder Christa Wolf sollte die Akademie »fertigwerden«, es war doch viel einfacher, ein neues unliebsames Interview in einer Westzeitung an die Akademie zu schicken mit der Bemerkung, dass man sich darüber und mit dem entsprechenden Mitglied zu beschäftigen habe, als selbst handeln zu müssen. Die Akademie hatte doch die Aufnahme der beiden damit begründet, dass man sich hier mit ihnen besser auseinandersetzen und sie integrieren könne. Freilich war das anders gemeint und sah vor allem anders aus, als sich das die Funktionäre gedacht hatten. Heiner

---

295 Hans Dieter Schütt: »Manfred Wekwerth. Gespräch«.Frankfurt/O. 1995. S. 282.
296 Manfred Wekwerth an Kurt Hager am 10. 6. 1983. AdK-O 1588.

Müller und Volker Braun waren äußerst anregende Mitglieder in der Sektion Literatur und Sprachpflege. Ihre Überlegungen passten sehr gut in den Kontext der kritischen Diskussionen, die in der Sektion stattfanden. Von Wolfgang Kohlhaase hörte ich mal in einer internen Sitzung die Bemerkung, daß es sich bei beiden doch um »unsere Leute« handele, was auch die weitere Entwicklung bewies. Matthias Braun kann in seinem Buch über die Akademie auch nur konstatieren: »Bei beiden ›problematischen‹ Kandidaten, die keineswegs im Untergrund lebten und arbeiteten, handelte es sich um zwei von marxistischen Denkstrukturen stark geprägte Schriftsteller, deren Wurzeln in der DDR lagen und die sich bei allen Schwierigkeiten zu ihrem Land bekannten. Der kritische Optimist Volker Braun bekannte sich darüber hinaus zu seiner Mitgliedschaft in der SED. Das umfangreiche Werk beider Schriftsteller und ihre internationale Anerkennung gereichten der DDR zur Ehre.«[297]

Man hatte also keine »Feinde« ins Boot Akademie geholt, sondern potentielle Steuerleute, Anreger eines reformierten Sozialismus. Und das war auch der bedeutende Unterschied zwischen Akademie und der DDR-Führung in den 80er Jahren: Der aktive Kern der Akademiemitglieder drängte auf Veränderung, Reform, die Partei- und Staatsführung wollte am Vorhandenen festhalten.

Nachzutragen bleibt, daß gemäß der Traditionen in der Sektion »die Neuen« sich in der ersten Sektionssitzung mit einem Diskussionsbeitrag ihrer Wahl vorzustellen hatten. Das geschah in der Sektionssitzung vom 14. 9. 1983, auf der Braun verhindert war. Görlich erzählte von ungelösten Schwierigkeiten, die mit schwerer körperlicher Arbeit in der Produktion verbunden sind, und in der Gesellschaft zu wenig Beachtung finden; auch davon, daß so etwas kaum in heutiger Literatur vorkäme. Werner Mittenzwei sprach über das Genre Biographie, das sowohl Schriftsteller als auch Literaturwissenschaftler sich zum Gegenstand machen. Über Unterschiede, Gemeinsamkeiten, Probleme. Er schrieb gerade an der Brecht-Biographie. Heiner Müller begann mit einem langen Kafka-Zitat über das Dilemma eines Hundelebens inmitten von Hunden, um dann auf das spezifische Gewicht einer Gesellschaft zu kommen und für die DDR die Akademie als Reservat für Talente vorzuschlagen. Stephan Hermlin reagierte auf die drei Beiträge: »Ich muß sagen, diese drei Sachen waren alle höchst akademiewürdig, jedes

---

297   Matthias Braun. »Kulturinsel«. S. 401.

in seiner Art. (...) ich hab nicht in Erinnerung, daß drei neue Mitglieder mit so außerordentlich wichtigen, problematischen Sachen uns ins Haus gefallen sind. Da hat die Akademie eine Niveausteigerung zu verzeichnen.«[298] Das war quasi der »Ritterschlag« als Sektionsmitglied.

Volker Braun hielt seinen »Eintrittsbeitrag« im Januar 1984. Er sprach über neue Gesellschaftstheorien aus Ungarn und machte Vorschläge zur Arbeit mit dem literarischen Nachwuchs.

Die nächsten Wahlen fielen in das Jahr 1986. Die übliche Prozedur begann. Die erste Sitzung der Sektion – vorsichtig als »Gedankenaustausch über hinzuzuwählende Ordentliche Mitglieder« genannt – fand am 17. Oktober 1985 statt. Ungeordnet wurden die verschiedensten Vorschläge verlesen. Dazu gehörten: Karl Mickel, Irmtraud Morgner, Klaus Hammel, Stefan Heym, Werner Creutziger, Christoph Hein, Uwe Kant, Friedrich Dieckmann, Waldtraut Lewin, Rainer Kirsch, Jürgen Rennert, Heinz Kahlau, Joachim Nowotny, Rudi Strahl. Man ließ alle diese Namen im Raum stehen, konstatierte, daß einige davon mehrfach genannt worden waren, andere nur einmal. Allein bei dem Vorschlag Stefan Heym gab es eine kleine Debatte. Alle wussten, daß Stefan Heym bei Partei und Regierung als »Unruhestifter« galt: Als einziger gehörte er zu den Biermann-Petitionsunterzeichnern der ersten Stunde und zu den aus dem Schriftstellerverband Ausgeschlossenen. Günter de Bruyn machte eine Bemerkung zu dem Vorschlag, der schriftlich von Peter Hacks gekommen war: »Dann fände ich es großartig, wenn sich die Akademie dazu aufraffen würde, dem Vorschlag Stefan Heym zuzustimmen.« Darauf reagierte Stephan Hermlin. (Und er war der einzige, dem man in der Sektion nicht widersprach. Peter Hacks war nicht anwesend.) Hermlin sagte: »Ich glaube nicht, daß man nur unter dem Gesichtspunkt ›Der hat es‹ so etwas machen kann. Ich bin mit Heym seit Jahrzehnten befreundet. Wenn ich nicht für ihn bin, dann aus folgendem einfachem Grund. Heym interessiert sich nach meiner langen, langen Kenntnis nicht im mindesten für Literatur, sondern nur für seine eigene. Und das ist nicht gut für einen Akademiker. Ein Akademiker muß ein bißchen umherschauen, er muß ein Interesse haben an anderen Schriftstellern. Das habe ich bei ihm nie bemerkt. So gut ich ihn will, dafür sehe ich keinen wirklichen Grund.«[299]

---

298   Stephan Hermlin. Diskussionsbeitrag auf der Sektionssitzung vom 14. 9. 1983. AdK-O 1011.
299   Sektionssitzung vom 17.10. 1985 . AdK-O 1086.

Zumindest ich empfand das eher als eine Ausrede, um eine Kandidatur Heyms zu verhindern, die noch schwerer durchzusetzen gewesen wäre als die Brauns und Müllers, aber Hermlins Begründung war eine Möglichkeit, einigermaßen seriös auf den Vorschlag zu reagieren, und er hatte wohl auch Recht, was Heyms Interesse an literarischen Diskussionen betraf. Inwieweit jedoch andere Mitglieder die »Qualitäten eines Akademikers« erfüllten, hatte jedoch so nie zur Debatte gestanden. Wie Hermlin sofort in die Diskussion eingegriffen hatte, ließ die Teilnehmer der Sektionssitzung vermuten: Da steckte mehr dahinter als die Meinung eines einzelnen. Ein Vorschlag Heym »ging nicht«. Die Sektionsmitglieder – außer Peter Hacks, der das Problem in der nächsten Sitzung noch einmal aufwarf, – hielten sich daran. Alle weiteren Überlegungen wurden auf die nächste Sektionssitzung verschoben, nachdem noch die Meinung fehlender Mitglieder eingeholt werden sollte.

Diese nächste Sektionssitzung mit der Wahldiskussion ist im Dokumententeil nachzulesen. Ich habe mich entschlossen, das gesamte Protokoll zu publizieren, weil es ein Dokument ist, das die Arbeitsweise und den Diskussionsstil der Sektionsmitglieder zeigt. Wie plötzlich ungewöhnliche Fraktionen entstanden, wie engagiert und streitfreudig um die Kandidaten gerungen wurde, wie viel Spaß und Ernst dabei waren. Welche Kenntnisse über andere Kollegen existieren. Wie die Überraschungskandidatin Waldtraut Lewin plötzlich Platz drei eroberte. Wie es kam, dass Friedrich Dieckmann und Fritz Rudolf Fries, die ganz nahe an einer Akademiemitgliedschaft gewesen waren, nie Mitglied dieser Akademie wurden.

Karl Mickel, Irmtraud Morgner und Waldtraut Lewin waren letztendlich die Auserwählten, gegen die es von Seiten der Akademieleitung, aber auch vom »großen Haus« der SED keinen Widerspruch gab.

Karl Mickel – wir wissen, dass er beinahe schon 1983 gewählt worden wäre – gehörte zu den bekanntesten Vertretern der »sächsischen Dichterschule«. Schon in den 6oer Jahren hatte seine sprachlich sehr genaue Lyrik, die Alltägliches genauso thematisierte wie große gesellschaftliche Prozesse, für Diskussionen gesorgt. Mickel bekannte sich zu großen Vorbildern von Dante bis Schiller und Klopstock, die er gründlichst studiert hatte. Er arbeitete auch als Nachdichter. Neben Gedichten schrieb er Libretti, Dramen. In seinen letzten Lebensjahren arbeitete er an einem Romanzyklus. Karl Mickel hatte Politökonomie studiert und war ein äußerst gebildeter und

vielseitig interessierter scharfzüngiger Mann, der genau zu den Hermlinschen Vorstellungen eines »Akademikers« passte. Als Lehrer an der Berliner
Schauspielschule hatte Mickel gute Kontakte zu jungen Künstlern. Mickel
wurde ein großer Anreger im Leben der Sektion, das betraf sowohl Veranstaltungen als auch die Teilnahme an Diskussionen.

Irmtraud Morgner war eine Ikone der internationalen Emanzipations-
bewegung der Frauen. Ihre Erzählungen und Romane beschrieben in sehr
phantasievoller Weise den Anspruch der Frauen auf gleichberechtigtes
»Menschsein«. Mit ihren Geschichten von Hexen und Frauen wandte sie
sich sowohl konkreten Alltagsgegebenheiten in der Ungleichbehandlung
von Frauen als auch den historischen und philosophischen Wurzeln dieses Zustandes zu. Humorvoll bis sarkastisch gestaltet, ging es ihr um ein
globales Problem, das trotz anders lautender Gesetze und Beteuerungen
auch in der DDR existierte und gerade mit massenhafter Berufstätigkeit
von Frauen ganz neue Probleme offenbarte.

Irmtraud Morgner konnte nur ein einziges Mal an einer Sektionssitzung teilnehmen, und das war ausgerechnet die über Pornographie. Voller
Abscheu und Empörung erlebte sie eine Debatte von vornehmlich Männern über ein Thema, das sie vor allem als frauenfeindlich empfand. Kurz
danach erkrankte sie an Krebs und war bis zu ihrem Tod 1990 fast unun-
terbrochen in Krankenhäusern und Sanatorien. Ich besuchte sie mehrmals im Krankenhaus Berlin-Buch. Das war ein Gebäudekomplex aus
uralten Zeiten, und so wirkten Kranken-Haus und Zimmer auch damals:
kleine Häuschen mit dunklen Zimmern und schmalen Gängen, Ölsockel
an den Wänden. Irmtraud Morgner war auch als Kranke anspruchsvoll.
Wie eine Göttin residierte sie in dieser öden Lage.

Waldtraut Lewin[300] hatte Germanistik, Altphilologie und Theaterwissen-
schaft studiert und arbeitete zuerst als Dramaturgin an der Oper, bis sie
begann historische Romane zu schreiben. Die Bücher überzeugten dank
einer eigenwilligen Mischung von gediegenen historischen Kenntnissen
und freiem Fabulieren. Spannung, Erotik und die verrücktesten Hand-
lungsverläufe, reale und fiktive, waren zu einem Ganzen versponnen. Was
Kohlhaase in der Diskussion anlässlich ihrer Nominierung sagte, trifft: »Sie
ist eine erzählende Schriftstellerin, sie ist eine vergleichsweise enthemmte

---

300   Auch über sie gibt es im zweiten Teil ein Porträt und ein Interview.

Erzählerin, die aus einem vollen und spielerischen Atem heraus schreibt.«[301] Sie schrieb auch Kinderbücher, eine Rock-Oper, fantastische Geschichten und hatte ein sehr großes Publikum. Als ich sie einmal zufällig besuchte, kam der Chef ihres Verlages »Neues Leben« und gratulierte zum millionsten Exemplar. Wir stießen mit Sekt an. Feiern ließ sich bei ihr gut. 1978 hatte sie den Feuchtwanger-Preis der Akademie erhalten.

Waldtraut Lewins Nominierung und Wahl war der seltene Fall, dass ein Kandidat, der bei vorigen Diskussionen noch nicht einmal erwähnt worden war und der auch keine persönlichen Freundschaften zu Akademiemitgliedern pflegte, gewählt wurde. Ihre Bücher wirkten in der Bücherlandschaft der DDR ungewöhnlich. Im Schriftstellerverband war sie nicht spektakulär aufgefallen – eine etwas rätselhafte Frau, die gut schreiben konnte und eine Menge aus der Geschichte und über Musik wusste. In der Diskussion der Sektion über sie war plötzlich eine Konstellation entstanden, dass sich unerwartet einige Befürworter für ihre Mitgliedschaft fanden, die vehement in einer kurzzeitigen Fraktion für Lewin kämpften. Dabei war Waldtraut Lewin weder Mitglied der SED, noch machte sie sich um den Sozialismus Sorgen. Ihr war die Welt in Gegenwart und Geschichte ein spannender Spielplatz und ein großes Abenteuer mit gewöhnlichen und ungewöhnlichen Begebenheiten, auf dem sich Menschen bewährten und wo sie versagten. Mit Waldtraut Lewin kam eine neue Farbe – Spontaneität, Leichtigkeit und Interesse für die verschiedenen Künste – in die Sektion.

Die nächsten und auch letzten Wahlen fanden 1990 statt. Sie fielen in die Zeit, da der Kampf ums Überleben brannte. Die Vorgänge dieser Wahl sind im Kapitel »Überlebensversuche« beschrieben.

Wahl der Korrespondierenden Mitglieder

»(1) Als Korrespondierende Mitglieder können Künstler und Kunstwissenschaftler aus anderen Staaten und Westberlin gewählt werden.

(2) Voraussetzungen für die Wahl als Korrespondierendes Mitglied sind hervorragende künstlerische bzw. kunstwissenschaftliche Leistungen, ein freundschaftliches Verhältnis zur DDR und zu ihren Künstlern, Verdienste um die Verbreitung der Kunst der DDR im eigenen Land bzw. der Kunst des eigenen Landes in der DDR sowie persönliches Auftreten

---

301   Wolfgang Kohlhaase. Diskussionsbeitrag auf der Sektionssitzung am 12. 12. 1985. Siehe Dokumententeil.

für die Bewahrung demokratischer und humanistischer Kunsttraditionen«, heißt es im Statut von 1978.

Das Statut-Papier war geduldig, aber in der Sektion Literatur und Sprachpflege war die Wahl neuer Korrespondierender Mitglieder zu Beginn der 8oer Jahre ein heikles Thema: Es fiel auf, dass die Sektion insgesamt weniger Korrespondierende Mitglieder als andere Sektionen hatte, und das hatte mit bewusster Wahlverweigerung zu tun: Schon zweimal war der sowjetische Schriftsteller Daniil Granin zum Korrespondierenden Mitglied vorgeschlagen gewesen, wurde jedoch von der sowjetischen Botschaft nicht bestätigt, stattdessen irgendein Funktionär des sowjetischen Schriftstellerverbands empfohlen. Da stellten sich die Sektionsmitglieder stur: Wenn nicht Granin, dann gar keinen! Granin war ein in der DDR gut verlegter und bekannter Autor. Er gehörte in der Sowjetunion zu den Autoren, die mit jedem neuen Werk versucht hatten, die Grenzen des öffentlich Sagbaren zu erweitern. Er hatte am Großen Vaterländischen Krieg in der Roten Armee teilgenommen, hatte die Leningrader Blockade erlebt und Jahre später dazu ein aufregendes »Blockadetagebuch« veröffentlicht. Er hatte sich eingemischt, wenn es um Probleme der Wissenschaftsentwicklung oder der Produktion ging. Er war es, der den in der Sowjetunion verloren gegangenen Begriff »Barmherzigkeit« und das damit verbundene Verhalten wieder erinnerte und an »Mitmenschlichkeit« appellierte. Einzelne Sektionsmitglieder kannten Granin auch durch gemeinsame Arbeit. So hatten beispielsweise Wolfgang Kohlhaase und Konrad Wolf an einem Filmprojekt zur Schönen Uta, einer Gestalt des Naumburger Doms, gearbeitet, das leider nicht realisiert wurde. Alles in allem: Granin zu wählen, hatte viele Gründe, und 1986 gelang es nun endlich, ihn zum Korrespondierenden Mitglied zu machen. Er war ein häufiger und sehr beliebter Gast in der Sektion, auch zu seinen öffentlichen Lesungen war der Andrang groß.

Mit dem Ende der Wahlblockade war es nun nötig, sich nach anderen potentiellen Kandidaten umzusehen. Vorschläge wurden gebraucht. Die für die Korrespondierenden Mitglieder verantwortliche Mitarbeiterin Inge Tietze recherchierte Biographien, las sich durch Bücherstapel, und eine hierfür angesetzte Sektionssitzung machte in der Diskussion Vorlieben und Abneigungen deutlich, zeigte den Sinn der Mitglieder für Machbares und aktuell Angesagtes. Aus einer Fülle von Kandidaten wurden schließlich Daniil Granin, Ernesto Cardenal aus Nikaragua, Jannis

Ritsos aus Griechenland, Tadeusz Różewicz aus Polen, Michel Tournier aus Frankreich, Ernst Jandl aus Österreich und die beiden Westdeutschen, der Literaturwissenschaftler Walter Jens und der Lyriker Peter Rühmkorf, gewählt. Die Wahl der beiden letzten war ein deutliches Zeichen des Wunsches nach veränderten kulturellen Beziehungen zur Bundesrepublik. Die Zeit, die Schriftsteller des anderen deutschen Staates nicht wahrzunehmen, war vorüber. Es ging nicht einmal um die offensichtlichen Freunde der DDR, nun waren eher potentielle Partner aus dem liberalen linken Lager, die weitaus nicht alles in der DDR goutierten, gefragt.

Alle »Kandidaten« waren vorher gefragt worden, ob sie die Wahl annehmen würden. Lediglich eine Absage war von dem Schweizer Adolf Muschg gekommen. Die Staatsnähe der DDR-Akademie war ihm zu eng.

Die Dankschreiben für die Wahl wurden in der Sektionssitzung vom 10. 9. 1986 verlesen. Da hieß es unter anderem: Walter Jens: »Ich empfinde es als Ehre, Auszeichnung, Genugtuung, Ihrem Kreis anzugehören, und Sie dürfen gewiß sein, daß ich, ohnehin seit Jahr und Tag ein alter DDR-Vortragsreisender, pünktlich und gespannt zur Stelle sein werde, wenn die Pflicht ruft.«[302]

Peter Rühmkorf: »Hier antwortet das ›Korrespondierende Mitglied‹ gleich mit einem herzlichen Dank! Nehmen wir die Ehrung mal vor allem als Zeichen, das sichtbar gegen die ganzen unfruchtbaren Reibereien der letzten zwei, drei Jahre steht. Mir jedenfalls sind die allgemeinen begreiflichen Gemeinsamkeiten wichtiger als das unentwegte Aufranken eventueller Reibeflächen.«[303]

Michel Tournier: Ihr Telegramm »ist für mich der schönste erkannte Schluß zu meiner letzten großen Reise in die DDR. Ich bin froh und stolz, zum Korrespondierenden Mitglied ernannt zu werden.«[304]

Walter Jens, Peter Rühmkorf, Michel Tournier und Ernst Jandl wurden neben James Aldridge und Daniil Granin häufige und sehr gern gesehene Gäste in der Sektion. Natürlich gab es mit ihnen öffentliche Veranstaltungen, interne Diskussionen, angenehme Gespräche bei gutem Essen und jeweils ein Besuchsprogramm, für das Inge Tietze verantwortlich gewesen war. Sie mühte sich sehr, offizielle Anliegen und persönliche Vorlieben der

---

302 Sektionssitzung vom 10. 9. 1986. AdK-O 1104/2. Auch in: »Zwischen Diskussion und Disziplin«. S. 483.
303 Ebenda.
304 Ebenda. S. 484.

Gäste so zu verbinden und zu erfüllen, dass die Besuche zu kleinen Höhepunkten in der Sektionsarbeit wurden. Unsere internationalen Berühmtheiten genossen es meist, ein paar Tage lang als Götter behandelt zu werden.

PREISE

Mit der Entscheidung für neue Ordentliche Mitglieder schuf man sich die Verbündeten in der zukünftigen Arbeit. Mit Preisen machte man Politik, und die Akademiepreise waren nicht von geringer Bedeutung. Natürlich war das keine Erfindung der Akademie: Preise für Schriftsteller sind eine Art Mäzenatentum, das Autoren brauchen. Das galt seit Jahrhunderten, in den verschiedensten Regionen und Gesellschaften. Immer musste ausgewählt werden, immer gab es dabei – heute sagt man – »Netzwerke«, Freunde, Gönner – mit ihren jeweiligen – ästhetischen, politischen, zeitnahen oder zeitfernen – Geschmäckern und Vorlieben. In unserer Akademie war es nicht anders. Der »Juror« waren die Akademiemitglieder, die zur Beratung kamen oder schriftlich einen Vorschlag gemacht hatten. Als »höchste Instanz« in dem Bereich der Kultur war keiner mehr dazu berechtigt als sie.

Ähnlich ernst wie bei der Diskussion zu den Wahlen ging es bei der jährlichen Beratung über die zu vergebenden Preise zu. Die Prozeduren waren vergleichbar, nur wurden – gemäß den Statuten der Preise – für die verschiedenen Preise, außer den ganz akademieeigenen Heinrich-Mann-Preis, auch Vorschläge anderer Institutionen (Verlage, Schriftstellerverband, Ministerium für Kultur) sowie vorangegangener Preisträger eingeholt. Gab es bei den Kandidaten für neue Mitglieder immer mehr Vorschläge als das Limit vorgab, schien es dagegen bei Preisentscheidungen mühsam, jedes Mal einen würdigen Repräsentanten zu finden. So konnte sich Günther Rücker 1975 nicht enthalten, anlässlich einer Preisdiskussion zu sagen: »Es ist jedes Mal eigentlich ein nicht ganz würdiges Geschachere.«[305] Dennoch saßen sie im Jahr mindestens einmal und berieten über Preise. Einigermaßen weise urteilte Peter Hacks darüber: »Daß Preise schwachsinnig vergeben werden, gehört zum Wesen des Systems. Was wir immerhin erreichen können, ist, daß ein Teil der ungeheuren Beliebigkeit, die rein formal auch waltet, beseitigt wird durch die

---

305   Günther Rücker. Diskussionsbeitrag auf Sektionssitzung vom 7. 1. 1975. AdK-O 898.

Einführung gewisser Spielregeln ...Wir können aber immerhin erreichen, daß das, was in unserer Hand liegt, nach bestem Wissen und Gewissen vertreten werden kann.«[306] Der Heinrich-Mann-Preis lag allein in ihrer Hand, und die Preisentscheidungen konnten sich sehen lassen.

Der Heinrich-Mann-Preis der Akademie der Künste galt neben dem Nationalpreis, der mehr politisch gefärbt war, als der höchste Literaturpreis des Landes, obwohl beispielsweise der Literaturpreis des FDGB (Gewerkschaft) höher dotiert war. Franz Fühmann dazu: »Wie ich das sehe, spielt der Heinrich-Mann-Preis in unserem literarischen Leben eine bedeutende Rolle. (...) Das ist ein Preis, der wirklich was gilt.«[307]

Im Statut heißt es: »Zur bleibenden Ehrung Heinrich Manns, des großen streitbaren Humanisten und Schriftstellers, des Vorkämpfers für ein friedliches, einiges und fortschrittlichen Deutschland, verleiht die Deutsche Akademie der Künste auf der Grundlage des Beschlusses der Regierung der Deutschen Demokratischen Republik vom 16. März 1950 den Heinrich-Mann-Preis.

§1: Der Heinrich-Mann-Preis kann an alle in Deutschland lebenden Schriftsteller[308] verliehen werden, die mit ersten bedeutenden literarischen Arbeiten an die Öffentlichkeit getreten sind. Ausgezeichnet werden solche Werke gesellschaftskritischen Charakters, die im Sinne Heinrich Manns Bedeutung für die demokratische Erziehung unseres Volkes haben.« (Der Preis wurde in der Regel jährlich an ein bis zu zwei – zuerst sogar drei – Schriftsteller verliehen. Die Preissumme betrug 16.000 Mark und wurde aus dem Staatshaushalt beglichen.)

Der Preis wurde 1953 gestiftet und sollte der Förderung herausragender junger oder nur etwas bekannter Autoren dienen. Mit den ersten Preisträgern von 1953 – Stefan Heym, Max Zimmering und Wolfgang Harich – war ein ungefähres Spektrum vorgegeben: ein auffallend gesellschaftskritischer, bereits gestandener Autor, einer aus der proletarischen Tradition und einer aus der Zunft der Kritik und Essayistik. Betrachtet man sich die

---

306 Peter Hacks. Diskussionsbeitrag auf Sektionssitzung vom 27. 9. 1979. AdK-O 897.
307 Franz Fühmann. Diskussionsbeitrag auf Sektionssitzung vom 7. 1. 1975. AdK-O 898.
308 Später wurde das durch »deutschsprachig« ersetzt, der Wohnort – siehe Peter Weiss – war nicht mehr ausschlaggebend.

WAHLEN UND PREISE

Liste der weiteren Preisträger, so gibt es kaum einen Namen aus der kritischen Elite der DDR-Schriftsteller, der nicht vertreten ist, obwohl auch einige der Preisträger mittlerweile vergessen sind. (Auffallend ist auch, wie früh einige der späteren namhaften Autoren diesen Preis bekamen, während ihn andere – Mickel, Fries, Erb, Endler, Czechowski – als eine Art Wiedergutmachung für frühere Nichtberücksichtigung erhalten haben.):

1954 Gotthold Gloger und Theo Harych
1955 nicht verliehen
1956 Franz Fühmann und Rudolf Fischer
1957 Hanns Maaßen, Herbert Nachbar und Margarete Neumann
1958 Hans Grundig, Herbert Jobst und Rosemarie Schuder
1959 Heiner und Inge Müller und Hans Lorbeer
1960 Helmut Hauptmann und Annemarie Reinhard
1961 Dieter Noll
1962 Günter Kunert und Bernhard Seeger
1963 Christa Wolf
1964 Günter de Bruyn
1965 Johannes Bobrowski und Brigitte Reimann
1966 Peter Weiss
1967 Hermann Kant und Walter Kaufmann
1968 Herbert Ihering
1969 Wolfgang Joho, Werner Heiduczek und Alfred Wellm
1970 Fritz Selbmann, Jeanne und Kurt Stern und Martin Viertel
1971 Herbert Otto, Jurek Becker und Erik Neutsch
1972 Karl-Heinz Jakobs und Fred Wander
1973 Ulrich Plenzdorf und Helga Schütz
1974 Kurt Batt und Gerhard Wolf
1975 Irmtraud Morgner und Eberhard Panitz
1976 Annemarie Auer und Siegfried Pitschmann
1977 Erich Köhler und Joachim Nowotny
1978 Karl Mickel
1979 Fritz Rudolf Fries
1980 Volker Braun und Paul Gratzik
1981 Peter Hacks
1982 Christoph Hein und Werner Liersch
1983 Friedrich Dieckmann und Helmut H. Schulz

1984 Heinz Czechowski
1985 Helga Königsdorf und Bernd Leistner
1986 Helga Schubert und Heidi Urbahn de Jauregui
1987 Luise Rinser
1988 Fritz Mierau
1989 Wulf Kirsten
1990 Elke Erb und Adolf Endler
1991 Peter Gosse und Kito Lorenc.

(Preisträger, die nicht aus der DDR kamen, waren 1966 Peter Weiss, 1986 die französische Germanistin Heidi Urbahn de Jauregui und 1987 Luise Rinser.)

Die Diskussionen um die Kandidaten boten immer Zündstoff, immer bildeten sich kurzzeitig »Fraktionen«, immer kämpfte jeder um »seinen« Kandidaten. Die literarische Qualität sollte ausschlaggebend sein und die Sektionsmitglieder hatten ein gutes Gespür für Talent, aber auch verschiedene ästhetische Vorlieben. Ein wichtiger Knackpunkt war die politische Brisanz. So war es, ohne dass eine politische »Vergatterung« stattfinden musste, in den ersten Jahren nach 1977 klar, dass keiner der Unterzeichner der Biermann-Petition den Sektions-Preis erhielt. Als das 1979 Fritz Rudolf Fries war, hat er, wie er in seiner Autobiographie schrieb, wegen der politischen Farbe dieser Entscheidung die Preisvergabe weniger genossen.[309] Aber er täuschte sich, wenn er meinte, nur deshalb den Preis bekommen zu haben, weil er die Unterschrift unter dem Biermann-Ausbürgerungs-Protest verweigert hatte. Als kantiger Schriftsteller bekannt und von wichtigen Sektionsmitgliedern wie Stephan Hermlin und Franz Fühmann gelobt, hatte er schon vor dem November 1976 auf der Liste der Sektion gestanden. Übrigens wurde 1980 Volker Braun sein Nachfolger, gemeinsam von Christa Wolf und Hermann Kant vorgeschlagen.[310]

Nicht selten entschied das Kräfteverhältnis der jeweils in der Sektionssitzung Anwesenden. Als Erik Neutsch zum ersten Mal an einer Preisdiskussion in der Sektion teilgenommen hatte, konstatierte er ernüchtert: »Ich finde, es ist ein merkwürdiges Handelsunternehmen.«[311]

---

309   Fritz Rudolf Fries. »Diogenes«. S. 266.
310   Protokoll der Sektionssitzung vom 19. 12. 1979. AdK-O 897.
311   Erik Neutsch. Diskussionsbeitrag auf Sektionssitzung 7. 1. 1976. AdK-O 894.

Dabei hatte sich in der Geschichte der Akademie einiges in Bezug auf Demokratie und Eigenständigkeit von Preisvergaben entwickelt. So passierte es noch in den 60er Jahren, dass ein Präsident und zugleich Sektionsmitglied selbstkritisch Stellung nehmen musste, weil seine Sektion den Heinrich-Mann-Preis an Günter Kunert vergeben hatte. Willi Bredel sagte damals innerhalb einer größeren Aufzählung angeblich gemachter Fehler: »Die Akademie hat beispielsweise im April vergangenen Jahres dem Dichter Günter Kunert den Heinrich-Mann-Preis verliehen. Ich bezweifle sehr, daß alle Mitglieder, als sie dem zustimmten, die Gedichte von Kunert gelesen hatten. Wir müssen künftig auch bei Preisverleihungen gewissenhafter vorgehen. Jeder von uns muß die Verantwortung, die er damit übernimmt, ernst nehmen. Und nicht nur das, wir müssen auch nach einer Preisverleihung uns für den Preisträger weiterhin verantwortlich fühlen, mit ihm über seine künstlerischen Pläne sprechen, ihn beraten und ihm helfen.«[312] Das sind Sätze und Vorsätze eines gedemütigten Präsidenten mit letztlich vollkommen illusionären Vorstellungen über diese Akademie. Die weitere Entwicklung eines Preisträgers konnte nicht vorausgesehen und schon gar nicht beeinflusst werden. Aber für den »Ruf« eines Dichters spielte es schon eine Rolle, ob er Träger des »Heinrich-Mann-Preises« war. Die Freiräume für Sagbares waren für ihn als Preisträger größer geworden.

Wenn hier von »Entwicklungen« die Rede war, auch Ton und Begründung eines Vorschlags hatten sich im Lauf der Zeit verändert. So konnte Alexander Abusch 1976 nach der Lektüre der eingegangenen Vorschlagsliste für den Heinrich-Mann-Preis 1977 noch ganz im Bewusstsein seiner Macht und seines Einflusses formulieren: »Klaus Schlesinger, dessen Novelle ›Alte Filme‹ ich in dieser Form für den letzten ideologisch-literarischen Mist halte, weil sie bestenfalls ein erstes Kapitel für ein wirklich sozialistisches Buch wäre, lehne ich kategorisch ab. Außerdem halte ich Schlesinger wegen seiner kulturpolitischen Haltung gegenüber unserer Republik überhaupt nicht für preiswürdig. Wie ich höre, soll Joachim Nowotny ein neues gutes Buch geschrieben haben, das von einem wissenschaftlichen Mitarbeiter begutachtet werden sollte und dann meine Unterstützung hat. Fritz Rudolf Fries lehne ich nachdrücklich ab. Den Vorschlag Joachim Seyppel halte ich aufrecht, weil sein Buch von Heinrich

---

312   Willi Bredel auf der Plenartagung am 30. 5. 1963. In: »Zwischen Diskussion und Disziplin«. S.184.

Mann handelt. Für Jan Koplowitz bin ich, falls er nicht vorher den Heine-Preis erhält.«[313] (Nowotny bekam den Preis.)

Dagegen begründete 1984 Günther Deicke seinen Vorschlag Heinz Czechowski folgendermaßen: »Heinz Czechowski ist ein hervorragender Lyriker, meiner Meinung nach ein hervorragender Kenner von Lyrik und Poesie und ein ganz unverschämter, unbequemer Mensch, ein Choleriker, mit dem man überhaupt nicht auskommen kann, den ich aber sehr gerne habe. Man muß sich an ihn gewöhnen und seine Schimpftiraden über sich ergehen lassen, dann kommt man auch mit ihm aus. Und er ist ein Choleri-ker leider auch, wenn er sich schriftlich zu kulturpolitischen Themen zum Beispiel äußert, und deswegen ist es immer schwer, mit ihm auszukommen, und deswegen kommt die Gesellschaft auch ein bißchen schwierig mit ihm aus, und wahrscheinlich würde es immer Schwierigkeiten geben, ihm einen Staatspreis zu geben. Sein Werk scheint mir so gewichtig zu sein, daß es einen Heinrich-Mann-Preis rechtfertigt.«[314] Eine solche Begründung in der Diskussion der Sektion überzeugte damals mehr als hochgestochene Ästhe-tik oder politische Phrasen, zumal die anwesenden Sektionsmitglieder die Gedichte Czechowskis und natürlich auch den Dichter kannten. Als Vor-schlag der Sektion an das Präsidium wurden natürlich dann andere Worte gewählt, aber Czechowski erhielt 1984 den Preis. (Und Choleriker, der er nun mal war, grollte er nach 1989 darüber, das sei viel zu spät gewesen.)

Ein Problem gab es oft bei der Diskussion der Preisträger: Da die Sektion auch ein Vorschlagsrecht für den Nationalpreis hatte und dies sehr ernst nahm, ging es oftmals um Proportionen, also: der Kandidat erhält entweder den Nationalpreis oder den Heinrich-Mann-Preis oder ist als neues Ordent-liches Mitglied vorgesehen. Solche Diskussionen und »Abwägungen« waren natürlich nicht nur von der Verantwortung für die Literatur und Literatur-entwicklung des Landes getragen, sie waren daneben auch eitel, selbstgefäl-lig und illusorisch, was die Bedeutung der Preise und der Juroren betrifft.

Ohne die Peinlichkeit des Ganzen auch nur zu bemerken, scheute sich beispielsweise Peter Hacks nicht, seine Meinung über Preisver-gaben als eine Art Kuhhandel darzustellen und gab damit auch seine

---

313   Aus einem Brief von Alexander Abusch an Günther Rücker, 22. 11. 1976. In: »Zwischen Diskussion und Disziplin«. S. 306.
314   Günther Deicke zur Begründung des Vorschlags Heinz Czechowski. AdK-O 1012/1.

»Preisphilosophie« preis: »Einmal hat mir Brecht den Lessing-Preis gegeben und hat sich nachher geärgert: Wenn er ihn mir nicht gegeben hätte, hätte ich den Nationalpreis bekommen. Andererseits hätte man den Nationalpreis irgendwann auch bekommen. Und auf irgendeine Weise wäre es merkwürdig, wenn ich den Lessing-Preis nicht bekommen hätte. Ich weiß nicht, wer ihn sonst bekommen würde. Die Sektion hat mir den Heinrich-Mann-Preis nachgereicht, obwohl die Arbeit, streng genommen, mit dem Nationalpreis abgedeckt wäre. Ich will nur sagen: an sich hat diese Art von Vorgängen eine Ordnung. Ein großer Lyriker, der den Heinrich-Heine-Preis nicht hat, ist sonderbar, und ein berühmter Kinderbuchautor, der den Wedding-Preis nicht hat, ist sonderbar.«[315]

Neben diesen Szenen der Selbstbeweihräucherung ging es sehr wohl dabei um handfeste Kulturpolitik: Da die Sektion sich beim Nationalpreis der Entscheidung der entsprechenden Gremien beugen musste, entstanden nach Meinung der Sektionsmitglieder Ungerechtigkeiten, indem einer, der von der Sektion vorgeschlagen war, leer ausging bzw. andere doppelt belohnt wurden.

Das führte oft zu Beschwerden und Streit. Hermann Kant beispielsweise schlug vor: »Wenn die Sektion einen Vorschlag gemacht hat, der in dem entsprechenden Jahr nicht berücksichtigt worden ist, bleibt der Vorschlag nach meinem Dafürhalten an der Spitze aller Listen, es sei denn, die Ablehnung ist mit Gründen erfolgt, die wir sozusagen zu akzeptieren haben, wie: jemand entpuppt sich als der Plagiator des Werkes, für das er ausgezeichnet werden soll.«[316] Dem widersprachen unter anderem Hacks und Noll, sodass das vorgeschlagene Prinzip offen blieb. Unübersehbar dabei ist, dass es jedes Mal um kulturpolitisch brisante Vorschläge ging und fast immer die Namen Christa Wolf, Volker Braun, Heiner Müller oder Günter de Bruyn zur Debatte standen.

Die Diskussion darum, dass der Nationalpreisvorschlag der Sektion von der Vergabekommission nicht berücksichtigt worden war, beschäftigte die Sektionsmitglieder über die Jahre. Immer fühlte sich die Sektion düpiert und protestierte manchmal mehr und manchmal weniger erfolgreich: 1966 sollte Hermann Kant für »Die Aula« ausgezeichnet werden und man sah in ihm den künftigen Nationalpreisträger. Als er den Preis nicht erhielt, entschied

---

315 Peter Hacks. Diskussionsbeitrag auf der Sektionssitzung vom 10. 12. 1984. AdK-O 1012/3.
316 Hermann Kant. Diskussionsbeitrag auf der Sektionssitzung vom 11. 12. 1986. AdK-O 1104.

sich die Sektion 1967 für den Heinrich-Mann-Preis für ihn. Christa Wolf war seit 1983 für »Kassandra« für den Nationalpreis vorgeschlagen. Bis sie ihn 1987 endlich bekam, wurde dieses Thema mehrere Male in der Sektion angesprochen und stets plädierten alle Anwesenden (auch Peter Hacks) für diesen Vorschlag, wollten nicht locker lassen, auch wenn es, wie Christa Wolf sagte, ihr nicht angenehm war. Ähnlich bei Heiner Müller 1983. Als er den Preis nicht erhielt, angeblich, weil er im selben Jahr Akademiemitglied geworden war, war die Sektion empört, denn beim Opernregisseur Harry Kupfer hatte diese Regel nicht gegolten. 1987 erhielt Müller dann den Nationalpreis.

Ein anderes Beispiel für diesmal »kulturpolitische Rücksichtnahme« war die Diskussion 1978, als Günter de Bruyn für den Feuchtwanger-Preis vorgeschlagen war und Kant einwarf, dass dessen Aufnahme in die Akademie schon ein gewaltiges Reizmittel gegenüber den Oberen gewesen wäre, denn bekanntlich gehöre er ja zu der »bewußten Gruppe der Unterzeichner«. Mehr »Reiz« sei nicht gut. Diese zu große »Belastung« staatlicher Toleranz sah auch Christa Wolf ein[317] und der Vorschlag wurde zurückgezogen. (Im September 1981 aber erhielt Günter de Bruyn dann den Feuchtwanger-Preis. Die Laudatio hielt Christa Wolf.) Wenige Jahre später dagegen ging es dann um den Nationalpreis für Günter de Bruyn. So beantragte 1988 eine der merkwürdigsten kurzzeitigen Koalitionen – Christa Wolf, Peter Hacks und Stephan Hermlin – den Nationalpreis für ihn. In diesem Jahr klappte es noch nicht, erst 1989 – da war es zu spät, de Bruyn lehnte ihn ab.

Auch Kollisionen mit anderen Preisvergaben kamen vor. So hatte man Volker Braun 1971 nicht den Heinrich-Mann-Preis gegeben, weil er für den Johannes-R. Becher-Preis nominiert war, den er dann doch nicht erhielt.[318] Die Preislandschaft in diesem kleinen Lande konnte schon verworren sein. Dennoch hatte die Sektion eine recht gute Übersicht über die aktuellen Leistungen und Talente und zeigte sich aufmüpfig, natürlich in den Grenzen des jeweils Möglichen. Franz Fühmann hatte über Jahre Klaus Schlesinger für den Heinrich-Mann-Preis vorgeschlagen, den dieser, wie er heute bezeichnet wird »sanfte Rebell«, nie erhielt. Fühmann verfolgte mit Bitterkeit, dass es immer mehr junge Dichter gab, die mehr und mehr ausgeschlossen von der literarischen Öffentlichkeit heranwuchsen. In einem Brief an Ulrich Dietzel schrieb er 1981: »Zu den Preisen lassen Sie mich bitte

---

317 Protokoll der Sektionssitzung vom 22. 6. 1978.AdK-O 892.
318 Sektionssitzung vom 2. 4. 1971. In: »Zwischen Diskussion und Disziplin«. S. 344-347.

dies sagen: Ich halte es nicht für vertretbar, so zu tun, als gäbe es nicht eine wachsende Restriktion, die wesentliche und wichtige Werke der Öffentlichkeit der Deutschen Demokratischen Republik vorenthält. Wir sitzen da und kauen die Nägel und grübeln: Wen könnte man, und die Kandidaten, die des Preises würdig wären, existieren für uns nicht.«[319] Er schlug daraufhin für den Heinrich-Mann-Preis Gert Neumann vor, weitere potente Preisträger waren für ihn Monika Maron mit »Flugasche« und Wolfgang Hegewald. Ihre Bücher durften in der DDR nicht erscheinen. Sie hatten keine Chance, von der Mehrheit der Sektion nominiert zu werden.

Den Lion-Feuchtwanger-Preis stiftete Feuchtwangers Frau Marta 1971. Die Akademie verlieh ihn an Autoren, die sich nach Auffassung der aus Mitgliedern der Sektion Literatur und Sprachpflege sowie anderer Einrichtungen (Schriftstellerverband, Verlage) bestehenden Jury vorbildlich mit historischen Stoffen befassten. Marta Feuchtwanger hatte ihre eigene Stimme in der Jury an Konrad Wolf, d. h. den Präsidenten, delegiert. Der Preis wurde in der Regel jährlich an einen Schriftsteller verliehen. Die Preissumme betrug 10 000 DM und entstammte den Zinsen einer privaten Stiftung. Als erster erhielt Hans Lorbeer, der Nestor der proletarisch-revolutionären Literatur, der große Bauernkriegsromane geschrieben hatte, diesen Preis. Dass der Begriff »historische Stoffe« viele Gestaltungsmöglichkeiten und Deutungen zuließ, bewies die Riege der späteren Preisträger. Sowohl Franz Fühmann (1972), Hedda Zinner (1973), Rosemarie Schuder (1976), Waldtraut Lewin (1978), Günter de Bruyn (1981), Heinz Knobloch (1986) und Sigrid Damm (1987) gehörten dazu. In der Sektion wurde diese Frage anhand der Kandidaten häufig angesprochen, und es gab sehr eigenartige und unterschiedliche Auffassungen über »historische Literatur«. Als beispielsweise 1984 der Aufbau-Verlag Peter Hacks für den Feuchtwanger-Preis vorgeschlagen hatte und auch Christa Wolf mit auf der Liste stand, wehrte Peter Hacks diese Vorschläge mit folgender Meinung ab: »Weder Christa Wolf noch ich schreiben historische Produktionen in dem Sinn, daß wir Geschichte aufarbeiten zu dem Zweck, die gegenwärtigen Aktualitäten in ihr aufzuspüren. (Es wäre völlig sinnlos, Heiner Müller in diesem Zusammenhang zu erwähnen.) Wir schreiben selbstverständlich gegenwärtige Werke und spüren Aktualitäten in der Geschichte auf, aber es ist wirklich etwas anderes, als hier gemeint ist.

---

319   Franz Fühmann. Brief vom 23. 12. 1981. AdK-O) 1406/2.

Unter das Genre, das hier gemeint ist, fallen wir nicht. Wir schreiben Literatur und keine historische Literatur.«[320]Abgesehen davon, dass sich Peter Hacks hier einmal in Übereinstimmung mit Christa Wolf nennt, ist für mich diese doch schwer verständliche Meinung ein Indiz dafür, dass »historische Literatur« als etwas Spezielles galt. Ein bisschen hatte man auch den Eindruck, dass die »eigentliche« Literatur, zu der sich Hacks zählte, hochrangiger zu sein schien. Wenn sich dann die Preisträger in ihren Reden auf das Werk Lion Feuchtwangers und dessen Ambitionen bezogen, wurde der Wirrwarr im Verständnis des Preisgegenstandes nicht kleiner. Nicht ohne Grund monierte einmal Hermann Kant in einer dieser Preisdiskussionen spöttisch: »Mir missfällt jedes Mal unsere Argumentation: So wie Feuchtwanger sieht er nicht aus, oder: so krank wie Heine war er nicht.«[321]

1982 setzte sich Günther Rücker mit dem ungewöhnlichen Vorschlag durch, dem Faschismusforscher Heinz Bergschicker für sein kommentiertes Fotobuch über den Faschismus »Deutsche Chronik« den Feuchtwanger-Preis zu verleihen. Bergschicker hatte aus vielen Archiven und anderen Institutionen eine Menge, auch unbekannte Fotos zusammengetragen, die die Aktivitäten der Deutschen in der Zeit des Nationalsozialismus in den verschiedensten Bereichen dokumentierten. Die Ereignisse waren mit sachlichen Kommentaren versehen. Zwar handelte es sich nicht um belletristische Literatur, aber der Eindruck, den die vielen eindrucksvollen Fotos und die Kommentare zur bitteren Geschichte hinterließen, war für die Juroren vergleichbar mit belletristischer historischer Literatur, die gleichermaßen aufklären als auch aufregen sollte. Dass nicht alle hinter diesem Vorschlag standen, zeigte die Reaktion Günter de Bruyns, der als vorangegangener Preisträger um die Laudatio gebeten worden war, dies jedoch ablehnte, da er kein Verhältnis zu dem Buch gefunden hatte. Günther Rücker übernahm diese Aufgabe.

Die Verleihung des Preises an Sigrid Damm 1987 habe ich in besonderer Erinnerung: Schon in der Sektionsdiskussion war aufgefallen, dass es große Einmütigkeit gab, Sigrid Damm für ihr Buch über Jakob Michael Reinhold Lenz – »Vögel, die verkünden Land« – einen Preis zu verleihen. Kohlhaase urteilte in der Diskussion: »Es ist die Lebensbeschreibung von

---

320 Peter Hacks. Diskussionsbeitrag auf der Sektionssitzung vom 10. 12. 1984. AdK-O 1104/3.
321 Hermann Kant. Diskussionsbeitrag auf Sektionssitzung vom 22. 6. 1978. AdK-O 892.

Lenz, es ist ein in meinem Verständnis rundum ausgezeichnetes Buch. Es ist gediegen, was seine Informationen betrifft. Es ist gearbeitet. Es hat eine schöne, sich von der reinen Darstellung des Biographischen abhebende Sprache, eine Erzählweise, einen Ton, der der Sache nichts hinzugesetzt hat. Ich glaube, es ist ein ganz seriöses und gutes Buch.«[322]

Sigrid Damm hatte vor diesem Buch als Literaturwissenschaftlerin und Literatur-Kritikerin gearbeitet. Einige kannten sie aus ihrer Arbeit in der Hauptverwaltung Literatur, die sie, um frei schreiben zu wollen, gekündigt hatte. Es gab also viele Berührungspunkte. Aber in der Hauptsache ging es natürlich um ihr außergewöhnliches Buch.

Die Preisverleihung fand in den für diesen Preis meist genutzten zwar größeren Raum, aber in keinem der auch vorhandenen Säle statt. Der Raum war überfüllt. Vorn stand eine sehr schöne ungewöhnliche junge Frau. Der Laudator Volker Ebersbach lobte: »Sigrid Damm hat sich Lenz auf eben diesem Weg genähert wie niemand vor ihr.«[323] Als die so Gerühmte ihre Dankesrede hielt, wurde es sehr still, denn sie sprach über Jakob Lenz und über sich, ihre eigene Generation und Situation. »... heute, aus diesem Anlaß, frage ich, hätte ich fünf Jahre meines Lebens an ein fremdes, fernes gewandt, wenn diese Wege zu Lenz nicht auch Wege zu uns, Wege zu mir gewesen wären?« – »Die Erfahrungen meiner Generation, nicht mit den Eigenschaften gebraucht zu werden, die uns wichtig waren, unsere Kräfte nicht gefordert zu sehen.«[324]

Jahre nach dem Erscheinen von Christa Wolfs Buch »Nachdenken über Christa T.« griff Sigrid Damm das Problem der Entfremdung und des Nicht-Gebrauchtwerdens durch die Gesellschaft am Beispiel eigenen Wirkens auf. Ungewöhnlich offen und eindrucksvoll formuliert klagte sie über Gängelei und Verluste durch restriktive Kulturpolitik, polemisierte gegen die ständige Besserwisserei und Bevormundung und bettete das kleine Unbehagen in die große Politik ein. Solche Sternstunden waren also auch mit Preisverleihungen verbunden.

Ich weiß noch, dass damals etwas in mir – der Jüngeren – rebellierte, als sie sagte, wir alle seien eine »Generation ohne Biographie, ... geschäftig, unmündig«. Ich fragte mich, ob nur Exil, Gefängnis, Verfolgung Etappen

---

322   *Wolfgang Kohlhaase. Diskussionsbeitrag auf der Sektionssitzung vom 5. 2. 1987. AdK-O 1111.*
323   *Volker Ebersbach. »Laudatio auf Sigrid Damm«. in: Mitteilungen 6/1987. S. 13.*
324   *Sigrid Damm. »Unruhe«. In: Sinn und Form 1/1988. S. 246/247.*

großer Biographien sein müssten, ich hielt damals meine »Geschäftigkeit« für wichtig und glaubte an die »Mühen der Ebene« und dennoch bohrten Sigrid Damms Sätze: Was erreichten wir wirklich? Was veränderten wir? Dass dabei die Ansprüche und Hoffnungen auf die Wirksamkeit von Literatur eine immense Dimension hatten und zugleich auch illusionäre Züge trugen, wird mir heute immer deutlicher. Damals war das ein Lebensgefühl vieler, die sich einbringen wollten. Heute wirken die Forderungen eher weltfremd und übertrieben.

Die große mutige – heute denke ich: auch idealtypische, romantische – Rede wurde lediglich auf den letzten Seiten von »Sinn und Form« veröffentlicht. Waren geringe Leserzahl und Wirkung beabsichtigt?

Der »F.-C.-Weiskopf-Preis« war 1957 von Weiskopfs Witwe Alex Wedding (Grete Weiskopf) gestiftet worden. Schriftsteller, Publizisten, Pädagogen und Wissenschaftler, die sich besonders auf dem Gebiet der Sprachwissenschaft und Sprachforschung sowie für die schöpferische Weiterentwicklung der deutschen Sprache eingesetzt hatten, sollten mit diesem Preis ausgezeichnet werden. Die Preisträger waren demgemäß auch eine »bunte« Truppe. 1960 erhielt der Romanist und Verfasser des LTI (seine Tagebücher waren da noch lange nicht bekannt), Professor Victor Klemperer, posthum den Preis. Übersetzer waren unter den Preisträgern, Essayisten, aber auch besonders sprachbewusste Schriftsteller (Stephan Hermlin 1958, Johannes Bobrowski 1967 posthum, Rainer Kirsch 1983, Bert Papenfuß-Gorek 1991) und – das hätte den Zeitungsmenschen Weiskopf wohl besonders gefreut – auch Redakteure und Lektoren. 1961 bekam die Dudenredaktion des VEB Bibliographischen Instituts Leipzig den Preis, 1979 drei Reclam-Lektoren, 1985 der Aufbau-Verlagslektor und Chef Günter Caspar, 1989 der langjährige Redakteur von »Sinn und Form« Armin Zeißler.

Nach Alex Wedding war der begehrte und 1968 gestiftete Preis für Kinder- und Jugendliteratur benannt. Hier hatte in der Jury der Vorschlag des in der DDR dominierenden Kinderbuchverlags eine gewichtige Stimme. Es musste schon eine sehr überzeugende Begründung sein, wenn für einen anderen als den Favoriten des Kinderbuchverlags entschieden wurde. Die manchmal unterschiedlichen Qualitätsvorstellungen von Verlag und Sektionsmitgliedern konnten jedoch ein Streitpunkt sein. So meldete Christa Wolf in der

Sektionssitzung 1984 Zweifel an, ob Werner Lindemann der richtige Preisträger sei: »Ich mag ihn persönlich gerne, aber für einen Akademiepreis scheint mir seine Arbeit doch nicht so überzeugend zu sein.«[325] Einerseits achteten die Akademiemitglieder schon darauf, dass ihre Vorstellungen, wie gute Bücher für Kinder zu sein hatten, sich durchsetzten. Andererseits machten sie bei ihren Entscheidungen deutliche Kompromisse zugunsten der Verlagsvorschläge und waren nicht frei von der »gefühlten« Unterschätzung dieses Genres. So standen in fast jeder Diskussion um die Preisvergabe Benno Pludra und Uwe Kant als nach Sektionsmeinung beste Kinderbuchautoren zur Debatte, aber beide erhielten den Alex-Wedding-Preis nie. Umso lieber wurden sie dann auf die Vorschlagsliste für den Nationalpreis gesetzt. Als es darum ging, einen Kinderbuchautoren in die Sektion zu wählen, wich man wiederum aus und entschied sich für Alfred Wellm mit der Begründung, er schreibe für Kinder und Erwachsene.

Die Schreiber von Kinderbüchern waren in der DDR eine eigenständige und einflussstarke Fraktion. Obwohl immer wieder Gorki zitiert wurde, dass man für Kinder nicht anders als für Erwachsene schreiben müsse, nur besser, fühlten sich viele Kinderbuchautoren doch etwas zurückgesetzt gegenüber der »eigentlichen« Literatur. Wahrscheinlich war es auch dieses Gefühl, dass sie umso beharrlicher um Respekt und Anerkennung ringen ließ, und sie taten dafür so manches. Beispielsweise wurden jedes Jahr in einer anderen Bezirksstadt die »Tage der Kinder und Jugendliteratur« gefeiert: Das war eine mehrtägige Veranstaltung mit Lesungen, Diskussionen, Aufführungen, Ausstellungen. Viele Schulen wurden in dieser Zeit besucht, viele Kinder nahmen an den verschiedenen Veranstaltungen teil, zu dem die meisten Kinderbuchautoren und ihre Illustratoren anreisten, sich auf einem Basar dem Publikum vorstellten, miteinander redeten, feierten. Es war eine Art spezielle Buchmesse der Kinder- und Jugendliteratur, zu der es von Seiten der Erwachsenenliteratur kaum Vergleichbares gab. So war es auch folgerichtig, dass der begehrte Wedding-Preis während dieser großen Veranstaltung in der jeweiligen Bezirksstadt verliehen wurde. Ich erinnere mich besonders an eine berührende Preisverleihung 1988 an Werner Heiduczek. Er, der wegen seiner Bücher für Erwachsene lange die Missachtung durch die öffentliche Kulturpolitik ertragen musste, war dankbar für die öffentliche Würdigung durch die Akademie.

---

325   Christa Wolf. Diskussionsbeitrag in der Sektionssitzung vom 10. 12. 1984. AdK-O 1012/3.

In seiner Rede sagte er: »In einer Welt, die übervoll ist von Unverständnis und Missverständnissen, tut es gut, sich hin- und wieder angenommen zu wissen. Wie sollte man sonst auf Dauer Kraft haben weiter zu schreiben, ohne dem Zynismus und der Depression nachzugeben.«[326]

Ein bisschen stiefmütterlich wirkte auf mich das Procedere des »Hans-Marchwitza-Preises«: 1966 gestiftet, sollte er der Förderung junger Autoren dienen, wobei die Herkunft der Autoren und der Gegenstand ihres Buches einen Bezug zur Arbeiterklasse haben sollte. Da der Preis nur aller drei Jahre verliehen wurde, hielt sich die Zahl der Preisträger in Grenzen. Meiner Meinung nach hat die Sektion auch hier eine gute Talentauswahl getroffen: 1968 Dieter Schubert, 1971 Rolf Floß, 1974 Wolfgang Eckert, 1977 Bernd Schirmer, 1980 Harald Heinze, 1983 Harry Kampling, 1986 Angela Krauß, 1990 Matthias Köhler. Auf Wunsch der Witwe Hans Marchwitzas fand die Verleihung meist im Marchwitza-Kulturhaus in Potsdam statt. Es wirkte alles ein bisschen provinziell, auch wenn wir uns große Mühe gaben.

Ein neuer Preis, der zuerst Stipendium genannt wurde, kam uns nach Anna Seghers' Tod ins Haus. Anna Seghers hatte in ihrem Testament festgelegt, den Reinerlös aus den Veröffentlichungen ihres literarischen Nachlasses zur Unterstützung und Ausbildung junger Künstler (hauptsächlich junger Schriftsteller) zu verwenden. Anna Seghers wollte dabei den Preis zur Hälfte jungen Autoren aus der DDR und jungen Schreibern aus Entwicklungsländern (besonders Lateinamerika) zukommen lassen. Die verschiedenen Runden in verschiedenen Kreisen um diesen Preis habe ich miterlebt. Es ging dabei sowohl um recht konkrete Dinge wie Geld, Juroren, Modi der Verleihung und um juristische Fragen. Neben dem Aufbau-Verlag hatten die Erben von Anna Seghers ein großes Wort mitzureden, aus der Sektion war der Sekretär Wolfgang Kohlhaase sehr aktiv. Schließlich wurde auch noch ein Beirat gebildet, der in allen Fragen beraten sollte, die der Erfüllung des Testaments dienten. Am Ende gab es noch einmal eine ausführliche Diskussion in der Sektion[327], wo die Schwierigkeiten, Anna Seghers' Wunsch zu erfüllen, debattiert wurden.

---

326 Werner Heiduczek. »Dank«. In Mitteilungen 5/1988. S. 20.
327 Sektionssitzung vom 10. 12. 1984. AdK-O 1012.

Die Verleihung der Preise an junge Künstler aus der DDR war dabei nicht das Problem. Der zweite Teil – die Vergabe an junge Lateinamerikaner – offenbarte das Dilemma dieses Landes. Für den Preis war das Geld zwar da, aber wie war es mit der Bezahlung der Reise- und Hotelkosten? Wenn dann schon mal so ein junger Mensch in unserem Land ist, sollte er dann nicht ein bisschen bleiben, um das Gastland und die Akademie, die ihn eingeladen hat, näher kennenzulernen? Und: Wer kannte junge Künstler in Lateinamerika? Die Weltbürgerin Anna Seghers stellte die Akademie vor Aufgaben, denen diese kaum gewachsen war.

Schließlich wurde 1986 das »Anna-Seghers-Stipendium« beschlossen, aber es zeigte sich auch: Zur Auswahl der Ausländer mussten Botschaften und befreundete Organisationen sowie Verlage befragt werden, und die Betreuung eines ausländischen Preisträgers über Wochen überforderte unsere Möglichkeiten finanziell und personell immens. Wie borniert dabei manche Richtlinien waren, erwies sich gerade in der Praxis gegenüber jungen Lateinamerikanern, die nicht begreifen konnten, wie schwer es war, für sie einen Besuch in der Republik oder gar in Westberlin zu organisieren.

Schließlich war 1986 die erste Preisverleihung. Das Stipendium erhielt der in der DDR lebende Exilchilene Omar Saavedra Santis und die junge Autorin Ingeborg Arlt. Die folgende Reihe junger Schriftsteller aus der DDR enthält wichtige Namen: u. a. Kerstin Hensel (1987), Jens Sparschuh, Kathrin Schmidt (1988), Anett Gröschner, Jörg Kowalski (1989), Reinhard Jirgl, Johannes Jansen (1990), Ines Eck (1992). Die Auswahl der Ausländer war mehr eine Zufallsaktion, aber dass schon 1987 Gioconda Belli aus Nikaragua für den Preis gefunden worden war, gehört zu den »Treffern«. Zwei Jahre später besuchte sie uns, und es fand eine nachträgliche Preisverleihung statt, auf der Wolfgang Kohlhaase Sinn und Zweck dieses Preises auf schöne Weise beschrieb: »Anna Seghers, wie ich weiß, hat sich immer dafür interessiert, wie jemand anfängt zu schreiben. Wie kommt es dazu, daß einer vor den Wänden von Büchern, die es schon gibt, seiner eigenen Stimme vertraut und seiner eigenen Nachricht? Und wie ist es mit dem Schweigen, das von einem Blatt Papier ausgehen kann, vor dem man sitzt? Denn was man ahnt, kann man oft nicht sagen, und was man sagen kann, kann man doch nicht schreiben. Ich glaube, Anna Seghers wußte das alles und sie wollte, denke ich, jungen Kollegen ein wenig helfen, auch jetzt, wo sie nicht mehr da ist. Daß sie dabei nicht nur an Leute bei uns gedacht hat, sondern auch an Leute in ganz anderen Ländern, das hat sicher auch zu tun mit ihrer Position als Schriftstellerin, mit ihrer poetischen Provinz, die ja nie eine geographische Provinz war. Sie stammt ja nicht aus Berlin, sie kommt aus einer Gegend im Südwesten Deutschlands, und die Sprache dieser Landschaft ist aufgehoben in ihrer besonderen Literatursprache. Aber zugleich hat sie immer und von Anfang an sowohl über erfahrene Länder wie über erfundene Länder geschrieben. Ihre Heimat war vielleicht die Welt der kleinen Leute, wo immer diese Leute lebten und starben und kämpften und hofften. Und indem sie über die Sehnsucht nach Gerechtigkeit geschrieben hat, hat sie sich ihren eigenen Lebensweg eingerichtet. Auch ihr ist Unrecht widerfahren, sie lebte nicht sehr sicher, sie mußte fort aus Deutschland und bald auch aus Europa. Wie Sie wissen, hat sie wichtige Jahre ihres Lebens in Mexiko verbracht. Aber auch in anderen Ländern Lateinamerikas, in Brasilien, Argentinien oder Chile endeten in diesen Jahren der Hitlerzeit deutsche Fluchtwege, und man konnte damals nicht wissen, daß in einer anderen Zeit die Fluchten in die andere Richtung gehen würden. Aber auch das ist nicht das Ende der Geschichte.

Anna Seghers hat in Mexiko Solidarität erfahren, und ich denke, etwas davon wollte sie zurückgeben, als sie an dieses Stipendium dachte. Einige ihrer schönsten Geschichten spielen in den Ländern Mittelamerikas, und einige ihrer schönsten Figuren haben ein indianisches Gesicht, das Gesicht solcher Leute, die das Salz der Erde sind. Aus Lateinamerika kommen viele Neuigkeiten zu uns, eine große Neuigkeit ist die Literatur, die auf einzigartige und nicht vorhersehbare Weise kulturelle Traditionen Europas, Amerikas und Afrikas verschmilzt. Wenn wir ihnen dieses Stipendium überreichen, so bekunden wir auch dieser Literatur unseren Respekt.«[328]

Die Prozeduren der Preisverleihungen ähnelten sich: Nachdem die Beschlüsse der Sektion noch einmal dem Präsidium der Akademie vorgelegt und dort bestätigt wurden, musste ich das Beschlossene noch einmal einem Mitarbeiter der Kulturabteilung des ZK der SED erläutern. Der zog so manches Mal sein Gesicht in Falten bei der Nennung des Vorgesehenen, mehr als das war für ihn damals nicht drin. Einmal – am 18. 2. 1983 – protestierte die Leiterin der Kulturabteilung Ursula Ragwitz bei Manfred Wekwerth, dass die Preisvergabe nicht mit ihnen abgesprochen worden sei und behauptete: »Der

---

328 Wolfgang Kohlhaase. Aus der »Rede zur Verleihung des Anna-Seghers-Stipendium«. In: Mitteilungen 5/6 1989. S. 2/3.

Auszeichnung von Rainer Kirsch mit dem F.C-Weiskopf-Preis kann ich nicht zustimmen.« Unser Generaldirektor Heinz Schnabel antwortete, dass ich mit dem Genossen Franz Hentschel gesprochen hätte und damals die Reaktion nur gewesen sei: »nicht ganz glücklich, aber bitte ...!« Daraufhin soll noch ein Gespräch zwischen Ursula Ragwitz und dem Buchminister Klaus Höpcke stattgefunden haben. Am 17. 2. gab Ursula Ragwitz ihr Einverständnis, aber der Brief an Wekwerth ist mit dem 18. Februar datiert.[329] Auf jedem Fall erhielt Rainer Kirsch 1983 den Weiskopf-Preis.

Danach konnten wir den Termin der Preisverleihung festlegen und Einladungen versenden, die Redner organisieren sowie das Buffet. Die Lust der leitenden Akademiemitglieder, einen Nachmittag oder Abend der Preisverleihung zu widmen, war nicht immer sehr groß, aber unsere Sekretäre Rücker und Kohlhaase waren diszipliniert und freundlich und vertraten mit ihren geschliffenen Reden und ihrem Charme die Akademieleitung würdig. Als Laudator wurde meist der Preisträger des vergangenen Jahres gewonnen, falls eine freundliche Beziehung zum Ausgezeichneten vorhanden war. Natürlich gaben sich Laudator und Preisträger meist große Mühe, mit Besonderem aufzuwarten, zu glänzen. So gerieten die Preisverleihungen oft zu kleinen Feststunden großer Rhetorik und manchmal sogar zu Kundgebungen der Sehnsucht nach größerer Meinungsfreiheit und Gedankenvielfalt. Zugleich waren es angenehme Stunden mit Gesprächen, Witz und Geist in den Räumen der Akademie.

Wenn der Preisträger jedoch keine Öffentlichkeit wollte, wurde diesem Wunsch auch entsprochen. So erhielt Peter Hacks Urkunde und Geld zum Heinrich-Mann-Preis 1981 aus der Hand unserer zuständigen Mitarbeiterin Gudrun Geißler bei ihm zu Hause. Ein bisschen nahmen derartige Entscheidungen dem Preis seinen Glanz.

Eine Veranstaltung blieb mir besonders in Erinnerung: 1987 die Heinrich-Mann-Preisverleihung an Luise Rinser. Auf Vorschlag von Peter Hacks war sie auf die Liste gekommen, und zur ersten Diskussion[330] darüber bekam sie erst einmal Konkurrenz von jüngeren DDR-Autoren, an die der Preis sonst verliehen wurde. Jens Sparschuh und Wolfgang Kröber waren in der engeren

---

329   Brief von Ursula Ragwitz an Manfred Wekwerth vom 18. 2. 1983. In: »Zwischen Diskussion und Disziplin«. S.396.
330   Sektionssitzung vom 11.12. 1986. AdK-O 1104.

Auswahl. Doch beide kannte die Mehrzahl der Sektionsmitglieder zu wenig, dass man sich auf einen nächsten Termin nach entsprechender Lektüre vertagte.

Peter Hacks' Vorstoß, einen bundesrepublikanischen Schriftsteller vorzuschlagen, hatte gleich Anklang gefunden, und es fielen noch die Namen Bernt Engelmann und Erich Kuby. Das war kühn, hatte doch noch kein in der Bundesrepublik lebender Schriftsteller diesen Preis bekommen. Nun aber gab es von der politischen Großwetterlage her eine Atmosphäre der Entspannung zwischen den beiden Staaten, und die Preisvorschläge waren danach:

Gleich zu Beginn der nächsten Diskussionsrunde meldete sich Peter Hacks, nahm seinen Vorschlag Luise Rinser zurück und bot stattdessen Sebastian Haffner an. Dann äußerten einige Sektionsmitglieder ihre Meinung zu Büchern der DDR-Kandidaten, die sie mittlerweile gelesen hatten, und die Zustimmung zu Kröber und Sparschuh wurde kleinlauter. Die Begeisterung für die Vorgeschlagenen war ausgeblieben. Die jungen Leute sollten ruhig noch ein bisschen arbeiten. Man hatte ja Zeit!

Dagegen hatte der Vorschlag Luise Rinser mehr und mehr Gefallen gefunden. Stephan Hermlin, der Luise Rinser aus der Zusammenarbeit in der Westberliner Akademie kannte, setzte sich für sie ein, Waldtraut Lewin plädierte für sie, Christa Wolf meinte: »Ich bin sehr für Rinser. Ich bin sehr dafür, daß sie bei uns einen Preis bekommt. Aber ich habe Bedenken gegen den Heinrich-Mann-Preis für Rinser, und zwar aus dem Grunde der Tradition des Heinrich-Mann-Preises, der doch eigentlich (…) immer ein Preis war, der gestandenen jüngeren Schriftstellern von uns zuerkannt worden war. Es wäre ein ganz großer Ausbruch aus dieser Tradition, diesen Preis Luise Rinser zu geben. Vielleicht wollen wir das; dann sollen wir uns das bewußt machen …«[331] Daraufhin erinnerte Peter Hacks daran, dass er 1981 den Heinrich-Mann-Preis bestimmt nicht als Nachwuchsschriftsteller bekommen hatte, er schlug noch einmal Sebastian Haffner vor. Zu Luise Rinser sagte er auf die von ihm gewohnte Art: »Ich ziehe den Vorschlag nicht zurück, weil ich meine Ideen jemals für schlecht halten könnte, sondern nur, weil mir inzwischen eine bessere gekommen ist. Vielleicht übersteigt es unsere Kräfte nicht, doch noch einmal zu überlegen, ob Sebastian Haffner nicht wichtiger ist als ein großer Vertreter des deutschen Humanismus, als Luise Rinser. Wenn wir die Kraft dazu nicht haben, das zu

---

331 Christa Wolf. Diskussionsbeitrag auf der Sektionssitzung vom 5. 2. 1987. AdK-O 1111.

denken, bin ich für Luise Rinser.«[332] Kohlhaase ergänzte: »Ich habe das Gefühl, wir sollten uns die Kraft zutrauen, auf Haffner mal ein bißchen zuzudenken. Wenn er bei uns irgendwann einen Preis bekommt, macht das Spektakel, in welchem Sinn auch immer, vielleicht auch in einem Sinne, den wir wünschen sollten. Nur würde ich das nicht zur Entscheidung dieses lustigen Nachmittags machen. Es ist gut, wenn es gesagt wird, damit wir auch einmal in Kategorien überlegen, die ungewohnt sind. Aber ich würde das heute nicht zum Gegenstand unserer Entscheidung machen wollen.«[333] So kam man dann zur Abstimmung: 9 von den 10 Anwesenden waren für Luise Rinser als Preisträgerin des Heinrich-Mann-Preises.

Eine kleine Sensation war die Preisvergabe an Luise Rinser schon. Die christliche Autorin war zwar in der DDR bekannt. Die wenigen hier erschienenen Bücher waren »Bückware.« Da ein großes Publikum zu erwarten war, wurde die Veranstaltung gleich für den Konrad-Wolf-Saal vorbereitet. Mich selbst erwartete ein kleines »Abenteuer«, das in meiner Dienstzeit selten war. Gemeinsam mit Fahrer und Auto der Akademie sollte ich Luise Rinser in Westberlin abholen. Im Hotel Kempinski würde sie uns erwarten. Natürlich waren wir pünktlich, aber als Luise Rinser vorschlug, doch noch einen Kaffee zu trinken zu gehen, wurde mir mulmig: Ich hatte keinerlei Westgeld und konnte dem Dilemma nur ausweichen, indem ich zu rascher Fahrt drängte.

Es wurde insgesamt ein sehr schöner Abend: Der Saal war voll, Luise Rinser traf Bekannte wie Christa Wolf oder Stephan Hermlin. Die Laudatio hielt Helga Schubert, Preisträgerin des vorigen Jahres.[334] Sie erzählte in launiger Stimmung, welche Mühen es sie gekostet hatte, sich in Bibliotheken und Buchhandlungen der DDR die Bücher der Rinser zu beschaffen. Sie beschrieb komische, aber auch peinliche Situationen, die mehr die literarische Öffentlichkeit der DDR als das Werk der Rinser betrafen. Nach dem offiziellen Teil der Veranstaltung, in kleinerer Runde, nahm sich die große alte Dame Luise Rinser Helga Schubert dann zur Brust und sagte: »Kindchen, sie haben mich drei Nummern zu klein gemacht.« Das saß!

Die Preisträgerin hatte mit einer Rede brilliert –, passend zur Lage, ausgefeilt, sprachlich genau ... Am Beispiel des Verhältnisses der Brüder Heinrich

---

333 Ebenda

334 Helga Schubert. »Laudatio auf Luise Rinser«. In: Mitteilungen 5/1987. S.9-12.

und Thomas Mann erzählte sie von den politischen Gegensätzen und Feindschaften, den Irrtümern, aber immer wieder vorhandenen Bindungen der beiden. Nicht selten waren die Vergleiche so formuliert, dass man auch beide deutsche Staaten in ihren Kämpfen und Gebundenheiten damit identifizieren konnte und sollte. Ganz zuletzt sprach sie es direkt aus: »So sind sie (die Brüder Mann – C.B.) denn schließlich mitsammen groß geworden und zu Repräsentanten dessen, was wir denn doch, mit Vorsicht und Vorbehalt, das eigentlich Deutsche nennen wollen, zu dem wir uns wieder bekennen können, da es sich anschickt, nach wirren, von Mißtrauen vergifteten Zeiten, neu sich selber zu finden. Der deutsche Bruderzwist, von Mächtigen befohlen, verliert von Jahr zu Jahr an Aggressivität, und die angstvolle Demutshaltung gegenüber denen, die uns als Marionetten gebrauchen, beginnt einem freieren, aufrechten Selbstbewußtsein zu weichen ... (...) Als 1925 Heinrich Mann zum zweitenmal nach dem Krieg in Frankreich war, sagte ihm der damalige Unterrichtsminister: ›Die Schriftsteller sind Vor-Diplomaten.‹ ›Das war‹, schrieb Heinrich Mann, ›wörtlich wahr, denn: die inzwischen angebahnten Verhandlungen der Staatsmänner verdankten ihren Erfolg denen, die vorgearbeitet hatten, indem sie eine besser zu atmende Luft geschaffen haben.‹ In der Tat: es läßt sich besser atmen, seitdem wir uns wieder lieben und vertrauen dürfen. Mögen diese Tage eine Vorwegnahme größerer Einigungen sein, und möge das Wort Hegels aus einer seiner Berliner Vorlesungen uns bestärken weiter zu hoffen – das Wort von der ›unendlichen Energie der Sehnsucht‹.«[335]

Was soll man zu diesen Worten aus dem Jahre 1987 heute – 2012 – sagen? Gewiss, eine Ahnung, ja Vorwegnahme »größerer Einigungen«, aber was für große Illusionen dabei! Die Machthaber hörten wohl diesmal so gar nicht auf die »Vor-Diplomaten«? Anders gefragt: Welche Bedingungen und Voraussetzungen hätte es denn geben müssen, dass sich die Vision der christlichen Humanistin aus der Bundesrepublik erfüllt: die beiden deutschen Brüder könnten in Liebe und Respekt »mitsammen« alt werden und einander helfen. War ihr das biblische Brüderpaar Kain und Abel nicht geläufiger? Hatte sie nicht auch zugunsten ihrer Vision verschwiegen, dass im Alter der kleine Bruder Thomas dem »großen« Heinrich in Ansehen, Stellung, Wohlstand so überlegen geworden war, dass ihr spätes Miteinander eher eine barmherzige Geste des einen gegenüber dem anderen gewesen war?

---

335 Luise Rinser. »›Wer hätte es gedacht?‹ Rede anlässlich der Heinrich-Mann-Preisverleihung«. In: Sinn und Form 5/1987. S.1090.

Veranstaltungen

»Kulturhaus de luxe« – das war die etwas spötttische, aber auch liebevolle Bezeichnung für die Akademie, wenn es um die Arbeit »nach außen« ging. Wolfgang Kohlhaase, der zu den meisten Veranstaltungen anwesend war, schätzte diese Aufgabe der Akademie hoch: »... die Akademie hat (...) ein Publikum von jungen Leuten, ein ziemlich gesichertes Publikum, beinahe so etwas wie ein Stammpublikum, zu sehr unterschiedlichen Veranstaltungen, zu literarischen, zu Filmvorführungen, auch zu Problemdiskussionen. Und so viel ist mit Sicherheit zu sagen – ich sehe da nicht hinter jede Stirn, natürlich nicht, die da im Saale ist, daß es das Bedürfnis nach der übergreifenden und weiterreichenden Frage ist, das diese Leute ins Haus bringt, daß wir diesem Bedürfnis manchmal auch in einem gewissen Umfang Rechnung tragen, einfach indem wir Dinge etwas anders besprechen, bis in den Klang der Formulierung hinein nicht das sagen, was manchmal stumpf geworden ist, nichts mehr produziert.«[336]

Zwei Jahre zuvor hatte er diese Hochschätzung der Veranstaltungen auch damit begründet, dass an den Abenden Besonderes geboten wird und die verschiedensten Mitglieder gemeinsam auftreten: »Und gerade die besonderen Dinge in dieser Welt, die den Allgemeinplatz für den sichersten hält, gehen so schnell verloren. Also wenn du da was von Nikolai liest, also, was auch immer, oder über Trakl, wenn die beiden vergessenen Dichter erwähnt werden, selbst wenn es einen Bildungsaspekt hat für das junge Publikum, würde ich überhaupt keine Scheu haben; wenn wir über diese Leute nicht reden, redet niemand über sie. Damit geht einfach Reichtum verloren (...) Also ich würde denken, eine gewisse Art von Öffentlichkeit ist enorm wichtig für die Akademie. Sie ist es auch in einem moralischen Sinne, weil ich herausgefunden habe: Wenn man über partielle Meinungsverschiedenheiten hinweg, wenn man etwas gemeinsam macht, wenn man gemeinsam sich auf die Bühne setzt oder hinter ein Podium oder sagt: Na, da gehen wir mal hin und diskutieren – das ist schon ein Gewinn, was Kollegialität innerhalb der Akademie betrifft. Gemeinsam etwas machen ist etwas anderes, als über Dinge nur zu reden.«[337]

336 Wolfgang Kohlhaase. Diskussionsbeitrag auf Sektionssitzung vom 10. 1. 1984. AdK-O 1012.
337 Wolfgang Kohlhaase. Diskussionsbeitrag auf Sektionssitzung vom 19. 5. 1982. AdK-O 948.

Dies war es wohl auch, was viele Veranstaltungen der Akademie aus-
zeichnete: der besondere Ton, das brisante Thema oder der vergessene
Stoff, eine Vielfalt von Meinungen verschiedener Akademiemitglieder
– gestandener Künstler – auf einer Bühne. Die meisten Abende waren
ausverkauft.

Es gab verschiedene Formen: Da waren zentrale Veranstaltungen, an der
Mitglieder verschiedener Sektionen beteiligt waren. Hierfür leistete sich
die Akademie sogar einen »Chefregisseur«. Dann hatten aber auch die
einzelnen Sektionen und Abteilungen eigene Programme, die natürlich
zentral koordiniert waren, aber wesentlich von den einzelnen Sektionen
und Sektionsabteilungen vorbereitet und verantwortet wurden. Dazu
gehörte die ständige Reihe »Stunde der Akademie«, im Jahr meist vier bis
fünf Abende. Hier las ein Mitglied aus einem neuen Werk oder einem Text
seiner Wahl. Dann gab es ein bis zweimal im Jahr eine größere Veranstaltung, in der mehrere Sektionsmitglieder auftraten. Oft beging man damit
ein Jubiläum, wobei wir uns meist auf Ereignisse konzentrierten, die als
brisant galten oder die die Mitglieder für besonders wichtig hielten.

Die »Stunde der Akademie« wurde jedem Mitglied und seinem neuen
Text angeboten. Die meisten nahmen auch diese Gelegenheit gern wahr,
erprobten sie doch dabei noch vor der Veröffentlichung die Wirkung der
neuen Arbeit. Da Schriftsteller wie Franz Fühmann und Christa Wolf,
Günter de Bruyn, Volker Braun, Hermann Kant und Günther Rücker,
Benito Wogatzki oder Helmut Sakowski und die anderen immer mit qua-
litätsvollen, teilweise auch provokanten Texten aufwarteten, war ein interessanter Abend zu erwarten, zumal der jeweilige Autor nicht nur las, sondern sich im Anschluss daran einer Diskussion stellte. Damit hatten wir
das ganze Spektrum aktueller Probleme im Haus. So las 1981 Franz Fühmann, 1982 waren es Günter de Bruyn, Helmut Sakowski und Stephan
Hermlin, 1983 Jurij Brězan und Christa Wolf, 1984 Heiner Müller, Benito
Wogatzki und Günter Görlich, 1985 Hermann Kant, Erik Neutsch, Volker Braun, Jurij Brězan und Stephan Hermlin, 1987 Waldtraut Lewin und
Alfred Wellm, 1988 Eva und Erwin Strittmatter und Erik Neutsch. Ent-
sinne ich mich richtig, war es allein Peter Hacks, der für sich eine »Stunde
der Akademie« strikt ablehnte, wie er ja überhaupt vom »Kulturhaus Akademie« nichts hielt.

Hatte in den 70er Jahren vor allem Hermann Kant die »Stunde der Akademie« moderiert, leitete in den 80ern meist der Sekretär der Sektion, also entweder Günther Rücker, oder dann Wolfgang Kohlhaase, die Diskussion. Ihre Art der Moderation schuf immer eine Atmosphäre von Vertrautheit. Oft gehörte die erste Frage ihnen und meist bestimmten sie so das intellektuelle Niveau des Abends. Sie ließen jede Frage zu, hatten Spaß an einem Publikum, das alles genau wissen wollte. Manche Abende waren Sternstunden angestrengten Nachdenkens und Widersprechens, angewandter Dialektik oder einfach angenehmen einander Zuhörens. Manchmal lasen Mitglieder nicht nur eigene Texte, sondern stellten einen ihrer Meinung nach bisher zu wenig beachteten Kollegen – Günther Rücker beispielsweise 1982 Horst Drescher – vor. Stephan Hermlin las 1985 »Deutsche Gedichte« – eine Auswahl seiner Lieblingslyrik. Natürlich waren die »Stunden der Akademie« auch für die Korrespondierenden Mitglieder vorgesehen, sobald einer von ihnen im Lande war, hatte er seinen Abend. Beispielsweise Daniil Granin, James Aldridge, Różewicz, Tournier u.a.

Dabei soll nicht unterschlagen werden, dass es bei bestimmten Autoren für uns – die veranstaltende Abteilung – »Auflagen« zur »Absicherung« der Veranstaltung gab, was beispielsweise bedeutete, bei einer als brisant eingeschätzten Lesung dafür zu sorgen, dass Diskutanten im Raum waren, die »in unserem Sinne« mitredeten. Wir organisierten das nie so, – wie es in anderen Institutionen vorgekommen war – dass wir den ganzen Raum mit Leuten besetzten, die im Sinne der »Linie« argumentierten oder auch nur Publikum spielten und so den wirklich Interessierten Plätze wegnahmen. Wir baten höchstens einzelne Diskutanten, die sachkundig waren, um ihre Anwesenheit, und natürlich verboten wir niemanden im Raum das Wort. Besonders erinnere ich mich an eine »Stunde der Akademie« mit Volker Braun: Lesung aus »Hinze und Kunze«. Das Buch behandelte das Verhältnis zwischen einem Chef und seinem Fahrer in der Gegenwart und warf damit unangenehme Fragen sowohl nach dem Führungsstil sozialistischer Leiter als auch nach der wirklichen Stellung von Werktätigen auf. Es ging also um grundlegende Verhältnisse in einem sozialistischen Staatswesen. Ich weiß nur noch, dass die Kulturabteilung des ZK der SED bei uns anrief und uns aufforderte, dafür zu sorgen, dass die Veranstaltung »nicht aus dem Rahmen lief«. Unser Sekretär Kohlhaase ließ sich von solchen Einschüchterungen wenig schrecken. Jedes Mitglied habe ein Recht auf Veranstaltung

und Diskussion. Über alles könne geredet werden. Unsere einzige »Maßnahme« war, mehrere Exemplare des Buches an verschiedene Mitglieder
und einige Literaturkritiker zu verteilen und diese zu bitten, doch am Abend
zu kommen. Einige sagten zu, kamen jedoch nicht. So musste die Lesung
halt laufen, wie sie lief! Dass Volker Braun und seine Freunde ebenfalls mit
Ängsten zu dieser Veranstaltung kamen, erfuhr ich erst aus seinem 2009 veröffentlichten Arbeitstagebuch: »20.11. 1995 lesung in der akademie. hochge-
peitschte Stimmung: kaufmann, der sehr krank ist, verläßt vor beginn, am
ganzen körper zitternd, wieder das haus. ich gehe in dem schummrigen
saal in eine auffangstellung, befestige mich mit vorsorglichen worten und
erwarte die schläge. aber es kommt nichts, aus der richtung, außer erbitterten blicken. Nichts um grimmig zu werden! und der tiefe sessel zieht
mich in eine zu bequeme lage. zwei jüngere leute sind dann zornig über den
gemäßigten ton, sie haben sich eine abrechnung mit kunze erwartet, den ich
aber nicht hängen lasse am ausgestreckten arm! wer bin ich, wenn nicht der
eine und der andere, in meinem Text, und muß behutsam mit beiden reden,
wenn wir schon einmal beisammen sind.«[338] Eine – wie ich heute finde – eher
komische Situation. Wer fürchtete da den anderen mehr? Damals war es
weder für Volker Braun noch für Akademie komisch.

Als Peter Weiss 1981 Berlin besuchte und mit Hilfe der Akademie die
Publikation von »Ästhetik des Widerstands« durchgesetzt werden sollte,
scheute die Akademieleitung die Öffentlichkeit gänzlich. Es gab lediglich
eine interne Diskussion.

Auch die »großen« Sektionsveranstaltungen mit mehreren Mitgliedern
gründeten meist auf der Idee eines Mitglieds. Der Vorschlag musste dann
in einer Sektionssitzung, manchmal noch im Präsidium bestätigt werden. Oft bestand die Organisation nur in einer Verständigung, wer Lust
hatte, teilzunehmen und womit sich der einzelne beschäftigen wollte.
Neben der Würdigung großer Kollegen oder überhaupt von »Heroen« der
Geschichte« (Franz Kafka, Karl Marx – 1983; Pablo Neruda – 1984, Georg
Lukácz – 1985, Wieland Herzfelde – 1986, Johannes Bobrowski – 1987)
waren es vor allem historische Ereignisse, die interessierten. Dass es sich
dabei oft um die Zeit des Nationalsozialismus handelte, war beabsichtigt. So gab es unter anderem folgende Abende: »Das Jahr 1938 im Spiegel

---

338   Volker Braun. »Werktage«. S.723.

der antifaschistischen Literatur« – 1981, »Verboten und verbrannt« – 1983, »Die Preußische Dichterakademie« – 1985, »Friedenstexte – 1986, »Der Erste Deutsche Schriftstellerkongress 1947« – 1987.

Mehr oder minder zufällig war die Zusammensetzung der Mitglieder, die an der jeweiligen Veranstaltung teilnahmen, wobei gerade das oft das »Salz in der Suppe« war, denn wenn beispielsweise auf einem Plakat die Teilnahme der beiden Kontrahenten Heiner Müller und Peter Hacks (so bei der Lukácz-Veranstaltung) angekündigt oder – wie bei Kafka – die ganze »Crème« der Sektion versammelt war, dann war ein volles Haus garantiert. Wie gesagt: viel Absprache untereinander war selten, und so bot das Improvisierte, nicht Durchgeplante einen weiteren Reiz.

Die Sektion organisierte auch hin und wieder Filmabende, da manche Schriftsteller auch als Drehbuchautoren arbeiteten bzw. mancher ihrer Texte verfilmt worden war. Zeitweise gab es auch eine Veranstaltungsreihe »verfilmte Literatur«. Dem DEFA-Film »Das Beil von Wandsbeck« nach Arnold Zweigs Roman war 1982 eine Veranstaltung mit der Vorführung des Films und anschließendem Gespräch mit Erwin Geschonneck und Christa Wolf gewidmet. Der Film hatte eine leidvolle Geschichte in den 50er Jahren gehabt, an der auch die Akademie beteiligt gewesen war. Der Film »Der Aufenthalt« nach Hermann Kants Roman mit einem Drehbuch von Wolfgang Kohlhaase wurde gezeigt und diskutiert, ebenso »Berlin Ecke Schönhauser« und die »Grünstein-Variante« (Kohlhaase). Ein anderer DEFA-Film – »Das zweite Leben des Friedrich Wilhelm Georg Platow«, für den Helmut Baierl gemeinsam mit Siegfried Kühn das Drehbuch geschrieben hatte, hatte seinen Abend, ebenso wie die Verfilmung der Geschlechtertauschgeschichte von Christa Wolf durch das Fernsehen. Auch Stephan Hermlins Erzählung »Leutnant Yorck von Wartenburg« war vom Fernsehen verfilmt worden und wurde in der Akademie vorgestellt. Ich hatte meist den Eindruck, dass unsere Filmveranstaltungen gegenüber denen der Sektion Darstellende Kunst abfielen. Dort saßen mit Filmregisseuren und Schauspielern die eigentlichen Fachleute, und die Mitarbeiter der Abteilung Darstellende Kunst waren äußerst kreativ und professionell im Organisieren und Präsentieren des Werks ihrer Mitglieder. Wäre insgesamt von den Veranstaltungen der Akademie hier die Rede, müsste die Sektion und Abteilung Darstellende Kunst besonders gewürdigt werden, sie setzten, was die Öffentlichkeitsarbeit betrifft, die Glanzstücke.

Neben der Reihe »Verfilmte Literatur« versuchten wir, neue »Reihen« zu kreieren, beispielsweise »Vergessene Literatur« (Christine Lavant, Klopstock) und natürlich sollten immer wieder jüngere Autoren öffentlich zu Wort kommen. Ein weiterer Bestandteil unserer Öffentlichkeitsarbeit waren gelegentlich Ausstellungen zu den Mitgliedern und ihrem Werk. Die größten waren in den 80er Jahren die zu Erich Arendt (1983), konzipiert und erarbeitet von Anneliese Weidemann, und eine zu Stephan Hermlin (1990), konzipiert und erarbeitet von Gudrun Geißler.

Tatsächlich wirkt auch noch heute das Veranstaltungsprogramm anspruchsvoll, immer auch – bedenkt man die Zeiten – etwas gewagt. Franz Kafka war 1983 zwar keine gänzliche Unperson mehr, aber voll durchgesetzt hatte es sich noch lange nicht, dass er ein Literat von Weltrang gewesen war. Von Georg Lukács sprach 1985 keiner mehr, sein Stern war erloschen, aber eben deshalb »hakte« die Sektion nach: So viele ihrer Generation hatten nach 1945 von Lukács gelernt, was Literatur ist, und nun sollte sein Erbe unerwähnt, undiskutiert sein?

An zwei große Veranstaltungen erinnere ich mich besonders gern:

DIE KAFKA-VERANSTALTUNG

Dazu fanden sich spontan mehr Mitglieder bereit, als dann anwesend waren. Gemeldet hatten sich: Hermann Kant (zur ersten Veranstaltung wegen Krankheit verhindert), Franz Fühmann, Günter de Bruyn, Günther Deicke, Stephan Hermlin, Günther Rücker (auch dann einmal durch Auslandsreise verhindert), Christa Wolf, Alfred Wellm (spätere Absage), Heiner Müller. Kafka zu würdigen, ihn so vorzustellen, wie jeder einzelne Autor ihn begriff, war eine Herzensangelegenheit, weil sie alle zum einen die früheren Kafka-Verrisse der Kulturpolitik der DDR erlebt hatten, aber auch, weil ihnen nun an einem vielschichtigen, differenzierten Bild gelegen war. Es machte ihnen auch einfach Spaß, einen ganz »Großen«, aber auch »Komplizierten« und vielfach Missbrauchten angemessen zu behandeln. Der kranke Franz Fühmann teilte aus dem Krankenhaus die Termine mit, an denen er konnte, und wir richteten uns danach. Alle Teilnehmer nannten dem Verantwortlichen in der Abteilung, Hansjörg Schneider, die von ihnen ausgewählten

Texte, damit keine Doppelung passierte. Jeder hatte etwas anderes ausgesucht, manch einer einen Text mit höchst privaten Bezug. Günther Rükker: »... Zum Kafka möchte ich gern die Bittbriefe vorlesen [zum Teil in Cechisch], um zu zeigen, woher dieses mir sehr bekannte und doch sehr fremd gewordene Lebensgefühl stammt.«[339] Dann in der Veranstaltung: »Ich habe einen Onkel bei der Assekuration Generale. Ich habe sozusagen aus familiären Gründen gelesen.« Franz Fühmann las »Schakale und Araber«, Hermann Kant wollte »Briefe an Felice« vortragen, Günther Deicke zitierte aus den Tagebüchern, Christa Wolf hatte einen Abschnitt aus dem Schlusskapitel des Romans »Der Prozess« gewählt, Günter de Bruyn »Briefe an Milena«, Stephan Hermlin las »Der Schlag ans Hoftor«, »Eine alltägliche Verwirrung«, »Eine Gemeinschaft von Schurken« und »Das Stadtwappen«, Heiner Müller las aus dem »Landarzt«. Ein Programm, wie es kein Dramaturg besser zusammenstellen konnte.

Die erste Veranstaltung fand am 11.10.1983 statt, wegen der Nachfrage gab es eine zweite am 22. 11. 1983 mit etwas geänderter Zusammensetzung, anstelle von Fühmann las nun Heiner Müller, auch Hermann Kant war jetzt dabei. Es herrschte, so erinnere ich mich, während der Lesung atemlose Stille. Die kurzen Texte, gelesen von den Schriftstellern, erzeugten Gänsehaut, bewiesen die Einzigartigkeit Kafkas – seine, wie Christa Wolf in der Diskussion sagte – »Hautlosigkeit. ... Alle Leute, die wir hier sitzen, halten das nur Wochen oder Monate aus. Er hat so gelebt ... Alles, was er geschrieben hat, ist daraus entstanden.«[340] In der Diskussion ging es unter anderem um Kafkas weitreichende soziale Bindungen und Bezüge und seine Situation als »Minorität innerhalb einer Minorität, innerhalb einer Minorität« (so zitierte Günther Deicke F.C. Weiskopf über Franz Kafka), um seine Einzigartigkeit und Genialität, aber auch um den Umgang mit ihm und seinem Werk in der DDR. Christa Wolf würdigte Hermlins ständiges Drängen, Kafka zu drucken, und Franz Fühmann verglich die Lage der jungen Dichter der Gegenwart mit der Franz Kafkas. Die beiden Veranstaltungen unterschieden sich in der Diskussion erheblich, dies ebenfalls ein Zeichen dafür, dass Spontaneität und Improvisation zu unseren Veranstaltungen gehörten. Hansjörg Schneider konnte der Akademieleitung »vermelden«: »Die Veranstaltung »entwarf – dank einer klugen

---

339 Günter Rücker: Brief an die Abteilung, o. D. AdK-O 2577.
340 Christa Wolf in der Diskussion über Franz Kafka am 11.10.1983 AdK-O 2577.

Textauswahl durch die Mitglieder und einer gelungenen Programmzu-
sammenstellung durch Stephan Hermlin – ein anderes, weit differen-
zierteres Kafka-Bild und vermied die vor allem in westlichen Ländern
hervorgekehrte Einseitigkeit der weltanschaulichen Position Kafkas.«[341]
Natürlich ging es bei allen Veranstaltungen nicht ohne einen »absegnen-
den« Bericht, wir kannten es nicht anders und hatten Übung. Dass es in
dieser Veranstaltung »geknistert« hat wie selten, weil – wie es Franz Fühmann ebenfalls in der Diskussion gesagt hatte, – einfach große Literatur
auf uns wirkte, erwähnte kein Bericht, bleibt aber unvergessen.

Die Lesung Hans Mayers 1986

Eine andere unvergessliche Veranstaltung war die mit Hans Mayer. 1986
hatte Stephan Hermlin angeregt, eine Veranstaltung mit Hans Mayer zu
organisieren. Es sei an der Zeit, den seit über zwanzig Jahren in der Bundesrepublik Lebenden symbolisch und praktisch zu rehabilitieren. Wie er
wisse, sei sein alter Freund gern bereit, in der Akademie aufzutreten.

Der Germanist Professor Hans Mayer war für viele Germanisten in der
DDR eine Kult- oder Vaterfigur. Er hatte, nachdem er aus der Emigration
zuerst nach Frankfurt am Main zurückgekehrt war, nach 1948 in Leipzig
eine Professur für Literaturwissenschaft inne und wurde für seine immense
Kenntnis und Liebe zur Literatur von den Studenten sehr verehrt. Er, der
vor allem Spezialist für die Literatur des 19. Jahrhunderts war, widmete sich –
für Universitäten damals eher ungewöhnlich – auch lebenden Autoren, ließ
zu Schriftstellern wie Brecht, Seghers, Fallada und anderen Diplom- oder
Doktorarbeiten schreiben und schaffte es, die Elite der deutschen Literatur, dabei nicht nur ostdeutsche Schriftsteller, auch Böll, Grass oder Ingeborg Bachmann, in Leipzig lesen und mit Studenten diskutieren zu lassen.
Seine Maßstäbe für Literatur waren hoch und unbestechlich. Das brachte
ihn mit DDR-Kulturfunktionären in Konflikt, die seine Kritik am schwachen Niveau der Gegenwartsliteratur nicht zulassen wollten. Ihm wurde es
in Leipzig und im Lande immer schwerer gemacht, 1963 kam er von einer
Vortragsreise aus Tübingen nicht zurück. Über den »Verräter« sollte nicht
mehr gesprochen, seine Verdienste vergessen werden.

---

341   Veranstaltungsbericht AdK-O 2577.

Hermlin hatte die Kontakte zu Mayer nie abgebrochen. Mayer war auch – trotz Anstellung an der Universität – in der Bundesrepublik ein unbequemer Mann. Als Sozialist, Jude und Schwuler hatte er es unter Spießern und Antikommunisten nicht leicht. Sein Rezept dagegen hieß Arbeit, und so erschienen regelmäßig sehr interessante Bücher von ihm, neben rein literatur- bzw. musikwissenschaftlichen und historischen Arbeiten auch sein Bekenntnisbuch »Außenseiter« (1975) und die Autobiographie »Deutscher auf Widerruf« (1982). Mit beiden Büchern erwies er sich in vieler Hinsicht als Querdenker. So bekannte er unter anderem auch sein problematisches Verhältnis zu Deutschland und den Deutschen und lobte den gesellschaftlichen Neuanfang in der DDR.

Diesen Hans Mayer wollte nun Stephan Hermlin auf seine Art »heimholen« und offenbar hatte er bereits, bevor er seinen Vorschlag in der Sektion äußerte, eruiert, ob die Chancen dafür vorhanden waren. Das Präsidium der Akademie jedenfalls gab dafür grünes Licht: »Die Veranstaltung wurde seitens der Akademieleitung und der Partei- und Staatsführung aus bündnispolitischen Erwägungen heraus zugestimmt. (...) Die Veranstaltung ist nicht öffentlich, sondern für gezielt eingeladene Gäste.«[342]

Die Kontakte waren schnell geknüpft, Mayer schlug Karl Kraus als Thema vor, Termin war der 25. November 1986. Natürlich musste die Veranstaltung in unserem größten Raum, dem Konrad-Wolf-Saal stattfinden, wir waren uns des Publikumsinteresses sicher. Aber es kam noch gewaltiger als vermutet. Kaum hatte der Buschfunk das Gerücht über einen Auftritt Mayers verlauten lassen, konnten wir uns vor Anrufen und Wünschen kaum retten. Hätten wir genügend Platz gehabt, hätten wir einen Sonderzug aus Leipzig organisieren und unterbringen können. Es war wohl das einzige Mal, dass wir – die verantwortliche Abteilung – wegen einer Kartenreservierung bestochen werden sollten. Jedenfalls kam ein größeres Paket mit edlen Büchern (allesamt Bückware!) aus der Produktion des Reclam-Verlags: So wollte Hans Marquardt sich und seinen Verlagsmitarbeitern Plätze sichern!

Am Vormittag der Veranstaltung holte ich Hans Mayer im Westberliner Hotel ab, begleitete ihn über die Grenze und brachte ihn nach Pankow zu Stephan Hermlin, wo die Freunde noch eine Weile in Ruhe plaudern

---

342 Präsidiumsprotokoll vom 9.9. 1986.

wollten. Pünktlich kamen beide in den überfüllten Saal, von Beifall überschüttet. Hermlin begrüßte Mayer öffentlich mit einem Statement voller
kulturpolitischer Brisanz: »Dies ist ein Tag der Freude für mich, da bin ich
sicher, nicht nur für mich. Nach dreiundzwanzig Jahren ist Hans Mayer
unter uns und wird sogleich zu uns sprechen. In diesem Raum befinden
sich einige, aber längst nicht alle Freunde, die er in der Deutschen Demokratischen Republik besitzt. Meine eigene Freundschaft mit Hans Mayer
ist älter, ich lernte ihn mehr oder weniger zufällig im Herbst 1944 in
Zürich kennen. Diese zweiundvierzigjährige Bekanntschaft und Freundschaft legitimiert meinen Gruß an ihn. Lieber Hans Mayer, seien Sie uns
willkommen, Sie waren hier nie vergessen, wir möchten Ihnen sagen, daß
wir Sie verehren und lieben.« Hermlin sprach dann über die Verdienste
Mayers als Buchautor und Hochschullehrer, um dann nicht ungesagt zu
lassen: »Als Hans Mayer die Deutsche Demokratische Republik verließ,
so war das natürlich in erster Linie sein persönlicher Entschluß. Aber es
sollte nicht vergessen werden, daß dieser Entschluß nicht ohne Zutun von
Leuten zustande kam, denen seine enormen Kenntnisse, seine Brillanz,
seine enthusiastische und bewegliche Natur Unbehagen schufen und die
ihn gern losgeworden wären. Wir anderen hatten dann nur einen großen
Verlust zu registrieren.«[343]

Gerührt stand der kleine, neunundsiebzigjährige Mayer auf der Bühne,
in der Hand einen winzigen Zettel und begann seinen Vortrag »Nachdenken über den großen Nörgler. Zum 50. Todestag von Karl Kraus.«[344]

Er war brillant, skizzierte kurz die Eigenheiten des scheinbar an den
Tag gebundenen Schreibers, seine illusions- und utopielose Meinung
zur Welt und stellte ihm Hofmannsthal zur Seite, als Widerpart und in
bestimmten Ansichten dennoch Ähnlichem, was auch mit der besonderen
Situation des untergehenden Österreich-Ungarn zu tun hatte. Mayer versäumte nicht, auf das Minderheiten-Dasein beider hinzuweisen – »deutsche Minderheit in einem slawischen und ungarischen Nationalstaat.
Städtisch bürgerliche Minderheiten zwischen Bauern und Großgrundbe-
sitzern (...) Jüdische Minderheit schließlich unter den Bürgern und den
Deutschen.«[345] Die Betonung des Unterschieds, die Leistung des »gro-

343 Stephan Hermlin. »Begrüßung«. In: Sinn und Form 2/1987. S. 365/6.
344 Nachzulesen ebenfalls in: Sinn und Form 2/1987, S. 367 – 382.
345 Ebenda. S. 372.

ßen Nörglers« lag ihm am Herzen. Er setzte sich mit Interpretationen und Deutungen anderer auseinander, erschloss Kraus' Gedanken vom »Ursprung«, bezog Arnold Schönberg, Adorno und Brecht bei der Frage »Karl Kraus und die Folgen« ein und versuchte eine Deutung, warum sich Kraus über 1933 und die Herrschaft der Nazis zum Schweigen verdammte. Volker Braun, der natürlich im Saal saß, notierte: »26. 11. 1986, gestern sprach hans mayer in der akademie über karl kraus, und der achtzigjährige unverändert lebhafte schloß beziehungsvoll, und die letzte zeile mit dem schwung eignen rechts herausschleudernd:

AN DIE SUCHER VON WIDERSPRÜCHEN
mein wort berührt die welt der erscheinungen,
die darunter oft leider zerfällt.
immer doch meint ihr, es gehe um meinungen,
aber der widerspruch ist in der welt.«[346]

Mayers Vortrag war eine komplexe Darstellung, kenntnisreich, die Feinheiten herausarbeitend, aber doch nicht sensationell, gar provokant. Was er beispielsweise zum Widerspruch äußerte, war nichts grundsätzlich Neues, sondern eine indirekte Polemik gegen praktizierte Vereinfachungen und falsch verstandenen Marxismus. Hier zeigte ein Lehrer seinen der Schulzeit entwachsenen Schülern, was Kompetenz und Standpunkt ist. Er wurde mit Ovationen überschüttet, vor dem Saal traf er auf die vielen früheren Bekannten, es gab nach dem Vortrag noch einen kleinen Umtrunk. Mayer schwamm und schwebte in Verehrung und Liebe. Ich musste drängeln, denn wir mussten vor 24.00 Uhr den Grenzübergang Heinrich-Heine-Straße passieren. Der umschwärmte Mayer konnte sich schwer von seinen neuen/alten Freunden und Bekannten lösen, er genoss den Rausch von Sympathie und Verehrung.

Als wir am Grenzkontrollposten ankamen und Mayer seine Papiere zeigte, entdeckte der Grenzer einen Fehler: irgendein Zahlendreher hatte sich beim Ausfüllen eingeschlichen, unbemerkt beim ersten Grenzübergang. Der Grenzer wurde prinzipiell und unfreundlich. So etwas könne er nicht durchgehen lassen, und er schikanierte Mayer, der musste das Auto verlassen und stand plötzlich da: klein, verlassen, eine große Angst

---

346   Volker Braun. »Werktage«. S.787.

im Gesicht, unfähig, etwas zu sagen. Aufgerissene verlorene Augen, die ich nicht vergessen werde. Da war sie wieder, die alte Erfahrung des Verfolgtseins, ausgewiesen, nicht dazugehörend, überall fremd und immer schuldig und sprachlos vor Machtausübenden. Ich, die ich sonst auch eher gefügig als auftrumpfend vor Schaltern und Sperren bin, sah und spürte die Not des Mannes, der eine halbe Stunde vorher ein Auserwählter, Gerühmter war, und mir gelang es, den Grenzer zurückzupfeifen, er solle uns sofort fahren lassen, sonst – ich weiß nicht mehr, womit ich gedroht habe, aber es gelang. Wir konnten weiterfahren. Beim Abschied küsste mir Hans Mayer, noch immer leicht zitternd, die Hand und verschwand wortlos in der Tür seiner Hotels.

Hans Mayer wurde 1990 als Korrespondierendes Mitglied der Akademie gewählt. Da war das Votum der Sektion einstimmig. »Mayer ist Nachholepflicht«[347], begründete Günther Deicke Mayers unangefochtene erste Position auf der damaligen Kandidatenliste. Bereits in den fünfziger Jahren hatte er mehrmals auf solch einer Liste gestanden.

---

347   Günther Deicke in der Diskussion über die Wahl Korrespondierender Mitglieder auf der Sektionssitzung vom 23. 11. 1989. AdK-O 1401.

Deutsch-deutsche Beziehungen
oder das zweimal geplatzte Lyrikertreffen

Das Verhältnis zu den Kollegen »auf der anderen Seite«, vor allem das zu den Mitgliedern und Funktionären der benachbarten Westberliner Akademie, war – je nach politischer Großwetterlage und den Ambitionen der Präsidenten – höchst schwankend gewesen.[348] Wie bereits im Falle der Berliner Begegnung und der Heinrich-Mann-Preisverleihung an Luise Rinser beschrieben, suchte auch die Akademie in den 80er Jahren verstärkt nach Kontakten im »anderen« deutschen Staat. Es ging dabei nicht nur um partnerschaftliche kollegiale Anerkennung, den meisten schien es einfach vernünftig, miteinander zu sprechen, zu streiten, sich überhaupt kennenzulernen. Die Abschottung in früheren Jahrzehnten hatte nichts gebracht. Die Zeiten waren, auch international, andere geworden.

Ein prägnantes Zeichen dafür war eine große Ausstellung von Werken von Joseph Beuys 1988, die durch die Anwesenheit des damaligen Ministerpräsidenten von Nordrhein-Westfalen, Johannes Rau, offiziellen Rang bekam. Gleichfalls 1988 wurden die kritischen und frechen Karikaturen und Plakate von Klaus Staeck in der Akademiegalerie ausgestellt. Schon im Jahr zuvor bei der Einweihung des neuen Hauses am Robert-Koch-Platz hatte eine Internationale Plenartagung stattgefunden, auf der – zumindest für die Sektion Literatur – »westliche« Korrespondierende Mitglieder mehr als jemals zuvor anwesend waren.

1986 war in der Akademie gewählt worden, neben Ordentlichen auch Korrespondierende Mitglieder. (Siehe Kapitel »Wahlen und Preise«) Von den sechs »neuen« Korrespondierenden Mitgliedern in der Sektion Literatur und Sprachpflege waren die Hälfte deutschsprachige Kollegen: Der Österreicher Ernst Jandl, sowie die Bundesrepublikaner Walter Jens und Peter Rühmkorf.

Walter Jens war ein bekannter Literaturwissenschaftler, glänzender Rhetoriker, Fachmann für Theologie und Geschichte, als Christ aktiv in

---

348 Siehe dazu auch: »Und die Vergangenheit …«. S. 421 ff und in »Zwischen Diskussion und Disziplin«, S. 152 ff, S. 382 ff.

der Friedensbewegung, sich nicht zu schade, in der Masse von Protestierenden in Mutlangen Gesicht zu zeigen. »Bürgerlicher Radikaldemokrat«, so bezeichnete er sich selbst.

Peter Rühmkorf, Lyriker in der Tradition Heines, dessen Texte – so leicht sie daherzukommen scheinen – es in sich haben. Kritisch, ironisch, aber auch melancholisch betrachtete er seine Welt, ohne gänzlich mutlos zu werden, denn seine Devise »Bleib erschütterbar, doch widersteh«, war mehr als nur ein schönes Gedicht. Das war Programm.

Beide hatten der Wahl freudig zugestimmt, beide waren nach der Wahl häufige Gäste. Rühmkorf hatte immer ein ausverkauftes Haus, wenn er mit seinen Partnern Michael Naura am Klavier und Wolfgang Schlüter am Vibraphon auftrat und sie virtuos Jazz und Lyrik so miteinander verschmolzen, dass das Ganze ein großes Kunsterlebnis wurde. Auch Jens' Vorträge waren immer gut besucht. Er war an der Arbeit unserer Akademie sehr interessiert. Dass er dann 1989 zum Präsidenten der Westberliner Akademie der Künste gewählt wurde, empfanden die meisten Mitglieder unserer Akademie wie auch wir Mitarbeiter als einen Glücksfall. Als Korrespondierendes Mitglied und Präsident einer »Bruder«-Akademie, so hofften die meisten, könnte er bestimmt in jener Zeit der Wirren beraten und helfen.

1987, im Jahr seiner Wahl zum Korrespondierenden Mitglied, wurde er in einem Interview für »Sinn und Form« befragt, welche Rolle er in dieser Funktion zu spielen gedenke, weniger wohl »festliche Repräsentanz als fragende kritische Mitarbeit«. Jens bejahte und ergänzte: »In der dem Gast gebotenen Höflichkeit will ich aktiv und substantiell an der Arbeit dieser Akademie teilhaben und dabei selbstverständlich auch Unabgegoltenes zur Sprache bringen. Dabei geht es mir zum Beispiel um die Frage einer sinnvollen Kooperation von Christen und Sozialisten, aber auch um die Frage: Wie haltet ihr es mit Deutschland? Um es ganz klar zu sagen, gottlob gibt es zwei deutsche Staaten, um des Friedens willen. Gottlob gibt es kein Deutsches Reich in den Grenzen von 1937. Die Millionen Toten der Kriege von 1870/71 bis 1945 gingen auf Kosten dieses Reiches. Natürlich wird nur ein Erzreaktionär die Staatsbürgerschaft der DDR nicht anerkennen. Aber: Wie können wir den Vortraum gerade der Poeten – denken Sie an Heine – von einem friedlichen, bescheidenen, humanen, wegweisenden Deutschland heute im Wetteifer zwischen West und Ost am besten

realisieren? Da, glaube ich, ist noch vieles sehr genau und sehr phantasie-
voll zu bedenken. Um es auf den Begriff zu bringen: Die DDR ist ein Staat,
die Bundesrepublik ist ein Staat, aber ich weigere mich, Ausland in dem
Moment beginnen zu lassen, in dem ich den Bahnhof Friedrichstraße in
der einen oder anderen Richtung verlasse.«[349] Das Interview erschien im
März 1989, darin äußerte sich Jens auch zu »den Meistern« der DDR-Literatur: »Natürlich gibt es de Bruyn, Hermann Kant oder – hier mache ich
drei Punkte, um keinen von Stephan Hermlin über Christa Wolf bis Volker Braun zu kränken ...«[350]

Drei Jahre später wurde wieder über neue Korrespondierende Mitglieder beraten und noch immer die Existenz zweier deutscher Staaten nicht
angezweifelt. Der Sekretär Wolfgang Kohlhaase bestätigte den eingeschlagenen Weg: »Wir haben zum Beispiel beim letzten Mal gesagt, wir verbessern unsere Situation, was die Mitgliedschaft von Schriftstellern aus
dem deutschsprachigen Raum betrifft. Das war eine Überlegung, die sich,
glaube ich, bemerkbar gemacht hat und die das Gefälle unserer Beziehungen in die Bundesrepublik hinein, aber auch nach Österreich entwickelt hat. Es hat auch etwas mit der grundsätzlichen politischen Lage
zu tun. Es war, glaube ich, eine richtige Überlegung, unsere Schätze nicht
zu verstreuen über die Kontinente, sondern etwas Bemerkbares in einer
bestimmten Richtung zu tun. Wir müßten überlegen, inwieweit wir das
fortsetzen in der deutschsprachigen Richtung.«[351]

Das hatte unter anderem damit zu tun, dass es sowohl personelle Ver-
flechtungen zur Westberliner Akademie als auch mittlerweile Kontakte
zwischen den Präsidien gab. Aus der Sektion Literatur und Sprachpflege
waren bereits Stephan Hermlin (seit 1976), Christa Wolf (seit 1982), Heiner
Müller (seit 1986), Günter de Bruyn (seit 1986) dort Mitglied. 1990 folgten
Volker Braun und Christoph Hein, 1991 Wolfgang Kohlhaase.

Man kannte sich also und es war nicht zufällig, dass alle neuen deutschsprachigen Korrespondierenden Mitglieder auch in der Westberliner Akademie eine Rolle spielten. Beispielsweise war der 1990 zum Korrespondierenden Mitglied gewählte Peter Härtling in jener Zeit Direktor (Pendant
zu unserem Sekretär) der Sektion Literatur an der Westberliner Akademie.

349 Klaus Pankow. »Gespräch mit Walter Jens«. In: Sinn und Form 2/1989, S. 318/319.
350 Ebenda S. 318.
351 Wolfgang Kohlhaase. Diskussionsbeitrag auf der Sektionssitzung vom 7. 9. 1989, AdK-O 1401.

Diese verstand sich ebenso wie unsere Akademie als Fortsetzung der Tradition der Preußischen Akademie, war erst 1954 wiedergegründet worden und war im Unterschied zu uns eine Landesinstitution. Ihre Ordentlichen Mitglieder mussten nicht unbedingt aus Deutschland sein, Meisterschüler gab es nicht und eine Beratung des Senats war auch nicht vorgesehen. Ihr besonderes Augenmerk galt der Freiheit der Kunst und der Offenheit für alle künstlerischen Richtungen und Aussagen. »Die Akademie (West) verstand sich als Antithese zur Ost-Akademie.«[352] Was jedoch beide konkurrierende »Schwestern« in den 80er Jahren nicht hindern sollte, Kontakte aufzunehmen.

Präsident-Ost Manfred Wekwerth und der damalige Präsident-West Giselher Klebe (Präsident von 1986 bis 1989), ein Komponist, hatten sich getroffen und Schritte vorsichtigen gegenseitigen Kennenlernens vereinbart. Im April 1988 besuchten die Mitglieder der West-Akademie unsere Institution, und zu deren Jahrestagung im Jahr danach wurde dieser Besuch von unseren Mitgliedern erwidert. Als eben zu dieser Tagung Walter Jens zum Präsidenten gewählt wurde, sollte sich die Zusammenarbeit intensivieren. Jetzt traten aber unerwartet neue Probleme auf, beispielsweise bei der Organisation eines Lyrikertreffens, das schon unter Giselher Klebe vereinbart worden war.

Vorgeschlagen hatte es die Westberliner Abteilung Literatur im Dezember 1988 bei einem Arbeitstreffen – ein Dichtertreffen von Lyrikern aus der Bundesrepublik, der DDR, Österreichs und der Schweiz unter dem Titel »Die deutschen Sprachen der Poesie«. Wie sie es von sich gewohnt waren, verlangten die DDR-Vertreter eine ausführliche Konzeption für diese Veranstaltung. Was folgte, waren Namensvorschläge derer, die sich beteiligen sollten, sowie ein organisatorisches Konzept. An drei aufeinanderfolgenden Tagen sollten die Lyriker in der Westberliner Akademie und am nächsten Wochenende an wiederum drei aufeinanderfolgenden Tagen in der Ostberliner Akademie auftreten. Auf der Namensliste standen 60 Lyriker, erarbeitet war sie von Peter Härtling, Harald Hartung und Stephan Hermlin. Eine gewisse Zeit lang bestritt die Ostseite, darin eine Konzeption zu sehen, doch die Westseite beharrte: Die Namensliste wäre schon Konzept.

---

352   Vergleiche: Elise Grauer. »Die Berliner Akademie der Künste. Verfassungs- und verwaltungsrechtliche Untersuchung einer Kulturinstitution des Bundes«. Berlin 2010, S. 59.

Der Vorschlag wurde im März 1989 im Präsidium beraten, Wolfgang Kohlhaase wurde als Sekretär der Sektion Literatur und Sprachpflege beauftragt, mit seiner Sektion und den Verantwortlichen in Westberlin zu verhandeln. In einem Brief an die Leiterin der Abteilung Literatur – quasi das West-Pendant zu meiner Funktion – der Lyrikerin Karin Kiwus, meldete Kohlhaase Ende März Bedenken an: »Sind das nicht zu viel Leute? Wieviel Platz, denken Sie, sollte der einzelne haben, in Minuten, und wie kann er sich seinem Publikum in seiner Eigenart zu erkennen geben und in welcher Nachbarschaft? Laufen Lesungen parallel oder gibt es einen großen Raum? Setzt sich Freund zu Freund, Ost zu West, jung zu alt, bekannt zu weniger bekannt?«[353] Hinsichtlich der Namensliste stimmte er prinzipiell zu, machte jedoch zur Bedingung, dass alle Mitglieder der Sektion Literatur und Sprachpflege, die Gedichte schreiben, eingeladen werden. Ihm wären offensichtlich weniger Teilnehmer zugunsten der größeren Aufmerksamkeit für die einzelne Stimme lieber gewesen und er machte Vorschläge für Veranstaltungen, die das eher ermöglichten, doch er gestand auch bezüglich des Westberliner Konzepts ein: »Was entstehen könnte, wäre eine Momentaufnahme lyrischer Befindlichkeit in deutscher Sprache.«

Kohlhaase vereinbarte, sich mit Karin Kiwus zu treffen, was auch geschah. Am 16. Mai entschied schließlich ein vom Präsidium beauftragtes Gremium, dass die vorgeschlagene Veranstaltung »keinen politischen Schaden« verursachen würde. »Hauptergebnis wäre das Kennenlernen gegenwärtiger deutschsprachiger Lyrik.« Kurt Hager wurde unterrichtet, er erhielt die Namensliste, nun sollte und musste die Sektion und unsere Abteilung handeln. Am 25. Mai tagten dann Kohlhaase, Hermlin, Mickel und Baierl, besprachen noch einmal die Namensliste, die endgültig 32 Dichter aus der BRD, 25 aus der DDR, 3 aus der Schweiz, 6 aus Österreich und 2 Rumäniendeutsche enthielt. Aus der DDR waren es: Volker Braun, Hanns Cibulka, Heinz Czechowski, Günther Deicke, Adolf Endler, Elke Erb, Peter Gosse, Peter Hacks, Stephan Hermlin, Heinz Kahlau, Rainer Kirsch, Wulf Kirsten, Uwe Kolbe, Gisela Kraft, Kito Lorenc, Steffen Mensching, Karl Mickel, Bert Papenfuß-Gorek, Walther Petri, Richard Pietraß, Thomas Rosenlöcher, Eva Strittmatter, Brigitte Struzyk, Hans Eckhard Wenzel, Walter Werner. Auf der BRD-Liste fehlten die Namen Wolf

---

353 Wolfgang Kohlhaase an Karin Kiwus vom 30. 3. 1989, AdK-O 3190. Alle weiteren nächst folgenden Zitate: AdK(O 3190.

Biermann und Reiner Kunze. Diesen Kompromiss an die Ost-Partner waren die Organisatoren von Anfang an eingegangen, was bezüglich Reiner Kunzes von großer Brisanz war, denn Kunze war Mitglied der Westberliner Akademie. Mit den – ebenfalls wie Kunze – aus der DDR ausgereisten, aber liberaleren Autoren Günter Kunert, Sarah Kirsch, Helga Novak und Wolfgang Hilbig hatten sie – das wussten beide Seiten – schon großen Zündstoff im Programm. In einem Brief an Manfred Wekwerth fasste Wolfgang Kohlhaase die Argumente der Sektionsmitglieder zusammen: »Das Thema ›Die deutschen Sprachen der Poesie‹ geht uns an. Namhafte Dichter der DDR sind zu ihm geladen und würden sich wohl beteiligen, auch wenn wir nicht dabei wären. Hier ist eine Chance, daß die Poesie der DDR ihr Gesicht zeigt.« Nach der Erwähnung der Teilnahme Kunerts und Sarah Kirschs heißt es: »Die Möglichkeit, daß wir uns zeigen, wie wir sind, bereit, das Verbindende zu suchen, scheint mir nicht gefährdet.«

Am 27. 6. 1989 wurde noch einmal bezüglich des Lyrik-Festivals im Akademie-Präsidium festgelegt: »Die Prüfung des Vorschlags unter Berücksichtigung der gegenwärtigen Lage (Es war der Sommer 1989! C.B.) ergab: die Sektion stimmt – die veränderte politische Lage im Westberliner Senat beachtend und mit Wissen um die Durchführung einer ähnlichen Veranstaltung ›Orte literarischer Verantwortung‹ des Schriftstellerverbands der DDR und der neuen Gesellschaft für Literatur Berlin West in Westberlin – dem Vorschlag der Westberliner Akademie prinzipiell zu: Das Thema ›Die deutschen Sprachen der Poesie‹ geht uns an (...) Hier ist eine Chance, daß die Poesie der DDR ihr Gesicht zeigt und ihr Gewicht innerhalb der deutschsprachigen Lyrik. Dazu kommt, daß Walter Jens, der uns in wichtigen Fragen nahesteht und unser Korrespondierendes Mitglied ist, zum neuen Präsidenten der Westberliner Akademie gewählt wurde. Wir erproben hier eine Zusammenarbeit letztlich auch mit ihm, die zu einer gemeinsamen Erfahrung führen wird und uns helfen könnte, künftig auch eigene Projekte hineinwirken zu lassen.« Zu der endgültigen Liste heißt es, es sei nicht mehr möglich, innerhalb der vorliegenden Liste zu selektieren: »Nach der Entscheidung der Westberliner Akademie, Reiner Kunze nicht zu berücksichtigen und Leute wie Fuchs[354] nicht einzula-

---

354 Jürgen Fuchs (1950 – 1999) war ein Schriftsteller, der in den siebziger Jahren sehr aktiv in der Friedens- und Bürgerbewegung in Jena und später Berlin war. Nach Protesten gegen die Ausbürgerung von Wolf Biermann wurde er verhaftet und nach neunmonatiger Haft nach Westberlin entlassen.

den, wäre eine Streichung von Vorschlägen mit der Gefahr verbunden, das Projekt abzusagen oder Spannungen zu erzeugen, die sich negativ auf die gesamte Veranstaltung auswirken könnten. Die politischen Folgen wären groß und stehen in keinem Verhältnis zur Wirkung der Teilnahme dieser drei Autoren (gemeint waren Günter Kunert, Sarah Kirsch und Helga Novak), es wären 3 Stimmen neben vielen anderen. Es wird sich zeigen, wie sie mit einem Angebot zur Normalität, das diese Veranstaltung darstellt, umgehen wollen.« Stolz informierte auch der neue Präsident der Westberliner Akademie Walter Jens die (West-)Medien über das Vorhaben, die am 16. Juni 1989 darüber berichteten. Die Einladungen an die Teilnehmer wurden geschrieben, Informationen über Leben und Werk der Teilnehmer von den Mitarbeitern unserer Abteilung zusammengestellt, Hotelbetten bestellt, als Termin waren die Tage vom 1.-5. November 1989 genannt.

Am 12. Juli wurde Kurt Hager noch einmal von Manfred Wekwerth über die Veranstaltung informiert. Der Präsident bat noch einmal um Zustimmung, doch die blieb aus und allmählich wurde es zeitlich brenzlig. Das Präsidium war ratlos. Hermlin wurde gebeten, Kontakt zu Honecker aufzunehmen, doch der lag im Krankenhaus. »Es ist also heute nicht abzusehen, wann Hermlin ihn (Honecker) erreicht. Und dann ist nicht abzusehen, wie E. H. angesichts der ›gesamtdeutschen Verbrüderung über die ungarische Grenze‹ reagiert. Ich meine, wir brauchten ein Zeichen von Souveränität. Das könnte das Lyrikertreffen sein. Aber vielleicht fürchtet man, es könnte dort zu Solidaritätserklärungen für die ›Massenflüchtigen‹ kommen (...) Ich bin dennoch dafür, daß Hermlin den Versuch macht. Denn – da gebe ich Stephan recht – nur E.H. kann in diesem Falle entscheiden, daß einige ›Ehemalige‹ nicht an der Grenze abgewiesen werden (was grauenhafte Folgen hätte).«[355]

Es war Sommer, Urlaubszeit, und es war der besondere Sommer 1989, in den Botschaften von Ungarn und Prag drängten sich immer mehr DDR-Bürger, die Ausreise aus der DDR fordernd. Gab es überhaupt jemanden, der sich für deutschsprachige Lyrik in wohltemperierten Räumen interessieren würde? Hätten die führenden DDR-Politiker sich nicht um anderes zu kümmern als um eine Lyrikveranstaltung?

---

355 Manfred Wekwerth an Wolfgang Kohlhaase vom 22. 8. 1989 AdK-O 4417.

Als am 24. August noch immer kein positiver Bescheid aus dem »gro-ßen Haus« gekommen war, Hermlin Honecker nicht erreichen konnte und sich das Gerücht verdichtete, dass Willi Stoph, der Vorsitzende des Ministerrats der DDR, nicht bereit sei, Günter Kunert und Sarah Kirsch die Einreise zu gestatten, kam es wohl noch einmal zu einer Absprache der Akademie-Oberen. Der Generaldirektor Heinz Schnabel teilte Man-fred Wekwerth mit: »Es scheint mir, daß wir dabei sind, unser Gesicht zu verlieren. Die Westberliner Akademie kann nicht länger hingehalten werden«[356]. Er schlägt eine Absage vor – »aufgrund der allgemeinen politi-schen Lage« könne Erich Honecker keine verbindliche Zusage geben. Nur eine solche wäre wohl die einzige Initiative. Noch am gleichen Tag bat Manfred Wekwerth, der sich im Urlaub befand, den amtierenden Direktor Gerd Dardas, bei Walter Jens abzusagen und ein Treffen nach dem Urlaub zu vereinbaren. Den Westberlinern soll die politische Lage als Grund der Absage genannt werden, die hätte einen »Grad der Zuspitzung erreicht, die zu erneutem Nachdenken zwingt. Das ist bis zum November oder auch bis zum Januar 1990 nicht zu bewältigen.«[357] Dem Schreiben an Gerd Dardas lag ein Brief Wekwerths an Walter Jens bei, in dem er Terminvor-schläge für ein baldiges Treffen machte und die Absage für das Lyriker-treffen auch Jens gegenüber mit der Zuspitzung der politischen Lage und einem damit verbundenen notwendigen »Neudenken« begründete. Am Schluss des Briefes heißt es: »Bitte lassen Sie sich versichern, daß diese Absage kein Omen sein soll für die Zusammenarbeit der Präsidenten und der Akademien. Als ich von Ihrer Wahl erfuhr, sah ich Möglichkeiten, die es vorher nach meiner Meinung nicht gab. Aber wie sagte der alte Brecht noch: ›Der Pudding erweist sich beim Essen.‹«[358]

Walter Jens antwortete prompt am 2. September:

»Lieber Manfred Wekwerth,

haben Sie Dank für vieles – die Beglückwünschung zunächst, die mich erfreut und beschämt hat (wie die von Robert Weimann, wie die Herzlich-keit der Akademie in toto – meine Abteilung voran!), und jetzt für die lange epistolographische Bemühung, wie Thomas Mann gesagt hätte.

---

356 Heinz Schnabel an Manfred Wekwerth am 24. 8. 1989, AdK-O 4417.
357 Manfred Wekwerth an Gerd Dardas, o.D. (24. 8. 1989) AdK-O 4417.
358 Manfred Wekwerth an Walter Jens am 24. 8. 1989, AdK-O 4417.

Ach, es ist ein Kreuz! Der schöne Plan, im Juni, als noch keine Turbulenzen sichtbar waren – verabschiedungsreif. Ich bin, wir sind allesamt in unserer Akademie sehr traurig. Was soll möglich sein, überhaupt noch, wenn sich nicht einmal mehr die Sanftesten und Versponnendsten, unsere Lyriker, treffen können?

Bitte, lassen Sie uns ›aufgeschoben‹ und ›aufgehoben‹ sagen und im Herbst über das Projekt noch einmal meditieren. Im Oktober, spätestens aber im Dezember, wenn am 6. und 7. 12. Inge und Walter Jens bei Ihnen ihre Vorträge halten, möchte ich, im kleinen Kreis und unter vier Augen, mit Ihnen gern eine politisch-poetische tour d'horizont machen – unserer Akademien zum Wohl. Ein EINSEITIGER Besuch der Lyriker scheint uns nicht sinnvoll zu sein, eher nach kläglichem Rückzug aussehend.

Nur eins noch: Was sage ich unseren Poeten, um nur von ihnen zu reden, wenn sie fragen (und das tun sie), warum von DDR-Seite KONKRET das Projekt verschoben (ich sage bewußt »verschoben«!) worden ist?

Ich hoffe, Sie verleben einen schönen Urlaub; ich bin nach der schweren Lungenoperation noch arg klapperig, doch es geht bergauf! Viel Gutes für Sie, Ihre Arbeit und die Akademie!

Ihr Walter Jens.«[359]

In der DDR und der Welt brodelte es viel zu sehr, als dass dieses beschämende Theater der Organisation und Absage eines simplen Lyrikertreffens irgendwen interessiert hätte. Nur: die West-Akademie hatte mit der Herstellung ihres Veranstaltungsplanes für das zweite Halbjahr so viel Vorlauf, dass die Ankündigung der Veranstaltung für die Zeit vom 1. bis 5. November nicht mehr zu stoppen war. Es stand im Programm, doch die Zeit war viel zu überhitzt und schnelllebig, dass dem getraut wurde. Am 24. Oktober entdeckte der »Tagesspiegel« die nicht erklärte Absage der Veranstaltung und meldete: »Zu den Gründen dafür wollte sich die Akademie der Künste nicht äußern, da in Absprache mit der DDR-Akademie erst eine gemeinsame Erklärung vorbereitet werden soll.«

Die Sektion Literatur und Sprachpflege traf sich nach der Sommerpause am 7. September. Die Tagesordnung war lang, – neue Anna-Seghers-Stipendiaten, Vorschläge für neue Korrespondierende Mitglieder, eine

---

359   Walter Jens an Manfred Wekwerth vom 2. 9. 1989. AdK-O 1847.

neue halböffentliche Veranstaltung, Hauptpunkt aber waren Papiere, die in Vorbereitung des nächsten Parteitages grundsätzliche Positionen der zukünftigen Arbeit der Akademie darlegen sollten. Dazu hatten der Generaldirektor Heinz Schnabel und der Vizepräsident Robert Weimann jeweils eigene Papiere ausgearbeitet, die teils referiert, teils verlesen wurden. Gleich im Anschluss berichtete Wolfgang Kohlhaase ausführlich von den Arbeiten und Überlegungen zum Lyrikertreffen. Deutlicher als in den Briefen benannte er Risiken und Vorteile: zum einen betonte er, dass mit einem Präsidenten Jens und »einer gewissen Akzentverschiebung in der Politik in Westberlin« diese Sache angenehmer würde. »Wir haben auch ziemlich ausführlich über die Risiken, gesprochen, nämlich, daß natürlich etwa um den 40. Jahrestag der DDR, also der Existenz beider Staaten, hier ein Forum stattfindet, das natürlich frei ist für Interpretationen in die verschiedensten Richtungen. Nur haben wir gedacht, ohne Risiko ist gar nichts; es ist nicht nur ein Risiko, es ist auch eine Chance. Es ist auch eine Bekundung von Souveränität, es ist auch ein Angebot zum Gespräch. Und wir sind genauso im Saal wie alle anderen, wenn diese Veranstaltung stattfindet. Es ist auch ein Versuch miteinander auszukommen. Es ist ein Angebot zum vernünftigen Umgang miteinander. Das bezieht sich auf die Westberliner Akademie, aber auch auf die Summe der Teilnehmer, die wir im einzelnen nicht alle kennen.«[360] Kohlhaase ging dann auf die Teilnahme von Günter Kunert und Sarah Kirsch ein. Die Bücher beider würden auch nach ihrer Ausreise in der DDR verlegt. »Wir waren also der Ansicht, sie können nicht nur, sondern sie sollen dabeisein. Es ist ihnen gegenüber auch eine Geste, nicht stehenzubleiben bei dem, was gestern war, sondern zu sehen, was heute ist und morgen sein kann. (...) Das heißt, wir haben die Namenlisten noch einmal miteinander verglichen und abgestimmt. (...) Wir haben uns die Proportionen der Sache angeschaut. Jeder ist eine Persönlichkeit, und jeder Name ist auf eine gewisse Weise ein Programm. Wir haben uns darüber – übrigens unschwer – verständigt, daß uns ein Mann wie Reiner Kunze nicht wünschenswert ist, auch wenn er ein Mitglied der Westberliner Akademie ist. Die Westberliner Akademie hat einen Modus gefunden, ihn nicht einzuladen, indem sie überhaupt

---

360 Wolfgang Kohlhaase. Diskussionsbeitrag auf der Sektionssitzung vom 7. 9. 1989, AdK-O 1401, alle weiteren folgenden Zitate ebenda.

nicht komplett eingeladen hat. Es ist für sie auch ein gewisses Problem des Umgangs mit ihren Mitgliedern. Ich habe den Eindruck, wir waren auf eine substantielle und nicht auf eine sensationelle Veranstaltung aus. Ihr Maß an Sensation würde sie haben, wenn man sie macht.« Dann ging er auf die Verhandlungen mit Kurt Hager ein und den dabei gewonnenen Eindruck »daß Hager sich offensichtlich nicht wohl fühlte, diese Sache allein auf seine Schultern zu nehmen. Er habe gesagt, er befürchte Zwischenfälle bei dieser Sache, ohne daß man sich offensichtlich genau darüber verständigt hat, worin sie bestehen könnten. Er sei auch nicht in der Lage, die Einreise aller auf der Liste aufgeführter Personen zu garantieren; es könne durchaus sein, daß dieser oder jener nicht einreisen könne.« Kohlhaase berichtete weiter von der Absage, von Plänen, die Veranstaltung zu verschieben, von der Hoffnung auf ein baldiges Treffen der Präsidenten der beiden Akademien. Er hätte bewusst innerhalb der Diskussion über die zukünftige Arbeit der Akademie diesen Fall behandelt, es wäre »insofern ein Einstieg in unser Thema, als die Frage, wie weit die Akademie Verantwortung wahrnimmt oder nicht in der Lage ist, Verantwortung wahrzunehmen, ... (...) Verantwortung wahrzunehmen ist überhaupt nur interessant, wenn es schwierige Dinge sind. Über Dinge, die jeder verantworten kann, muß man nicht reden.« Kohlhaase schilderte seine blamable Lage gegenüber den Partnern, denen er Dinge zugesagt hat, die er nicht halten konnte. Er nannte das Geschehen einen »Präzedenzfall für die Entfernung zwischen Leuten, die gemeinsam Kulturpolitik verantworten müssen, die Akademie muß sie auch verantworten, und für die Schwierigkeit sich zu verständigen, vielleicht auch für das Fehlen einer Strategie, die nicht von Alltagsproblematiken in einem so engen Verständnis abhängt. (...) wir müssen auf eine gewisse Weise verläßlich sein für Partnerschaften, die wir haben wollen. Auch wir müssen, um die großen Worte aus dem Grundsatzdokument zu zitieren, berechenbar sein, und wir müssen zuständig sein für die Dinge, die in diesem Haus betrieben werden.«

Als erster in der darauf folgenden Diskussion sprach Stephan Hermlin, er nannte das Projekt der beiden Akademien »ein Stück Sicherung der Zukunft, auch Sicherung der allgemeinen politischen Beziehungen.« Die Haltung bestimmter führender Leute der DDR kennzeichnete er angesichts der Lage im Land als einen Rückfall in alte Reaktionen und schlug vor, an dem Plan der Veranstaltung festzuhalten. »Das ist ein Stück

Zukunft, das ist ein Stück der Koexistenz, der gutnachbarlichen Beziehungen zwischen zwei Staaten, für die wir sind. Und man darf nicht in einem ungünstigen Moment diese Perspektiven aus dem Auge verlieren, sonst hört man auf, kontinuierliche Politik zu treiben.«

Der sonst stille und nicht aufbrausende Günter Deicke war es, der dennoch die Gretchenfrage stellte: »Welche Stellung haben wir dann als Akademie in diesem Staat? Auch die Frage: Welche Öffentlichkeit haben wir denn wirklich?« In einem späteren Diskussionsbeitrag verfestigte Deicke seine Position, er erinnerte an eine Plenartagung unter Konrad Wolf, »wo so etwas wie die Vertrauensfrage gestellt worden ist: Wie steht es um das Vertrauen zwischen Künstlern und Staatsführung oder Partei? Vielleicht müßte man wirklich die Vertrauensfrage noch einmal neu stellen; denn nur so kommen wir hier aus der Knete heraus. Wir sitzen da und zerbrechen uns den Kopf. Einfach mit Erklärungen ist doch nichts getan. Es muß doch eine Arbeitsmöglichkeit geben für uns nach außen.«

Benito Wogatzki fügte hinzu, dass er den Eindruck habe, dass die DDR-Künstler mit ihren Diskussionen zur Friedensfrage außenpolitisch gut waren, aber nur benutzt, man brauchte und wollte sie nicht. »Das alles hängt damit zusammen, daß der Künstler mit seiner Menschensorge, die er hat, mit der er sich herumplagt, nicht gefragt ist, daß man bei solchen Dingen, bei solchen Friedenstreffen lieber auf Techniker und Naturwissenschaftler zurückgreift, die ich nicht schlechtmachen will, aber in der Hoffnung, daß die keine politischen Fragen stellen, bei ihrem Fach bleiben und Wunder vollbringen, die wir gut verwenden können. (...) Im ganzen gesehen, ist es doch wohl so, daß sich jetzt zeigt, daß die Partei bis jetzt gewußt hat, wie sie die Macht ergreifen und sie ausüben soll und wie sie die Ausbeutung abschafft. Was sie jetzt mit den Leuten macht, weiß sie nicht mehr. Was jetzt geschehen soll, wenn wir über diese Hürden hinweg sind, wie wir nun leben wollen, davon gibt es überhaupt keine Vorstellungen. Eine solche Hilflosigkeit – ich bin jetzt über dreißig Jahre in der Partei – habe ich noch nicht erlebt in bezug auf diese Frage.«

Günter de Bruyn schloss sich an und kritisierte den Zustand, dass nur der Gang Hermlins zu Honecker etwas bewegen könne und Deicke räsonierte, dass man zwar mit vielen Mitarbeitern im Ministerium für Kultur vernünftig reden könne, aber es passiere dann nichts. »Ich kann mir nicht helfen, uns fehlt irgendein Organ, in dem man öffentlich nachdenken kann, beispielsweise über Demokratie«, sagte er, worauf Christa Wolf ihm ins Wort fiel und sagte: «Uns fehlt kein Organ, wo man darüber nachdenken kann, uns fehlt die Demokratie! Organe haben wir genug!«

Das wiederum wird von Dieter Noll aufgegriffen, indem er die Verabsolutierung des Demokratiebegriffs in Frage stellt und auf die aktuelle Lage auf militärischem Gebiet hinweist.

Danach Max Walter Schulz: »Ich denke mehr nach über den Umgang mit dem Wort ›Niederlage‹. Stephan hat dieses Wort auch gebraucht am Schluß und hat gesagt: Niederlagen sind auch dazu da, daß man sie überwindet. Ich habe ein Wort in Erinnerung von Kurella. Er sagte: ›Niederlagen sind Niederlagen auf dem Weg zum Sieg.‹ Wenn aber bei den Niederlagen der Sieg immer weiter wegrückt, dann sind das für mich keine Niederlagen mehr auf dem Weg zum Sieg, es sind schlichtweg Niederlagen. Was die Akademie hier erlebt hat in dieser Geschichte, ist schlichtweg eine Niederlage. (....) Ich habe Jahre meines Lebens in einem tiefen Irrtum gelebt, und zwar in dem Irrtum, es gäbe eine Harmonie zwischen Geist und Macht. Ich muß, nachdem ich 68 Jahre alt werde, endlich begreifen, daß das ein Widerspruch in sich selbst ist. Sicher gibt es zeitweise Übereinstimmungen zwischen Geist und Macht, vor allem in Zeiten revolutionärer Umbrüche. Aber sobald sich die Macht wieder etabliert, muß sie sich aus irgendeinem von mir nicht zu beantwortenden Grunde gegen den Geist wenden. Was wir jetzt erleben und was uns so erregt, ist eine solche konservative Selbstdarstellung der Macht, die, ich möchte meinen, mit Geist nichts mehr zu tun hat. Und deswegen ist, wenn wir das Wort ›Niederlage‹ gebrauchen und einstecken müssen, was Niederlage bedeutet, jetzt die Zeit herangekommen, wo wir sagen müssen: Ja, aber wie überwinden, wie denn? Muß man dann nicht einmal die Verursacher von in unserem Sinn Niederlagen zur Verantwortung ziehen dürfen?«

Danach Christa Wolf: »Ich möchte nur sagen, daß ich keinen großen Nutzen sehe in einem Memorandum der Akademie in der jetzigen Situation. Ich weiß nicht, was wir machen sollen. Ich sehe gar keinen Wert in einem Gespräch, das wir damit anbieten würden, das davon ausgeht, daß man uns sowieso nicht achtet und schätzt als Vorschlagende und Mitarbeiter. Ich sehe das so. Ich glaube, wir sollten es trotzdem machen.

Ich könnte im Augenblick nichts machen, was allgemeine gesellschaftliche Relevanz anstrebt, indem ich nicht versuchen würde, zu analysieren, mit anderen zusammen natürlich, wie die innenpolitische Lage, in der wir uns befinden, zustande gekommen ist. Dabei lasse ich einmal außer acht (obwohl ich weiß, daß es nicht ganz außer acht zu lassen ist) die Faktoren, die von außen darauf einwirken. Das sehe ich auch und finde vieles verachtenswürdig. Aber der Ursprung liegt hier, und darüber müßte man in einen Dialog kommen. Unsere Presse bestärkt mich in der Ansicht, daß das nicht erwünscht ist, sondern daß man zu dauernden neuen Befestigungen kommt, daß wir recht haben, immer recht gehabt haben.

Das, was Du sagst, daß kein Konzept da ist, wie man jetzt mit dem Menschen lebt, die nun einmal da sind, das gibt es schon sehr lange, das ist nichts Neues. Nur zeigt sich jetzt am deutlichsten, daß es junge Leute gibt, die nicht die Spur einer Rücksicht und nicht die Spur einer Bindung mehr haben und nicht die Spur eines Grundes mehr, bei der erstschlechtesten Gelegenheit sich umzudrehen und zu gehen. Das ist eine Katastrophe, finde ich. Wir müssen gar nicht diese Situation benennen, falls es nicht unsere Aufgabe oder unsere Kompetenz ist, aber wir müssen doch von dieser Situation ausgehen, und wir können doch nicht als Akademie über den Wassern schweben. Geht mal nach Greifswald, guckt euch die Stadt an, guckt euch an, wie die Leute reden! Die Haare stehen euch zu Berge. Und daß sie immer noch so geduldig sind.« Sie plädierte für Sich-Einmischen, Sich-Kundig-Machen, für die Vergrößerung der Kompetenz und Autorität der Akademie. Manchmal widersprach sie sich selber. Ihr Beitrag schloss: »Ich weiß also nicht, wie es konkret weitergehen soll, wenn wir uns schon beteiligen wollen an einem solchen Papier.«

Ich habe so ausführlich zitiert, weil die Geschichte dieser deutsch/deutschen Lyrikveranstaltung unmittelbar mit der historischen Lage zu tun hatte und die Sektionsdiskussion die damalige Stimmung wiedergibt. Das Scheitern der gemeinsamen Veranstaltung – immerhin Anfang September 1989! – war mehr als nur eine blamable Angelegenheit für die DDR-Akademie. Es zeigte zum einen die vollkommene Konzeptionslosigkeit der großen Politik und die vollkommene Unselbständigkeit der Akademie. Zum anderen verweigerten nun viele Sektionsmitglieder ihre allzu lange Bereitschaft zur Geduld mit den prekären innenpolitischen Verhältnissen. Es gab nur noch Frust und Enttäuschung, aber auch schon Angst, was wird.

Letztendlich schlug Wolfgang Kohlhaase sowohl ein besonderes Schreiben der Akademie vor, das im höchsten Ernst auf die entstandene

Lage weist und die Kritik mit Loyalität verbindet: »Es ist klar, in welcher insgesamt schwierigen Lage sich die DDR befindet. Ich habe das Gefühl, ein solches Schreiben, das ein beunruhigendes Schreiben sein müßte, müßte etwas Schwieriges leisten. Es müßte, und zwar nicht aus dem Grund, daß es überhaupt weiter gelesen wird, die Loyalität diesem Staat und diesem großen Versuch in deutscher Geschichte gegenüber unter allen Umständen enthalten. Es muß nur, glaube ich, definieren, daß diese Gesellschaft als sozialistische Gesellschaft nur funktionieren kann, wenn sie eine andere Form von politisiertem Leben entwickelt, wenn sie eine andere Form von gemeinsamem öffentlichen Nachdenken entwickelt. Wir müssen unbedingt eine Beschreibung als Gesellschaft in sozialistischer Denkrichtung machen. Denn wenn wir das nicht machen, liquidieren wir die Grundlagen unserer Existenz. Logischerweise gibt es dann bald keinen Grund mehr, der zwingend erforderlich macht, daß es dieses Land gibt, das keine eigene Nationalität hat. Es wäre schon schön, wir würden etwas zustande bekommen, das sozialistisch ist, aber die Begriffe neu durchdenkt und neu formuliert. Es geht nicht mit den alten Vokabeln, es geht aber auch nicht mit den Vokabeln, die uns bestimmte Leute über den Zaun zurufen. Sie wollen letztlich mit uns nicht die Verbesserung dieser Gesellschaft verhandeln, sondern im Endeffekt über ihre allmähliche Abschaffung. Wir müssen nicht darüber reden, was wir jeden Tag an Glaubwürdigkeit verlieren, wenn wir uns den aufbrechenden Fragen gegenüber tot stellen – was wir an Einflußmöglichkeiten verlieren (...) Das Schwierige ist, wenn Kompetenz nicht wahrgenommen wird. Das setzt ja das Problem der Loyalität nicht außer Kraft. Es wäre sonst sehr einfach, zu sagen, mit dem gut fahrenden Verein bin ich solidarisch, und wenn es wacklig wird, melde ich meine Distanz an. Es wäre schön, wir würden etwas finden, das diese tiefe Loyalität hat. Diese Gesellschaft, wo glücklicherweise das Geld nicht alle Dinge regelt, soll doch nicht verwandelt werden in eine Gesellschaft, wo das Geld in Zukunft alle Dinge regelt. Aber wenn das Geld nicht alle Dinge regelt, was regelt dann die Dinge, welche Art von öffentlicher Denkfähigkeit? Es gibt kein Bewußtsein, das sich sozusagen in der Stille ausformt, es muß öffentlich sein, wenn es sich auf öffentliche Dinge bezieht.«

Die restliche Diskussion beschäftigte sich dann vor allem mit Form und Zweck bzw. Zwecklosigkeit des zu schreibenden Papiers. Jeder sollte erst einmal eine eigene Fassung versuchen, die dann vom Sekretär der Sektion zusammengefasst, komprimiert und in der Sektion noch einmal diskutiert werden sollte. Meines Wissens waren es lediglich Günther Deicke und Günter de Bruyn, die einen Text anfertigten und an Wolfgang Kohlhaase schickten. Günter de Bruyn nannte darin das gescheiterte Lyrikertreffen ein Modell für alle »schwelenden Krisen in der Kulturpolitik« und forderte »Demokratisierung ... Chance für die schöpferischen Kräfte von unten ... Verzicht auf Kanalisierung und Kanonisierung der Meinungen, Duldung und Anerkennung von Vielfalt und Opposition.«[361] Deicke konstatierte in seinem Papier, »daß die DDR nur als sozialistischer Staat eine Existenzberechtigung hat und als solcher eine wichtige Funktion im europäischen Gleichgewicht« habe und leitete von daher die große Rolle der Akademie ab: »Eine Akademie, der man die Souveränität nimmt oder beschneidet, wird zur Bedeutungslosigkeit herabgewürdigt und wird unglaubwürdig auch, wenn sie die Wahrheit verkündet, sobald sie diese Wahrheit nur mit ausdrücklicher Genehmigung einer Obrigkeit sagen darf.«[362]

Die Ereignisse »draußen« liefen jedoch dem vorgeschlagenen schrittweisen Vorhaben davon. Der »heiße Herbst« 1989 hatte begonnen.

Doch das Lyrikertreffen sollte noch einen zweiten Teil haben. Anfang Dezember – inzwischen waren die Großdemonstration vom 4. November, die Maueröffnung, der Rücktritt des Politbüros der SED und die Bildung neuer Parteien und demokratischer Gremien geschehen – trafen sich die Präsidenten beider Akademie endlich. In der Pressemitteilung vom 6. 12. 1989 hieß es: »Die Präsidenten der Akademie der Künste, Berlin West, und der Akademie der Künste der DDR, Walter Jens und Manfred Wekwerth, haben heute ihren Wunsch nach langfristiger enger Zusammenarbeit bekräftigt und konkretisiert. Vereinbart wurden gemeinsam zu konzipierende Veranstaltungen, wechselseitige Übernahmen von Projekten sowie ein umfassender Informationsaustausch. Als erste Veranstaltung wird Ende April nächsten Jahres unter dem Titel ›Die deutschen Sprachen der Poesie‹ ein Treffen deutschsprachiger Lyriker (aus der Bundesrepublik,

---

361 Günter de Bruyn an Wolfgang Kohlhaase am 11. 9.1989. AdK-O 4417.
362 Günther Deicke an Wolfgang Kohlhaase am 11. 9. 1989. AdK-O 4417.

DEUTSCH-DEUTSCHE BEZIEHUNGEN

der DDR, aus Österreich und der Schweiz) stattfinden.«[363] Nun brauchten die Veranstaltungen nicht mehr einmal »hüben« und einmal »drüben« wiederholt zu werden, die Grenze war offen, und so wurden die insgesamt 6 Veranstaltungen alternierend Abend für Abend – beginnend am 25. April 1990 in der Akademie am Hanseatenweg, endend am 29. 4. in der Akademie am Robert-Koch-Platz – festgelegt. Die Namen der Einzuladenden sollten bestehen bleiben. Vor Weihnachten mussten die Einladungen verschickt sein und sie gingen wirklich seit dem 14.Dezember »raus«. Wieder ging es bei uns Organisatoren um Hotelzimmer, Werbung usw. Die Gruppen, an welchem Abend die jeweiligen Lyriker »dran« waren, wurden festgelegt. Ein nochmaliges Überprüfen der Namensliste machte jedoch nun eine wichtige Korrektur nötig. Ohne Reiner Kunze schien man diesmal nicht auszukommen. Am 18. 12. schrieb der Direktor der Westberliner Sektion Peter Härtling an seine Abteilungsleiterin Karin Kiwus: »Dabei sein MUSS Reiner Kunze, d. h. er muss eingeladen werden!«[364] Dem war ein Protestbrief Günter Kunerts an Peter Härtling vorausgegangen: »(…) Mit Verwunderung nehme ich wahr, daß auf der Liste der bundesdeutschen Teilnehmer sowohl Wolf Biermann, wie Bernd Jentzsch und Kurt Bartsch fehlen. Aber mit tatsächlicher Empörung muß ich feststellen, daß unser Abteilungsmitglied Reiner Kunze nicht zu den Lesungen eingeladen ist. Das kommt mir vor, als habe nun der Stalinismus mit zeitlicher Verspätung die Westberliner Akademie der Künste erreicht: ein Vorgang, den ich ohne Protest nicht hinzunehmen gewillt bin. Es ist nicht Sache der Akademie über die persönlichen politischen Ansichten eines Mitglieds ein Urteil zu fällen und es zugleich auch noch zu vollstrecken. Hierbei kann von einem ›Fehlverhalten‹ nicht mehr die entschuldigende Rede sein. Lieber Peter Härtling, während Du Reiner Kunze ausgrenzt, hast Du Dich mit Personen eingelassen, deren Rolle als Handlanger Ulbrichtscher und Honeckerscher Kulturzerstörung Dir offenkundig noch nicht bewusst geworden ist (…)« Kunert schließt seinen Brief: »Lieber Peter Härtling, ich erwarte, daß die Abteilung ihren Veranstaltungsplan korrigiert, bevor sich dieser Fall herumspricht.«[365]Die Korrektur erfolgte prompt, außer Reiner

---

363   AdK-O 3190.
364   Peter Härtling an Karin Kiwus vom 18. 12. 1989. AdK-W 1847.
365   Günter Kunert an Peter Härtling vom 16. 12. 1989. AdK-W 1847.

Kunze wurden noch Kurt Drawert, Bernd Jentzsch und Rainer Schedlinski hinzugeladen.

Nach dem Erhalt der Einladungen gab es viele Zusagen (u. a. Peter Härtling, Walter Werner, Peter Gosse, Rainer Kirsch, Richard Pietraß, Hans Eckhard Wenzel, Walther Petri, Gisela Kraft, Wulf Kirsten, Uwe Kolbe, Elke Erb, Thomas Rosenlöcher), die das Projekt begrüßten. Von den DDR-Lyrikern sagten Hanns Cibulka, Peter Hacks, Stephan Hermlin aus unterschiedlichen Gründen ab. Adolf Endler war die Liste zu trostlos, Heinz Czechowski sagte nur unter dem Vorbehalt zu, dass Manfred Wekwerth dann nicht mehr im Amt ist, denn der hatte dem Lyriker seinerzeit bei der Verleihung des Heinrich-Mann-Preises mit den sinngemäßen Worten »Ich kenne Sie nicht und habe von Ihnen nie etwas gelesen« beleidigt. »Sollte sich Herr Professor Wekwerth für diesen Lapsus bei mir entschuldigen, könnte ich eventuell an dem Lyrikertreffen teilnehmen.«[366]

Doch Czechowskis beleidigte Eitelkeit und Kunerts Brief an Peter Härtling sollten nur ein Anfang sein. Einen Tag nach der dringlichen Empfehlung Härtlings an Karin Kiwus, Reiner Kunze auf die Liste zu setzen, erhielt Karin Kiwus einen nächsten Protestbrief, nämlich von Sarah Kirsch, die ihre Nicht-Teilnahme erklärte und ihrer Aversion gegen Stephan Hermlin freien Lauf ließ.

Noch wollten die Westberliner Partner diesen Druck aushalten. Sie erhielten unter anderem am 4. Januar die Zusage Reiner Kunzes zur Teilnahme an der Veranstaltung, doch am 29. Januar sagte er ab: »(...) aufgrund bestimmter Informationen, die mich erst jetzt erreichen, möchte ich auf die Teilnahme an der für April geplanten Lesereihe verzichten.«[367]

Am 2. März gab es noch eine gemeinsame Sitzung der verantwortlichen Organisatoren, es ging um Honorare, Unterkünfte, die Einteilung der Lyriker für die einzelnen Abende. Noch schien alles machbar. In den ersten Apriltagen erreichte mich während einer Sitzung eine Nachricht von Karin Kiwus – ein loser handgeschriebener Zettel – dass wir uns sofort treffen müssten, die Veranstaltung müsste abgesagt werden. Überrascht und beklommen eilte ich durch den nun auch für mich offenen Tiergarten zum Hanseatenweg.

---

366 Brief von Heinz Czechowski vom 27.1. 1990, AdK-O 3190/2.
367 Reiner Kunze an Karin Kiwus am 29. 1. 1990, AdK -W 1847.

Es war nichts mehr zu machen, der Druck auf die Abteilung, auf Peter Härtling und Karin Kiwus war immens. Auch bedingt durch die allgemeine politische Lage, in der die Meinung von Schriftstellern, die die DDR vor 1989 verlassen hatten, immer mehr an Gewicht gewann und die DDR samt ihren Repräsentanten in Kunst und Kultur immer mehr in die Defensive geriet, wollte und konnte die West-Akademie es nicht riskieren, die eigenen Mitglieder gegen sich aufzubringen. Nachdem durchgesickert war, wie die Vorbereitungen gelaufen waren, standen die Verantwortlichen mit dem Rücken zur Wand. Hinzu kam, dass das alles schon zu einer Zeit spielte, da die gleichberechtigte Existenz einer Ost- und einer Westakademie angezweifelt wurde und sich die Akademie am Hanseatenweg ihrer Mitglieder versichern musste. Dass Stürme bevorstanden, war abzusehen.

Die Pressemitteilung vom 4. 4. 1990 war kurz und lakonisch: »Die Akademie der Künste (West) und die Akademie der Künste der DDR haben vereinbart, die für Ende April terminierte Veranstaltungsreihe ›Sprachen der Poesie‹ auf einen späteren Zeitpunkt zu verschieben. Beide Seiten sind der Auffassung, daß die neue gesellschaftliche Situation eine verbesserte neue Konzeption für diese Veranstaltungsreihe ermöglicht.«[368] In anderen offiziellen Schreiben war noch der Zusatz enthalten »Da diese Lesereihe noch im Sommer vergangenen Jahres geplant war, entspricht sie nicht mehr den gegenwärtigen politischen Gegebenheiten.«[369] Wir – unterschrieben von mir – erklärten den DDR-Teilnehmern die Absage folgendermaßen: »Dazu müssen wir Ihnen erklären, daß dieses Unternehmen seit dem Frühjahr 1989 gemeinsam von der Akademie der Künste der DDR und von der Akademie der Künste Berlin (West) geplant war. Der erste Termin im November 1989 kam infolge des Verbotes der damaligen Parteiführung nicht zustande. Nun sind wir mit dem Westberliner Partner übereingekommen, erneut abzusagen. Aufgrund des Auswahlprinzips stieß die Westberliner Akademie der Künste auf unvorhergesehene Schwierigkeiten und sieht sich jetzt außerstande, diese zu beheben. Hinzu kommt, daß einige prominente westliche Lyriker aus verschiedenen Motiven noch nachträglich abgesagt haben. Wir sind mit unserem Partner zu der Auffassung gekommen, daß die neue gesellschaftliche Situation eine

---

368 AdK-W 1847.
369 Pressemitteilung vom 2. 4. 1990, auch enthalten im Absagebrief, den Karin Kiwus an die vorgesehenen Teilnehmer der Veranstaltung verschickte. AdK -W 1847.

verbesserte Konzeption für diese Veranstaltungsreihe erfordert und werden uns alle Mühe geben, diese so bald wie möglich zu realisieren.«[370]

Die Westberliner Akademie und ihre Abteilung hatten es in diesen Tagen nicht leicht, sich mit den verschiedensten Argumenten, Beschimpfungen und Fragen von Seiten einzelner Mitglieder, der Presse und anderer Prominenter auseinanderzusetzen. Das ist auch nicht mein Thema und dem soll hier nicht im Einzelnen nachgespürt werden. Es war der Anfang neuer Abgrenzungen, beginnender Diffamierungen. Annährung oder gegenseitiges Verständnis waren nicht mehr gefragt, vielmehr wurden alte Rechnungen aufgemacht, um ja im anderen keinen Partner mehr zu sehen. Ich habe beispielsweise im Archiv einen bitteren Brief Peter Härtlings an Jürgen Becker gefunden, der die Situation des damaligen Chefs der Sektion Literatur der Akademie West deutlich macht. Härtling beschließt darin die Verteidigung der Akademie-Position mit der traurigen Hoffnung: »Vielleicht gelingt es uns, in Berlin oder anderswo, über aufgerechnete und aufrechenbare Aufrichtigkeiten zu reden, die mitunter nichts anderes sein können als verletzende Nachträge.«[371]

Die versprochene »verbesserte« Veranstaltung »Deutsche Sprachen der Poesie« hat nie stattgefunden. Wie schrieb doch Walter Jens nach der ersten Absage: »Was soll möglich sein, überhaupt noch, wenn sich nicht einmal mehr die Sanftesten und Versponnendsten, unsere Lyriker, treffen können?«

---

370 Brief an die zur Teilnahme vorgesehenen DDR-Lyriker vom 9. 4. 1990. AdK-O 3190/2.
371 Peter Härtling an Jürgen Becker vom 27. 3. 1990. AdK-W 1847.

Deutsch-deutsche Beziehungen

Das Jahr 1989

Um unsere Arbeit in ihrer ganzen Vielfalt zu schildern, wende ich in diesem Kapitel eine andere Methode als in den vorangegangenen an und beschreibe das Sektions- bzw. Akademie-Geschehen im Verlauf eines Jahres. Freilich war 1989 in der deutschen Geschichte und auch der Geschichte der Akademie der Künste der DDR kein gewöhnliches Jahr. Aber wer hätte das im Januar gedacht?

1989 lief an – wie die Jahre zuvor – und ging seinen »sozialistischen Gang«. Im »Plan 1989« hieß es in der Präambel: »Im Mittelpunkt des Planes steht für das Jahr 1989 der 40. Jahrestag der Gründung der DDR. Gegenstand zahlreicher Aktivitäten der Akademie ist das Werden und Wachsen des sozialistischen deutschen Staates unter seinen historischen, gegenwärtigen und künftigen Bedingungen.

Zentrales Projekt ist eine ›Woche der Akademie‹, in der künstlerische und kulturpolitische Ergebnisse und Potenzen der Akademie bzw. ihrer Mitglieder einer breiten Öffentlichkeit zugänglich gemacht werden. Zum Pfingsttreffen der FDJ im Mai 1989 dokumentiert die Akademie mit drei Beiträgen, daß sie sich ihrem Auftrag, zur Bildung und Erziehung der jungen Generation beizutragen, mit ganzem Einsatz stellt.« [372]

Es war das Übliche. Einen Jubelanlass gab es immer, und die großen zentralen »Events« (so hieß das damals noch nicht) mussten immer bedient werden.

Gehen wir also durch das Jahr, natürlich vorrangig anhand der Aktivitäten der Sektion »Literatur und Sprachpflege« und manchmal benachbarter Bereiche:

---

[372]   Plan 1989. AdK-O 3790.

Auch die Akademie hatte Anlass zum Feiern: »Sinn und Form«, noch vor der Republik gegründet, wurde 40! Man beglückwünschte und lobte sich gegenseitig. Dass auch von Erich Honecker ein Schreiben kam, war ein kleiner Triumph. Wie lange war es her, dass ein Verbot gedroht hatte? War der Glückwunsch nun Ausdruck eines etwaigen Umdenkens oder der Konzeptionslosigkeit in der Kulturpolitik? Natürlich erschien der Brief Honeckers in Heft 4! Es ist dabei möglicherweise nicht ganz unbeabsichtigt gewesen, im selben Heft Christoph Heins damals spektakuläres Stück »Die Ritter der Tafelrunde« zu drucken, handelte es doch von einer altersstarren und konzeptionslosen Artusrunde, zu der der Vergleich mit dem damaligen Politbüro nahelag.

Heiner Müller hatte 60. Geburtstag. Natürlich gab es eine der üblichen Gratulationscouren, sowie gleich im Januar zwei Veranstaltungen mit ihm. In einer »Stunde der Akademie«, erwartungsgemäß gut besucht, las er autobiographische Texte aus vier Jahrzehnten. Zwei Tage später stellte er die Arbeiten seines Freundes Robert Wilson, der anwesend war, vor. In »Sinn und Form« 2/1989 war sein Stück »Wolokolamsker Chausse V: Der Findling« abgedruckt.

Turnusmäßig tagte im Januar auch die Arbeitsgruppe Hacks zur »Technik des Dramas« . Thema: »Konflikt – Kollision, Blindheit und Intrige.« Helmut Baierl hatte den Abend mit einer Anekdote eingeleitet: In einem sowjetischen Film kämpfen Vater und Sohn in gegnerischen Fronten. Nach Ende des Krieges treffen sich beide auf einem Berg, wo sie sehr viel miteinander reden. »Der englische Untertitel zu dieser langen Rede lautete: Hallo, Dad!« Das war der Auftakt einer sehr langen Diskussion über Konflikt, Kollision, Redundanz, ewige Konflike. Streng nach Hegel wurde der Unterschied zwischen Konflikt und Kollision abgehandelt.[373]

Am letzten Tag des Monats stellten Wolfgang Kohlhaase und Frank Beyer ihren neuesten Film »Der Bruch« vor. Das ist eine Gaunerkomödie, die

---

373   Diskussion vom Gesprächskreis »Technik des Dramas« am 26. 1. 1989. In: Peter Hacks. »Berlinische Dramaturgie«. Band 4. S. 97 – 133.

in der Nachkriegszeit spielt – mit exzellenter Besetzung: Der »Ostmime« Rolf Hoppe traf auf die Westkollegen Otto Sander und Götz George und alle drei wetteiferten um den Rang des besten Komödianten. Kohlhaase und Beyer beherrschten ihr Handwerk, aber politisch brisant wie andere ihrer Filme war dieser wohl nicht. Ein schöner Abend.

FEBRUAR:

Am 2. Februar feierte Günther Rücker seinen 65. Geburtstag. Die Schlange der Gratulanten, die zur Treppe hoch in den ersten Stock im Gebäude am Robert-Koch-Platz anstanden, war lang. Es war ein fröhliches Treiben. Kleine originelle Geschenke, Blumen, viele gute Wünsche und reichlich Scherzworte gingen hin und her. Der gesellige Günther Rücker genoss die Liebe, die ihm zuflog.

Neben der offiziellen Gratulationscour hatte er es sich nicht nehmen lassen, auch in diesem Jahr »seine Freunde und die Freunde seiner Freunde« (so lautete die Einladung) in den »Konrad-Wolf-Saal« einzuladen, mit ihm ein paar Stunden lang zwei seiner »Lieblingsfilme« anzugucken. Jedes Jahr war es der georgische Film »Das Gastmahl der Rose«[374], ein wenig bekannter Film mit herrlichen Bildern, kraftvollen und melancholischen Männergesängen und großer Poesie. Dieser Film konnte süchtig machen. Jedes Jahr pilgerten die Liebhaber dieses Films auf Rückers Einladung zu dieser Aufführung. (Ich bin mir jedoch nicht ganz sicher, ob nicht doch in diesem Jahr eines runden Geburtstags ausnahmsweise Günther Rückers »Die Verlobte« ihm zu Ehren gezeigt wurde.) Der zweite Film war auf alle Fälle in diesem Jahr »Fellinis Roma«[375]. Diesen »Klassiker« aus dem Jahr 1972 hatte sich Günther Rücker sehr gewünscht. Die Kollegen von der Darstellenden Kunst gaben sich jedes Jahr große Mühe, die Filme zu besorgen. Sogar »Westgeld« soll beim Ausleihen einer Kopie dieses Films im Spiel gewesen sein. Der »Konrad-Wolf-Saal« war immer gut gefüllt. Die Fan-Gemeinde Rückers (und guter Filme) war groß.

---

374   Orginaltitel »Ne gorju«, Sowjetunion 1969, Mosfilmstudio Grusiafilm, Regie: Georgi Daneli.

375   Vielfach preisgekrönter Film von Federico Fellini aus dem Jahr 1972. Porträt der Stadt Rom aus der Sicht Fellinis.

Natürlich fand auch eine »Stunde der Akademie« mit Günther Rücker statt. Sein neuer Roman »Otto Blomow« – eine Untermietergeschichte aus der unmittelbaren Nachkriegszeit – gab Gelegenheit zum Schmunzeln.

MÄRZ:

Am 9. März war zur Sektionssitzung eingeladen. Als Gast referierte Dieter Wiedemann vom Institut für Jugendforschung Leipzig. Er stellte sehr ausführlich die neusten Ergebnisse der Jugendforschung vor. Sein Institut war bekannt dafür, durch regelmäßige Befragungen sehr exakte Kenntnisse über Befindlichkeiten, Interessen und die reale Lage von Jugendlichen zu haben. Er begann mit einer in diesen Sitzungen nicht unüblichen Vorbemerkung: »Meine Institutsleitung hat mich darauf aufmerksam gemacht, daß ich bitte noch einmal sagen möchte, daß alles, was ich vortrage, nicht für die Öffentlichkeit bestimmt ist, daß wir diese Art von Publicity im Moment weniger brauchen denn je; sie würde uns eher schaden als nützen.«[376] Und dann sprach er von der »Jugend in den 8oer Jahren« – ihren objektiven Bedingungen in einer international gespannten Lage, die er sowohl in der »Bedrohung des Weltfriedens« als auch in damaligen Formen der Systemauseinandersetzung sah, was auch die Politik der DDR gegenüber dem »Neuen Denken« in der Sowjetunion einschloss. Auch am Zustand der Umwelt wären Jugendliche sehr interessiert, zögen aber wie viele andere Mitbürger im individuellen Verhalten keine Konsequenzen daraus. Es ging um Bildung, Zwang zur Spezialisierung, Lebensstandard, Wertesystem und darum, dass der Lebensweg Jugendlicher relativ vorgeprägt wäre, was unter anderem zu einem »Problemdruck« vieler Jugendlicher führe, die sich gegen das Festgelegtsein wehren. Das Erleben von Demokratie war ein anderes Thema: Nicht selten bestimmten die Lehrer, wer in der Jugendorganisation FDJ die Verantwortlichen waren, und so erlebten die Jugendlichen kaum die Gepflogenheiten richtigen Wählens. Auch die Rolle der Medien, vor allem des Fernsehens, wurde thematisiert. »Nicht zuletzt muß man auch berücksichtigen, daß es gegenwärtig ein Nebeneinander von zum Teil divergierenden Überzeugungen- und Verständigungsmodellen in Sachen Sozialismus gibt. Es ist nicht mehr so, daß es ein sozialistisches Modell gibt, mit

---

376 Sektionssitzung vom 9. 3. 1989. AdK-O 1401. Alle folgenden Zitate ebenda.

DAS JAHR 1989

dem ich z. B. aufgewachsen bin und die meisten hier im Raum, sondern es ist auf einmal Sozialismus in verschiedenen ›Landesfarben‹. Das ist eine Situation, auch was die Verwendung des Begriffs Sozialismus, sozialistische Gesellschaft betrifft. Es ist für Jugendliche heute schwieriger als für Jugendliche vor 20 Jahren.« Ausführlich ging er dann auf das Freizeitverhalten von Jugendlichen und auf ihre Vorlieben und Interessen in den Künsten ein.

Es war alles andere als eins der üblichen Referate, wie gut es »unserer Jugend« geht und wie toll sie ist. Wiedemann wusste, wovon er sprach, und vieles ließ er als problematisch und offen im Raum stehen. Darüber, dass vieles Ungelöste und der Entwicklung der vergangenen Jahre Geschuldete vor allem den »Erziehenden« und so der Konzeptions- und Hilflosigkeit der Politik zuzuschreiben war, herrschte Einverständnis. Wiedemann konstatierte: »Es fehlt das Gesellschaftsmodell. Im Moment ist es so, daß wir mit den Idealen der fünfziger Jahre die Gegenwart gestalten. (...) in immer mehr Diskussionen wird gesagt: In den fünfziger Jahren, das war noch eine Jugend, die hatte noch ›Max braucht Schrott‹[377] und die hatte Sosa[378] aufgebaut! Das wird der heutigen Jugend vorgeworfen. Aber das ist doch das untaugliche Mittel. Es geht hin bis zu Liedern, die auf einmal wiederbelebt werden, die aber mit den Erfahrungen junger Leute heute nichts zu tun haben.

Jede Generation braucht ihre Ideale. Wenn die Gesellschaft keine zur Verfügung stellt, was sie sicher könnte, müßten den Jugendlichen Möglichkeiten gegeben werden, ihre Ideale zu artikulieren. Das ist auch nicht der Fall, weil wir die Jugend an den Idealen der fünfziger Jahre messen.« Sebastian Kleinschmidt, der als Vertreter der Redaktion von »Sinn und Form« teilnahm, dazu: »Die Ideale der ersten und zweiten Generation des Sozialismus sind doch aus ganz bestimmten Konflikten der damaligen Zeit überhaupt geboren worden. Das heißt, Ideale sind doch verdichtete Vorstellungen von Lösungen von Konflikten. Ich bekomme überhaupt keine Produktivität in die Idealmobilisierung hinein, wenn ich nicht über die Konflikte rede. Von den vormaligen Idealen haben wir den Eindruck, daß sie im schlechten Sinne utopisch sind, also keine Lösung der Konflikte bieten, in denen wir leben. Das ist das Problem. Das ist keine Frage der Erziehung, sondern die gesamte geistige Produktion der Gesellschaft

---

377 Losung beim Wiederaufbau des Stahlwerks Maxhütte bei Unterwellenborn.
378 Talsperre im Erzgebirge, die in den Jahren 1949 bis 1952 in der Hauptsache von Jugendlichen erbaut wurde.

in Kunst und Wissenschaft ist aufgerufen, die Probleme zu bearbeiten, dann werden sich Lösungen, Ideale und Ziele, vor allem verallgemeinerungsfähige Ziele, ergeben. Diese Einstellung existiert nicht mehr. Die Kultur, so umzugehen, droht verlorenzugehen.«

Alles in allem war es – wie Wolfgang Kohlhaase sagte – ein sehr komplexes Bild, das die Sektionsmitglieder von der »Jugend in den achtziger Jahren« erhalten hatten, aber auch – wie bei den meisten Sektionssitzungen jener Zeit – ein deprimierendes. Volker Braun sagte angesichts des Nicht-Reagierens der Politik: »Da ist die Gesellschaft an einem Umschlagpunkt. Auf dem Schriftstellerkongreß wurde gesagt: Man kann eine Chance vertun. Man kann einen Moment nicht nutzen, in dem eigentlich alles parat liegt. Es geht wirklich um eine Wende im Umgang miteinander. Diese Demoralisierung, die institutionell produziert wird und die wir mitproduzieren durch unsere Haltung, verewigt Dinge, von denen jeder weiß, daß sie eigentlich sehr alt sind, sehr archaisch.«

Es war schon eine Endzeitatmosphäre, und zugleich beherrschte alle die Stimmung von Hilflosigkeit und Gewöhnung. In seinem Arbeitstagebuch freilich wütete Volker Braun gegen die Haltung des Referenten und die Art des Umgangs mit Fakten: »9. 3. 1989. und nun der soziologe wiedemann! wie meine sympathie schwindet für diese geschundenen doktoren. o ja, publizität müsse dem institut ›mehr schaden als nützen‹. wegen eines ›vorkommnisses‹ (eines vortrags) sollte es, zum vierten mal, geschlossen werden; nun sehe es aber eben noch einen sinn darin, dem zk oder dem zentralrat zuzuarbeiten. probleme, ›für die es keine lösungen gibt‹, und keine öffentlichkeit. man hat diese leute am arsch, und sie sitzen verängstigt stille, daß ihnen kein fakt entfährt, und liefern den defätismus des feiertags. ihr intimer konflikt, verachteter meister, sollte bekannt werden, ihr verborgenes elend, geschätzter hund. das wissen trennt die adressaten, personen und ämter; wer hat kein interesse an ihm, wer hindert seine verbreitung? Seht doch die ergiebige sprengkraft dieses befunds, wenn er aus frischer quelle mitgeteilt wird. die kluft liegt dann freilich vor den füßen. es wird ernst, ›die verhältnisse klären sich‹: und es wird sich zeigen, wer wen unmöglich macht.«[379]

Am 16. 3. tagten Peter Hacks und die jungen Dramatiker wieder, diesmal zum Thema: »Die Entstehung der Fabel aus dem Fassungsvermögen des

---

379 Volker Braun. »Werktage«. S. 933.

Zuschauergehirns«. Diesmal musste Ronald M. Schernikau einleiten. Er sollte das zweite Kapitel von Gustav Freytags »Technik des Dramas« referieren. Es ging um Spannung, Höhepunkte, Handlungsverlauf eines Dramas, und der erfahrene Peter Hacks verriet im späteren Diskussionsverlauf aus seinem Erfahrungskästchen: «Ich habe Ihnen noch nicht gesagt, was außer der Technik des Pausenschlusses das Schwierigste ist. Ich versichere Ihnen, das Schwierigste sind der zweite und der vierte Akt.«[380] Zwar einverstanden mit Lehren, die sich aus Stücken Shakespeares oder Schillers ergaben, widersprach Stefan Schmidt, den Peter Hacks in einer der nächsten Sitzungen einen »übel wollenden Hörer«[381] rügte, dennoch und stieß damit auf Sinn oder Unsinn dieses Zirkels: »Das ist mein Unbehagen: wir machen Geschichte, indem wir sagen, wie Geschichte war, wie gut Shakespeare war und wie gut es Freytag erkannt hat. Da werden wir uns vom Prinzip her nie richtig widersprechen können. Aber wenn ich überlege, warum wir 1989 hier sitzen und uns darüber unterhalten, kriege ich Probleme.«[382] Ohne sich von diesem Einspruch beirren zu lassen, dachte die Dramatikerrunde weiter über die Gesetzmäßigkeiten eines fünfaktigen Dramas nach, wobei Hacks eine »Dramentauglichkeit« unserer Gesellschaft durchaus behauptete: »Und wir wollen uns nichts vormachen, hier ist unsere Schwierigkeit die, daß man uns mit so ausnahmsloser Hartnäckigkeit verschweigt, was geschieht. Das geht nicht nur soweit, daß man lügt und desinformiert, das ist immer, aber man hat über den gesamten Bereich der oberen Politik ein totales und lückenloses Schweigegebot verhängt.«[383] Ganz nebenbei interessierten auch hin und wieder die Namen Honecker oder Gorbatschow als Personen eines möglichen Theaterstücks, auch die Schwierigkeit imperialistische Verhältnisse auf der Bühne zu gestalten. Ganz am Schluss des Abends schoss Hacks dann endlich verbal gegen seinen Intimfeind Heiner Müller, der sich den klassischen Dramenregeln entzogen hat und vielleicht gerade deshalb in dieser Zeit der Erfolgreichere von beiden war: »Es gab einen schrecklichen theoretischen Ansatz unter den Naturalisten, der galt und der heißt: Nimm eine Gruppe von merkwürdigen Personen und laß sie aufeinander los! Das war die Dramaturgie der Naturalisten seit Tschechow.

---

380 Peter Hacks im Gesprächskreis »Technik des Dramas« vom 16. März 1989. In: Peter Hacks. »Berlinische Dramaturgie«. Band 4, S. 148.

381 Peter Hacks im Gesprächskreis »Technik des Dramas« vom 4. 5. 1989. Ebenda S. 209.

382 Stefan Schmidt im Gesprächskreis »Technik des Dramas« vom 16. 3. 1989, ebenda S.150.

383 Peter Hacks. Ebenda S. 169.

Wer's mag, der mag's. Im Deutschen galt das meinem großen Kollegen Müller, der als erster dramatischer Autor seinen Zettelkasten zum dramatischen Werk erklärt hat.«[384] Stefan Schmidt, der schon aus Lust am Streit einer der großen Opponenten von Hacks' Theorien war, schrieb gut zwanzig Jahre nach dem Gesprächskreis über seine damaligen Erfahrungen: »Er (Hacks) war voller guter väterlicher Absichten für uns. Ich bemerkte erst später, daß mir Heiner Müller eigentlich bereits alle Lust an allgemeinen Dramaturgiegesprächen genommen hatte – mit zwei Sätzen. Als ich wieder einmal bei ihm war und meine neuesten Erkenntnisse mit ihm diskutieren wollte, brach er ab mit dem Satz: ›Wir können jetzt hier noch zwei Jahre über Theater reden. Zeig mir, was Du geschrieben hast.‹ Und hielt seine Hand auf.«[385]

Am 18. 3. 1989 würde Christa Wolf 60 Jahre alt werden. Ein solcher Anlass schien uns eine günstige Gelegenheit für eine große Veranstaltung, sogar im internationalen Maßstab. Wir dachten an Max Frisch, an Tschingis Aitmatow, gar an Gabriel Garcia Marquez und andere große Autoren, die vielleicht zu diesem Anlass kommen würden. Geld spielte damals für uns noch keine Rolle, Unterkünfte und Fahrgeld würden bezahlt werden. Aber rechtzeitige Organisation war nötig.

Doch Christa Wolf wollte nichts »Großes«, »Repräsentatives«, wusste sie doch, wie vieles nicht gesagt werden durfte und wie falsch so etwas wirken könnte. Anneliese Weidemann, verantwortlich in der Abteilung unter anderem für Gratulationscouren, und ich besuchten Christa Wolf mehrere Male und berieten, was man machen könnte. Natürlich gab es die übliche Gratulationscour, natürlich mit vielen, vielen Gästen, aber wichtiger war, dass allmählich eine Vorstellung für eine Veranstaltungsreihe entstand. Die Idee von Gesprächen im halböffentlichen Rahmen zu aktuellen Themen nahm Gestalt an: Christa Wolf lädt Referenten und Teilnehmer ihrer Wahl ein, lediglich die Organisation übernimmt die Akademie. Christa Wolf stimmte nach längerem Überlegen schließlich zu und brachte viel Eigenes in die Konzeption dieser Veranstaltung, für die wir Mitarbeiter – wie beim Hacks-Gesprächskreis – nur den Rahmen – die Organisation – lieferten. In der Sektionssitzung vom 7. September stellte Christa Wolf ihre Vorstellung vor: »Es

---

384   Peter Hacks. Ebenda S.180.
385   Stefan Schmidt: Zum Gesprächskreis »Technik des Dramas«. In: Peter Hacks. »Berlinische Dramaturgie«. Band 5. S. 33.

ging aus von Frau Berger und Frau Weidemann, die bei mir antraten, die mit gerunzelter Stirn mich moralisch sozusagen ins Kreuz stießen, so lange, bis ich sagte, irgend etwas könnte man vielleicht machen. Daraus entwickelte sich nach und nach die Frage, die wir hier auch besprechen müssen: ob man in diesem Winter fünf, allerhöchstens sechs Abende macht, die sehr persönlich sein sollten, also von mir sozusagen eingeladen wird und die sich auf unsere Sektion als Zentrum beziehen, die etwas versuchen sollten, was ich in letzter Zeit ziemlich vermisse, nämlich in einem kleinen Kreis, in dem man wirklich reden kann, mit Leuten ins Gespräch zu kommen über Arbeiten von uns, möglicherweise auch in Einzelfällen über Arbeiten von ihnen...«[386], als Beispiel nannte sie eine mögliche Diskussion über ihr Buch »Störfall«, das sich mit den Gefahren der Atomenergie beschäftigte. Einladen wollte sie Kernphysiker, Kraftwerker, Gesellschaftswissenschaftler und andere, und sie wünschte sich die Probleme auf den Tisch – kontrovers und sachlich, engagiert und konkret. Als zusätzliche »Hintergrundsbegründung« nannte sie: »Ich habe den Eindruck (...), daß die Literatur bei uns immer mehr an den Rand gedrängt wird. Ich meine nicht einzelne Autoren und Bücher, die viel diskutiert werden. Aber trotzdem, sie ist an den Rand gedrängt. Das ist ein eigenartiges Gefühl. Das war früher anders. Es ist natürlich auch ein bewußt gemachter Vorgang. Und wenn wir nicht bewußt dagegen steuern, dann wird es so weitergehen, dann werden wir weiter die Leute sein, die man vorzeigen kann, die Alibi-Pflänzchen, aber wir werden nach wie vor immer weniger in irgendeiner Weise Einfluß haben. Den haben wir schon heute nicht. Ich habe bemerkt, daß selbst Leute wie diese Kernkraftwerker zunächst einmal sagen: Hören Sie mal zu, Sie als Laie, jetzt fangen Sie an, wo wir es sowieso schon so schwer haben, den Leuten zu verklickern, warum wir Kernkraftwerke brauchen, jetzt stellen Sie uns auch noch in Frage: glauben Sie denn, daß wir die Ungeheuer sind, die hier die ganze Gegend verseuchen wollen usw. Wenn man dann ins Gespräch kommt, kommen die tollsten Sachen heraus, also psychologisch und was dahintersteckt, und es gibt sehr große Bereitschaft, das weiter zu bereden, sehr offen zu sein. Alle Ambivalenzen bleiben, aber alles Feindselige baut sich total ab.

Es gibt die Möglichkeit, nicht nur miteinander zu reden, sondern auch tatsächlich aufeinander Einfluß zu haben. Und nur über diesen Weg können wir ja Einfluß nehmen.«

---

386   Christa Wolf. Diskussionsbeitrag auf Sektionssitzung vom 7. 9. 1989. AdK-O 1401.

Alle anwesenden Sektionsmitglieder stimmten Christa Wolfs Vorstellung »halböffentlicher Abende – je weniger offiziell, je persönlicher, umso besser« – zu und besprachen anschließend Details der Organisation. Eine wichtige Forderung Christa Wolfs dabei war ein strenger Ausschluss der Medien. Wenn Journalisten teilnahmen, sollten sie zu Stillschweigen verpflichtet werden. Die nötige Intimität sollte gewahrt werden.

Aus den anvisierten »fünf, höchstens sechs Abenden« wurde eine Veranstaltungsreihe über viele Jahre hinweg. Der »Gesprächskreis Christa Wolf« fand – mit Unterbrechungen, als Christa Wolf in den USA war – bis April 2004 jeden Monat statt. Ein »harter Kern« von Teilnehmern blieb, mit den sich wandelnden Zeiten wechselten die Themen und die das Thema einführenden Gäste. Christa Wolf, die den Referenten aussuchte und einlud und später sogar die Unkosten übernahm, blieb über die Jahre ein Anziehungspunkt und wurde zur perfekten Haus-Herrin in verschiedenen Veranstaltungsstätten, die uns aufnahmen. Die Akademie verlor bald die Kraft zur Organisation. Auch als ich schon lange dort nicht mehr tätig war, blieb ich der Funktion treu, die ich in den Notzeiten der ums Überleben kämpfenden Akademie übernommen hatte: Ich strich mit anderen Freiwilligen die Brötchen, die es in der Gesprächspause gab und nahm so teil an den meisten, nun legendär gewordenen Gesprächen.

Weitere Aktivitäten im März:
- Robert Weimann stellte in einem Kreis von Interessierten sein neuestes Buch vor.
- Volker Braun lud Sektionsmitglieder ein zur Vorstellung eines jungen Kollegen: Thomas Martin.
- Die Kollegen des Leipziger Bereichs »Literaturgeschichte« der Akademie veranstalteten eine große Konferenz zur (DDR-)Literatur von 1945–1955.
- Am 18. März, dem zentralen »Tag der Künste«, hielt die Akademie ein »offenes Haus«: verschiedene Archive konnten besichtigt werden, in den laufenden Ausstellungen stellten sich Mitglieder mit ihren Werken der Diskussion. Nachmittags war unter dem Titel »Jahrmarkt der Fröhlichkeit« ein Fest für Kinder und Jugendliche vorbereitet. »Auch in guter Tradition unserer Akademie-Kinderfeste konnten die Kinder und Jugendlichen nach Herzenslust malen, tanzen, schauspielern, musizieren, bauen

und basteln an künstlerischen Objekten, den von Brecht/Keuner liebevoll und tiefsinnig definierten Elefanten anfassen – ihn danach malen und bauen, konnten sich als junge Rundfunkreporter ausprobieren oder sehr zeitgemäß mit Computern in den Dialog treten. Und dabei angeleitet und ins Gespräch gezogen von den Akademiemitgliedern Hannelore Bey, Helmut Baierl, Gerhard Bondzin und Tom Schilling, von Meisterschülern und von mitwirkenden Künstlern vielfältiger Provenienz«, berichtet D. H.-O. (Daniel Hoffmann-Ostwald) in den Mitteilungen.[387]

Am 31. 3. 1989 wurde der Film von Margarete von Trotta, die Korrespondierendes Mitglied der Sektion »Darstellende Kunst«, war, »Fürchten und lieben« in der Akademie gezeigt. Mit diesem Film hatte es eine besondere Bewandtnis: Er war schon im Jahr vorher als Veranstaltung in der Akademie angekündigt, jedoch kurz zuvor ohne Begründung abgesagt worden. Da es sich diesmal – anders als beim Rosa-Luxemburg-Film, dessen Vorführung 1986 auch eine besondere Akademie-Geschichte hatte – nicht um einen explizit politischen Film handelte, hatten Gutgläubige diesmal wirklich an eine defekte Heizung als Grund der Absage gedacht. Nein, es war die Angst vor Diskussionen über kulturpolitische Entscheidungen – verbotene sowjetische Filme beispielsweise –, gewesen, die die Akademieleitung zu dieser feigen Entscheidung gebracht hatte.[388] Nun also durfte dieser Film, der nach Motiven von Tschechows »Drei Schwestern« gedreht worden war, gezeigt werden.

Auch die DEFA-Filme, die 1965 nach dem 11. Plenum abgesetzt worden waren, waren im Laufe dieses Jahres im Programm der Akademie.

APRIL:

Im April fand ein Gegenbesuch aller Mitglieder unserer Akademie in der Westberliner Akademie am Hanseatenweg statt. Die dortige Frühjahrstagung wurde genutzt, das Westberliner Akademieleben vorzustellen, sich kennenzulernen. Für uns Mitarbeiter gab es großen organisatorischen Aufwand, ging es doch darum, dass die Papiere für einen Grenzübertritt

---

387   D. H.-O. (Daniel Hoffmann-Ostwald). »Tag der Künste – 18. März 1989«. In: Mitteilungen 3/1989, S. 2/3.
388   Vergleiche: »Zwischen Diskussion und Disziplin«. S. 530.

jedes Mitglieds in Ordnung waren. Da erst am letzten Tag der Frühjahrstagung der Akademie am Hanseatenweg unter Ausschluss der Öffentlichkeit gewählt wurde, erfuhren die Ost-Kollegen erst, als sie wieder zu Hause waren, dass ihr Korrespondierendes Mitglied Walter Jens zum Präsidenten der West-Akademie gewählt worden war.

Die Verleihung des Heinrich-Mann-Preises an Wulf Kirsten war eine der üblichen Feierstunden. Der vorherige Preisträger Heinz Czechowski hielt die Laudatio, die »Sinn und Form« in Heft 5/1989 veröffentlichte.

Um den »Wedding-Preis« zu verleihen, fuhren wir nach Leipzig, wo damals die »Tage der Kinder- und Jugendliteratur« stattfanden. Den Preis erhielt Maria Seidemann, die Laudatio hielt Werner Heiduczek (veröffentlicht in: »Mitteilungen« 5/6 1989)

Im April 1989 wurde das neu gebaute Archivgebäude am Robert-Koch-Platz eröffnet. Endlich konnten die reichen Archivalien unserer Akademie, die seit der Übernahme des Bestands von Heinrich Mann sich immens vermehrt hatten und wahre Schätze enthielten, so untergebracht werden, wie es nötig war. Nun war das Archiv mit der damals für die DDR bestmöglichen Ausstattung – unter anderem einem feuergesicherten »Turmbereich« – ausgerüstet. Endlich bekamen auch die Archivare würdige Arbeitsräume. Seitdem gibt es dort einen viel genutzten Lesesaal.

MAI:

Am 4. Mai ging es bei Hacks und Kollegen um die »Entstehung der Kollision auf der Bühne. Die gehandelte Exposition in Shakespeares ›Lear‹ und Schillers ›Wallenstein‹«. Stichwortartig wurden die Strukturen der Exposition in beiden Stücken zusammengesucht und von ihrer Technik her erörtert. Natürlich ließ es sich Peter Hacks dabei nicht nehmen, seine schon früher geäußerte Meinung »›Lear‹ ist das beste Gorbatschow-Stück, das es gibt, und ›Wallenstein‹ ist das beste Trotzki-Stück, das es gibt«[389] anzubringen. Es

---

389 Peter Hacks im Gesprächskreis »Technik des Dramas« am 4. 5. 1989. In: Peter Hacks. »Berlinische Dramaturgie«. Band 4. S. 201.

ging um Metaphern, um Bühnenwirksamkeit, andere Stücke wurden herangezogen. Am Schluss verabschiedete Hacks seine Schüler für das nächste Mal mit der Verpflichtung, den »Kaufmann von Venedig« genau zu lesen.

Während des ziemlich aufwändigen »Pfingsttreffens der FDJ« (aus allen Bezirken des Landes kamen Jugendliche – eine dreiviertel Million – in die Hauptstadt) boten sich routinegemäß einige kulturelle Institutionen wie das Schauspielhaus, das Deutsche Theater, so auch die Akademie der Künste den Gästen an. Die verschiedenen Abteilungen und Sektionen stellten Werke vor, sprachen über Schaffensarten und versuchten auf unterschiedlichste Weise, für sich zu interessieren. Wie im Bericht darüber vermerkt wird, kamen 400 Jugendliche in die Akademie.[390] Natürlich war das ein mehr gelenkter als spontaner Vorgang, und so eine Veranstaltung war auch bei den Mitgliedern ziemlich unbeliebt. »Mitglieder zum Anfassen«, witzelten wir und hatten Not, Schriftsteller zu finden, die dazu bereit waren. Aber diese »Massenveranstaltungen« hatten auch den Effekt, dass einzelne der Besucher, die sonst nie die Räume der Akademie betreten hätten, sehr angeregt wurden von dem, was sie hier erlebten. Hier herrschte eine Atmosphäre, die in der gesamten übrigen Republik nicht üblich war. Aus Pflicht wurde Neugier und einige Neugierige kamen immer wieder.

Am 11. Mai tagte die Sektion »Literatur und Sprachpflege«. Eingeladen war diesmal der Architekturspezialist Professor Bruno Flierl, der zum Thema »Postmodernismus in der Architektur« sprach. Das war eine vorrangig informative Veranstaltung. Wolfgang Kohlhaase bedankte sich zum Schluss angeregt: »Ich bedanke mich sehr. Es war informativ, animierend zum Weiterdenken, es war lustig, es war in keiner Weise langweilig, es war verspielt wie der Postmodernismus selbst. Es war wirklich ein schöner Nachmittag.«[391]

Am 18. Mai fand eine turnusmäßige Plenartagung zum Thema »Nachdenken über die Akademie« statt. Manfred Wekwerth war diesmal schon etwas kühner, als er wieder einmal über den neuralgischen Punkt der Akademie – die »Beraterfunktion« – sprach. So hätten, wie er meinte, die Akademie »in

---

390 Redaktion Mitteilungen. »›Wir sollen uns hier melden‹ oder Pfingsten in der Akademie«. In: Mitteilungen 4/1989. S. 2.

391 Wolfgang Kohlhaase. Diskussionsbeitrag auf der Sektionssitzung vom 11. 5. 1989. AdK-O 1401.

letzter Zeit oft Gehör und Verständnis gefunden, was die sogenannten operativen Fälle betrifft.« (Er bezog sich dabei auf die Zurücknahme einiger Verbote beispielsweise von sowjetischen Filmen oder auch die endlich erfolgte Freigabe eines Dokumentarfilms über Friedrich Wolf.). Auch hätte sich die Politik des Dialogs mit führenden Genossen bewährt. »Was aber fehlt, ist das beratende Vorausdenken, nicht nur von Fall zu Fall, sondern regelmäßig und systematisch.«[392] Wie das besser funktionieren könnte, machte dann Robert Weimann im zweiten Teil des einleitenden Vortrags deutlich: Die Akademie wolle ein Memorandum ausarbeiten mit ungeschminkten Meinungen zur kulturpolitischen Situation. Das Memorandum solle ein »Baukasten (...) kontroverser Meinungen« werden und zugleich kulturpolitische Zukunftslinien andeuten. Er stellte eine allererste Fassung eines solchen Papiers vor. In der nachfolgenden Diskussion nahmen die meisten Redner diesen Vorschlag eher skeptisch auf, was nicht hinderte, allen Sektionen die Diskussion eines solchen Papiers in den Sektionssitzungen zu empfehlen.

Einen Tag später, am 19. Mai, holte die Sektion die Verleihung des Anna-Seghers-Stipendiums an die Stipendiaten von 1987 nach. Ramon Diaz Eterovic aus Chile und Gioconda Belli aus Nikaragua waren endlich in die DDR gekommen. (Eterovic als der erste Stipendiat, der das Angebot eines mehrwöchigen Aufenthalts annahm. Belli machte in der DDR Zwischenstation innerhalb ihres Europaaufenthalts.) In Anwesenheit der Tochter von Anna Seghers überreichte Wolfgang Kohlhaase an beide Preisträger das Stipendium, hielt eine das Stipendium erklärende Rede. Die Anwesenden bei dieser kleinen Feier waren sehr berührt von diesem »internationalen Hauch«, zumal mit Gioconda Belli eine sehr schöne kluge Frau südamerikanischen Charme versprühte und an ein fernes, mit einer Revolution verbundenes Land erinnerte.

Ebenfalls im Mai wurde der F. C. Weiskopf-Preis an Armin Zeißler (Laudator Werner Creutziger) verliehen. Armin Zeißler, der gerade das Rentenalter erreicht hatte, war lange Jahre stellvertretender Chefredakteur von »Sinn und Form« gewesen, er hatte unter mehreren »Chefs« gearbeitet und war verantwortlich für die immense Kleinarbeit, die mit der Redaktion dieser

---

392   Manfred Wekwerth auf der Plenartagung vom 18. 5. 11989. In: »Zwischen Diskussion und Disziplin«. S. 702.

Zeitschrift verbunden war. »Sinn und Form« war sein Leben. Mit vielen Autoren verbanden ihn freundschaftliche Beziehungen, obwohl er doch als Redakteur auch Texte ablehnen oder redigieren musste. Aber Zeißler war stets einfühlsam. Als Lyrikliebhaber und »Dichter im Geheimen« kannte er sich aus, wie empfindlich literarischer »Stoff« und vor allem dessen Schöpfer waren. Dass die Sektionsmitglieder, die er verehrte und deren strenge Meinung er kannte, für ihn als Preisträger votiert hatten, machte ihn glücklich. Die Preisverleihung war ein Höhepunkt seines Lebens. Werner Creutziger lobte vor allem, dass es einmal einen Redakteur getroffen hatte, der für Sprachpflege, der der Preis ja gilt, gewürdigt wird.[393]

JUNI:

Am 1. Juni hatte Helmut Sakowski 65. Geburtstag. Die Feier fand nicht in unserem Haus, sondern in einem Heim der SED-Bezirksleitung Neubrandenburg in Sakowskis Heimatgegend statt. In den Bezirken ging es meist prunkvoller zu als in der Akademie, manchmal schien es, als vergewisserten sich die jeweiligen literarischen »Provinzfürsten« ihres Einflusses. Doch Sakowski hatte es auch verstanden, im Schriftstellerverband des Bezirkes Neubrandenburg einen Kreis interessanter Autoren um sich zu scharen, und so waren auch die Feiern – gemeinsam mit den Leitern seines Verlags und den ansässigen Kollegen – ein Treffpunkt für anregende Gespräche. Dass in diesen Räumen und bei dieser »staatsnahen« Besetzung Sorge und Beklemmung hinsichtlich der politischen Lage herrschte, dämpfte die damalige Feierlust, zumal Sakowski trotz seiner Funktionen in der Partei bereits einige Erfahrungen mit Verboten seiner Projekte gemacht hatte. Eines seiner Themen war der bauliche Verfall der Innenstädte, hier engagierte er sich in den verschiedensten Gremien, eckte an. Den Abbruch von Dreharbeiten an dem Fernsehfilm »Wie ein Vogel im Schwarm« hatte er hinter sich. Die sehr verbreitete Wochenzeitschrift »Wochenpost« durfte plötzlich die Fortsetzungsfolge seines Buches nicht mehr drucken. Zwar wehrte er sich, aber stieß gegen Mauern. Umso angenehmer war das harmonische Zusammensein in der Geburtstagsfeier mit Gleichgesinnten.

---

[393]   »F.-C.-Weiskopf-Preis 1989«. In: Mitteilungen. 5/6 1989. S. 9.

1989 war nicht nur das Jahr des 40. Jahrestags der DDR, vor 200 Jahren hatte Französische Revolution stattgefunden. Zu diesem Ereignis lud die Akademie zu einer Veranstaltung, an der Mitglieder mehrerer Sektionen (Wolfgang Kohlhaase, Karl Mickel, Heiner Müller, Volker Braun und Stephan Hermlin von der Literatur, Siegfried Matthus und Friedrich Schenker von der Musik und Joachim John von der Bildenden Kunst) beteiligt waren. Neue Werke mit Bezug zu diesem Ereignis – u. a. Volker Brauns »Trotzki«-Stück, Karl Mickels Radiooper »Die Gebeine Dantons«, Heiner Müllers »Der Auftrag«, wurden vorgestellt und natürlich forderte das Datum und die Arbeiten Diskussionen zu Themen wie Terror, Französische Revolution als »Leitrevolution« und vor allem zu utopischen Elementen in Revolutionen überhaupt heraus. Ein Abend voller Spannung und Sprengstoff. Volker Braun notierte nach dieser Veranstaltung: »12. 6. 89. werkstatt der akademie. 200 jahre französische revolution, mit hermlin, john, matthus, mickel, müller, schenker. die partei, das darf nicht die macht sein. sie hat ihr nicht zu gehören. es gibt etwas größeres als die macht, eine vornehmere funktion: zu führen, die erfahrungen zusammenzuführen. das braucht selbstlosigkeit; die macht hindert daran. macht macht unfähig zu denken, macht lässt verkommen, zum starren, ängstlichen, doktrinären apparat, der zuerst aufs überleben sieht. die partei nur, die zurücktritt, kann das vertrauen gewinnen, autorität, auf die man hört.«[394]

Außerdem las Günther Deicke in einer Veranstaltung zum 75. Geburtstag Kubas (Kurt Bartels) Gedichte.

Dann begann die jährliche Sommerpause, und bis dahin kann man sagen: Für die Akademie und die Sektion war das ein normales Halbjahr. So ähnlich waren die Jahre vorher auch verlaufen. Mit einzelnen Aktivitäten stemmten sich Akademiemitglieder gegen eine beklemmende Ruhe und Orientierungslosigkeit, begehrten hin und wieder auf, dass Kunst und Künstler nicht ernst genommen wurden, und hatten sich doch schon längst an diese lähmende Ruhe und Wirkungslosigkeit gewöhnt. Und obwohl es genügend Anzeichen dafür gab, dass es so nicht weitergehen konnte, sah niemand ein Ende.
Wir gingen in den Urlaub. Ich und mein Mann waren Mitte August wieder bei Freunden an der Ostsee. Abends gab es viele Sternschnuppen. Ohne es zu verraten, wie es Brauch war, wünschten wir uns ein Ende der bleiernen Zeit.

---

394   Volker Braun: »Werktage«. S. 953.

Es war wohl im Juli, als mein damaliger Parteisekretär Rolf Harder, der Chef des Literaturarchivs, und ich zu einem Gespräch mit Christa Wolf gingen. Für alle Mitglieder der SED waren »Parteigespräche« angeordnet worden. Einmal sollte es um die Vorbereitung des nächsten Parteitages gehen, zum anderen gab es in der Parteigeschichte eine Tradition die Genossen zu prüfen, inwieweit sie noch »auf Linie« waren. Wer nicht, bekam kein neues Parteibuch. Diesmal – wir in der Akademie handhabten es jedenfalls so – wurde nicht »überprüft«, sondern zugehört. Jeder war unzufrieden mit der Lage, mit der vergreisten Führung, dem sturen Festhalten an undemokratischen Entscheidungen innerhalb der Partei. Der jeweilige Parteigruppensekretär und sein Stellvertreter hatten viel zu tun, mit den Genossen einzeln und vertraulich mindestens eine Stunde zu sprechen. Am Schluss hatten unsere Gesprächsführer ein ganzes Buch voll ernsthafter Bedenken, aber auch Vorschlägen für Veränderung notiert.

Da Christa Wolf eher formal Mitglied unserer Parteigruppe war, jedoch zu keiner Sitzung oder Parteiveranstaltung erscheinen wollte – was von einigen Genosse als Privileg und Sonderbehandlung immer wieder moniert wurde –, war klar, dass auch das Gespräch mit ihr in ihrer Wohnung stattfinden würde. Christa Wolf hatte um einen passenden Termin gebeten. Als wir eingetreten waren, teilte sie uns ihren Entschluss mit, aus der Partei austreten zu wollen. Sie wolle kein neues Parteidokument, keine erneute Sonderreglung für ihre Mitgliedschaft, sie wolle keine Genossin mehr sein. Die Gründe hierfür – und sie zählte sie uns auf – keine Pressefreiheit, keine »Glasnost«, Gängelei, Heuchelei, keine Demokratie von unten nach oben, Erziehung zur Lüge in den Schulen – wir kannten sie doch alle! Wir sprachen in unseren kleinen Gruppenversammlungen von nichts anderem. Rolf Harder und ich konnten Christa Wolf nur zustimmen: Ja, so war es – lähmend, frustrierend. Nur ihre Entscheidung, deshalb die Partei zu verlassen, teilten wir nicht. Noch hofften wir, von »innen« Veränderungen zu schaffen. »Nein«, so Christa Wolf, sie wolle und könne nicht mehr. »Eigentlich müssten wir dann auch austreten«, meinte Rolf Harder. Da wurde Christa Wolf lebhaft und sehr bestimmend: »Nein, Ihr bleibt.«

In dieser Sommerpause musste sich niemand um die Beschaffung von Nachrichten sorgen, die ein »Sommerloch« füllten. DDR-Urlauber in Botschaften in Budapest, Warschau und Prag, die Schüsse und die Toten auf dem Platz des Himmlischen Friedens in Peking, Egon Krenz verbrüderte sich mit diesen Leuten, die den Befehl gaben, mit Panzern protestierende Studenten zu überrollen. Erich Honecker wurde operiert und lag im Krankenhaus. Wir in der Akademie hatten unseren eigenen »Knatsch« bezüglich der Lyrikveranstaltung mit der Westberliner Akademie, die feige abgesagt werden musste.

September/Anfang Oktober:

Es gibt eine kurze Schilderung von Christa Wolf über diese Zeit, die die Atmosphäre und den Druck, unter dem wir standen, wiedergibt: »Den ganzen September über wuchs unsere Sorge vor einer gewalttätigen Konfrontation der lernunfähigen Staatsmacht mit den Gruppen von Menschen, die sich schon lange sammelten, die nun begannen, sich zur Opposition zu formieren und auf die Straße zu gehen. Das Neue Forum wagte sich heraus und wurde sofort kriminalisiert. Der Zulauf, den es fand, signalisierte das Ende der Geduld vieler Menschen. Der vierzigste Jahrestag der DDR stand ins Haus – mit internationaler Beteiligung und großem Tamtam. Berlin war noch stärker und auffälliger abgesichert als sonst bei ähnlichen Anlässen. Die Spannung wuchs spürbar.

In der Nacht vom 7. auf den 8. Oktober kam ich nach einem Treffen mit Kolleginnen zufällig nicht über die Schönhauser Allee nach Hause, nicht an der Gethsemanekirche vorbei und geriet nicht in die Absperrungen der Polizeiketten. Ich wurde mit der Nachricht empfangen, in der Innenstadt sei es zu Straßenschlachten gekommen. War dies die gefürchtete Gewaltaktion der Sicherheitskräfte, die jede oppositionelle Regung ersticken sollte?

Aber am 8. Oktober standen wieder Menschen mit Kerzen vor der Gethsemanekirche. Wir sahen sie, als wir vorbeifuhren, um bei der Generalstaatsanwaltschaft in der Littenstraße und beim Polizeipräsidium in der Keibelstraße nach dem Verbleib unserer Tochter zu forschen, die mit vielen anderen in der Nacht festgenommen worden war. Ein Freund brachte den ersten Augenzeugenbericht. Es war Sonntag, wir standen vor geschlossenen

Türen. Übrigens findet man es selbst abgeschmackt, wenn einem Kafka einfällt angesichts der hohen eisernen Tore, hinter denen höchstens eine verzerrte Stimme aus der Gegensprechanlage nach dem Begehr fragt. Wir liefen an der Kolonne geparkter Einsatzfahrzeuge der Polizei vorbei – LKWs mit martialischen, rot-weiß gestreiften Räumschildern vorne aufmontiert -, in denen die jungen Polizisten und Offiziere, müde vom Nachtdienst, mit dem Kopf auf dem Lenkrad dösten oder schliefen – Bilder, die eine sehr ferne Erinnerung an einen Kriegsbeginn in mir auslösten. Ein Polizeirevier war besetzt, aber nicht zuständig. Von ›Zuführungen‹ war nichts bekannt, soweit sie aber erfolgt seien, seien sie rechtens gewesen. Nur der uniformierte Junge im Wachhäuschen an der Ecke des riesigen Gebäudekomplexes sagte leise, die seien doch alle schon abtransportiert.

Meine Tochter, inzwischen entlassen, wollte durchs Telefon nur Stichworte geben: Lastauto, Polizeirevier, Garage. So war das Wort ›schlimm‹ noch nicht mit seinem ganzen Inhalt ausgefüllt, als ich zu dem verabredeten Gespräch mit Gerhard Rein[395] nach West-Berlin fahren mußte. Einige Freunde vom Neuen Forum hatten mir nahegelegt, eine Gelegenheit zu suchen, um ihre Ziele öffentlich zu vertreten, gegen ihre Kriminalisierung zu sprechen und, vor allem, vor Gewaltanwendung in Leipzig zu warnen, wo ja am nächsten Tag nach dem Friedensgebet in der Nicolaikirche wieder eine Menschenmenge auf der Straße sein würde. ›Besonnenheit‹ von beiden Seiten sollte das Stichwort sein. Ich stand unter starkem Druck. Ein Vermittlungsversuch in der entstandenen Lage war prekär, aber ich hielt ein Blutbad für möglich, ich wollte eine, wenn auch minimale Chance nutzen, um zu vermitteln.«[396]

SEPTEMBER IN DER AKADEMIE:

Am 7. September fand die erste Sektionssitzung nach der Pause statt. Viel stand auf der Tagesordnung. Erste Vorschläge für neue Korrespondierende Mitglieder: Man einigte sich vorerst auf Hans Mayer und eine eher europäische als atlantische Auswahl. Vorschläge sollten noch einmal

---

395 Gerhard Rein berichtete von 1982 – 1989 für den Süddeutschen Rundfunk aus der DDR.
396 Christa Wolf. »Nachtrag zu einem Herbst«. In: Christa Wolf. »Reden im Herbst«. Aufbau-Verlag Berlin und Weimar 1990. S. 8-10.

überdacht und zum nächsten Mal wieder besprochen werden. Dann ging es um die neue Veranstaltungsreihe: Christa Wolfs halböffentliche Gesprächsabende.

Das Hauptthema »Vorstellungen über die zukünftige Arbeit der Akademie« anhand von zwei Papieren aus dem Präsidium – eben dem geplanten Memorandum – verband Wolfgang Kohlhaase mit dem Bericht über die beschämende Absage unserer Akademie an die Lyrikveranstaltung mit dem Westberliner Partner. Die wichtigsten Passagen dieser Sektionssitzung wurden schon vorn zitiert. Der Eindruck insgesamt war: es rumorte zwar unter den Mitgliedern, aber sie waren bereit, mit einem Papier, das es in sich haben würde, die Akademie zu vertreten anlässlich der großen Rechenschaftslegung, die man vom kommenden Parteitag der SED erwartete, und danach, das war die allgemeine Annahme, würden die Alten abtreten und Jüngeren, Beweglicheren Platz machen. Die Forderung nach mehr Spielraum und größerer Eigenverantwortung standen an erster Stelle. Aber noch sollte alles den üblichen Tippel-Tappel-Gang gehen: Meinungen einholen, Standpunkte formulieren, diskutieren, neu formulieren …

In anderen Sektionen, in denen Anfang September ebenfalls Sektionssitzungen stattgefunden hatten, war dagegen die Stimmung aufgeheizter. Die Sektion Musik verweigerte die Zustimmung zu den vorgelegten Papieren. Siegfried Matthus: »Ich will es noch einmal zusammenfassend sagen: Was hier formuliert wird, ist wirklich nichts Neues, sondern das ist das, was im wesentlichen schon immer festgelegt und beschlossen worden ist.« Friedrich Schenker: »Das Wort ›Öffentlichkeit‹ ist ein Witz. Das ist eine der größten Herausforderungen, die ich gehört habe, in dem Papier. Wo gibt es Öffentlichkeit? Es ist doch ein Grundproblem, daß es keine Öffentlichkeit gibt.« Paul-Heinz Dittrich: »Die Zeit ist reif, nun auch einmal andere Meinungen zu respektieren. Im Umgang mit den Menschen – ich meine auch, es gar nicht so sehr auf die Künste gleich zu beziehen – haben wir große Probleme in unserem Land. (…) Die Zeit ist reif, daß man auch der Opposition den anderen Gedanken, die Meinung zubilligt und nicht hinter diesen Gedanken immer einen versteckten Angriff vermutet, sondern in dieser Form einmal die Bereitschaft zur Mithilfe, zum Mitdenken sieht. Sonst geht es nicht weiter, sonst sind die Pamphlete für die Katz.«[397]

---

397   Sitzung der Sektion Musik vom 1. 9. 1989. In: »Zwischen Diskussion und Disziplin«. S. 427/8.

In der Sektion Bildende Kunst sagte Lothar Reher: »Wenn ich von diesem Papier ausgehe, so hat es möglicherweise einen grundsätzlichen möglicherweise Kardinalfehler (oder nicht). Es geht davon aus, daß wir nur etwas erreichen, wenn wir Backe an Backe sind. Aber dieses Backe-an-Backe bringt uns keine Autorität, bringt uns eigentlich nur den Segen. Wir brauchen aber dieses Land und dieses Land braucht ganz dringend moralische Autoritäten (…) Unterschwellig könnte es sein, daß die Instabilität eines Tages durch irgendwelche Dinge explosionsartig deutlich wird. Dann hat dieses Land niemanden außer den Backe-an-Backe-Leuten, die gar nichts mehr zu sagen haben. (…) Es ist unsere Aufgabe unter anderem, eine eigenständige, vertrauensbildende Institution zu sein, die natürlich mit anderen zusammenarbeitet, (…) aber die nicht unbedingt nur unter dem Segen arbeitet. Christa Wolf, Stephan Hermlin und andere Leute haben eine gewisse Kraft, die für diese und jene Situation einen notwendigen Ausgleich bietet, aber meiner Meinung nach bei weitem nicht genug, wenn dieses Land nicht endlich anfängt, über diese Probleme einmal zu diskutieren, und sei es hier intern; aber wir müssen uns formieren für unsere Gedanken. Wir alle haben vor 40 Jahren begonnen, dieses Land zu bauen, und nun können wir doch nicht ewig so weitergehen unter Mißachtung aller marxistisch-leninistischen und aller möglichen eigenen Ideale, daß das in Bewegung bleiben muß und daß wir irgendwann daran arbeiten müssen. Fixiert auf Angriff von außen, sind wir nur noch fähig abzuwehren oder zu schweigen. (…) Das ist gefährlich.«[398]
Die Lage – das zeigten die Diskussionen – war explosiv. Der übliche Weg über »ausgewogene« Papiere wurde mehr und mehr verweigert.

Am 13. September wurde der Lion-Feuchtwanger-Preis an den Religionswissenschaftler und Orientalisten Walter Beltz verliehen. Beltz hatte schon in der Sektion Vorträge gehalten, seine Bücher waren für die Mitglieder eine Fundgrube. Dem Vorschlag, ihn mit dem Lion-Feuchtwanger-Preis auszuzeichnen, hatten alle freudig zugestimmt. Wolfgang Kohlhaase lobte Beltz bei der Begrüßung: »Der Mann, den wir hier preisen und ehren, pflegt mit den Göttern den vernünftigsten Umgang, so entdeckt man den Menschen, der in den frühen Zeiten sich ein Bild macht von sich selbst und damit wohl bis heute nicht fertig ist. Wer sich, und sei es an Beltzens Hand, in die mythische

---

398 Lothar Reher. Diskussionsbeitrag auf der Sitzung der Sektion Bildende Kunst am 12. 9. 1989. In: »Zwischen Diskussion und Disziplin«. S. 430.

Vergangenheit begibt, wer die alten Geschichten der Priester und Propheten liest, in denen noch ältere Geschichten stecken, wer die vortrefflichen Erfindungen der Religion betrachtet, dem mag übrigens durch den Sinn gehen, was alles die Kunst einem Publikum schuldet, das unter den Himmeln und Gewölben des Glaubens nicht länger wohnt.«[399] Eckart Krumbholz, Lion-Feuchtwanger-Preisträger von 1988 und als Schriftsteller in einem ganz anderen Metier verdienstvoll, mühte sich in seiner Laudatio redlich, dem Gelehrten gerecht zu werden, was wiederum Walter Beltz zu Worten des Dankes veranlasste, beginnend mit »Hochansehnliche Festversammlung«, endend mit Goethe: »›Was ist das Schwerste von allem? Was Dir das Leichteste dünkt. Mit den Augen zu sehen, was vor den Augen Dir liegt.‹ Wenn wir das beherzigen und nicht die Augen verschließen vor dem, was vor unser aller Augen liegt, dann gehen wir bestimmt erfreulicheren Zeiten entgegen.«[400] Es war eine launige Veranstaltung, »über den Wolken« des heftigen Alltags.

Laut Plan musste allen anderen Zeichen der Zeit zum Trotz das »High-Light« des Jahres, die »Woche der Akademie«, gewidmet dem 40. Jahrestag der DDR, stattfinden. Terminiert war sie seit langem vom 18.-23. September. Obwohl einige angedachte Veranstaltungen über die Frühzeit der DDR nicht zustande gekommen waren, schien das Programm »rund« und voll. Geplant waren verschiedene Veranstaltungen aller Sektionen. Das neueste Werk von Mitgliedern, Korrespondierenden Mitgliedern, Meisterschülern, jungen und alten Kollegen stand naturgemäß im Vordergrund, aber auch an die anderen »Leitlinien« der Akademie – Arbeit mit Kindern, Nachwuchs und – wie es bald heißen sollte – den »verordneten Antifaschismus« – war gedacht. Es gab also wieder Veranstaltungen für Kinder und Jugendliche, Gespräche mit Meisterschülern, Heiner Carow stellte seinen neuesten Film »Coming out« noch vor der offiziellen Premiere vor. Der Sektion »Literatur und Sprachpflege« gelang erstmals seit langem eine öffentliche Veranstaltung mit jüngeren Autoren, die in den internen Nachwuchstreffen aufgefallen waren. Uta Ackermann, Reinhard Jirgl und Peter Dehler, dessen Inszenierung von Andreas Gryphius' Stück »Die geliebte Dornenrose« an einem anderen Abend gezeigt wurde, lasen und ihre Akademie-Mentoren Günther Deicke, Heiner Müller und Karl Mickel saßen mit auf der Bühne.

---

399   Wolfgang Kohlhaase. »Begrüßung«. In: Mitteilungen 1/1990. S. 32.
400   Walter Beltz. »Worte des Dankes«. In: Mitteilungen 1/1990. S. 36.

Eine größere Veranstaltung unter dem Titel »Sag nicht, es ist fürs Vaterland« zeigte Texte, Filme und Lieder aus und über die Nazizeit. Mitglieder, die Kindheit und Jugend während des Faschismus erlebt hatten – der Filmdokumentarist Gerhard Scheumann, Günther Rücker und Max Walter Schulz, der Filmregisseur Heiner Carow, der Bildhauer Werner Stötzer, der Historiker Kurt Pätzold und Peter Kirchner von der Jüdischen Gemeinde – schilderten ihr Erleben und kamen mit dem Publikum ins Gespräch.

Die Konzeption der Veranstaltung war anspruchsvoll: »Wegstationen einer Generation ins Verderben. Einer Generation, die – wie Hitler sagte – in den nächsten Jahren gar nicht älter werden, sondern immer gleich jung bleiben sollte. Deren einer Teil jung blieb, weil er früh starb. Deren anderer Teil früh alterte. ›17Jährige, im Feuer gereift‹, die mit ihren Kameraden Ideale begruben, die sich als tödliche Trugschlüsse erwiesen. Eine Jugend – Täter und Opfer zugleich, unschuldig, schuldig. Welcher Platz ist ihr zugedacht in den Weltherrschaftsplänen der faschistischen Allianz von Monopolen, Staat, Partei und Wehrmacht? Welche ihrer Hoffnungen, Sehnsüchte, Ansprüche ans Leben wird man sich dienstbar machen? Begeisterungsfähigkeit, Tatendrang, der Wunsch, ernstgenommen zu werden, sich zu bewähren, der Bevormundung der traditionellen Autoritäten Elternhaus und Schule zu entfliehen – mit welchen Mitteln werden sie ausgebeutet? Mit welchen Leitbildern, Vorbildern, Feindbildern wächst diese Jugend auf? (...) Wie werden die, die überleben, fertigwerden mit dem Zusammenbruch ihrer Ideale? Werden sie Schuld und Scham annehmen, Verzweiflung und Resignation verarbeiten? Oder folgt der Verblendung die Verdrängung?«, hieß es in der Konzeption.[401]

Wieder einmal ging es also um Antifaschismus, dem Thema, das den meisten Mitgliedern seit Bestehen dieser Akademie am Herzen lag. Gute Erfahrungen für Veranstaltungen dazu gab es genug. Sie waren vor allem den Mitarbeitern der Sektion Darstellende Kunst zu verdanken. Auch diesmal hatten sie den Abend konzipiert. Ob aber der Termin für diesen lange vorbereiteten Abend der günstigste war, ist fraglich. Volker Weidhaas, wissenschaftlicher Mitarbeiter der Abteilung Darstellende Kunst, der das Videomaterial des Abends zusammengestellt hatte, bemerkte nach dem etwas mäßigen Beifall zu dieser Veranstaltung trotzig: »Erfahrungen (...)

---

401 Hannes Schmidt/Volker Weidhaas. »Wie ist es möglich, daß alles geschehen konnte?«. In: Mitteilungen 1/1990. S. 17.

bei Vorführungen der Videokassetten (...) bestätigen uns in der Ansicht, daß diese Diskussionsangebote vor der ›Wende‹ konzipiert und realisiert, ihren Gebrauchswert ›danach‹ nicht eingebüßt haben. Im Gegenteil ...«[402]

Weiter wurde in dieser Woche das Buch »Troika« von Markus Wolf vorgestellt. Das ging die Akademie direkt an, handelte es sich doch um ein Projekt ihres früheren, zu früh verstorbenen Präsidenten Konrad Wolf. Mit einem autobiographischen Stoff, der Geschichte dreier Schulfreunde in Moskau der dreißiger Jahre, hatte er einen Film geplant über nicht weniger als Jahrhundertentscheidungen, die diese drei treffen mussten. Einer der Freunde war Offizier der Roten Armee geworden, der zweite hatte in der amerikanischen Armee gekämpft, der dritte, dessen Vater in einem sowjetischen Gulag umgekommen war, hatte den Faschismus in Deutschland erlebt, wurde Westberliner. Nach vielen Jahren trafen sie sich ...

Konrad Wolf hatte nur noch eine Art Konzept für den Film erarbeiten können. Sein Bruder, der Leiter der DDR-Auslandsaufklärung und Stellvertreter vom Minister für Staatssicherheit Erich Mielke, Markus Wolf, nahm sich nach seinem Ausscheiden aus dem »Dienst« des Projektes an und schrieb sein erstes Buch. Es war insofern für die DDR spektakulär, als es ungeschminkt über das Moskau der dreißiger Jahre erzählte – mit den Verfolgungen und Repressalien von damals. Wolf urteilte nicht in der Manier eines kalten Kriegers, sondern empfahl jedes Schicksal der drei Freunde nachdenklicher Betrachtung. Ein bisschen Trauer über die Lebensläufe und soviel im Hass vertane Zeit schwang mit und bewegte die Gemüter der Leser. Und natürlich trug der »Ruf« eines bisher nur geheim agierenden oberen Militärs, hohen Funktionärs der DDR, dazu bei, diesen Mann erleben zu wollen. Es war zwangsläufig, dass sich die gesamte Diskussion an diesem Abend um die aktuelle Situation drehte. Wie es zu dem nun offensichtlichen Vertrauensverlust zwischen »oben« und »unten« kommen konnte, warum bisher soviel verschwiegen worden war, was Stalinismus war. Markus Wolf erwies sich als ein eloquenter und souveräner Diskutant, quasi war es sein erster größerer öffentlicher Auftritt. Hier, in der Akademie, fand er ein Publikum, das ihn akzeptierte und ernst nahm, ja vielleicht auch als Träger aktueller Hoffnungen empfand. Pfiffe gegen seine Person und das Amt, das er ausgeübt hatte, musste er erst am 4. November von der großen Masse auf dem Alexanderplatz hinnehmen.

---

402 Ebenda. S. 21.

Die Sektion »Literatur und Sprachpflege« hatte außerdem Miep Gies, die holländische Vertraute von Anne Frank, zu Gast. Da die Buchpremiere zu »Meine Zeit mit Anne Frank« in diese Zeit fiel, kam rasch eine Kooperation mit dem Verlag »Neues Leben« zustande. Ich kann mich erinnern, dass an diesem Nachmittag auch Egon Krenz anwesend war. In dieser Krisenzeit, da er gemeinsam mit anderen versuchte, seine Partei und das Land zu erneuern, hatte er die Zeit gefunden, so eine Veranstaltung zu besuchen? Warum hatte das in »normalen« Zeiten keiner der führenden Genossen getan? Auch solche Defizite fielen auf, wurde doch gerade in diesen Tagen das Privatleben der Oberen mit den »goldenen« Wasserhähnen in Wandlitz und ähnlicher Mumpitz in allen Medien verbreitet.

Auch Peter Rühmkorf hatte in diesem »Spätsommer« einen ausverkauften Abend. (Als ich noch einmal in den Akten nach dem Bericht über diesen Abend suchte, fand ich ihn nicht im Ordner »Stunde der Akademie« sondern »Akademie international« – noch war Peter Rühmkorff »Ausländer«, jedoch einer, dessen Weltschmerz und Humor keine Übersetzung brauchte!)

Alles in allem: Eine wirklich »volle« Woche der Akademie, die jedoch in meinem Gedächtnis fast verblasst war, anderes war damals aufregender. Als ein Resümee der Veranstaltungen konstatierte Martina Geng, wissenschaftliche Mitarbeiterin beim Generaldirektor, wenige Wochen danach: »Die seit Jahren in der Akademie gepflegte Tradition von Offenheit in der Debatte, des Umgangs mit Tabus, des Zulassens unbequemer Fragen vermittelte in jenen Septembertagen eine Atmosphäre zwischen Aufbegehren, Handlungswillen, aber auch Hilflosigkeit. Immer deutlicher wurde, dass die im Gespräch zur Verfügung stehenden Künstler und Gäste Fragen und Erwartungshaltungen gegenüberstanden, mit deren Beantwortung sie vom Publikum überfordert wurden. Die unausweichliche Notwendigkeit eines Umbruchs in der Gesellschaft kündigte sich auch hier an.«[403]

OKTOBER:

Der Druck in den Sektionen, die Atmosphäre in den Veranstaltungen und die Stimmung im Land ließen es nicht mehr zu, über Schriftsätze mit langfristigen »planmäßigen« Zukunftsvorstellungen zu debattieren. Nun

---

403 Martina Geng. »Woche der Akademie«. In: Mitteilungen 1/1990. S. 12.

entschied sich das Präsidium, schnellstens ein Positionspapier zu aktuellen Fragen der Politik und zur Kunst- und Kulturpolitik zu erarbeiten. Datiert ist es auf den 4. Oktober – also noch vor dem »Jubeltag« des 7. Oktober, an dem die bestellten FDJ-Jugendlichen an der Parteiführung vorbeimarschierten, während andere Jugendliche, nicht weit von diesem Platz entfernt, von der Polizei verprügelt und festgenommen wurden. Nichtsdestotrotz verabschiedete das Präsidium das Papier am 10.10. als Beschluss, am 12. 10. erschien es in vielen Zeitungen der DDR – neben vielen anderen »grundsätzlichen« Erklärungen aller möglichen Gremien. Gedacht als Angebot und Aufforderung zur Veränderung handelte es sich darin vorrangig darum, »Öffentlichkeit« zuzulassen und und ernst zu nehmen und dabei die Medien zu nutzen: »Die alltäglichen Erfahrungen des Bürgers prägen die öffentliche Meinung in unserem Land, die oft genug im Gegensatz zu der veröffentlichten Meinung steht, ein Widerspruch, der zu empfindlichen Störungen des moralischen und geistigen Klimas in der Gesellschaft führt. Dieser Widerspruch muß durch ein neues Verständnis für den Gebrauch der Medien aufgelöst werden, durch das auch eine Ritualisierung der politischen Sprache zu überwinden wäre, die häufig den gemeinen Sinn nicht mehr trägt. Entscheidungen, die Bürger unseres Landes betreffen, müssen für diese begründet und durchschaubar sein. Wo dies nicht der Fall ist und Anonymität waltet, entsteht ein ohnmächtiges Bewußtsein der Bevormundung, das in direkten Gegensatz zu dem von der veröffentlichten Meinung propagierten Bild des mündigen Staatsbürger gerät. Vertrauen beruht auf Vertrauen. Wir brauchen es als Grundwert miteinander. Niemand darf verdächtigt werden, der sich Sorgen um die Zukunft unseres Landes macht.«[404] Das Papier war vor allem ein Appell an die wankende Staats- und Parteiführung, endlich angesichts der Lage aktiv zu werden. Die Akademie bot »ihre Erfahrungen und die Fähigkeit ihrer Mitglieder« zum Mittun an. Doch niemand schien sie zu brauchen, was so auch wieder nicht stimmte, denn in eben dieser Präsidiumssitzung berichtete Manfred Wekwerth von einem Gespräch, das er und andere Künstler (darunter Erwin Strittmatter, Stephan Hermlin, Hermann Kant, Helmut Sakowski, Schauspieler und andere) am Vortag mit Kurt Hager, auf dessen Bitte hin, geführt hatten. Hager hätte sie nach ihrer Einschätzung der Lage gefragt. Dabei hätte er zugegeben, dass

---

404 Stellungnahme des Präsidiums der Akademie vom 4. 10. 1989. In: »Zwischen Diskussion und Disziplin«. S. 433.

die Fluchtversuche vieler DDR-Bürger und die daraufhin erfolgenden Maß-
nahmen in Ungarn und Polen ihn und seine Genossen überrascht hätten.
Er schien sehr rat- und hilflos. Die dringenden Forderungen der Genossen-
Künstler nach einer außerordentlichen Tagung des ZK, die falsche Entschei-
dungen revidiert, wollte er schleunigst weitergeben. Aber hatten er und die
Seinen überhaupt noch die Kraft und die Legitimation zu Entscheidungen?
Neue Parteien entstanden, zu den alten – und sie konnten noch soviel Ver-
änderung versprechen – war die Loyalität verbraucht.

Ebenfalls in dieser Präsidiumssitzung erzählte Vizepräsident und
Regisseur Heiner Carow von seinen Erlebnissen bei den Demonstranten
vom 7. Oktober und schilderte Übergriffe der Sicherheitskräfte. Wenn sich
nichts ändere, werde er seine Mitgliedschaft in Frage stellen. »Ich glaube
bestimmten Leuten nicht mehr!« Der Komponist Siegfried Matthus sagte,
er fühle sich mitschuldig. Schon vor 36 Jahren hätte er zu Dingen sprechen müssen, zu denen er geschwiegen hatte.[405]

Eine persönliche Erinnerung an diese Tage: Zur Feier des 40. Jahrestages
der DDR hatte sich Michail Gorbatschow angekündigt. Wann er eintreffen
würde, war in den Medien veröffentlicht worden. Ich verließ gegen Mittag
mal kurz meinen Arbeitsplatz und stand mit vielen anderen am Straßen-
rand in der Karl-Marx-Allee, wartend auf »ihn«. »Gorbi« war damals eine
Hoffnung auf Veränderung. Er sollte sehen, wie viele auf ihn, damals Sym-
bol eines reformierten Sozialismus, setzten. Wie ich, standen da sehr viele
und winkten. Spannung lag in der Luft. Dass »Gorbi« damals gesagt haben
soll, »wer zu spät kommt, den bestraft das Leben«, sickerte allmählich durch.

Als am 7. Oktober die neuen Nationalpreisträger bekannt gegeben wurden,
war endlich auch Günter de Bruyn dabei. Mehrere Jahre lang hatten wir
eine immer schönere Begründung formuliert, um den Vorschlag der Sektion und des Präsidiums durchzusetzen. Endlich war es geschafft.

Aber Günter de Bruyn lehnte ab. Von dieser Regierung wollte er keinen
Preis mehr erhalten. Als wir uns das erste Mal nach dieser Entscheidung
trafen, entschuldigte er sich fast bei mir, – für die vergebliche Arbeit, die
wir uns gemacht hätten.

---

405   Nach Ulrich Dietzel: »Tagebuch«. S. 224/225.

Mit der Veranstaltung »Roter Rummel« hatte das Liedzentrum – eine innerhalb des Forschungsbereichs agierende Abteilung der Akademie – eine wenn auch unregelmäßig stattfindende Veranstaltungsreihe organisiert, die sich verstand »als eine demokratische, kulturelle Alternative zu einer Repräsentativkunst, die letztlich in der Kunstproduktion und Distribution das alte Verhalten von ›Oben‹ und ›Unten‹, von Machern und Empfängern, von Aktiven und Passiven stützt«[406], soll heißen: die zarten Pflänzchen alternativer Kunst wurden hier gepflegt, obwohl so manches Akademiemitglied deren Berechtigung in der Akademie anzweifelte. Nun fand ausgerechnet in den stürmischen Oktobertagen ein solcher »Rummel« statt, unter anderem mit dem Clownsspiel »Altes aus der DaDaeR« mit Hans Eckhard Wenzel und Steffen Mensching, die in Berlin eine große Fan-Gemeinde hatten. Außerdem sang Gerhard Gundermann, ebenfalls mit großer Fangemeinde. Gina Pietsch trug das Monologstück »Pas de deux Allemand« vor, und natürlich ging es im ganzen Haus nicht so seriös oder konservativ zu wie bei den Abenden der älteren Mitglieder. Die Eingangshalle war in einen Markt verwandelt, es gab »Spiele«, beispielsweise zu den Vorstellungen eines jeden, wie Demokratie durchgesetzt werden könnte. Resolutionen wurden verlesen, es brodelte. Um die damalige Stimmung einzufangen: »Im Foyer hatten wir ein Barometer installiert. Jeder Besucher hatte einen Scheffel Sand für seine Entscheidung zur Verfügung. Er konnte wählen zwischen drei Ansichten. 1. Der Sozialismus ist am Ende. 2. Der Sozialismus ist am Anfang. 3. Der Sozialismus ist nur als Utopie sinnvoll. Die absolute Mehrheit entschied sich für die Nr.2«[407] Oktober 1989!

Vom 11. bis 16. Oktober war ich das erste Mal in Frankfurt/Main zur Buchmesse. Im Zug dorthin saß ich mit Max Walter Schulz und Sebastian Kleinschmidt – den Machern von »Sinn und Form« – in einem Abteil. In Nachbarabteilen waren viele Verlagsleute und Schriftsteller, unter anderem Eva und Erwin Strittmatter. Mir war ein bisschen mulmig: das Gefühl, privilegiert zu sein, in den »Westen« zu reisen, also gerade jetzt das zu machen, was sich so viele wünschten, machte mich beklommen. Das Messegelände in Frankfurt schüchterte mich sehr ein: Von so vielen Büchern fühlte ich

---

406 Karin Wolf. »›Oktober-Rummel‹ in der Akademie der Künste der DDR«. In: Mitteilungen 1/1990. S. 4.
407 Ebenda.

mich erschlagen, orientierungslos. Offenbar ging es Erwin Strittmatter
ähnlich. Unerkannt wandelte er in der Masse die Gänge zwischen den
Messeständen lang, als wir uns zufällig trafen. Auch ihn erdrückten die
Massen von Büchern und Menschen, die meterlangen Wände mit Riesen-
postern, die die Köpfe von Autoren zeigten. Das Geschubse und Geschiebe.
»Und das wünschen sich nun unsere Leute?«, fragte er sich und mich
immer wieder verwundert und kopfschüttelnd. An einem Abend hatte er
eine Lesung im Zentrum Frankfurts: der Veranstaltungsraum war schon
klein, doch in der Hauptsache von DDR-Leuten gefüllt. Lew Kopelew kam
und umarmte den Freund. Sonst war es doch eher trist, – ein ziemlich
unbekannter Provinzler aus der DDR – schien die Meinung. Als am nächsten Tag Wolfgang Hilbig an der Peripherie der Stadt las, war die Zahl der
Besucher auch nicht erheblich größer. Nur – Wolfgang Hilbig hatte sich
wohl schon vorher mit Heiner Müller einen vergnüglichen Tag gemacht,
und beide – nicht mehr ganz nüchtern – unterhielten das Publikum mit
frechen Bonmots. Täglich morgens trafen wir DDR-Leute uns am Stand
des Verlags »Volk und Welt« und fragten nach neuen Meldungen aus der
Heimat. Gab es die DDR noch? – zwar glaubte damals niemand an einen
so schnellen Untergang, aber allmählich fasste der Gedanke an eine solche Möglichkeit Fuß.

Als wir zurückkehrten, waren wir wieder eine Messereisegruppe im
Zug. Erwin Strittmatter hatte sich erkältet und litt ziemlich. Am Grenzübergang Friedrichstraße, stand er in der Reihe vor mir. Als ein Grenzer
ihn mit der Frage begrüßte »Herr Strittmatter, was macht Ihr Pferd?«,
lebte er sichtlich auf.

Am 16. Oktober war das zukünftige neue Korrespondierende Mitglied, der
Franzose Claude Prévost in Berlin und wurde in der Akademie herzlich
begrüßt. Am Abend fand im Französischen Kulturzentrum eine Veranstaltung statt, in der Claude Prévost über neue Tendenzen im französischen Roman sprach. Stephan Hermlin hatte es sich nicht nehmen zu lassen, den Gast zu begleiten und zu unterstützen.

Am 19. Oktober fand endlich – seit Mai! – eine Außerordentliche Plenartagung statt. Wekwerth begann folgendermaßen: »Ich stand selten so unsicher vor der Frage, was ich hier sagen soll, und da habe ich mich doch

entschlossen: die Wahrheit, denn die steht schon wieder nicht im ND.«[408] Dann schilderte er den ungewöhnlichen Verlauf der Plenartagung des ZK der SED vom Tag zuvor, wo Erich Honecker abgesetzt und Egon Krenz inthronisiert worden war. In einem diese Akademie-Tagung zusammenfassenden Bericht von Manfred Wekwerth in den »Mitteilungen« hieß es dann:

»Unser Land durchlebt dramatische Augenblicke eines endlich in Gang gekommenen und von Tag zu Tag sich beschleunigenden geschichtlichen Wandels, zu dem auch die Akademie der Künste und seit langem ihre Zeitschrift ›Sinn und Form‹ beigetragen haben.« Bewusst sagte Wekwerth »Wandel«, obwohl der Begriff der »Wende« durch Egon Krenz schon gefallen war. (Wenige Tage später sollte Christa Wolf auf dem Alexanderplatz von »revolutionärer Erneuerung« sprechen.) Doch zurück zur außerordentlichen Plenartagung und Wekwerths Bericht darüber:

Vier Stunden hätte die Plenartagung gedauert, »mehr als dreißig Wortmeldungen: in jeder Befürchtungen, Hoffnungen, Forderungen. Aber auch Misstrauen.«[409] Die Forderungen betrafen die Rehabilitierung Walter Jankas, dessen Bericht über seine Verurteilung und Haft in der DDR 1956 die Wogen der Empörung noch höher als schon zuvor getrieben hatten. Protestiert wurde gegen die Relegierung mehrerer Schüler an der Pankower Ossietzky-Schule, die wegen einer Wandzeitung bestraft worden waren. Gewarnt wurde aber auch vor vorzeitiger Euphorie, vor der Gefahr, dass die »neue Offenheit« nur eine Kampagne wie viele frühere ist. Auch die Gefahr von Gewalt in den Auseinandersetzungen wurde angemerkt. Über ein »verändertes Selbstgefühl« hieß es: »Wir heben den Kopf, als wäre ein durchschlagendes kollektives Gelähmtsein, das uns befallen hat, endlich von uns gewichen. Schon erscheint es unbegreiflich, daß wir uns dieser Gebücktheit nicht zu erwehren vermocht hatten – und doch war es so, jahrelang. Jetzt hat der Horizont sich aufgehellt (...) Unsere Hoffnung ist es, möge uns auf deutschem Boden eine sozialistische Reformation gelingen, eine Erneuerung der DDR an Haupt und Gliedern aus dem ursprünglichen Geist sozialistischer Botschaft. Mehr Sozialismus, mehr Demokratie.«[410] Nun endlich könne man richtig von der Sowjetunion

---

408 Manfred Wekwerth auf der Außerordentlichen Plenartagung am 19. 10. 1989. In: »Zwischen Diskussion und Disziplin«. S. 441.

409 »Bericht des Präsidenten der Akademie der DDR, Prof. Dr. Manfred Wekwerth über eine außerordentliche Plenartagung am 19. Oktober 1989«. In: Mitteilungen 1/1990. S. 3.

410 Ebenda.

lernen, viele Konzeptionen eines modernen Sozialismus lägen in den Schubkästen. – Wekwerth warnte vor Euphorie und bemerkte die eigene nicht. Alles schien möglich. Der Bericht ist eines der vielen Dokumente jener Zeit mit einer Begeisterung, die heute nur Kopfschütteln bewirkt, und doch war es für einige Augenblicke »Zeitgeist«.

Das Land war immerhin noch so intakt, dass am 20. Oktober, dem 64. Geburtstag Konrad Wolfs, eine Plastik des Bildhauers Werner Stötzer an ein Regiment der NVA feierlich übergeben wurde. Ein Ritual der alten Art: Während der angesetzten Diskussion, so der Berichterstatter, sprachen nur höhere Offiziere.[411]

In dieser Zeit besuchten uns – schon lange vereinbart – unser Korrespondierendes Mitglied James Aldridge und seine Frau. Wie schon vorn erwähnt: Aldridge (geboren 1918 in Australien) lebte seit 1938 in London und war in der DDR mit seinem Roman »Der Diplomat« sehr bekannt geworden. Er schrieb auch viele Bücher für Kinder. Der »Wunderbare Mongole« – ein Pferdebuch – erreichte fast Kultcharakter. Außerdem arbeitete Aldridge an Serien für das Fernsehen mit. Seine Bücher wurden in 40 Sprachen übersetzt, – spannende Unterhaltung, nicht ohne soziales Engagement. Er hatte sich in den fünfziger Jahren aktiv im Friedensrat engagiert, hatte mit vielen der älteren DDR-Autoren zusammengearbeitet. Er bekannte sich als »Freund« der Sowjetunion und auch der DDR. Er war gern Korrespondierendes Mitglied unserer Sektion, aller paar Jahre besuchte er uns. Auch diesmal stellte er sich an einem Abend der öffentlichen Diskussion, war vom Sekretär der Sektion zum Essen eingeladen, besuchte alte Freunde und zog neugierig durch Berlin.

An zwei Ereignisse während dieses Besuches erinnre ich mich genau. Einmal waren wir gemeinsam bei Ruth Werner, die James Aldridge noch aus England kannte, zu Gast. Ruth Werner hatte während der Nazizeit einige Jahre in London gelebt und hatte von dort als Kundschafterin für die Sowjetunion wichtige Mitteilungen – unter anderem arbeitete sie mit dem Atomwissenschaftler Klaus Fuchs zusammen – nach Moskau gemeldet. Ihr Buch »Sonjas Rapport« (1977) hatte in der DDR für Aufsehen gesorgt. Familie Aldridge und Familie Beurton – Ruth Werner war mit dem Briten

---

411   Erhard Grünberg. »Kunst für den Soldaten-Alltag«. In: Mitteilungen 1/1990, S. 10.

Len Beurton verheiratet – waren Freunde. Es war ein Nachmittag mit Kaffee und Kuchen, Nachrichten wurden ausgetauscht, es ging auf Englisch hoch her, sodass ich mit meinem Schulenglisch nicht alles verstand. Eine ernsthafte Meinungsverschiedenheit zwischen den Ehepaaren war jedoch nicht zu überhören. Sie stritten sich über Gorbatschows Politik: Ruth Werner verteidigte vehement dessen »Neues Denken« und Familie Aldridge beharrte auf der Forderung, sie solle doch konkret erklären, worin das »Neue« und »Gute« daran bestünde. Gorbatschow sei dabei, die Macht zu verspielen. Der alte Freund der Sowjetunion und seine Frau misstrauten dem neuen Kurs, jedoch überzeugen konnten sie die Freunde nicht. Es war eine hitzige Diskussion zwischen alten Freunden, gestandenen Sozialisten. So sympathisch mir die beiden aus London waren, – ein bisschen schienen sie mir damals doch überholt, als verstünden sie die heutige Welt nicht mehr. Als ich 1995 zum ersten Mal in London war, besuchte ich Familie Aldridge. Dass sie damals Recht gehabt hatten, gefiel uns allen drei nicht.

Das zweite Ereignis erzählte uns Dinah, die Frau Aldridges, eine temperamentvolle Ägypterin. Sie und James waren durch Berlin »gebummelt«. Auf der Karl-Marx-Allee, nahe am Alexanderplatz, begegnete ihnen eine Demonstration junger Leute, die mehr Demokratie und Freiheit forderten. Dinah begab sich sofort unter die Demonstranten und versuchte ein Gespräch: »Was für eine Demokratie wollt Ihr? Was versteht Ihr unter Freiheit?« Kopfschüttelnd erzählte sie von der Konzeptionslosigkeit der Demonstranten und von Zuständen in London, die uns den Kapitalismus vergraulen sollten. Arbeitslosigkeit, Unsicherheit, Verschuldungen. Wir hörten zu und meinten, wir und die Demonstranten wollten doch nur Presse- und Reisefreiheit. Ob man die bekäme ohne Arbeitslosigkeit, Unsicherheit, Verschuldungen? Noch waren wir überzeugt davon und verabschiedeten uns freundlich, wenn auch ein bisschen reserviert, von unseren Gästen.

NOVEMBER:

Am 4. November demonstrierten – initiiert von Schauspielern und Künstlern – 100 000 auf dem Alexanderplatz. Wenn ich mich richtig erinnere, sah ich im Demonstrationszug Volker Braun und Günter de Bruyn. Wir grüßten uns von weitem und verschwanden in der Menge. Die gute Laune um uns herum steckte an, die frechen Plakate ringsum hoben die freudige Stimmung. Wir trafen viele Bekannte und Freunde, freuten uns gemeinsam: Nun wird sich einiges ändern! Unter den Rednern waren Christa Wolf und Heiner Müller, sowie die zukünftigen Mitglieder Stefan Heym und Christoph Hein. Ihre Forderungen waren plausibel, es ging um Veränderung. Dass so viele zusammengekommen waren, beeindruckte, stärkte die Zuversicht für Veränderungen. Dass Schriftsteller und Künstler – unsere Schriftsteller und Künstler – mehr waren als Leute, die schreiben und Theaterspielen konnten, schien so eindeutig: sie wussten Wege zu weisen, sie spürten und artikulierten, was viele dachten. Dass Markus Wolf ausgepfiffen wurde, war kein großer Schönheitsfehler, sollte doch die Stasi – wie überall zu lesen war – erst einmal »in die Produktion« und nicht schon wieder auf die Tribüne.

Bekanntlich wurde eine Woche später die Mauer geöffnet. Genau an diesem Tag war die öffentliche Premiere von Heiner Carows Film »Coming out«, der Geschichte eines homosexuellen Lehrers, der sich nach langem Verheimlichen und Quälen öffentlich zu seiner Veranlagung bekennt. Ein Film, der Konflikte thematisierte, die bisher »unter der Decke« gehalten worden waren. Der allgemeinen euphorischen Stimmung war es wohl geschuldet, die Geschichte von der »Befreiung der andersartigen Sexualität als Parabel für die Befreiung der Gesellschaft« [412] zu empfinden und so zu interpretieren. Auf alle Fälle war der Film ein Plädoyer für Toleranz und Ehrlichkeit. Während der Film lief, strömten Massen von Berlinern in Richtung Grenze und kannten kein Halten.

Am 14. November las Karl Mickel in einer »Stunde der Akademie« aus seinem Roman »Lachmunds Freunde«. Der als Lyriker und Librettist bekannte Autor debütierte nun mit einem Roman von großem Atem.

Den Konrad-Wolf-Preis erhielt am 16. 11. die Dokumentarfilmerin Helke Misselwitz, zeitweilig Meisterschülerin bei Heiner Carow. Ihr Dokumentarfilm »Winter Adé« war ein Streifzug durch das Land und seine Bewohner – ungeschminkt, leise, manchmal melancholisch und traurig, aber nicht ohne Hoffnung. Markus Wolf hielt die Laudatio und natürlich nahm er Stellung zur Zeit: »Der diesjährige Konrad-Wolf-Preis wird in einer Zeit

---

412   Manfred Gebhardt. »Die Nackte auf dem Ladentisch. Das Magazin«. Berlin 2002. S.159.

vergeben, in der die DDR verspätet erste Schritte zu ›Glasnost‹ und ›Perestroika‹ versucht. Erste Schritte nach einer staatlich verhüllten Stagnation,
die von den Jungen zuerst als bedrückend und widersinnig empfunden
wird. Auch hier: ›Winter Adé‹, aber auch zugleich die Frage, wie denn wieder eine Identifizierung der Bürger mit der Gesellschaftsform und dem
Gesellschaftsinhalt des Sozialismus zu erreichen ist? Und schon gleich die
nächsten Fragen: Von welchem Sozialismus kommen wir? Zu welchem
Sozialismus wollen wir? Wissend, daß irdisches Leben ein Wert höchster
Ordnung ist, müssen wir dazu auch wissen, daß Freiheit die Wahl von
Möglichkeiten bedeutet, die wir uns nicht zuteilen lassen dürfen. Wie sehr
ist diese allgemeine Feststellung nun mit der Freiheit des Überschreitens
der im kalten Krieg scheinbar für sehr lange festgemauerten Grenze zu
einer der großen Fragen unserer Tage geworden. Euphorie bestimmt
genauso wie Skeptizismus und Mißtrauen die Stimmung der Menschen.
Mit der Phase der Ernüchterung wird die Frage einhergehen, wie wir dies
alles nach den Sünden der vergangenen Jahre verkraften sollen, wie, mit
wem werden wir das tun?«[413]

Am 23. November tagte die Sektion. Zu Gast war Thomas Kuczynski, Wirtschaftshistoriker und Sohn von Jürgen Kuczynski, der bereits in früheren
Jahren in der Sektion zu Wirtschaftsthemen gesprochen und Diskussionen angeregt hatte. Bevor dieses Mal der Gast kam, mussten noch »Schul-
arbeiten« gemacht werden: die Verständigung über neue Korrespondierende Mitglieder war angesagt. Am Schluss dieser Diskussion waren Hans
Mayer (BRD), Ismail Kadare (Albanien), Marton Kolas (Ungarn), Peter
Härtling (BRD), Günter Anders (Österreich), der später ablehnte, Claude
Prévost (Frankreich) nominiert, über die tschechoslowakischen und sowjetischen Kollegen sollte noch einmal gesondert beraten werden.

Ein weiterer »Vorpunkt« galt einem Briefentwurf von Karl Mickel, der
an den Ministerrat gesandt werden sollte und die »Veräußerung von Werken der bildenden und angewandten Künste, von Bibliotheksbeständen
und Archivgut« verbieten sollte. Mickel und einige andere Mitglieder hatten
erfahren, dass die DDR für Devisen Kunst, wertvolle Bücher und Archivma-
terialien verscherbelte. Wenn so etwas überhaupt passierte, sollte sich die
Akademie der Künste einschalten und entscheiden dürfen, welche Sachen

---

413   Markus Wolf. »Laudatio auf Helke Misselwitz«. In: Mitteilungen 1/1990. S. 9.

verkauft werden dürften. Die Diskussion rankte sich um die Modalitäten des Vorgehens. Um alles wasserdicht zu machen, müssten noch Juristen hinzugezogen werden. Ich jedenfalls kann mich nicht erinnern, dass wir beim Wirbel der nächsten Monate sehr aktiv in dieser Angelegenheit waren.

Dann kam Thomas Kuczynski, der Wirtschaftshistoriker. Für seinen Vortrag in der Sektion hatte er einem ungewöhnlichen Blickpunkt gewählt. Er verglich nämlich die Übergangsperiode vom Kapitalismus zum Sozialismus mit der Entwicklungsdauer von früheren Übergangsperioden und er maß die 40 Jahre in diesem Land, 70 Jahre maximal auf dieser Erde am Entstehen des Kapitalismus in England um 1700. Wäre der damalige Zustand dem heutigen Kapitalismus vergleichbar gewesen?[414] Kuczynski lieferte eine Menge historischer Beispiele aus der Geschichte des Frühkapitalismus, um zu beweisen, dass es ein sehr langer Weg war, den der Kapitalismus brauchte, und zog daraus Parallelen für den Stand des Sozialismus, der derzeit noch höchst unvollkommen sein musste. Dieser Ansatz gefiel den meisten Mitgliedern, vor allem dem studierten Ökonomen Karl Mickel sehr gut. In der Diskussion ging es um Beschleunigungsfaktoren, Lernfähigkeit, Demokratisierung, Klimawandel, Stadt/ Land, »Fehler« in der Geschichte und allgemeine Entwicklungsgesetze: Kuczynski wies nach, dass sich Marx geirrt habe, als er die Revolution in den am meisten entwickelten Ländern vorausgesagt habe. Derartige Entwicklungen hätten sich immer an »Rändern« vollzogen.

Es konnte jedoch angesichts der aktuellen Lage nicht ausbleiben, dass die Gegenwart in diese theoretische Debatte geriet: Deicke war der erste, der angesichts neuer Demonstrationen nach dem 4. November von Angst sprach. Waldtraut Lewin berichtete von ihren Eindrücken auf Künstlerdemonstrationen in Dresden, auf denen moralische Elemente überwogen hätten. Thomas Kuczynski widersprach, indem er das aktuelle Geschehen als »politische Revolution« definierte, die mit dem »absoluten Überdruss der Bevormundung« politisch akzentuiert sei. Die kopflose Öffnung der Grenze sei für die ökonomischen Folgen verheerend. Kohlhaase sprach es dann aus: »Das mit der Einheit Deutschlands ist ein schlafender Hund. Er wird morgen bellen und übermorgen beißen. Da darf man sich überhaupt nicht beruhigen mit einer europäischen Interessenlage. Diese Interessenlage ist manipulierbar, und die Leute werden sich ihre Zustimmung abkaufen lassen, sie

---

414 Sektionssitzung vom 23. 11. 1989, AdK-O 1401.

werden ihre Meinung ändern. Die DDR-Leute haben sich als die ärmeren Verwandten gefühlt, als sie nicht rauskonnten. Wenn jetzt im Sinne einer falsch verstandenen ökonomischen Konzeption Westgeld den Alltag dieses Landes mehr und mehr besetzt, dann sind die Leute endgültig die armen Verwandten selbst bei sich zu Hause. Zur Hälfte sind sie es schon. Daraus gibt es einen einzigen Ausweg gedanklich: Dann wollen wir in die Familie, in die Stube kommen und nicht mehr vor der Tür sitzen.«[415] Kuczynski holte noch mögliche Aspekte der Maueröffnung hervor: Dass die westdeutschen Arbeitslosen womöglich in die DDR kämen und die Vorteile des Systems erkennen könnten. Ein Schlusswort, fand Kohlhaase, sei bei dieser Diskussion nicht nötig. »Das spricht die Geschichte«, meinte Kuczynski.

Das Anna-Seghers-Stipendium erhielten am 24. 11. Anett Gröschner aus Berlin und Jörg Kowalski aus Halle. Beide waren mit Texten von bemerkenswertem Talent aufgefallen. Annett Gröschners Gedichte waren in der NDL veröffentlicht worden, sie hatte eine Diplomarbeit zum poetischen Schaffen Inge Müllers geschrieben. Auch Kowalski hatte in Anthologien Gedichte veröffentlicht, sein Debütband »Vertrauliche Mitteilung« war 1985 erschienen. Für Jörg Kowalski war es bei der Beratung über die Preisträger ausschlaggebend gewesen, dass es ihm als Ingenieur und Denkmalpfleger, der an der Hochschule für Architektur und Baukunst in Weimar studiert hatte, gelungen war, die Schlossruine in Oberwiederstedt, den ehemaligen Wohnsitz von Novalis, zu retten. Für derartige praktische Handlungen hatten die Mitglieder viel übrig.

Für den 29. November wurde zum ersten Mal zu »Zu Gast bei Christa Wolf« geladen. Christa Wolf lud ein und alle kamen. Es war eine illustre Runde: Unter anderem Helmut Abel, damals Abteilung Experimenteller Strahlenbiologie des Zentralinstituts für Krebsforschung in Berlin Buch, Dietmar Albert vom Zentralinstitut für Kernforschung Rossendorf, der Philosph Herbert Hörz von der Akademie der Wissenschaften der DDR, Wolfgang Brune und Reiner Lehmann vom Kernkraftwerk Greifswald, Hans-Peter Dürr vom Max-Planck-Institut für Physik und Astrophysik in München, André Brie, damals Institut für Internationale Beziehungen Potsdam-Babelsberg, Siegfried Vogel, damals Leiter der Neurochirurgie

---

415 Ebenda

der Charité, Karl-Heinz Lohs, damals Direktor der Forschungsstelle für chemische Toxikologie der Akademie der Wissenschaften, Sebastian Pflugbeil, Physiker und Bürgerrechtler, der Genetiker Helmut Böhme, Helfried Skoddow vom damaligen Gaskombinat Schwarze Pumpe, sowie von der Zunft der Künste Wolfgang Kohlhaase, der Regisseur Peter Vogel und die Dramaturgen Eberhard Görner und Alfried Nehring, die Literarwissenschaftler Dieter und Sylvia Schlenstedt und Sigrid Töpelmann. Christa Wolf begrüßte: »Das ist das erste Gespräch in dieser Runde. Der Gedanke reifte zu einer Zeit, als bei uns das Wort ›Dialog‹ noch gar nicht im Schwange war. (...) Die Verhältnisse haben sich ziemlich geändert, aber die Sorgen sind kaum geringer geworden, es sind zum Teil andere. Deshalb haben die Gespräche hier in der Akademie vielleicht einen Sinn. (...) Wir sind eine ziemlich kompetente Runde. Es ist fast so, daß wir die Alternativen der Energieerzeugung in der DDR hier diskutieren könnten. Ich weiß nicht, ob Sie in solchen Kreisen sonst zusammenkommen. Wenn das nicht der Fall ist, wäre ich ein bißchen stolz, daß es die Akademie geschafft hat.«[416]

Es ging, ausgelöst von einer Diskussion über ihr Buch »Störfall«, um die Risiken der Kernenergie, und Befürworter und Gegner stießen hier in einer sehr offenen Diskussion aufeinander. Ich erinnere mich noch genau an Hans-Peter Dürr, den ich hier zum ersten Mal erlebte. Souverän stand er da und begründete an sehr einfachen Beispielen, warum die Nutzung der Kernenergie ein Fehler ist – u. a. weil nie alle Gefahren beseitigt werden können und weil sie ablenkt von Forschungen und Arbeiten zu alternativen Energien. »Es ist für unser Überleben wahrscheinlich wichtig, daß wir lernen, nicht alles zu tun, was wir können.«[417] Dass einige der Anwesenden immer noch Daten über Strahlungen und andere Forschungsergebnisse in ihren Panzerschränken behielten, löste den Unmut der anderen aus. So kontrovers war es in der Akademie lange nicht gewesen.

Kurz vor Beginn der Veranstaltung wies Christa Wolf auf einen kleinen Tisch in der Nähe der Tür zum Veranstaltungsraum. Sie hatte dort einen Aufruf hingelegt, wer dem zustimmen wolle, könne unterschreiben.

---

416 Christa Wolf in der Gesprächsrunde in der Akademie der Künste der DDR am 29. November 1989. In: »Verblendung. Disput über einen Störfall«. Herausgegeben von Angela Drescher. Aufbau-Verlag Berlin und Weimar 1991. S.111/112.
417 Ebenda. S.142.

Es war der Aufruf »Für unser Land« datiert: 26. November 1989, im »Neuen Deutschland« erschienen am 28. Es ging um die Eigenständigkeit der DDR, einer neuen anderen DDR. Die Alternative wäre der Ausverkauf »unserer materiellen und moralischen Werte« oder die Vereinnahmung durch die Bundesrepublik. Ich hatte schon unterschrieben, viele andere aus diesem Kreis gaben ihre Unterschrift.

DEZEMBER 1989

Marcel Ophüls' international mehrfach preisgekröntenr Dokumentarfilm »Hotel Terminus – Leben und Zeit des Klaus Barbie« (USA 1988) wurde am 1. Dezember im Beisein des Regisseurs gezeigt. Im Anschluss daran diskutierten Marcel Ophüls, Gerhard Scheumann und Stephan Hermlin über Faschismus und Antifaschismus.

Am ersten Wochenende im Dezember zeigte die Sektion Darstellende Kunst »Preisgekrönte Kurzfilme internationaler Festivals«, das war ein fester jährlicher Programmpunkt der Akademie mit internationalem Flair.

Unsere Sektion hatte für drei Tage das Ehepaar Walter und Inge Jens zu Gast. Inge Tietze, die dafür verantwortliche Mitarbeiterin unserer Abteilung, hatte versucht, all das und all jene, die die Familie zu sehen und zu sprechen wünschte, im Programm unterzubringen. Das war nicht leicht, denn Jensens waren sehr neugierig, und es gab kaum einen von den neuen »Promis«, der sie nicht interessierte. Nur einmal hatten wir, wie ich mich erinnere, ein »Loch« im Programm. Da war der gewünschte Gesprächspartner, Rechtsanwalt Wolfgang Vogel, gerade kurzzeitig verhaftet worden. Anstelle des Gesprächs ein Kinobesuch: Carows »Coming out«.
Auch Markus Wolf stand auf der Liste der gewünschten Gesprächspartner. Er kam und brachte den neuesten Entwurf des PDS-Programms mit und beteiligte so Familie Jens an der Formulierung des Passus über Kultur.
Natürlich fand in dieser Zeit auch das Treffen mit Manfred Wekwerth statt, wo die beiderseitige Zusammenarbeit der Akademien besprochen und demonstrativ als erste Veranstaltung das Dichtertreffen »Deutsche Sprachen der Poesie« erneut auf die Tagesordnung gesetzt wurde.

Wie immer, wenn Korrespondierende Mitglieder zu Gast waren, luden der Präsident oder der Sekretär der Sektion zu einem Essen in einem feinen Restaurant ein. Es war leider wenig Zeit zum Essen und Plaudern, aber als ziemlich seltsam habe ich dieses Essen noch aus einem anderen Grund in Erinnerung: Angesichts der üblichen Speisekarte mit Top-Gerichten, aber auch hohen Preisen, bestellten Walter und Inge Jens eine Grüne-Bohnen-Suppe, die angeblich zu ihren Leibgericht gehörte. Wekwerth und ich schlossen uns höflich an und wir löffelten gemeinsam eine dünne Suppe, die selbst bei mir mit meinen geringen Kochkünsten zu Hause besser geraten wäre. Noch hatte die Akademie Geld, aber der puritanische Präsident der anderen Akademie machte uns vor, was »Sparen« ist.

Familie Jens hatte natürlich auch öffentliche Auftritte: Am 6. 12. hielt Walter Jens einen Vortrag über »Die Deutschen und die Französische Revolution«, was natürlich in dieser Zeit eine Diskussion um aktuelle Ereignisse bedingte. Am Tag danach sprach Inge Jens über die Geschichte der Preußischen Akademie. Am Nachmittag desselben Tages fand eine Sektionssitzung statt, an der natürlich das Korrespondierende Mitglied Walter Jens teilnahm. Zuerst hatte es noch einmal ein Gespräch über die Zuwahl Korrespondierender Mitglieder gegeben, dann kam Walter Jens und stellte das ganz »frische« Programm der Zusammenarbeit beider Akademien vor. Neben den Veranstaltungen, darunter eine Reihe »Fokus Berlin« – dazu als erstes »Zwei deutsche Staaten – eine Geschichte, eine Kultur, eine Verantwortung?« – sollte es sogar einmal im Jahr eine gemeinsame Plenartagung mit einem demokratisch bestimmten Thema geben, gegenseitig sollte sich über Projekte informiert, sowie bei interessanten Veranstaltungen für den jeweils anderen Karten reserviert werden. Eine von Westberlin vorbereitete Peter-Weiss-Ausstellung sollte auf Wunsch unserer Akademie zweimal in Berlin gezeigt werden, erst am Hanseatenweg und dann im Marstall – »irgendwie hing das mit dem Selbstbewusstsein und der Identifikation dieser Akademie zusammen«[418], was Walter und Inge Jens tolerierten.

Dann meldete sich Günther Rücker: Er bat den Rhetoriker Walter Jens, ihn doch bei seinem alten Herzenswunsch zu unterstützen: eine oder mehrere Veranstaltungen, in denen es um Redekunst geht. »Ich wollte schon immer mal, daß wir hier im Hause eine Veranstaltung machen über die großen Reden der Weltgeschichte für Politiker: die großen Reden

---

418 Sektionssitzung vom 7. 12. 1989. AdK-O 1401. Alle folgenden Zitate ebenda.

des Altertums, Reden über den Krieg usw., und nach anderthalb Stunden ein Gespräch. Glauben Sie, das lohnt sich?« Da hatten sie nun alle ein Thema, das begeisterte, das sie Pläne schmieden ließ! Die Namen von Rednern wie Weizsäcker, Kennedy, Roosevelt, Hitler fielen und wunderbare Vorstellungen, wie man eine solche Veranstaltung gestalten könne, wurden geboren. Doch schließlich war man auch in der Gegenwart, den Rednern der Volkskammer, und Christa Wolf leitete über zu dem, was ihr auf den Nägeln brannte: »Sie wären ein großer Mann und könnten Präsident bei uns hier werden, wenn Sie uns ein Mittel nennen könnten gegen die Wahnsinnsdemagogie, die z. B. in Leipzig sich breitmacht, gegen die völlig demagogisierte Masse, die nicht mehr zuhört, wie man mit Reden dagegen ankommt, wenn z. B. jemand das Mikrophon ergreift und reinbrüllt: ›Honecker und Krenz haben sich für 400 000 Westmark im Westen operieren lassen‹, darauf: ›Buh, buh, Schweinerei!‹, und es geht einer ran und sagt: ›Leute, ich bin der Sohn des Chirurgen von Honecker, ich weiß genau, er hat ihn für gar keine Westmark im Regierungskrankenhaus operiert.‹ – ›buh, buh!‹, Pfiffe. Was soll man dagegen machen, gegen eine reine Mitteilung Pfiffe, sie wollen also keine Mitteilung mehr hören. Was macht man dagegen? Das ist bei uns sehr aktuell.« Inge Jens nannte die Situation absurd, Wolfgang Kohlhaase »historisch als auch hysterisch«, und sie kamen noch einmal darauf zu sprechen, was man mit Reden alles machen kann, was im Umfeld zu beachten ist, wie unterschiedlich eine gelesene oder gesprochene oder erlebte Rede wirkt. In diesem Zusammenhang berichtete Christa Wolf über eine »gestrige Verhandlung« in der Untersuchungskommission für die Vorfälle am 7./8. Oktober in Berlin. Christa Wolf war Mitglied dieser Kommission, und sie nahm diese Funktion sehr ernst. Sie erzählte von einem jungen Mann, der sich entschlossen hatte, als Zeuge aufzutreten, aber von seinen Kollegen deshalb bedroht worden war. »Er sagte aus, er sprach ganz leise, ganz stockend. Das allereindrucksvollste war, als er an den Satz kam, wo Mielke in der Schönhauser Allee aus dem Auto stieg und hinter sich die Kette des Dsershinski-Wachregiments stellte und brüllte: ›Schlagt sie doch endlich zusammen, die Schweine!‹, daß der junge Mann da nicht weitersprechen konnte, stockte, aufhörte, schlucken mußte, den Tränen nahe war und dann erst den Satz herausbrachte. – Wir alle haben geheult. Das kann keine Mitschrift wiedergeben.« Es ging weiter mit Überlegungen zu Manipulationen und mit Anekdoten erlebter Reden, man schien so zu übereinstimmen, war im Gleichklang, dass Walter Jens im Kreis geistig Verwandter plötzlich bekannte: »Manches können wir zusammen nur im kleineren Kreis machen. Wir können keine Plenartagung über die europäische Linke machen, wir jedenfalls nicht, weil wir einen Großteil Nichtlinker bei uns in der Akademie haben.« Und so wurde weiter geplant und fantasiert, sich ausgetauscht. Kohlhaase kündigte noch die Bitte um Teilnahme an einer Tagung der Akademie der Wissenschaften zum Thema »Von der Sprache der Konfrontation zur Sprache der Kooperation« an. Das war die Lage.

Es gab in dieser Zeit in der Akademie ein reges öffentliches Leben: Foren, Werkstätten, Dialoge, Konzerte, workshops. Unter anderem hatte die Sektion Bildende Kunst sich sehr dringlich mit dem Verfall von Innenstädten beschäftigt, immer ging es um »Utopien«, Hoffnungen, Forderungen.

Am 13. Dezember fand die nächste Plenartagung statt, und sie demonstrierte ziemlich genau die Situation nach diesem stürmischen Herbst. Nach der Euphorie über das Erreichte und Erreichbare wuchs nun die Sorge »um den Erhalt unserer kulturellen und künstlerischen Werte, (...) um Fortbestand und Entwicklung von Kunst und Kultur in der DDR.«[419] Die aktuelle Lage, unter anderem die »umgekippten« Montagsdemos in Leipzig sowie die Rolle der Akademie in Vergangenheit, Gegenwart und Zukunft wurde nun von den einzelnen Mitgliedern sehr verschieden bewertet. Jetzt offenbarten sich Gegensätze, die früher nie so deutlich geworden waren. Hermann Kant meinte: »Ich habe vor einiger Zeit ein verblüffendes Wort bei Freud gefunden, das lautet: ›Es lohnt sich nicht, feige zu sein.‹ Das Verblüffende für mich besteht darin, daß er es auf einen so praktischen Wert bringt: Es lohnt sich nicht, es springt nichts dabei heraus. Das ist ein Wort, das augenblicklich auch für die Akademie z. B. außerordentliche Bedeutung hat. Wir sollten nichts tun, das aus dieser Ecke kommt, also unsere Ergebenheit nicht allzu sehr beteuern und auch nicht allzu tapfer behaupten, wie tapfer wir gewesen seien. Das bringt alles nichts ein. Hier waren Tapfere, aber die Akademie als Einrichtung, die ja an sich schon ein Privileg ist, war nicht so furchtbar tapfer. (...) Manche haben keineswegs Narrenfreiheit genossen, sondern sie

---

419 Daniel Hoffmann-Ostwald. »Zwei Plenartagungen der Akademie der Künste der DDR im Dezember 1989«. In: Mitteilungen 2/1990 S. 2.

haben kräftig etwas auf den Deckel gekriegt. (...) Die Akademie ist jetzt in der Pflicht, das, was Kunst in der Gesellschaft, dieser Gesellschaft, sein muß und bleiben muß, sehr lautstark oder, wenn nicht lautstark, so argumentenreich zu verteidigen.«[420]

Hermlin bekannte: »Wir sind in einer Zeit, die man proklamieren kann als das Ende des Stalinismus, als den neuen Anfang des Sozialismus. Wir dürfen nicht außer acht lassen, daß wir uns gleichzeitig nicht entwaffnen. Ich meine das sogar im Hinblick auf die Nationale Volksarmee, ich meine das sogar auf sehr konkrete Weise, die, um die Republik zu verteidigen, morgen vielleicht nötig sein wird. Wir hoffen weiter, daß wir einen gewaltlosen Weg nehmen. Aber ich bin nicht bereit, vor der Gewalt zu kapitulieren. Ich bin nicht bereit, der Gewalt Gewaltlosigkeit entgegenzusetzen.« Das war starker Tobak und stieß auf massiven Widerspruch, unter anderem vom Dirigenten Kurt Masur, der während der Auseinandersetzungen in Leipzig eine große Rolle gespielt hatte und davon berichtete. Masur fragte: »Ist es wirklich der Fall, daß keiner von uns die Einheit der Deutschen will oder irgendein Zusammenleben, das uns einheitlich denken, einheitlich fühlen läßt? – wir können doch eine Republik bleiben, die mit denselben Vorzeichen, wie sie bisher existiert hat, sich durchaus brüderlich verbunden fühlt mit einer Bundesrepublik. Das ist zum Teil der Versuch der Bundesrepublik. Daß gewisse Gefahren darin liegen, daß wir von der Industrienation aufgefressen werden: das ist eine andere Geschichte.(...) Wir sollten vielleicht in der Bundesrepublik um eines bitten: daß auch sie ehrlich sich dazu bekennt, daß sie jetzt nicht in der Lage wäre, eine Vereinigung Deutschlands durchzuführen. Das können sie gar nicht, auf keiner Ebene. Das würden die Bürger der Bundesrepublik nicht vertragen, das würde die Wirtschaft nicht vertragen, dafür gäbe es auch überhaupt keine Basis ...« Die Meinungen gingen auseinander und doch bat der Tagungsleiter Siegfried Matthus die Anwesenden, »den Raum nicht zu verlassen, bevor wir nicht in dieser Hinsicht etwas Konkretes ins Auge gefaßt haben.« Das »Konkrete« war dann ein Eingeständnis, 1987, mit dem Anbringen einer Tafel anlässlich der Eröffnung des neu renovierten Gebäudes am Robert-Koch-Platz, Erich Honecker in einer schämenswerten Weise gehuldigt zu haben. Die Tafel wurde entfernt.

---

420 Plenartagung vom 13. 12. 1989. In: »Zwischen Diskussion und Disziplin«. S. 449. Alle folgenden Zitate ebenda.

Außerdem lag ein Vorschlag von Christa Wolf vor, Stefan Heym sofort in die Akademie aufzunehmen. Man vereinbarte, dass Stephan Hermlin mit Heym Verbindung aufnehmen soll und ihn nach seinen Wünschen befragt. (Heym wollte nicht »sofort«, er könne durchaus auf die turnusmäßige Wahl warten, er sei lange genug nicht Mitglied der Akademie gewesen und habe sie nicht gebraucht.) Weiter wollte Christa Wolf eine Veranstaltung organisieren, in der die Autoren lesen, die 1979 aus dem Schriftstellerverband ausgeschlossen worden waren. Das Vorhaben wurde begrüßt.

Vereinbart wurde weiterhin ein baldiges erneutes Treffen gemeinsam mit dem Kulturminister Dietmar Keller, das noch am 29. Dezember stattfand. Es war der Versuch, Übereinstimmung zu demonstrieren, und die erste Grundfrage, zu der ein Konsens bestand, hieß: »Daß die Akademie der Künste eine autonome Institution ist und bleibt. Ohne jede Abhängigkeit von Parteien und Regierung muß sie sich als die wichtigste Hohe Schule der Kunst in allen wichtigen Fragen des gesellschaftlichen Lebens einen eigenen Standpunkt bilden, muß um diesen eigenen Standpunkt kämpfen und ihn immer wieder vertreten. Von der Fähigkeit der Politiker hängt es ab, diesen Standpunkt zu begreifen, zu verstehen und in tägliche und langfristige strategische Politik umzusetzen.«[421] Mich verwundert heute, dass sich um die Finanzen und den Haushalt der Politiker niemand einen Kopf gemacht hatte. Wieviel konnte Dietmar Keller noch bezahlen? Hatte er überhaupt etwas zu sagen? Sein Auftritt war wenig »ministeriell«, kleinlaut, zögerlich. Klar hatte er bekannt: »Die politische Situation in unserem Land ist so, daß die Frage: Wer wen und wohin? nicht entschieden ist.« Der Schauspieler und damalige Intendant des Deutschen Theaters Dieter Mann ergänzte: »Eine Zeit, die nicht gesetzlos ist, aber der absolut fehlenden und nicht ausreichenden Gesetze.«[422]

In der Dezemberplenartagung hatte man sich außerdem geeinigt, eine »Präsidentenumfrage« an alle Mitglieder zu verschicken, in der jedes Mitglied seine Meinung zu Zukunft und Rolle der Akademie kundtun sollte.

421 Daniel Hoffmann-Ostwald. »Zwei Plenartagungen der Akademie der Künste der DDR im Dezember 1989. In: Mitteilungen 2/1990. S. 2.
422 Adk-O 1698.

Die Antworten fielen genauso verschieden, ja gegensätzlich aus, wie die Diskussionen der letzten Plenartagungen bewiesen hatten: Hier drei davon:

Walter Heynowski: »Ein Weitergehen ohne Joint Venture.«

Harry Kupfer: »Ich wünsche mir, daß die beiden Akademien, da es ja beide deutsche sind, sehr schnell sich um einen Zusammenschluß bemühen sollten, um eine einheitliche Akademie zu sein und um Probleme, die auf uns zukommen, gemeinsam lösen zu können.«

Erik Neutsch: »Mir ist, Mitte Februar 1990, zumute, als habe Heinrich Heine heute seine Zeilen geschrieben: ›Denk ich an Deutschland in der Nacht, dann bin ich um den Schlaf gebracht ...‹

Ich jedenfalls weiß nicht, wohin die geschichtlich unbedingt notwendig gewordene Revolution des Volkes vom Herbst 1989 in unserem Land noch treibt und was bereits geschehen ist, wenn meine Antwort hier vorliegt. Nur in diesem Zusammenhang kann ich auch meine Erwartungen an die Akademie der Künste der DDR sehen. Ich fürchte, sie wird schon bald nicht mehr existieren, sie wird ›geschlossen‹ werden wie ein Kinderhort in irgendeiner Vorstadt und somit all ihre Ideale, die des Humanismus, Antifaschismus und demokratischen Sozialismus, die stets ihre Arbeit bestimmten, nicht mehr vertreten können.

Wäre jedoch noch Hoffnung möglich, würde ich sagen: Die Akademie behielte ihre Souveränität und Berechtigung dadurch, daß sie, nach vierzig Jahren erfahrungsreichen Wirkens, die relativ kulturelle (vor allem künstlerische und literarische) Eigenständigkeit der DDR in einen schrittweise zu bildenden, einheitlichen Nationalstaat der Deutschen einbrächte, dessen oberste Maxime die Sicherung des Friedens in Europa wäre.

Doch da diese Erwartung wohl am wenigsten von uns, den Mitgliedern und Mitarbeitern der Akademie, sondern, wie mir scheinen will, längst von anderen gesellschaftlichen Kräften abhängt, finde ich mich wieder bei Heines ›Nachtgedanken‹.«[423]

Ebenfalls auf dieser Dezemberplenartagung hatte Günter de Bruyn zum ersten Mal den Antrag gestellt, die Akademie aufzulösen und eine Neuwahl zu organisieren. Damals schien das ziemlich abwegig: Wer sollte wählen? Warum sollte gewählt werden? Der Vorschlag gefiel nicht.

---

423 »Mitglieder äußern sich zu einer Präsidentenumfrage«. In: Mitteilungen 2/1990. S. 3 und 4.

Überlebensversuche

Ende 1989 herrschte bei uns eine mir heute merkwürdig erscheinende Stimmung: Wir waren mittendrin in einer rasanten Veränderung aller Verhältnisse, strengten uns an, noch vor kurzem für unmöglich gehaltene Vorschläge von Mitgliedern für neue Veranstaltungen und Dispute zu verwirklichen und fühlten uns recht sicher. Sicher, weil unsere Akademie auf eine Tradition gegründet war, auf die unserer Meinung nach keine humanistische Gesellschaft verzichten konnte. Namen wie Heinrich Mann, Bertolt Brecht, Johannes R. Becher bis hin zu Christa Wolf, Heiner Müller, Erwin Strittmatter, Hermann Kant oder Stephan Hermlin oder – um das Spektrum mit den anderen Kunstarten zu erweitern: Fritz Cremer, Hanns Eisler, Wolfgang Langhoff, Walter Felsenstein, Ernst Busch, Gisela May, Siegfried Matthus, Peter Schreier, – waren unserer Überzeugung nach nicht von ihrem Sockel zu stoßen. Sie prägten die Kultur des Jahrhunderts.

Noch im Herbst 1991, als die Auflösung der Akademie akut auf der Tagesordnung stand, vertrat auch Karl Mickel vehement diesen Standpunkt. Er ging jedoch über das, was wir meinten, hinaus, indem er historische Dimensionen einschaltete: »Es geht hier um ein halbes Jahrhundert deutscher Kulturgeschichte, von 1945 bis zum Fin de siècle. Ein großer Teil dieser deutschen Kulturgeschichte hat sich hier abgespielt. Ein Fokus dieser Kulturgeschichte, einer, aber ein wesentlicher, ist diese Akademie. Das Auflösen dieser Akademie – mit all ihren Erinnerungen und Widersprüchen – bedeutet, die Hälfte eines Jahrhunderts deutscher Kulturgeschichte mit einem Federstrich zu negieren. (...) Der Vorzug derer, die hier gewesen sind, nicht bloß in der Akademie, besteht darin, daß diese gesellschaftlichen Ereignisse, wie sie jetzt auch von verschiedenen Leuten bewertet werden, von ihnen als Augenzeugen erlebt und dargestellt wurden. ...« Der Einwurf von »Kassandra«-Christa Wolf: »Das ist ja der Grund der Auflösung!«[424] verhallte.

Ich und viele andere in meinem Umkreis wollten und glaubten 1990 an eine erneuerte DDR ohne die Macken kleinlicher Verbote, ohne vergreiste

---

424   Protokoll der Sektionssitzung vom 16. 9. 1991. AdK-O 1738.

Funktionäre und dogmatische Rechthaber. Transparent, so übersetzten wir »glasnost«, sollte regiert werden, wirkliche Demokratie – was wir auch immer darunter verstanden – Mitspracherecht, Beratung durch Fachleute oder Betroffene sollten geschaffen werden. Aufatmen könnte man dann, Luft holen, arbeiten.

Es gab in der Akademie zwar viel mehr Veranstaltungen als sonst, aber vieles funktionierte wie immer: immer noch fanden regelmäßig Sektionssitzungen statt, im Anschluss daran schrieb ich Kurzberichte darüber und sandte sie ans Präsidium. Das tagte ebenso regelmäßig einmal im Monat mit Tagesordnungen, die gar vor Monaten festgelegt worden waren. Hier wurde entschieden. Die »Chefs« und die Strukturen blieben die alten, die »Verknöcherten« hatten woanders gesessen. Die Akademie war planmäßig damit beschäftigt, die turnusmäßigen Wahlen vorzubereiten, die jährlichen Preise zu vergeben, die anstehenden Jubiläen zu begehen, und immer wieder wurde aufgefordert, über Programme und Ideen, über die »neunziger Jahre« nachzudenken. Vor allem aber gab es lange und sich wiederholende Diskussionen über ein neues Statut, mit dessen Ausarbeitung sich eine neu gegründete Mitglieder-Kommission beschäftigte.

Werner Mittenzwei engagierte sich dabei stark: Dass eine neue Akademie sich aus der Gewalt der SED lösen musste, war klar, doch bereits »Staatsferne« war ein zweischneidiges Problem, orientierte man sich doch an der »Ahnin«: der Preußischen Akademie der Künste. In der Sektionssitzung vom 7. März 1990 stellte Werner Mittenzwei die Überlegungen, die in der Statutenkommision erörtert worden waren, genauer vor. Es habe sich herausgestellt, »daß gegenwärtig eine Situation eingetreten ist, daß wir einmal über das Grundverständnis der Akademie gründlicher nachdenken müssen: Was ist die Akademie, und was soll die Akademie?«[425] Werner Mittenzwei erläuterte den historisch entstandenen allgemeinen Status von Akademien als »eine Art Äquivalentenaustausch«: die Regierung nimmt die gewählten Mitglieder als die Repräsentanten der Kunst eines Landes an und berät sich mit ihnen. Im Laufe der Zeit seien die Akademien aber auch Forschungseinrichtungen im Großformat geworden und die Gemeinschaft der Mitglieder sowie die Gemeinschaft der Wissenschaftler brauche einen Widerhall im Statut. Für die nun zu beschließende Akademie gäbe es drei Modelle: das bisherige, eins der radikalen Trennung zwischen

---

425 Protokoll der Sektionssitzung vom 7. 3. 1990. AdK-O 1582. Alle folgenden Zitate ebenda.

Mitgliedern und Mitarbeitern, und eins, das die Einheit der Akademie verteidigt bei relativer Selbständigkeit der Gliederungen. Jedes Modell hätte Auswirkungen auf die Leitungsstruktur und die Strukturen überhaupt. Die Diskussion darüber sei an die Sektionen delegiert worden, wobei es in diesem Papier über das Grundverständnis der Akademie auch Überlegungen über die konkrete Zukunft beider Berliner Akademien gäbe, das solle nicht irgendwie von der allgemeinen politischen Entwicklung entschieden werden: »... die beiden Akademien, die in Westberlin und die unsere, sollten bis zum Jahre 1996, dem 300. Jahrestag der Gründung der Preußischen Akademie, als zwei eigenständige Einrichtungen bestehen bleiben, und daß man diese Zeit nutzt, in einem gemeinsamen Verband zu überlegen, was die zukünftige Perspektive ist, daß man sich also unabhängig von dem Schrittmaß, das in der Politik eingeschlagen wird, auf dieses Zeitmaß einigt und während diesem Zeitraum versucht, in einem gemeinsamen Verbund festzustellen, was unsere Akademie in eine eventuelle wiedervereinigte oder zusammengeführte Akademie einbringen kann und welche Rolle sie dort spielen kann, wo auch die Fragen des Gewinns oder Verlusts in einem längeren Zeitraum diskutiert werden können.«

Diskutiert wurde dann über mögliche Strukturen und die aktuelle Vorgehensweise. Während Wolfgang Kohlhaase vorschlug, sich »im Moment nicht so handlich wie möglich zu machen, sondern so gewichtig wie möglich«, fand Volker Braun, dass weniger die Akademie als vielmehr die Regierung im Erklärungszwang sei, »wie sie zu einer solchen Akademie steht ... Diese Regierung ist daran zu messen, wie sie erkennt, was in dem Lande ist, was es zu verwalten, was es zu erhalten gilt.« Gemeint war damals – März 1990 – noch die Modrow-Regierung, auf jeden Fall aber eine, die »neu« ist! Werner Mittenzwei konnte aus der Kenntnis der Geschichte der Akademie in Deutschland nur warnen: »Ich bin zwar einverstanden mit Volkers Darlegungen, daß man der neuen Regierung nicht darlegen sollte, was die Akademie ist, sondern das muß die Regierung selber begreifen. Das klingt auch sehr stolz und ist sehr richtig. Aber ich muß auch zu bedenken geben, daß der Akademiegedanke in Deutschland gar keine Tradition hat und gar kein Selbstverständnis, wie es vielleicht in Frankreich der Fall ist, wo der Begriff ›Akademie‹ in der Öffentlichkeit eine ganz fest umrissene Struktur hat, wo sich zwar über die Akademie jede Zeitung lustig macht, aber nie würde eine Zeitung wagen, die Akademie in Frage zustellen.«

An diesem Nachmittag saßen die Sektionsmitglieder noch lange beisammen, suchten und nannten Gründe, warum die Akademie wichtig war und ist und konnten doch das dunkle Gefühl nicht unterdrücken, dass das nicht alle – auch der kleine Mann nicht – so sahen und kommende Regierungen auch nicht. Ließe sich gar eine Institution wie die Akademie privatisieren? Das lasche Verhalten des Präsidiums wurde kritisiert – die nächste Plenartagung sollte nicht erst, wie geplant, im Juni stattfinden. Mehr, beeindruckende »Öffentlichkeit« wollten sie initiieren, sich auflehnen gegen Stimmungen und Haltungen in der Gegenwart, die sie beunruhigten. Würden die Namen und Werte, zu denen sie standen, halten? Gerade wurden Straßen (und auch die Geburtsstadt Hermlins) umbenannt, Neonazis wurden laut. Noch fühlten sie sich geborgen, aber nicht sicher, an diesem Frühlingsnachmittag 1990.

Dass es zu einer Vereinigung mit der Westberliner Akademie käme, kam ihnen zu diesem Zeitpunkt nicht in den Sinn. Auch Walter Jens hatte erst kürzlich gesagt, »man wisse ja gar nicht, ob man dort jeden von uns will und wir jeden von ihnen. Das ist erst einmal eine ganz massive Konstellation zweier sehr verschiedener Konsortien.« Und Volker Braun fügte seinem Bericht hinzu: »Im übrigen glaube ich auch, daß es sehr viel wichtiger ist, darauf zu achten, daß diese Tradition der DDR-Akademie bedacht und gewahrt wird. Weil sie natürlich eine Bedeutung (hat), die sicher mehr war für dieses Land als die Westberliner Akademie dort.«

Eine ähnliche, noch konsequentere Haltung vertrat Peter Hacks. Er hatte bereits im März 1990 einen Brief an die Akademie verfasst, der dann auf der Plenartagung Ende Mai verlesen wurde:

»Sehr geehrte Kollegen! Wie verlautet, wird daran gedacht, die Akademie der Künste der DDR der Akademie der Künste in Westberlin zuzuführen, und dann noch unter Bedingungen. Ich halte Vorstellungen dieser Art für unerträglich. Unsere Akademie hat ihr Schicksal gemeinsam begonnen. Ihre Würde verlangt, daß sie ihr Schicksal gemeinsam fortführt und beendet. Sie kann leben, und sie kann sterben. Sie kann weder zerstückelt noch geschluckt werden. Es ist absehbar, daß die Geschichte der Akademie der Künste der DDR die Rechtsgrundlage zu entziehen vorhat. In dem Fall stehen ihr zwei Wege offen: Erstens, sie kann wieder werden, was sie jahrhundertelang war, die Preußische Akademie der Künste, also eine Länderakademie. Sie kann fortbestehen als Einrichtung des Landes

Brandenburg oder der Länder Brandenburg und Mecklenburg, am besten natürlich aller künftigen Länder der jetzigen DDR. Zweitens, sie kann sich auflösen. Beide Wege hindern kein Mitglied unserer Akademie, in jenes Westberliner Institut von unklarem Status einzutreten, wenn es hierzu beruft und es sich hierzu berufen fühlt. Bitte, verstehen Sie, daß ich es ernst meine, und seien Sie verbindlich gegrüßt. Ihr Peter Hacks.«[426]

Doch noch wiegte sich die Mehrheit der Akademiefunktionäre in Sicherheit. Mit großer Zu- und Übereinstimmung wurde im Präsidium vom 13. 3. 1990 die in der Öffentlichkeit geäußerte Meinung des Präsidenten der »West-Akademie« Walter Jens begrüßt (und von niemanden hinterfragt): »Die Frage einer Vereinigung beider Akademien besteht gegenwärtig nicht, aber gemeinsame Veranstaltungen, auch Plenartagungen werden geplant und vorbereitet.« Daran wurde auch noch im Mai, also nach den DDR-Wahlen, festgehalten. So dämmerte und träumte die Akademie vor sich hin, während es um sie herum stürmte. Am letzten Tag im Mai fand schließlich – nach einem halben Jahr, in diesen bewegten Zeiten – die nächste Plenartagung zum Entwurf eines neuen Statuts der Akademie statt. Dass es nicht nur um ein neues Statut ging, sondern um radikale Veränderungen, bewiesen das Verlesen des Hacks-Briefes, der Auflösungs-Vorschlag von Günter de Bruyn und die gesamte Diskussion.

De Bruyn wollte, alle Mitglieder sollten freiwillig zurücktreten, um einer »Neukonstituierung« den Weg frei zu machen und um wichtige Einrichtungen wie die Archive, Bibliotheken, Gedenkstätten und die Zeitschrift »Sinn und Form« zu retten. Die moralische Begründung dafür sah er im Versagen der Akademie: »Die Akademie hat keinen Grund, auf ihre Tätigkeit in den letzten Jahrzehnten stolz zu sein. Sie hat, sieht man vom verantwortungsbewußten Verhalten einzelner Mitglieder und von der Arbeit der Redaktion ›Sinn und Form‹ ab, der kulturellen Diktatur nie nennenswerten Widerstand entgegengesetzt, sich vielmehr immer als Instrument von Partei und Regierung verstanden, was nicht nur in Treueerklärungen, sondern, wenn auch verschleiert, in Zuwahlen oder deren Ablehnung deutlich geworden ist.«[427]

Damit waren die konträren Positionen benannt und der Streit um Sinn und Wert dieser Akademie entbrannte neu. Im Mai 1990 war es noch eine

---

426 Plenartagung vom 31. 5. 1990. In: »Zwischen Diskussion und Disziplin«. S. 467/8.
427 Ebenda. S. 468.

Mehrheit der Diskutanten – Stephan Hermlin, Ekkehard Schall, Heiner Carow, Erwin Geschonneck, Kurt Maetzig, Manfred Wekwerth, Werner Stötzer, Günter Reisch – die Günter de Bruyn widersprachen, Verdienste der Akademie aufzählten und sich – wenn es schon einen »Untergang« geben sollte – Hacks' Meinung anschlossen.

Viele glaubten an die Allmacht demokratischer Verhältnisse, die nun endlich kommen würden. Dass an Stelle von Manfred Wekwerth ein neuer Präsident kandidieren müsste, war seit Wekwerths Verzichtserklärung im April klar. Innerhalb der Mitarbeiter gor es auch: Nicht anders als in den Betrieben und Einrichtungen ringsherum wurden die früher von oben eingesetzten Chefs einer basisdemokratischen Prüfung unterzogen, das heißt, es kam zu eigentlich nicht legitimierten Wahlen bzw. Abwahlen durch die Belegschaft. Nach meiner Erinnerung erhielt dabei unser Generaldirektor Heinz Schnabel zwar mehr Stimmen als seine Stellvertreter, dennoch trat er, der sowieso altersmäßig Ende des Jahres hatte gehen wollen, ab 1. 7. 1990 ab, und seine Stellvertreter Dieter Heinze und Gerd Dardas waren auch bald verschwunden. Ein anderer Stellvertreter, der seit langem hier tätige Ulrich Dietzel, erhielt das Vertrauen der Mehrheit der Belegschaft, die Geschicke des Hauses als »staatlicher Leiter« weiter zu betreiben. Offiziell wurde er dann zum Wahlplenum bestätigt.

AKADEMIE-WAHL 1990

Die Wahlvorbereitungen mit Sektionsdiskussionen und Vorschlägen waren seit 1989 im Gang. Mehrere Male hatten die Mitglieder die Kandidaten für neue Mitglieder in den Sektionen und im Präsidium erwogen und »gewogen«. Wieder war für jede Sektion eine begrenzte Zahl an neu Aufzunehmenden ausgegeben worden. Erst sollte die Sektion Literatur und Sprachpflege nur zwei »Neue« bekommen, als sich das jedoch als sehr schwierig herausstellte, wurden auch drei zugestanden.

Schwierig war es deshalb, weil der eine »Neue« – Stefan Heym – schon feststand. Stefan Heym, während der Nazijahre in die USA emigriert, kämpfte während des Krieges als amerikanischer Staatsbürger in der US-Armee, kehrte erst 1952 als renommierter Schriftsteller (1948 waren schon sein Roman »Kreuzfahrer von heute« und andere Bücher erschienen) nach

ÜBERLEBENSVERSUCHE

Deutschland zurück. Anfangs wurde er in der DDR hofiert, 1953 gehörte er zu den ersten, die den Heinrich-Mann-Preis erhielten. Bald eckte er jedoch mit seiner kritischen Haltung in Artikeln, Romanen und Erzählungen an. Da nicht alle seiner Werke von der DDR-Zensur zur Veröffentlichung genehmigt wurden, erschienen viele zuerst in Westdeutschland. Immer traf Heym mit seinen Darstellungen dabei den »Nerv der Zeit«. So thematisierte er 1972 mit dem »König David Bericht« auf seine Weise das heiße Eisen der Beziehung zwischen Intellektuellen und der Macht; ein Buch, das in der DDR sehr viel gelesen und diskutiert wurde. 1979 wurde er aus dem Schriftstellerverband der DDR ausgeschlossen. Doch gänzlich ließ er sich den Mund nie verbieten. So wurde er zu einer Ikone des dissidentischen Schriftstellers, der sich nicht unterkriegen ließ. Seit den frühen 60er Jahren stand er fast zu jeder Wahl auf der Vorschlags-Liste für die Mitgliedschaft in der Akademie, aber es gab immer genug obrigkeitsverbundene Nein-Stimmen, um das zu verhindern. Nun aber vertrat die ganze Sektion den Vorschlag Christa Wolfs. Es sollte ein Akt der Wiedergutmachung oder der Reue sein.

Nur noch ein Neuer, das machte die Entscheidung sehr schwer. Auf der internen »Warteliste« befanden sich schon lange Rainer Kirsch, Friedrich Dieckmann und Fritz Rudolf Fries, und in letzter Zeit hatte ein »Jüngerer« besonders auf sich aufmerksam gemacht: Der Heinrich-Mann-Preisträger von 1982 Christoph Hein. Nach langem Hin- und Her – am Ende wurden alle abgegebenen Stimmen gezählt und die jeweilige Höchstzahl innerhalb der Genannten gab den Ausschlag – fiel dann die Entscheidung für Rainer Kirsch und Christoph Hein.

Rainer Kirsch, einer der bekanntesten Lyriker, Übersetzer und Dramatiker des Landes, ein Sprachpurist, war wie Stefan Heym in der DDR als »unbequemer Dichter« mehr gestraft und behindert als ausgezeichnet worden. Aber den Sektionsmitgliedern galt er schon lange als einer der ihren, für den die Mitgliedschaft längst fällig gewesen war. Als er sich dann in der Sektionssitzung vom 13. 11. 1990 mit einem literarischen Vortrag vorstellte, meinte die Sektionssekretärin Waldtraut Lewin: Sein Einstieg schaffe eine »Atmosphäre der Brüderlichkeit, die wir vielleicht brauchen.« [428]

Nach dieser »Kampfentscheidung« schien klar: Fritz Rudolf Fries und Friedrich Dieckmann sind dann sicher beim nächsten Mal gesetzt.

---

428 Waldtraut Lewin. Diskussionsbeitrag auf Sektionssitzung vom 13. 11. 1990. AdK-O 1582.

Im Präsidium wurde diese Entscheidung unwidersprochen akzeptiert. Mehr Sorge bereitete vielmehr die Wahlvorbereitung für den neuen Präsidenten. Im Unterschied zu früheren Wahlen sollte es diesmal »demokratischer« zugehen, also nicht nur ein Kandidat und schon gar nicht ein »von oben« vorgeschriebener. Im April hießen die »Wunschkandidaten« des Präsidiums noch Christa Wolf, Heiner Müller und Karl Mickel, aber nachdem mit jedem von ihnen gesprochen worden war, war nur noch Heiner Müller, wenn auch widerwillig, aber eben doch »willig« auf der Tagesordnung. Zur Plenartagung war dann dennoch ein Gegenkandidat gefunden: der Filmregisseur Heiner Carow.

Eine Zeitlang war sich das Präsidium einig, die Wahlen und die Annahme eines neuen Statuts erst im Herbst durchzuführen, aber dann erreichte auch sie der draußen wehende Wind so, dass es am 28. Juni zu einer erweiterten Präsidiumssitzung kam und die Wahl des neuen Präsidiums und neuer Mitglieder auf den 16. Juli gelegt wurden.

Zu dieser erweiterten Präsidiumssitzung war es gekommen, weil nun der »Ernst der Lage« nicht mehr zu verkennen war: Besorgt, ja frustriert war man vor allem wegen der »zunehmenden Ausgrenzung von Kunst und Kultur«. Der »Entzug ihrer materiellen Basis infolge der Währungsunion« drohte. Zum ersten Mal wurde in diesem Kreis über Geld gesprochen! So sei die Finanzierung der Akademie zwar bis zum 31. 12. 1990 gesichert, die Aufwandsentschädigung der Mitglieder müsse aber ab August gestrichen und die Zahl der Mitarbeiter (einschließlich derer in den Archiven und wissenschaftlichen Abteilungen damals 345[429]) bis zum 1. 1. 1991 auf 200 Mitarbeiter gesenkt werden. Das waren schlimme Botschaften, von »normalen« Sommerferien konnte keine Rede mehr sein.

Der abtretende Präsident Manfred Wekwerth hielt eine grundsätzliche Rede, die versuchte, die Arbeit der Akademie ernsthaft nach Mängeln, Irrtümern, aber auch Leistungen zu befragen und auch historisch einzuordnen. Es war ein Rechenschaftsbericht voller Selbstbezichtigungen. Indem die Akademie zu lange gegenüber Partei und Regierung Loyalität gewahrt habe, hätte sie versagt – trotz der kritischen Stimmen, die immer vorhanden gewesen waren. Neben der Kritik an der Vergangenheit enthielt die Rede auch ein

---

429 Matthias Braun. »Kulturinsel«. S. 23.

bisschen Angst vor einer ungewissen Zukunft. Die künftigen Aufgaben sollten auch Schutz und Verteidigung beinhalten. Die Pressemitteilung hierzu fasste zusammen: »Die Rede des Präsidenten stand unter dem Thema ›Die Akademie gestern und morgen – Rückblick und Besinnung.‹ Ausgehend vom Gründungsauftrag der Akademie 1950, die eine kultur- und kunstfördernde Einrichtung des ›ganzen Deutschland‹ sein sollte, verwies er auf die bereits zu diesem Zeitpunkt begonnene Spaltung Deutschlands und die damit verbundene kulturelle Entfremdung beider deutscher Staaten. Im historischen Rückblick beschäftigte er sich mit dem Widerspruch zwischen Geist und Macht, mit den Möglichkeiten und Unwägbarkeiten der Akademie, ihrer im Gründungsauftrag postulierten ›beratenden Funktion‹ gegenüber der Staatsmacht nachzukommen. Dieser Rückblick ist schmerzlich und hoffnungsvoll zugleich, umfaßt er doch auch die Bemühungen der Akademie und ihrer Mitglieder, kunstschädigende Auswirkungen der stalinistischen Kulturpolitik einzuschränken; in der Ambivalenz von Duldung großer Namen und kritischen Diskursen und ihrer gleichzeitigen Benutzung zur System- und Staatserhaltung.

Die gegenwärtige und zukünftige Legitimation als Arbeitsakademie faßte der Präsident in 4 Punkten zusammen: 1. Einbringen der Leistungen der DDR-Kultur in die deutsche Kultur unter Nutzung des Akademie-Fundus der Archive, Nachlässe und Sammlungen von unschätzbarem Wert; 2. Nachdenken und Herausfordern zum Verhältnis Kunst und Kommerz; 3. Wiedergewinnung einer Normalität in Bezug einer deutschen Kultur europäischen Zuschnitts; 4. Die Gestaltung des zentralen Verhältnisses von Kunst und Politik.

Manfred Wekwerth bezog sich abschließend auf den Präsidenten der Westberliner Akademie der Künste, Walter Jens, mit dem er darin übereinstimmte, daß eine Vereinigung beider Akademien möglicherweise im Zusammenhang mit der 300. Jahrfeier im Jahre 1996 zu vollziehen sei, nicht aber analog der politischen Vereinbarung nach Artikel 23.«[430] Die sich daran anschließende Diskussion appellierte vor allem, das Bewahrenswerte nicht aufzugeben. Karl Mickel erinnerte, dass der Regierung der DDR diese »unbequeme Kooperation« jährlich 12 Millionen Mark wert gewesen wäre.[431] Jurij Brězan beschwor: »Aber wenn wir das aufgeben, was

---

430   Pressemitteilung zur Plenartagung zu den Neuwahlen 16. Juli 1990. In: Mitteilungen 4/1990. S. 3.
431   Karl Mickel. Diskussionsbeitrag auf Plenartagung vom 16. 7. 1990. AdK-O1447/1.

hier geschaffen worden ist, dann geben wir weit mehr auf als ein Ensemble von Kunst. Wir geben eine Lebenshoffnung auf.«[432]

Zur Wahl des Präsidenten und Vizepräsidenten: 47 (von 76 möglichen) Stimmen für Heiner Müller, 29 für Heiner Carow. Zu Vizepräsidenten wurden Heiner Carow (Sektion Darstellende Kunst, 50 Stimmen), Stephan Hermlin (48 Stimmen), Werner Stötzer (Bildende Kunst, 46 Stimmen) und Ruth Zechlin (Musik, 50 Stimmen) gewählt. Die ebenfalls nominierten Wieland Förster, Ekkehard Schall, Wolfgang Kohlhaase und Siegfried Matthus erhielten weniger Stimmen.[433]

Heiner Müllers Rede nach seiner Wahl beschrieb eine mehr als düstere Lage. Wenn Konrad Wolf den ersten Punischen Krieg geführt hätte und Manfred Wekwerth den zweiten, so hoffe er als Feldherr des dritten, dass »Karthago noch auffindbar ist danach ... Was hier passiert, ist ein Vorgang der Eroberung, der Unterwerfung, nicht der Vereinigung, und Sie wissen alle, in Mexiko auf den atztekischen Tempeln stehen die katholischen Kirchen. Das ist das, was jetzt versucht wird, und es wird sehr schwer sein, die Reste unserer Tempel zu behaupten gegen die Implantation der Kirchen, die draufgesetzt werden sollen.« Außerdem empfahl er, wieder mehr Marx zu lesen. Für »offene Fragen« hielt er die der Diäten und eine notwendige Neuwahl, die bei Fusion beide Akademien zu vollziehen hätten.[434]

DER NEUE PRÄSIDENT HEINER MÜLLER

Heiner Müller, war er nicht der ideale Präsident in dieser gesellschaftlichen Lage? Niemand, so dachte man, konnte ihm zu große Staatsnähe vorwerfen und keiner ihm die Qualität und internationale Wertschätzung seines Werkes absprechen. Außerdem war er einer von ihnen: In der DDR aufgewachsen, mit ihr verwachsen, an ihr leidend. Dass er immer und überall ein bisschen Rebell und Chaot war, hielt man für einen in diesen Zeiten guten Zug. Mit ihm als Repräsentanten der Akademie waren viele Vorwürfe, die man dieser Akademie wegen Staatstreue, Provinzialität, Biederkeit,

---

432   Jurij Brězan. Diskussionsbeitrag auf Plenartagung vom 16. 7. 1990. AdKO 1447/1.
433   AdK-O 1447/2.
434   Heiner Müller. Diskussionsbeitrag auf Plenartagung vom 16. 7. 1990. AdK-O 1447/1. Auch in: »Zwischen Diskussion und Disziplin«. S. 557.

Bedeutungslosigkeit u. a. machen konnte, ausgeräumt. Einen besseren hatte man nicht. Das glaubten die, die wollten, dass die Akademie überlebt. Und vielleicht war Müller auch in dieser Zeit der ideale Präsident. Wer anders als er hätte die Akademie »retten« können? Der Unangepasste, Unkonventionelle, der Störer? »Im Widerstand bin ich gut. (...) Ich lebe von den Fehlern der Angreifer,« bekannte er in seiner Autobiographie. [435]

Viele von uns Mitarbeitern mochten ihn. Ich war immer überrascht von seiner Vorsicht und Rücksichtnahme, mit der er als »Chef« vom einzelnen Pflichten abverlangte, wie sensibel er auf den einzelnen und einzelnes reagierte, wie sehr er ein Besonderer, Unkonventioneller in so einer Funktion blieb. War es Attüde oder gehörte es zu seinem Wesen, dass er meist so hilflos wirkte, und man ihm unbedingt helfen wollte und musste? Nie vergesse ich den nächtlichen Abschluss einer Veranstaltung: lange nach deren Ende saß Müller noch mit einem Gast, ich glaube, es war Horst Hussel oder Einar Schleef, beim Whisky, und ich hatte die Schlüsselgewalt über das ganze Haus. Als sie endlich aufbrachen, fehlten die Mäntel der beiden, bzw. wussten beide nicht, wo sie diese abgelegt hatten. Wir geisterten zu dritt durch das große dunkle Haus und ich denke noch heute gerührt an den Handkuss, den mir Müller gab, als wir endlich die Mäntel gefunden hatten.

Im November 1991 war Daniil Granin, unser Korrespondierendes Mitglied und Freund, wieder einmal – auf der Durchreise von München nach Hause – bei uns. Ich weiß nicht, die wievielte Lesung Granins es in diesem Saal war. Immer ging von ihm Ruhe, Sicherheit und Unerschütterbarkeit aus, auch damals – im Februar 1987 und noch einmal im November desselben Jahres – als Bote der »perestroika«, von der unsere Oberen nichts wissen wollten. Granin schien der »große Bruder« schlechthin, der unbesiegbare Rotarmist, der wie Wolfgang Kohlhaase einmal erzählte, fest und sicher durch tiefen Schlamm stapfte, als er Konrad Wolf und Wolfgang Kohlhaase die Stellung zeigte, wo sich Deutsche und Russen vor Leningrad gegenüber gelegen haben. Wolf und Kohlhaase hüpften wacklig von Pfützenrand zu Pfützenrand hinterher.
    Diesmal las Granin einen Essay, seine Gedanken über Deutschland – Erlebnisse aus seinem Leben: so schilderte er seine Verbundenheit mit

---

435   Heiner Müller. »Autobiographie«. S. 263.

einem Deutschen, der als Wehrmachtssoldat in Granins Heimatort gewesen war, und fand Verständnis für einen anderen, den es immer wieder nach Russland zog, trotz des fehlenden Komforts. Und dann verbeugte er sich wortreich vor dem Fleiß der Deutschen, machte einen Kotau vor der Marktwirtschaft und äußerte ein überschwängliches Dankeschön für gegenwärtige Lebensmittelgeschenke. Im Unterschied zu früheren Abenden war der Beifall verhalten. Es kam auch keine Stimmung in der anschließenden Diskussion auf. Granin erzählte, dass er zu einer Beratergruppe von Boris Jelzin gehöre. Da schwang kaum Hoffnung mit, es gab keine Botschaft mehr, keine Ruhe, Sicherheit und Unerschütterbarkeit. Granin beriet, um Schlimmes zu mildern. Einige junge Männer aus dem Publikum attackierten ihn wegen des nahtlosen Übergangs von Gorbatschow zu Jelzin, wegen des Umfalls der Sowjetunion überhaupt. Granin verteidigte sich kaum, aus München kommend, erzählte er von den leeren Läden zu Hause.

Hinterher saß wie immer eine kleine Runde beisammen, dabei auch Heiner Müller. Mitten in den Gesprächen an einzelnen Tischen ging Müller plötzlich auf den Russen zu, legte ihm den Arm über die Schulter – eine Geste von verhaltener Zärtlichkeit: der schmächtige Müller und der kompakte Granin – und Müller versuchte zu erklären: Nicht Überheblichkeit habe die jungen zornigen Männer geleitet, sondern Anteilnahme, Sorge. Was in der Sowjetunion passiert, sei für uns alle wichtig. Aus diesem Bewusstsein wüchsen Angst und auch die unangebrachten, untauglichen Ratschläge. Leise und liebevoll entschuldigte sich Müller für die schroffen jungen Leute. Granin erwiderte: »Am Tisch der Hungrigen spricht man anders als am Tisch der Satten.« Dann umarmten sich die beiden hilflos und traurig.

Kurz vor meinem Weggang suchte ich in Vorbereitung meiner letzten Veranstaltung, der zu Franz Fühmann, nach Briefen von Margarete Hannsmann an Heiner Müller. Beide kannten sich flüchtig von einer Veranstaltung, danach hatte sich Margarete Hannsmann an ihn als den Präsidenten gewandt. Es ging um die Veröffentlichung des Briefwechsels zwischen ihr und Fühmann, die der Schriftstellerin sehr am Herzen lag. Doch Franz Fühmann hatte in seinem Testament verfügt, dass seine Briefe 20 Jahre lang gesperrt für die Veröffentlichung im Archiv der Akademie zu liegen hätten. Margarete Hannsmann hatte Kopien von Fühmann-Briefen in das Schreiben an Müller eingelegt und fragte an, welche Möglichkeiten es nun nach dieser »Zeitenwende« gebe, die Briefe doch zu publizieren. Die Akademie hatte die Freundin Fühmanns sachlich über die damalige Lage unterrichtet, solche Entscheidungen könnten nur Fühmanns Erben treffen.

Nun also hatte ich mich per Brief an Margarete Hannsmann gewandt und sie gebeten, unsere Fühmann-Veranstaltung mit zu gestalten. Sie sagte freudig zu, gestand mir jedoch sogleich, dass sie ihrerseits eine Bitte habe. Sie konnte den Briefwechsel mit Müller nicht finden. Ich solle doch einmal in der Akademie suchen. Das machte ich also, auch in den Räumen des Präsidenten. Dabei wollte mich die Präsidentensekretärin abwimmeln und aus dem Vorzimmer des Präsidenten komplimentieren, da trat Müller ein. Ich erzählte mein Anliegen, und nun suchten wir beide gemeinsam in Stapeln von Papier, die ungeordnet die Tische bedeckten. Mindestens eine halbe Stunde lang. Dann holte Müller für sich und mich ein Glas Whisky und wir tranken schweigend. Kein Wort. Es war, wie ich heute noch glaube, mein privater Abschied, denn auch Müller wusste, dass ich nicht zum »letzten Aufgebot« der Akademie gehören würde. Auch wenn ich vielleicht für ihn kaum mehr als eine brave Verwalterin von Schriftstellern, eine der Obrigkeit verpflichtete Angestellte – beflissene Magd auf dem «Olymp« – gewesen sein mag, konnte er doch immer den Eindruck vermitteln, Anteil am Einzelnen zu nehmen, mitzutrauern. An ein Gespräch, das er allen angeboten hatte, die gekündigt werden mussten, kann ich mich nicht entsinnen. Seine Traurigkeit und Hilflosigkeit wären schwer zu ertragen gewesen. Übrigens: Die Hannsmann-Briefe fanden sich später.

Und dennoch schuf der neue Präsident auch Irritationen: Weil er sich nicht immer an Termine und Absprachen hielt und einige verpasste, witzelte Günther Rücker auf einer Sektionssitzung: »Dann sammeln wir und schenken ihm einen Kalender.«[436] So entstanden peinliche Situationen, wenn er für uns Wichtiges vergaß, plötzlich nicht greifbar war. Wenn er – wie wir fanden – »taktierte« und doch den Kürzeren zog. Wenn er ein Interview nach dem anderen gab, sich widersprach und doch auch wusste: »Wenn ich schreibe, weiß ich natürlich mehr, als wenn ich rede«[437], und dennoch redete ... Für den neuen Direktor Ulrich Dietzel waren es bestimmt oft peinliche Situationen. In seinem Tagebuch finden sich genügend Stoßseufzer.

---

436 Günther Rücker. Diskussionsbeitrag auf Sektionssitzung vom 13. 2. 1991. AdK-O 1738.
437 Heiner Müller. »Autobiographie«. S. 404.

Einer, der klug und weise das Verhältnis zwischen Politik und Literatur überdacht hat und die DDR-Verhältnisse sehr genau kannte, – der Verleger Elmar Faber – nannte die Wahl von Heiner Müller zum Präsidenten einen Beleg für den »Mechanismus des Austauschs zwischen Literatur und Politik schlechthin, daß den großen Empörern die Klingen dadurch stumpf geschlagen werden, indem man sie total vereinnahmt oder total ignoriert ... (...) Heiner Müller machte man zum Präsidenten der Berliner Akademie und spielte seine Stücke an den Theatern krank.« [438] So kann man es freilich auch sehen.

Die europäische Sozietät

Ein großes Problem für viele aus der »alten« Akademie war Müllers erster und wohl auch sein liebster Rettungsplan: Auf dem Plenum nach seiner Wahl wurden die Mitglieder mit seiner Idee der Umwandlung unserer Akademie in eine europäische »Sozietät« konfrontiert. Diese Bezeichnung war bewusst gewählt worden, um nicht als »zweite Akademie« von der Westberliner Akademie als Konkurrent empfunden zu werden. Walter Jens soll anfangs auch nicht sonderlich begeistert gewesen sein, aber dann doch Unterstützung zugesagt haben.

Diese Sozietät sollte aus Künstlern aus ganz Europa bestehen, ein loser Verbund sein, der sich ein-, zweimal im Jahr traf, neue Werke vorführte, diskutierte und vor allem: Schüler aus der ganzen Welt nach ihrem Bild ausbildete, unterstützte, zusammenführte. Das war nach Müllers Geschmack: »Etwas machen, das neu ist« – offene Strukturen, wenig Regularien. Jeder, der etwas beitragen kann, kann mitarbeiten. Damit hätte man die peinliche, aber zumindest von deutschen Instanzen unabdingbare »Selbstreinigung« umgehen können.[439] Raus aus staatlichen und nationalen Bindungen, aus der Provinz Deutschland und der Klammer Berlin, Platz für Junge. Ganz anders als herkömmliche nationale Akademien, den Ruf nach einem großen und starken Europa ausnutzend.

438   Elmar Faber. »Literatur und Politik«. In: Elmar Faber. »Die Mysterien der Vergesslichkeit. Betrachtungen zu Literatur und Politik«. Leipzig 2010. S. 16.

439   So Heiner Müller in der Diskussion in der Sektionssitzung vom 13. 6. 1991. AdK-O 1738.

Müller – wer anders als der große Prophet möglicher Schreckensszenarien – hatte dabei durchaus auch die politische Großwetterlage im Hinterkopf: den Zerfall von Weltlagern und als Zukunftsbild »die große Sintflut«, die Flutwelle der implodierenden Zweiten und der Dritten Welt, Nationalismus und Rassismus. Deshalb empfahl sich besonders Berlin als »Drehscheibe zwischen Ost und West« und als Standort einer europäischen Sozietät: »Auch in Europa wird das Vakuum nach dem Verlust der Feindbilder in Schwarz und Weiß durch den Fall der Mauern zunehmend zum Abgrund, in dem sich Verdrängtes und Vergessenes formiert. Nationalismus und Rassismus, ihr Nährboden der Hunger, die Demütigung durch den kulturellen Imperialismus der Zentralgewalten, die Frustration im Schrott der Utopien. Die Regionen essen die Imperien, die Toten haben das letzte Wort. Mit dem Golfkrieg ist die Erfahrung des Scheiterns wieder Allgemeingut, nicht mehr Privileg der Intellektuellen Osteuropas. Nach dem Ende der Ideologie muß der notwendige Dialog auf dem Boden der Tatsachen geführt werden. Die Kunstwerke sind das Gedächtnis der Menschheit. Gedächtnis setzt das Überleben der Gattung voraus. Sie steht zur Disposition, die Abwicklung des Planeten ist im Gange. Berlin wird als Drehscheibe zwischen Ost und West ein Ort sein, an dem Entscheidungen fallen, die nicht nur für Europa relevant sind. Deshalb die Idee einer europäischen Sozietät in Berlin, die nicht eurozentristisch gedacht ist – Europa, das die USA und die Sowjetunion nicht ausschließen kann, hat eine Schuld abzutragen, historisch und aktuell –, einer Werkstatt der Künste, die aus dem Dialog der Akademien mit den Toten heraustreten müssen in die Zugluft der Gegenwart, und des öffentlichen Denkens, gegen modische und ökonomisch definierte Szenarien des Untergangs, für eine mögliche Zukunft ohne Selektion.«[440] Das war freilich groß gedacht. Wer aber sollte das finanzieren? Deklariert wurde es »als kulturpolitisches Angebot Deutschlands für Europa von der Bundesregierung.« Entschieden werden darüber sollte im Bundeskanzleramt. 8 bis 10 Millionen DM jährlich waren geplant.[441] Künstler aus der ganzen Welt sollten es unterstützen. Ein schöner und ein großer Traum!

Wie engagiert und zugleich widerwillig Müller an diesem Projekt hing, bezeugt ein Traum, den Müller seinen Sektionskollegen im November 1990 erzählte: »Heute Nacht habe ich geträumt, ich sehe mich im Profil – nicht,

440   Heiner Müller. »Bautzen oder Babylon«. In: »Zwischen Diskussion und Disziplin«. S. 568.
441   Sektionssitzung vom 13. 11. 1990. AdK-O 1582.

daß ich das besonders schön finde –, aber plötzlich war es durchsichtig, und dahinter wuselten Menschenmassen. Ich hatte plötzlich das Gefühl, das ist ein Riß bei dir, auf den ich aufpassen muß. Ich habe nicht mehr die Fähigkeit, voraussetzungslos und verantwortungslos zu schreiben. Das braucht man aber zum Schreiben. Schon deswegen – aber jetzt ganz privat – nicht weitersagen! – liegt mir an so einer Struktur. Denn dann bin ich nicht mehr Präsident. Das ist meine ganz egoistische Motivation.«[442]

Die Zustimmung zu dieser Idee einer Europäischen Sozietät war in der Akademie verhalten bis ablehnend, aber sollte man nicht – die Zeiten änderten sich schnell und schneller – jedes Seil, das Passagieren eines untergehenden Schiffes zugeworfen wurde, auffangen? Als es dann seit Herbst 1990 wirklich um Rettungsvarianten unserer Akademie ging, vermischten und verknoteten sich oft die Pläne einer Europäischen Akademie mit denen einer Rettung als »Länderakademie«. Vor allem Christa Wolf war es, die dieses Modell einer Akademie etwa von Brandenburg, Berlin, Mecklenburg und Nordrhein-Westfalen verfocht und sich dafür im Auftrag der Akademie in Briefen an Ministerpräsidenten und andere Verantwortliche wandte. Müller engagierte sich mehr für »Europa«, kämpfte aber auch dann, als diese Idee gescheitert war, mit dem Berliner Senat, mit der Westberliner Akademie, holte Rechtsanwälte ins schlingernde Boot, die immer neue juristische Gründe fanden, warum wir nicht abgewickelt werden konnten, warum wir noch nicht abgewickelt waren. Dabei war und ist das alles schwer zu verstehen und zu entwirren, weil die verschiedenen Pläne, Prozesse, Bedingtheiten nicht nacheinander verliefen, sondern im wilden Gemisch von Gerüchten, Widersprüchen und Positionskämpfen. Immer wieder wurden von den verantwortlichen Stellen Termine für Entscheidungen verschoben. Die Rechtsauffassungen waren zuweilen konträr. Auch im Nachhinein konnte ich so manche Phase der Entwicklung nicht eindeutig festmachen.

Ich jedenfalls hielt Müllers Engagement für echt. Er wollte es den »Abwicklern« schwer machen und tat das. Unstreitig war aber auch, wie es Ulrich Dietzel sah, dass Müllers Qualitäten eher im »Zerstören« als im Aufbauen lagen.[443] Gab es aber eine Alternative?

---

442   Ebenda.
443   Ulrich Dietzel. »Tagebuch«. S. 259.

Ich glaube, Müller war in diesem Falle vor allem auch ein Spieler, schließlich war er Dramatiker und Regisseur ... Er spielte mit dem Gegner und mit dem Partner. Obwohl er es in seinen Texten immer besser gewusst hatte, wollte er diejenigen, die die Freiheit und Demokratie priesen, in diesem besonderen historischen Augenblick beim Wort nehmen, sie zu ihren Versprechen zwingen und die Züge im ungleichen Spiel mitbestimmen, vielleicht auch Freiräume schaffen. Ob er sich dabei zuweilen auch vergaloppiert hatte, darf durchaus gefragt werden. Mittenzwei notierte in seinem Buch einen »sehr veränderten Müller« in dessen letzten Lebensjahren: »In das Endspiel der DDR und ihrer Kultur begab er sich wie in einen Karneval.«[444] Vom CDU-Abgeordneten Lehmann-Brauns wurde er öffentlich als die »umtriebige Mehrzweckwaffe Berlins für jede höhere kulturpolitische Aufgabe« beschimpft.[445] Wiederum Ulrich Dietzel beschreibt, und damit gehe ich in der Zeit noch ein gutes Stück voraus, dass Heiner Müller in der entscheidenden Tagung vom 11. 12. 1991, da es um die berüchtigte Abwahl der eigenen Kollegen ging, alles in die Waagschale geworfen hätte: Er machte diesen Akt des Abwählens zur Bedingung für sein Bleiben als Präsident. Er ließ dann in der Diskussion noch einmal alle, die wollten, reden. Noch einmal wurden alle Argumente erwogen und dann, nach einer gewissen Erschöpfung, wurde doch gewählt. Dazu nach der Veranstaltung Müller zu Dietzel: »Man muß sie reden lassen. Nach einer Stunde kann man dann mit ihnen machen, was man will. Das ist traurig, aber es ist so.« [446]
Das war also Müller, unser neuer Präsident.

Dass er nicht mehr allzu lange »mein« Präsident sein würde, war mir bald klar. In unserer Akademie wurde die überwiegende Mehrzahl der Mitarbeiterstellen gestrichen. Ich machte mir keine Hoffnungen für die Zukunft: Schon der Verdacht, mit der Staatssicherheit zusammen gearbeitet zu haben, reichte damals für ein Kesseltreiben, das nur robuste Naturen gut überstanden. Ich war nicht robust. Anfangs hoffte ich darauf, dass ich beim Aufdecken meiner Akten beweisen könne, wie harmlos und positiv meine Auskünfte gegenüber den Genossen über die jungen Dichter waren. Dann hieß es, die

444   Werner Mittenzwei. »Zwielicht«. S. 474.
445   Uwe Lehmann-Brauns (CDU) im Ausschuss für kulturelle Angelegenheiten, Sitzung vom 27. 1. Dr. Lehmann 1992.
446   Ulrich Dietzel. »Tagebuch«. S. 261/2.

Die europäische Sozietät

317

meisten Akten der Akademie seien vernichtet worden. Dann kam in meinem Fall doch noch ein »Stückchen« Akte zum Vorschein, das eine Verpflichtung meinerseits enthielt, über geführte Gespräche Stillschweigen zu wahren und ein Gutachten über eine in der BRD erschienene Anthologie junger DDR-Schriftsteller. Dieses Gutachten, so hatte ich geglaubt, hatte ich für den FDJ-Zentralrat geschrieben und es enthielt nichts anderes, als ich auch öffentlich in einem Zeitungsartikel geschrieben hätte. Schon wegen dieses Stückchen Akte und wegen einer Unterschrift, die für einen Vorwurf einer IM-Tätigkeit nicht reichte, war ich belastet genug. So belastet, dass ich keine Illusionen hatte, an der Akademie weiterarbeiten zu dürfen. Familie Jens und dann auch mein neuer Direktor Ulrich Dietzel ließen es sich nicht nehmen, in diesem Stückchen Akte zu studieren. Sie fanden nichts anderes. Es gab Gespräche – Ulrich Dietzel, in DDR-Verhältnissen aufgewachsen – war verständnisvoll und behielt sein freundliches Verhalten mir gegenüber bei. Auch Familie Jens versprach, sich um meine Akte und mich weiter zu kümmern, doch ich habe nie wieder etwas von ihnen darüber gehört. Im Gegenteil: Ein paar Monate nach meiner Kündigung war ich als ehrenamtliche Vorsitzende der neu gegründeten Anna-Seghers-Gesellschaft und Spezialistin für DDR-Literatur gebeten worden, in Vortrag und Diskussion meine Ansichten zur DDR-Literatur darzulegen. Stattfinden sollte das Ganze in den Räumen der Anna-Seghers-Gedenkstätte in Berlin-Adlershof, die zur Akademie gehörte. Kurz vor dem Termin erreichte mich ein handschriftlicher Brief von Walter Jens, der mir den Auftritt in diesen Räumen verbot. Ich bat die Besucher an den großen runden Tisch beim nahe gelegenen »Chinesen«. Es wurde eine schöne Runde von Leuten, die an DDR-Literatur interessiert waren.

Außerdem: Mit dem Plan Heiner Müllers von einer Europäischen Akademie würde sich »meine« Akademie in einer Weise verändern, die mir nicht sonderlich behagte. Mir gefiel an der Akademie besonders gut das kontinuierliche Arbeiten – regelmäßige Sektionssitzungen mit gescheiten Gesprächen, anregende Veranstaltungen mit neuen Ideen und neuer Kunst. Das alles würde es in der neuen Akademie nicht mehr in dieser Art geben. So entschied ich mich schon relativ früh, zu den Abgewickelten gehören zu wollen. Meine Aufgaben wollte ich bis dahin, so gut ich es konnte, erledigen. Das waren die üblichen Veranstaltungen, Sitzungen und hinzu kamen die leidigen Diskussionen darüber, wer in unserer Abteilung wohl übrig bleiben würde. Da konnte ich souverän auftreten, denn jeder wusste: Ich hing nicht an diesem Stuhl. Umso besser konnte ich mich vom Betroffenen zum genauen Beobachter entwickeln. Und ich teilte von Anfang an das Schicksal der Mehrheit der Mitarbeiter, die einer Kündigung entgegensahen.

Aber zurück zur Akademie-Arbeit:

In der Plenartagung vom 16. Juli wurden auch die neuen Mitglieder gewählt, in unserer Sektion also Stefan Heym (69 von 76 Stimmen), Rainer Kirsch (73) und Christoph Hein (71). Die neuen Korrespondierenden Mitglieder unserer Sektion waren Hans Mayer und Peter Härtling aus der »Nachbar«-Akademie, der Albaner Ismail Kadare (Schriftsteller und Dichter), der Franzose Claude Prévost (Literaturkritiker), Ludvik Kundera (Lyriker, Dramatiker und Übersetzer) und Peter Karvaš ((Dramatiker) aus der Tschechoslowakei, der Ungar Márton Kalász (Lyriker und Erzähler) und der Litauer Mykolas Sluckis (Schriftsteller).

Auch der Sekretär der Sektion wechselte. Vor einem längeren Auslandsaufenthalt hatte Wolfgang Kohlhaase mich noch in einem Brief über seine Sicht auf die seiner Meinung anstehenden Probleme informiert: »Ich meine, die Akademie muß Spielräume und Vorstellungen entwickeln, die sich der praktizierenden Politik anbieten lassen, und sie braucht dazu den Meinungsaustausch mit der anderen Berliner Akademie und wohl auch deren Solidarität. Jemand sagte, man müsste jetzt Zeit kaufen, damit die blinde Gewalt der Fakten nicht alles überrenne. Ich meine damit, auf unsere Angelegenheiten bezogen, Zeit, aufeinander zuzugehen und zu bemerken, daß es hier wie dort, in den Künsten und im weiteren Feld der sozialen Kultur, etwas gibt, um das es sich für die Zukunft lohnt. Dafür im politischen Raum nach Konsens zu suchen, müßte auf vielen Wegen versucht werden.

Zu der Frage, daß es Mitglieder in der Akademie gibt, deren Zuwahl eher nach politischen Kriterien, als nach dem Rang ihrer Arbeit erfolgte, sollten wir uns korrekt verhalten, und der Proportion des Problems angemessen. Sie sind immerhin gewählt worden, dem Statut entsprechend auf Lebenszeit. Es sind, bezogen auf die Zahl unserer Mitglieder, nicht so viele Kollegen, an die man denken mag, vielleicht denkt auch nicht jeder an denselben. Ich bin dagegen, Namen zu nennen und Ausschlüsse anzustreben, es würde uns in die Lage fataler Vorgänge bringen. Die kritische Bewertung der Vergangenheit geht jeden und die Akademie insgesamt an.«[447]

---

447 Wolfgang Kohlhaase, Brief vom 2. 7. 1990. AdK-O OM 153.

Wolfgang Kohlhaase wollte nach zwei Wahlperioden abgelöst werden. Seine Nachfolgerin wurde Waldtraut Lewin. Wenn sie dann auch nur kurz amtierte, legte sie Wert auf Kontinuität in der Sektionsarbeit und brachte für die Veranstaltungen mehr als vorher einen lockeren, dem Theater entlehnten Stil ein. Neben intensivem Denken sollte in den Veranstaltungen der Sektion durchaus auch genossen werden. »Zwischen den Stühlen. Erotisches, Freches, Politisches« hieß eine von ihr initiierte Veranstaltung, in der von einem jungen Sänger freche Chansons aus den zwanziger Jahren vorgestellt wurden. Anfangs schien es, als ändere sich an den Gepflogenheiten der Sektionssitzungen kaum etwas: Im Januar war bei der Literatursektion der Verlagschef des Aufbau-Verlags, Elmar Faber, zu Gast und sprach über die neue Situation seines und anderer Verlage. Im März stand wieder einmal das neue Statut auf der Tagesordnung.

Nach dem Sommer wurde es anders. Nun begann die Diskussion um die Rettung der Akademie, das neue Europa-Akademie-Projekt wurde erörtert, der Stand der Verhandlungen mit den Länder-Verantwortlichen bekannt gegeben. Das veränderte »Draußen« war nicht mehr zu überhören. In mancher Sektionssitzung wirkten die doch sonst so stolzen Mitglieder fast wie eine Notgemeinschaft, beispielsweise beim Austausch über die allgemeine Situation. Als sich einige Kollegen, Nicht-Akademie-Mitglieder, öffentlich über vergangene Benachteiligungen und über die gehabten Privilegien der anderen, auch der Akademiemitglieder beschwerten, wirkte die Aussprache im gewohnten Kreis wie ein gegenseitiges Sich-Trösten. Hermlin klagte schon im März 1990 in der Hoffnung auf Gleichgesinnte unverblümt: »Die Situation von heute gleicht haarscharf der Situation von 1933. Nur, daß hier bisher keine Leute umgebracht worden sind, aber dieses Abrutschen, dieses Verraten, diese Gemeinheiten, dieses Überlaufen, das ist genau die Situation von 1933. Vielleicht habe ich den falschen Beschluß gefaßt, aber das war der Grund, warum ich nicht auf diesen Schriftstellerkongreß[448] ging: weil ich diese verlogenen Visagen nicht sehen kann, die ich ein paar Mal getroffen habe hier auf den Sitzungen, die der Berliner Schriftstellerverband veranstaltet hat. Diese Leute kenne ich alle; ich weiß, welche Stellung sie eingenommen haben in allen kritischen Situationen. Für mich begann das schon 1957, also zur Zeit von Jankas Verhaftung. Es

---

448 Stephan Hermlin. Diskussionsbeitrag auf Sektionssitzung vom 7. 3. 1990. AdK-O 1582.

ÜBERLEBENSVERSUCHE

ist weitergegangen über 1962 und 1976 und 1979. Und diese Leute sind heute die ›großen Kämpfer gegen die Stalinisten.‹« [449]

Auch der Sturm der Massen gegen alles, was mit DDR verbunden war, entsetzte die meisten. So resümierte Christoph Hein zur Sektionssitzung am 18. 9. 1990: »Wir haben es in diesem Jahrhundert schon mehrfach erlebt, wie bestimmte uns unersetzliche Personen verschwunden sind. Ein Mann wie Mehring ist verschwunden in Deutschland. Es gibt ein ganz kleines Kabarett, das dann wieder einmal etwas macht. Aber es ist ein unaufhaltsamer Niedergang. In Torgau sind mit Begeisterung die Straßennamen Goethe und Pestalozzi entfernt worden. Denn im stalinistischen Schulunterricht hatten sie diese Namen gehört!« [450]

Bald war also die Zeit der Hoffnung auf positive Veränderungen gewichen, immer mehr musste verteidigt werden. Was sich ereignete, lähmte eher als dass es aktivierte. Weniger als zwei Jahre später war auch dieser Hort des Sich-Aussprechens für die noch verbliebenen Mitglieder nicht mehr begehrt oder interessant. Zur Februar-Sektionssitzung 1992 kamen nur Stephan Hermlin und Christa Wolf. Zur Wiederholung im März erschien zwar auch noch Heiner Müller. [451] War es bereits ein »Klub der fast toten Dichter«?

Veranstaltungen

Veranstaltungen gab es mehr als genug. Es musste nachgeholt werden, was versäumt oder verboten gewesen war. Bereits im Januar 1990 fand im ausverkauften Konrad-Wolf-Saal eine Veranstaltung mit den Schriftstellern statt, die 1979 aus dem DDR-Schriftellerverband ausgeschlossen worden waren. Streng genommen war es keine Akademie-Veranstaltung: Christa Wolf hatte darum gebeten, den Saal nutzen zu dürfen, um mit diesem Abend einen Beitrag zur DDR-Geschichte zu leisten. »Korrektur« hieß die Veranstaltung und der Titel war ernst gemeint. Stefan Heym, Adolf Endler, Rolf Schneider, Dieter Schubert und Klaus Schlesinger saßen gemeinsam mit Gerhard Wolf, der seine erkrankte Frau vertrat, auf der Bühne,

---

449   Sektionssitzung vom 18. 9. 1990. ADK-O 1582.
450   Ulrich Dietzel. »Tagebuch«. S. 267 und 270.
451   Sektionssitzung vom 13.11. 1990. ADK-O 1582.

erzählten Einzelheiten vom Ausschlussverfahren, lasen aus neuen und alten Werken. Der Abend war lang, die Diskussion heftig.

Eine andere Veranstaltung dieser Art war die mit Wolfgang Leonhard. Er gehörte mit seinem Buch »Die Revolution entlässt ihre Kinder« zu den ersten, die aus aus eigenem Erleben mit dem Stalinismus abgerechnet hatten. Nun war Leonhard als »Ost-Experte« gefragt, und die Veranstaltung erhielt besonderem Charme durch die Anwesenheit von Markus Wolf, dem früheren Mitstreiter und Kommilitonen Leonhards. Beide hatten über Jahrzehnte nicht miteinander gesprochen, denn auch für einen Geheimdienstchef galt: mit Dissidenten zu sprechen gehörte zu den unwidersprochenen Verboten im Sinne der Parteidisziplin. Doch die Begegnung der ehemaligen Jugendfreunde war wider Erwarten herzlich und souverän von beiden Seiten.

Weiter gab es ein von verschiedenen Sektionen gemeinsam organisiertes Kolloqium zum 11. Plenum 1965.

Schon vor seiner Wahl zum Korrespondierenden Mitglied war Hans Mayer in einem Zwiegespräch mit Stephan Hermlin aufgetreten, aber der Andrang, der zu einer solchen Veranstaltung 1986 fast die Kräfte unserer Akademie überstiegen hatte, blieb im Mai 1990 aus. Weiterhin wurde das Neueste von DDR-Künstlern in der Akademie gezeigt. Das betraf die »Hundekomödie« mit Mensching/Wenzel oder den Fernsehfilm nach Christoph Heins »Die Ritter der Tafelrunde«. Das Werk der Mitglieder blieb im Mittelpunkt unserer Aufmerksamkeit, so lasen Mickel, Rücker, Heym. Helmut Sakowski stellte sein nächstes Filmprojekt »Marie Grubbe« vor. Die Korrespondierenden Mitglieder Walter Jens (und seine Frau Inge), Peter Härtling, Michel Tournier, Daniil Granin hatten auch in der Akademie einen oder mehrere Auftritte, wenn sie gerade in Berlin gastierten. Zu Ehren des 75. Geburtstages von Stephan Hermlin hatte die wissenschaftliche Mitarbeiterin Gudrun Geißler aus unserer Abteilung eine umfangreiche Ausstellung über sein Leben und Werk seit 1945 erarbeitet. Anna Seghers' 90. Geburtstag stand an. Die Veranstaltungsreihen »Technik des Dramas« unter Peter Hacks und die monatlichen Treffen mit Christa Wolf und Gesprächspartnern liefen weiter. Es kam zu ersten gemeinsamen Abenden mit der Westberliner Akademie – »Fokus Berlin« genannt und dabei wurde über »Deutsch-Deutsches« – »zwei Staaten, eine gemeinsame Geschichte«, später »40 Jahre deutsch/deutsche Literatur«

– debattiert. Der Welt-Bürger Heiner Müller stellte seine Welt-Freunde, unter anderem Susan Sontag, Reinhard Lettau oder John Berger – vor ...

Insgesamt fanden 1990 118 von uns »gemanagte« Akademieveranstaltungen statt, davon 86 öffentliche und 32 interne. Das war viel, bedenkt man im Hintergrund die ständigen neuen Gerüchte über Auflösung und Nicht-Auflösung, die sich neu bildenden »Parteiungen« pro Europäische oder pro Länder-Akademie und die unterschiedlichen Positionen und Forderungen, schnellstens die Geschichte der Akademie aufzuarbeiten.

Öffentlich wurde das beispielsweise an der Veranstaltung zu Anna Seghers' Geburtstag erkennbar. Schon bei der Organisation des Ganzen hatte es den ersten Eklat gegeben: Christa Wolf war nicht bereit, gemeinsam mit Hermann Kant auf der Bühne zu sitzen. Nun war zwar Hermann Kant der direkte Nachfolger von Anna Seghers als Präsident des Schriftstellerverbands, aber Anna Seghers hatte damals eigentlich Christa Wolf, die sie sehr schätzte, als ihre Nachfolgerin vorgeschlagen. Hermann Kant, bereits um diese Zeit – Ende 1990 – einer der Prügelknaben, der an allem schuld sein sollte, was in der DDR-Literatur schief gelaufen war, trat von seinem Angebot bei der Veranstaltung mitzuwirken zurück. Daraufhin kritisierte Stephan Hermlin in der Sektionssitzung vom 13. 11. 1990 das Verhalten von Christa Wolf, die – wie er bedauerte – leider nicht anwesend war: »... ich bin eigentlich seit vielen, vielen Jahren mit Christa Wolf im allgemeinen einer Meinung und bin gern einer Meinung mit ihr, aber in diesem Fall bin ich gar nicht ihrer Meinung. Denn sie war es, die die Sektion vor ein Ultimatum gestellt hat: entweder Kant oder ich ... (...) Kant möchte garantiert nicht, daß ich das hier sage, aber ich sage es trotzdem, ob er es will oder nicht, da einige hier am Tisch sitzen, die im Laufe von vielen Jahren von seiten einiger Kollegen Ungerechtigkeiten erfahren haben; ich denke da an Rainer Kirsch, aber auch an Heiner Müller usw. Wenn man schon andauernd von Demokratie redet und von neuer Zeit und weiß der Teufel was alles, dann möchte ich, daß diese Rachefeldzüge aufhören.« Im Anschluss daran stimmte Heiner Müller Hermlin voll zu: »Darin sind wir einer Meinung.«[452].

Aber das änderte nichts daran, dass die Besetzung für die Veranstaltung schwach blieb: Gemeldet hatten sich Heiner Müller, Christa Wolf, Günther Rücker, Waldtraut Lewin, Stephan Hermlin und Günter Görlich.

---

452   Stephan Hermlin. »Anna Seghers«. In: Argonautenschiff 1/1992. S.8.

Auf unsere Bitte kamen noch Max Walter Schulz und Fritz Rudolf Fries hinzu. So war es zwar eine für DDR-Zeiten halbwegs illustre Runde, aber es fehlte internationales Flair, zumindest auch ein »Promi« aus dem Westen. Als Heiner Müller kurzfristig wegen Auslandsterminen absagte und Christa Wolf am Tage der Veranstaltung von einem Hexenschuss getroffen wurde und ebenfalls absagte, sahen wir unser Vorhaben mächtig wackeln. Dabei hatte sich der Deutsche Fernsehfunk angesagt!

Intern wurde vor der großen öffentlichen Veranstaltung das Anna-Seghers-Stipendium an Reinhard Jirgl, Johannes Jansen und Sonja Voß-Scharfenberg verliehen, dann ging es in den überfüllten Plenarsaal. Der war zwar wesentlich kleiner als der Konrad-Wolf-Saal, dafür aber ein wunderbar anheimelnder Raum. Heiner Müller hatte ein Gedicht geschickt, das verlesen wurde. Dann begann Stephan Hermlin. In eins ihrer Bücher habe Anna Seghers für ihn die Widmung nach Goethe hineingeschrieben:»Müßig, auf Änderung der Toren zu hoffen.« Damals habe er noch gehofft. »Sie ist alt geworden, aber«, fuhr er fort, »ich sage dieses Wort mit aller Überlegung, ich bin froh, daß sie nicht 90 Jahre alt geworden ist, daß sie diesen Tag nicht erlebt und die Schmach derjenigen, die sie zu schmähen wagen, die das grandiose Werk, das 1933 auf deutsche Scheiterhaufen kam, noch einmal verbrennen, die nach Anna Seghers benannte Straßen umbenennen. ... Möge die Selbstgerechtigkeit verstummen, möge die Gerechtigkeit das Wort ergreifen.«[453]

Gemeint war die Welle der Entrüstung über Anna Seghers, die der im Jahr zuvor erschienene Bericht vom ehemaligen Spanienkämpfer und Verleger Walter Janka »Schwierigkeiten mit der Wahrheit« ausgelöst hatte. Darin beschuldigte Walter Janka unter anderem auch Anna Seghers, während seines Ostberliner Prozesses 1956 nichts für ihn, für seine Verteidigung getan zu haben. Walter Janka und Anna Seghers hatten bereits im mexikanischen Exil und später im Aufbau-Verlag eng zusammen gearbeitet. Kurz vor seiner Verhaftung hatte Anna Seghers noch mit ihm gemeinsam Pläne geschmiedet, den Freund Georg Lukács aus dem – wie sie damals glaubten – konterrevolutionären Budapest herauszuholen. Auch das wurde Walter Janka im Prozess angekreidet, ohne daß Anna Seghers Einspruch erhob. Sie hatte als bestellte Teilnehmerin in den Prozessverhandlungen gesessen, geschwiegen, gelitten.

---

453 Klaus-Dieter Schönewerk. »Verteidigung einer Dichterin oder Alles wie immer?«. In: *Neues Deutschland* vom 20. 11. 1990.

Anna Seghers war für viele ihrer Leser mehr als eine gute Schriftstellerin gewesen, sie war auch ein Garant und Idol für Gerechtigkeit und Humanität. Mit Walter Jankas Beschuldigungen geriet die bereits 1983 Gestorbene unmittelbar in die »Wendewirren«. Ihre Bücher wurden in Mülltonnen »entsorgt«. Schulen und andere Organisationen weigerten sich, weiterhin ihren Namen zu tragen. Obwohl Autoren wie Erwin Strittmatter, Erich Loest und andere sie zu verteidigen versuchten, gingen diese Stimmen im Sturm der allgemeinen Entrüstung über die, »die uns betrogen haben«, unter.

Gerade deshalb wollten wir in der Akademie uns Mühe geben, Anna Seghers vielseitig und wirkungsvoll vorzustellen. Als Walter Janka abgesagt hatte, an unserer Veranstaltung teilzunehmen, konzipierten wir den Abend bewusst so, dass nicht allein der aktuelle Fakt, der Vorwurf Jankas, dominierte. Aber Mühe allein reicht manchmal nicht. Waldtraut Lewin moderierte, noch unerfahren als neue Sekretärin, die Veranstaltung und war darin lange nicht so souverän wie ihr Vorgänger Wolfgang Kohlhaase. Günther Rücker las aus dem Nachwort zu Seghers' neu entdeckter, nicht beendeter Novelle »Der gerechte Richter«, die gerade erschienen war und als Auseinandersetzung Anna Seghers' mit dem Janka-Prozess galt. Fritz Rudolf Fries lobte die Klarheit ihrer Sprache und ihr Eintreten gegen Dogmatismus. Max Walter Schulz und Günter Görlich berichteten von persönlichen Begegnungen mit der großen alten Dame der DDR-Literatur und verteidigten ihre Integrität.

Doch all das war entweder bekannt oder interessierte nicht so wie der Vorwurf Walter Jankas. Der allein erhitzte die Gemüter. Die Meinungen waren konträr. Dabei trat auch die Tochter von Anna Seghers, Ruth Radvanyi, auf. Sie berichtete, im Archiv nach Fakten für diesen Vorgang gesucht zu haben. Anna Seghers hätte in dieser Angelegenheit wohl bei Walter Ulbricht vorgesprochen, hätte jedoch nichts bewirken können. Das änderte die Meinung derer, die auf Anna Seghers' Schuld beharren wollten, in keiner Weise. Es war eine aufgeheizte Stimmung und ein recht wirrer Abend. Klaus-Dieter Schönewerk schrieb am nächsten Tag darüber im »Neuen Deutschland«: »Wer Anna Seghers als Repräsentantin von DDR-Literatur ins Abseits stellt, steht zugleich in existentieller Auseinandersetzung mit denen, die am Sonntag auf der Bühne ehrendes Gedenken demonstrieren wollten. Schließlich saßen alle im gleichen Boot, und davon war leider nur in Andeutungen die Rede, (...) Schriftsteller der vergangenen DDR verteidigen sich selbst, wenn sie Anna Seghers verteidigen. Das – so zeigte mir dieser Diskussionsabend – muss wohl erst noch begriffen werden, denn nichts war wie immer. Oder doch?«

Ergänzend zu diesem Abend noch ein Erlebnis: Besucher unserer Ausstellung, die in der Nähe der Mainzer Straße wohnten, sahen sich plötzlich auf der Hinfahrt ziemlich kriegerischen Szenen ausgesetzt. Schwer Bewaffnete rückten im Auftrag des Senats gegen Hausbesetzer vor! War nun der Slogan »Keine Gewalt« nicht mehr opportun?

Heute denke ich: 1990 war das Jahr, das den Anspruch der Akademie auf eine Vorreiterrolle beendete. Nun, da überall Meetings, Diskussionen, Aktionen, Podien und »runde Tische« stattfanden und Meinungsvielfalt blühte, scherten sich viele einen Dreck um die Meinung früherer »Vordenker«, zumal die nicht auf die damals höchst unbeliebten Warnungen verzichten wollten. Weil sich gezeigt hatte, dass mit gehörigem Druck von Massen alles machbar war, schienen die Möglichkeiten grenzenlos. Auf die vielen Fragen wollte man schnelle Antworten. Zögern, Abwägen, das waren Zeichen von Schwäche. Aber es war immer ein Markenzeichen von Akademie-Veranstaltungen gewesen, differenzierte Sichten einzubringen, Für und Wider zu erwägen, behutsam und sachkundig heranzugehen.

Ein großer Freund solcher Behutsamkeit war damals Walter Jens. In »Sinn und Form« 5/1990 stand sein Essay »Plädoyer gegen die Preisgabe«, in dem er seinen Respekt vor den künstlerischen Leistungen in der DDR bekundete und deren Werte in die Einheit Deutschlands mitgenommen wissen wollte. Auch in der Auftakt-Veranstaltung von »Fokus Berlin«, abwechselnd mal »hüben« und »drüben« veranstaltet, mahnte Walter Jens am 4. 3. 1990 in der Akademie am Hanseatenweg Behutsamkeit an und warnte vor Überheblichkeit. Es ging um Geschichte und Gegenwart der damals noch beiden deutschen Staaten, um gemeinsame Traditionen und das Trennende, das entstanden war. Die an der Diskussion beteiligten Akademiemitglieder – neben Jens, Peter Härtling, Egon Monk, Volker Braun, Wolfgang Kohlhaase und Christoph Hein – stellten zumeist die Gefahren in den Mittelpunkt ihrer Betrachtung: Verlust an Erinnerung, Verdrängungen, Hang zu Simplifikationen, statt allmählicher Annäherung grobe Übernahmen. »Was den Schriftstellern und Künstlern verbleibt, sind, so schien es in der Diskussion, allein die Hoffnungen«, schrieb die Berichterstatterin

Ursula Escherig im »Tagesspiegel« und formulierte damit, wie die, die noch vor kurzem als geistige Wegweiser galten und noch vor einem knappen halben Jahr von Hunderttausenden zum Reden gefordert worden waren, nun in eine Ecke ziemlich abseits gerieten. Als abschließend in die Runde gefragt wurde, welche konkreten Aufgaben sich die Diskutanten für die nächste Zeit vornehmen, meinte Walter Jens, er wolle vor den Souffleuren »strammer Provenienz« warnen, den »rechten Text« suchen und an die Chance einer »freundlichen Utopie« denken. (Daran musste ich im weiteren Verlauf der Geschichte unserer Akademie hin und wieder denken. Den »Souffleuren strammer Provenienz«, wie sehr sie sich auch im Hintergrund hielten, hat wohl auch ein Walter Jens nicht immer widerstehen können.)

Das Resümee im »Tagesspiegel« gibt einen Eindruck wieder, dem ich mich anschließe: »Alles, was an diesem Abend gesagt wurde, war irgendwie richtig. Was hätte man sich trotzdem gewünscht in einer Fülle bisheriger deutsch-deutscher Diskussionen? Mehr Jugend auf dem Podium, vor allem aus der DDR, wo es inzwischen auch namhafte jüngere Schriftstellerinnen und Schriftsteller gibt; zu oft äußern sich immer dieselben Honoratioren in solcherart Gesprächen. Aber, wie sagte Jens im Verlauf der Diskussion? ›Auf dem Weg zum Abgrund kann eine Panne das Leben retten.‹ Also warten wir auf ein nächstes ›Nachdenken über Deutschland‹«[454] Weitaus kritischer urteilte die »taz«: »DÜRFTIG IN DICHTER ZEIT«, lautete die Überschrift.[455]

Am 10. Juni 1990 fand eine weitere Veranstaltung im Rahmen der »Fokus«-Reihe statt: Unter Leitung von Wolfgang Emmerich diskutierten diesmal im Konrad-Wolf-Saal Jurek Becker, Harald Hartung, Karl Mickel, Dieter Schlenstedt, Peter Schneider und Christa Wolf über 40 Jahre deutsch-deutsche Literatur. Eigentlich aber ging es dann ausschließlich um DDR-Literatur. Ratlosigkeit darüber, was sich gerade eben vollzog, die Denunziation der DDR-Schriftsteller und ihrer literarischen Leistungen – prägte die Runde. Natürlich hatte jeder eine sehr dezidierte Meinung zur DDR-Literatur. Wer an Verdienste erinnern wollte, wirkte wie ein Rufer in der Wüste. Im Börsenblatt hieß es dazu: »Die Schriftsteller auf beiden Seiten ratlos; der Verlust von Utopien ist schmerzhaft, aber ohne Hoffnung

454   Ursula Escherig. »Das Pflänzchen Demokratie. ›Nachdenken über Deutschland‹ in der Akademie der Künste«. in: Der Tagesspiegel vom 6. 3. 1990.
455   »taz« vom 6. 3. 1990.

leben undenkbar.«[456] Die »FAZ« konstatierte: »Das Gespräch rettete sich schließlich ins Allgemeine.«[457]

Das alles spielte sich 1990 ab, dem Jahr, da sich die DDR verabschiedete. Der Akademie-gemäße, spektakuläre »Abschied« als Veranstaltung aller Sektionen und vieler Mitglieder in den Sälen und Gängen des Hauses am 7. 10. 1990, dem »DDR-Geburtstag«, war mehrmals »angedacht« worden. Gemeinsam mit »unserem« Publikum, das zu unseren besten Veranstaltungen Säle und Treppen belegt hatte, sollte gefeiert werden. Dieser Abschied kam nicht zustande. In der Präsidiumssitzung vom Juni wurde das Vorhaben aus dem Plan gestrichen. Hatte man Angst, damit als »Gestrige« erkannt und verlacht zu werden? Kuschte man wieder einmal, diesmal unter einer anderen oder keiner »Obrigkeit«? Waren es zu wenige Mitglieder gewesen, die dazu bereit gewesen waren? Ähnlich war es mit einer gemeinsam mit dem Deutschen Theater für den 3. Oktober geplanten Veranstaltung »Gegen den deutschen Größenwahn«. Auch sie wurde abgesagt, bestand doch damals in der Euphorie des »endlich einen Deutschlands« eine berechtigte Angst, dass die Auseinandersetzungen handgreiflich werden könnten.

Am Geld jedenfalls hatte es damals noch nicht gelegen. Mitgliederauftritte waren 1990 durch die noch gezahlte Aufwandsentschädigung abgegolten, noch gehörten der Akademie die Räume und Immobilien. Ab 1991 aber wurde es brenzlig. Die Maßgaben, wieviel Geld noch da sei und die Drohungen und Gerüchte, dass nun bald nichts mehr bezahlbar wäre, weil die Akademie »in der Luft« hänge, veränderten unsere Arbeitsweise jäh. Plötzlich ging es weniger um die guten Ideen oder eine plausible Konzeption als viel mehr um »Co-Finanzierer«. Jede Veranstaltung musste auf ein finanzielles Minimum reduziert werden. Christa Wolf und manchmal unsere unermüdliche Anneliese Weidemann, die den praktischen Part übernommen hatte, bezahlten die Brötchen samt Belag für ihre Gesprächsrunden sowie auch so manchen Fahrgeldanteil für ihre prominenten Gäste selbst. Nun wurden auch die Pläne der einzelnen Sektionen in ein Programm zusammengefasst und gestrichen, wenn ein Vorschlag einer Veranstaltung zu aufwändig erschien. Völlig ungeübt in der Suche nach Sponsoren, wirkten wir wie blinde Hühner.

---

456 Ingeborg Keller im »Börsenblatt« 50/ vom 22. 6. 1990.
457 Sibylle Wirsing in »FAZ« vom 12. 6. 1990.

Das Veranstaltungsprogramm 1991 war nicht minder ambitioniert, aber guckt man genauer hin: mit mehreren Veranstaltungen zu Richard Wagner dominierte wohl doch der Geschmack unseres neuen Präsidenten zuungunsten eines ausgewogenen Programms, und so manche Lesung, die von unserer Abteilung durchgeführt wurde, kam vor allem zustande, weil entweder der Verlag oder eine Buchhandelskette das Honorar für den Autor zahlte. Solvent und generös waren wir noch, als Günter Grass bei uns las und seine Bilder ausstellte. (Letzteres hatte er zu einer Bedingung für die Lesung gemacht.) Auch die Voraufführung des Filmes »Zeitschleifen« (Film über Christa Wolf) ließen wir uns nicht nehmen, und ein Abend mit neuer Prosa von Adolf Endler, Johannes Jansen und Peter Wawerzinek war auch noch drin. Die monatlich stattfindenden Gesprächskreise mit Christa Wolf, die zwar intern blieben, aber doch ein immer mehr Ost/West gemischtes, illustres Publikum versammelten, waren durch die prominenten Redner – unter anderem Günter Gaus, Rudolf Bahro, Walter Beltz, Kurt Biedenkopf – zu einem geistigen Salon der Extraklasse geworden. Peter Hacks dagegen hatte seinen Gesprächskreis »Technik des Dramas« nach der Sommerpause 1990 eingestellt.

PREISE

In Bezug auf die Preise konnte die Sektion insofern selbstständig »schalten und walten«, weil der Feuchtwanger-, der Wedding-, der Weiskopf- und der Marchwitza-Preis und das Anna-Seghers-Stipendium aus Geldern des Erbes der Namensträger stammten und über Stiftungsverfügungen gut angelegt waren. Nur der höchste Preis, der Heinrich-Mann-Preis (sowie in der Sektion Bildende Kunst der Käthe-Kollwitz-Preis und in der Sektion Darstellende Kunst der Konrad-Wolf-Preis) wurde mit Staatsgeldern finanziert.

1990 konnten endlich die Preisträger ausgezeichnet werden, die in der Sektion schon lange auf der Vorschlagsliste gestanden hatten, deren Durchsetzung, das wussten die Sektionsmitglieder, aber Querelen und Kampf mit den »Oberen« erfordert hätte. Da hatte man lieber gekniffen und Gründe gefunden, warum ein anderer den Preis erhielt. 1990 waren die offiziellen Widerstände beseitigt, und so bekamen endlich Elke Erb und Adolf Endler, die am längsten an der Spitze der Vorschlagsliste gestanden hatten, den Heinrich-Mann-Preis. (Den hätte auch Joachim Seyppel gern gehabt: Über den neuen Kulturminister Herbert Schirmer ließ er mitteilen, dass er gern als eine Art »›Schadensersatz‹ für erlittenes moralisches Unrecht und damit verbundene materielle Verluste eine Auszeichnung mit dem Heinrich-Mann-Preis als Geste der Anerkennung« annehmen würde.[458] Aber da ließ sich die Sektion nicht beirren. Diese Art von »Reinreden« war auch unter den neuen Bedingungen verpönt.) Walther Petri erhielt – noch auf Vorschlag des Kinderbuchverlags, dem die Sektion gerne folgte – den Alex-Wedding-Preis. Horst Drescher, der in der DDR allein durch Publikationen in »Sinn und Form« gefördert worden war, aber 1989 zum ersten Mal mit seinen »Maler-Bildern« eine eigene Publikation durchgesetzt hatte, erhielt den Lion-Feuchtwanger-Preis, Matthias Köhler den Marchwitza-Preis.

Bei der Diskussion um die Preise von 1991[459] standen zum ersten Mal sowohl die finanzielle Höhe der Preise als auch die soziale Situation der Preisträger-Kandidaten mit zur Debatte. Nach der Währungsumstellung war das eine berechtigte Frage. Die Stiftungssummen waren halbiert, die Verhältnisse so »gewendet«, dass die Erben der Namensträger jetzt wahrscheinlich anders entschieden hätten. Nun zeigte sich auch, dass das neue Statut es verabsäumt hatte generell zu regeln, wer die Rechtsnachfolge der DDR-Akademie vertreten würde. Da der Justitiarin aus DDR-Zeiten bereits gekündigt worden war, mussten Rechtsberater von »draußen« befragt werden. Als es dann um die Namen der zu Preisenden ging, fielen in dieser Runde nie gehörte Argumente: Beispielsweise war Peter Härtling ein Favorit für den Wedding-Preis, aber als Karl Mickel argumentierte: »Härtling ist sicher ein annehmbarer, guter Kollege, aber er hat schon seine Erfahrung mit dem Leben im Kapitalismus. Für jemanden, der von hier kommt, sind 7000 DM wichtiger«,[460] stimmten ihm die anderen gerne zu, und so erhielten Christa Kozik und Anne Geelhaar 1991 den Wedding-Preis, Brigitte Struzyk den Feuchtwanger-Preis und Bert Papenfuß und Thomas Rosenlöcher den Weiskopf-Preis. Rosenlöcher und Papenfuß waren schon 1988 vorgeschlagen worden, aber wegen der würdigenden Verabschiedung von »Sinn und Form«-Redakteur Armin Zeißler auf die Warteliste gesetzt. Nun war es höchste Zeit. Wolfgang Kohlhaase sagte: »Mickel (der den Vorschlag eingebracht hatte – C. B.) hat im Auge, daß wir eine Beziehung aufnehmen

458   Brief von Herbert Schirmer an Wolfgang Kohlhaase, Poststempel 26. 6. 1990. Kopie im Besitz von C. B.
459   Sektionssitzung vom 18. 9. 1990. AdK-O 1582.
460   Sektionssitzung vom 13. 2. 1991. AdK-O 1738.

ÜBERLEBENSVERSUCHE

zur Literatur einer andern Generation, mit welchem Preis auch immer, aber daß wir nicht immer die Leute vor der Tür stehen lassen.« Christa Wolf schloss sich dieser Begründung an und monierte, daß die beiden eigentlich einen Heinrich-Mann-Preis verdient hätten.[461]

Aber der war nun – 1991 – generell in Gefahr, überhaupt vergeben zu werden. Niemand wusste, ob es das Geld dazu gab. Umso intensiver bereitete jedoch die Sektion diese Preisverleihung vor: Mit Kito Lorenc und Peter Gosse waren zwei gestandene Lyriker – Repräsentanten der DDR-Literatur – ausgewählt worden. Die öffentlich veranstaltete Preisverleihung zelebrierte einen »Untergang« mit Glanz: Je weniger Geld, umso größer die Ehre und der Pomp. In der Eröffnungsrede trauerte Stephan Hermlin um mehr als die Tradition einer Preisvergabe, die vielleicht die letzte war.[462] Vom zitierten Heinrich-Mann-Text hatte sich der Redner die Wiedergabe seiner Gefühlslage als unverstandener einsamer Intellektueller geborgt. Elke Erb, die Laudatorin von Kito Lorenc, gab zu verstehen, dass der Preis für den sorbischen Dichter lange überfällig war. »Der Preis, in welchem Zustand ist er, nach jenen siebzig anderen, die ihn entgegengenommen haben, nach den siebzig Deutschen, nun, da ihn der Sorbe erhält? Vermag ich denn zu fassen, auf welche Noblesse es deutet, daß Kito ihn heute annimmt? Während mir diese Noblesse Kitos gegenwärtig ist, wenn auch kaum faßlich in ihrer Dimension, will ich, verehrte Anwesende, nicht verhüllen, daß mir der Charme der mittellosen Vergabe dieses Preises etwas wie eine Noblesse gesellschaftlicher Partner durch lauter gleich Frühnebeln schleiernde Hüllen zaghaft aufscheint.«[463]

Dagegen lobte Peter Gosse noch einmal die noch bestehende Akademie, die ihn zum vielleicht letzten »echten« Preisträger erkor. Dabei an die Vorgänger dieses Preises anknüpfend, wagte der Philosoph und Dichter noch einmal, Gegenwärtiges zu analysieren und dennoch vernunftlos zu träumen. Sich auf ein Zitat Heinrich Manns über die Existenz »nur übernationalen Geistes« beziehend, sagte er: »Warum das freilich hervorkehren in diesem Hause – es steht ja, oder stand, für eine Literatur, deren Wortführende dem hiesigen Staatsgeiste, wie kürzlich trefflich gesagt wurde, die Weltgeistigkeit konfrontierten. Wohl hatte das ostelbische Staatswesen groß über sich den-

---

461   Sektionssitzung vom 13. 2. 1991. AdK-O 1738.
462   Die Rede Stephan Hermlins zur Heinrich-Mann-Preisverleihung befindet sich im Dokumenten-Anhang.
463   Elke Erbe. »Durch lauter gleich Frühnebeln schleiernde Hüllen. Laudatio auf Kito Lorenc«. In: NDL 6/1991. S. 139.

ken machen wollen; tatsächlich aber machte es Denken groß über sich hinaus. Denn Brecht, Seghers und Becher, späterhin Bobrowski, Fühmann und
Nestor Hermlin; hernach Hacks, Wolf und Müller und nun die Dichter der
›Gelehrtenrepublik‹, des ›Großen Friedens‹ und der ›Ordnung im Spiegel‹ –
ihnen blickte die Menschheit über die Schulter. An die Russische Revolution
und, in deren Gefolge, die ostdeutsche band sich ein Versuchsvorgang triftig-
ster Art; er endigt soeben, mit unverzichtlichen Folgerungen. Deren Unver-
zichtlichste: Gleichheit, die, anders als Heinrich Mann meint, nicht Synonym
von Freiheit ist, sondern deren Widerpart – praktizierte Gleichheit führt in
eine Erzeugungsunlust, das heißt Armut, in der der Chancenreichtum aller
versackt wie die Galosche im Schlick. Was derart gebauten oder verbauten
Sozietäten allein Dauer verleihen könnte, ist ein Panzer von außen und innen,
der, lastend starr wie der wird, selbstredend die Dauer verhindert.

Andererseits wird sich Menschheit in den Mechanismen des Partiku-
lierens und Privatisierens und eben des heillos freien Ausdifferenzierens
der Besitzstände nicht lange aushalten. Irgend wird sie denn doch ohne
Nullsummenspiel-Hickhack, ohne Krieg und coups ihren Entwerfer-Weg
nehmen zwischen den Stumpfungen der egalité und den Verschneidun-
gen der liberté. Anstelle des Eruptiven träte dann das Erotische. Schön
durchsehnte es die entropieäsende Gesamtgestalt der nicht mehr aneinander, sondern ineinander geratenen Völkerleibchen.«[464]

DIE FÜHMANN-VERANSTALTUNG

Ich konzentrierte mich neben der Organisation des Abteilungsalltags vor
allem auf die Vorbereitung »meiner« letzten größeren Veranstaltung: Zum
70. Geburtstag von Franz Fühmann (15. Januar 1992) wollten wir ihn so würdigen, wie er es unserer Meinung verdient hatte. Natürlich sollte nun das,
was wir in der Akademie früher glättend zu überspielen versucht hatten –
sein zunehmender Protest gegen die Politik und Kulturpolitik der DDR,
sein Engagement in der Friedensbewegung und sein Kampf um Offenheit
und Meinungsvielfalt in den Medien – eine große Rolle spielen. Wir wollten
ihn als den großen Schriftsteller und den Mann mit allen Ecken und Kan-
ten zeigen: Heftig, auch ungerecht im Streit und doch immer und immer

---

464   Peter Gosse. »Entgegnung«. in: NDL 6/1991. S. 145/6.

wieder um Unterstützung seiner Ansichten suchend. Ganz auf Seiten einer rebellierenden Jugend, manchen der jungen Dichter als Genie preisend. Er gab ihnen Rat, Schutz, seine Zeit, Geld, – nicht alle dankten es ihm. Schreiben fiel ihm nicht leicht und dennoch schrieb er täglich. Lebenslang hatte er in schweren Taschen Äpfel und Bücher mit sich rumgeschleppt. Zärtlich war er zu Kindern. Seine Menschenfreundlichkeit, auch wir hatten sie ja in der Abteilung bei Kuchen und Kaffee genossen.

So eine Fühmann-Veranstaltung lag plötzlich schon wieder nicht ganz auf der neuen »Linie« der Akademie, die da nach Maßgabe der neuen Akademie-Chefs hieß, weniger Traditionelles als vielmehr Innovatives zu machen. So intensiv sollte nicht nach den »alten Wurzeln« gegraben werden, immer waren damit neue Verstrickungen verbunden. Außerdem: kosten sollte es wenig, am liebsten gar nichts. Schon früh stöberte ich im Archiv, suchte nach Ideen für die Veranstaltung.

Wichtige Partnerin dabei wurde mir Barbara Heinze, der das Fühmann-Archiv unterstand und die »ihren Franzl« über alles liebte und verteidigte. Sie kannte sich aus in seinem Nachlass, stand mit den Erben in Verbindung. Sie kämpfte um eine Fühmann-Ausstellung, die sie professionell ohne Auftrag konzipiert hatte und für die es nun kein Geld mehr zu geben schien. Stundenlang saß ich mit ihr über Archivalien. Sie zeigte mir immer neue »Schätze«. Sie half mir sehr. Schließlich waren wir befreundet.

Ihr verdanke ich auch die Fahrt zu Fühmanns Grab am Tag seines 70. Geburtstags. Zwar gab es aus welchen Gründen auch immer kein Dienst-Auto für uns, aber ein guter Kollege, der wissenschaftliche Mitarbeiter der Abteilung »Darstellende Kunst« Volker Weidhaas, (der gerade seine »Konrad-Wolf-Veranstaltung« vorbereitete), bot sich uns samt Trabi an, und so fuhren Barbara Richter, die Tochter Franz Fühmanns, Barbara Heinze, Volker Weidhaas und ich am 15. Januar nach Märkisch-Buchholz, legten einen Blumenstrauß auf das Grab mit dem Engel, durften auch über den Zaun auf das mickrige Anwesen gucken, auf dem Fühmann jahrelang gehaust und geschrieben hatte. Damals war gerade ein Streit über die Rückübertragung des Grundstücks im Gange, den natürlich der Erbe des früheren Nazis gewann. Es war ein sehr trister, niesliger Wintertag. Die Stimmung aus Trakls Gedichten, die Fühmann eindrucksvoll interpretiert hatte, konnten wir gut nachempfinden.

Einen wichtigen Hinweis für »meine« Veranstaltung hatte ich schon vor einiger Zeit von Aune Renk erhalten, der Archivarin Konrad Wolfs: Es gäbe da unveröffentlichte Briefe zwischen beiden. Barbara Heinze klärte mich dann über die juristischen Verhältnisse des Briefbestands auf: Zwar wäre die Korrespondenz Fühmanns nach dessen testamentarischen Willen für 20 Jahre gesperrt, aber es säße bereits ein westdeutscher Germanist mit Erlaubnis der Erben daran, er soll eine erste Briefausgabe edieren. Die Wende habe so vieles geändert, dass auch der frühere Wille Fühmanns in Frage gestellt werden dürfe. So sollten die Erben neu entscheiden. Als ich die Tochter Fühmanns daraufhin bat, für die Veranstaltung einige Briefe freizugeben, stimmte sie zu.

Das war also ein erster Teil der Veranstaltung: Ziemlich wuchtige briefliche Auseinandersetzungen Fühmanns mit den Instanzen. Rundumschläge an seinen Akademie-Präsidenten, an Erich Honecker, verzweifelte Briefe an seine Lektorin Ingrid Prignitz, energiegeladene, voller Pläne an seinen Lektor Kurt Batt.

Mit der Lesung dieser bisher unbekannten Briefe hatte die Veranstaltung einen »Leckerbissen«. Als sich auch noch nach einer Absage Friedo Solters, der aus Termingründen verhindert war, Kurt Böwe bereit erklärte, für fast kein Honorar zu lesen, war ein Teil des Abends gesichert. Böwe verstand es zudem noch, aus dem ganzen großen ihm übergebenen Briefmaterial die Stücke auszuwählen, die passten. Dank seiner Streichungen hielt er die vorgegeben Zeit ein. Er war nicht nur der tolle Schauspieler, er war auch ein Dramaturg von besonderer Güte!

Zu Beginn der Planung hatte ich erwogen, ob nicht der Puppenspieler Joachim Damm in der Veranstaltung mit einem extra für ihn von Franz Fühmann geschriebenen Puppenspiel auftreten könnte. Die Mutter des jungen Mannes, Sigrid Damm, war mit Fühmann befreundet gewesen, Fühmann war allen Kindern – und besonders denen seiner Freunde – zugetan gewesen, und so entstand auch mal ein Stück »auf Bestellung.« Joachim Damm sagte jedoch zeitig ab, seine Termine ließen einen solchen Auftritt nicht zu.

Ein zweiter Teil sollte aus kurzen Beiträgen von Wegbegleitern, Freunden und Schützlingen bestehen. Leute von Format. Leute, die Publikum anlocken. Christa Wolf, die auf Wunsch der Erben die Trauerrede gehalten hatte, sollte dabei sein. Peter Härtling, damals für mich auch ein bisschen der Alibi-Westdeutsche, von dem ich ein sehr schönes Gedicht auf

Franz Fühmann kannte. Natürlich einer der nun berühmten Schützlinge – Uwe Kolbe oder Wolfgang Hilbig. Die Vertraute und seine Lektorin Ingrid Prignitz. Der Jenenser Germanist Hans Richter, der an einer Fühmann-Biographie arbeitete, und Margarete Hannsmann, die Lyrikerin aus Stuttgart, deren neuestes Buch »Tagebuch des Alterns« dem Freund Franz Fühmann gewidmet war. Barbara Heinze empfahl noch den Bildhauer Wieland Förster, einen langjährigen Freund Fühmanns, ehemals Vizepräsident unserer Akademie. Eine tolle Truppe, käme sie zustande!

Als erster sagte Uwe Kolbe ab, er konnte nicht. Ingrid Prignitz blieb trotz intensiver Suche nicht auffindbar. Christa Wolf konnte wegen eines Kuraufenthalts an dem geplanten 12. Januar nicht. Ihr zuliebe verlegten wir das Ganze in den März. Wieder Umfragen, ob die anderen da auch können. Nun musste Peter Härtling absagen. Aber immerhin: Christa Wolf, Wolfgang Hilbig, Wieland Förster, Hans Richter, Margarete Hannsmann – noch immer stattlich!

Besonders gern wollten Hans Richter und Margarete Hannsmann kommen: Richters Fühmann-Biographie hatte schon eine Weile beim Verlag Volk &Wissen gelegen. Wie die meisten Verlage hatte auch dieser neue Besitzer und neue Chefs, und denen war das umfangreiche Manuskript suspekt: Wer war schon Fühmann? Und: Würde sich das Buch rechnen? Nun stand Richter in Verhandlungen mit dem Aufbau-Verlag, denn ihm lag viel daran, dass sein »Kind« auch an die Öffentlichkeit kam. Das Buch erschien dann tatsächlich auch bei Aufbau. Richters Auftreten bei uns wäre auch eine Werbung für sein Buch gewesen, aber seine Anwesenheit passte wiederum anderen, die ich ansprach, nicht. Hatte der nicht damals zur Lyrikdiskussion in den 70er Jahren »so blödes Zeug« von sich gegeben? Das nach 25 Jahren!

Dass ich Margarete Hannsmann aus Stuttgart bewegen konnte, zu kommen, freute mich sehr. Ich verehrte diese Frau. Ihr »Tagebuch meines Alterns« hatte ich auf der Leipziger Buchmesse im Vorjahr »entdeckt« und »verschlungen« – ein ungewöhnlich offenes Buch über das Leben und Befinden als demnächst Siebzigjährige. Dass dieses Altern gerade 1989 passierte, erhöhte den Wert des Buches um vieles: Eine West-Linke gab ihre Gefühlswirren während des Mauerfalls preis und ließ ihren Emotionen freien Lauf! Fühmann hatte sie kennengelernt, als sie mit dem Holzschneider HAP Grieshaber zusammenlebte und gemeinsam mit ihm die DDR besuchte. Seitdem verband die fast Gleichaltrigen Franz Fühmann und Margarete Hannsmann wohl mehr als eine Freundschaft. Er musste sie aufrichten, als sie nicht mehr die »Nr. 1« bei Grieshaber war. Sie chauffierte ihn bei seinen Lesereisen durch die Bundesrepublik. Er nannte sie »meine Schwester, Schwesterle«, rüffelte sie, wenn sie seiner Meinung nach faul war, vertraute ihr seine Ängste an und schrieb ihr wunderschöne Briefe. Sie, so antwortete sie, wollte unbedingt kommen, auch wenn es kein Honorar gäbe!

Denn ein bisschen Geld würde die Veranstaltung schon kosten: Übernachtung, Fahrgeld, wenigstens Aufwandsentschädigung ... Gut, dass es dann doch noch eine Präsidiumsentscheidung gab: Unsere Fühmann-Veranstaltung und eine zu Konrad Wolf, von der Sektion Darstellende Kunst vorbereitet, sollten »gefördert« werden, was hieß: ein bisschen Geld sollte es geben.

Und dann kamen die unvermeidbaren Veranstaltungsüberraschungen: Am Abend der Konrad-Wolf-Veranstaltung – am 6. 3. – sagte Christa Wolf ab. Sie und Gerhard hätten sich entschlossen, länger in Italien zu bleiben, sie käme also nicht. Da war guter Rat teuer. Nun fehlte auf dem Podium ein Repräsentant der »Crème der DDR-Literatur«! Stephan Hermlin oder Heiner Müller hatten keinen so engen Kontakt zu Fühmann gehabt wie Christa Wolf. Improvisation war gefragt. Eine Anfrage bei Klaus Schlesinger, der auch mit Franz Fühmann befreundet und von ihm gefördert worden war, ließ aufatmen. Er machte mit! Die Plakate wurden gedruckt, gehängt. Zwei Tage vor der Veranstaltung erreichte mich ein Anruf von Wolfgang Hilbig: Er kann leider nicht kommen. Er liegt, gelähmt von einem Hexenschuss, im Bett. Es tut ihm so leid, aber es geht nicht! Da bat ich Günther Rücker, den böhmischen Landsmann Franz Fühmanns, einzuspringen. Er half wie immer (aber auch wie oft, am Tag der Veranstaltung würde er telefonisch einen Rückzieher machen wollen: »Was soll ich da?« Ich konnte ihm seine Versagensängste ausreden und überreden, er kam.)

Kaum war es noch wie zu früheren Veranstaltungen: Da fehlte plötzlich der Kartenverkäufer, weil der eine noch vor seiner Kündigung seinen Resturlaub beanspruchte. Da weigerte sich die Buchhandlung, die abends immer kam, mit einem Buchangebot aufzuwarten. Das hätte sich schon beim vorigen Mal nicht gelohnt. Ich bat eine mir aus dem Christa-Wolf-Gesprächskreis bekannte Buchhändlerin aus Westberlin, einzuspringen. Sie freute sich, sagte zu, aber die Namen auf dem Plakat waren ihr unvertraut: Handelte es sich bei

ÜBERLEBENSVERSUCHE

Wieland Förster um den »Staudenförster«? Und ist Hans Richter ein Dichter aus Leipzig? Zwei Stunden vor der Veranstaltung schmierten wir – meine Kollegen aus der Abteilung, Barbara Heinze und ich – wieder Brötchen, selbst bezahlt. Das übliche Zusammensein nach der Veranstaltung war eine viel zu liebe Tradition, als dass sie am Geld scheitern sollte!

Der Plenarsaal war überfüllt, alle waren da. Wieland Förster eröffnete mit einer »Bombe«: Nun endlich habe sich die Akademie, die es nicht für nötig gehalten hätte, während Fühmanns Krankenhausaufenthalt in der Charité ein paar Blumen in das Krankenzimmer im Nachbargebäude zu schicken und ihn zu besuchen, zu einem Fühmann-Abend entschlossen! Natürlich war ich sauer auf diese Verleumdung! Wir waren oft bei Fühmann in der Charité gewesen. Je nach Laune des Kranken, hat er mit uns »gequatscht« oder uns mürrisch weggeschickt.

Dann las Kurt Böwe, und im Saal knisterte es. Der Schauspieler war wunderbar präpariert. Er modulierte die Stimme, machte aus der x-maligen Wiederholung des Wortes »reden« im Brief Fühmanns an Konrad Wolf ein Kabinettstück. Die ganze Wut und Hilflosigkeit Fühmanns brach aus ihm aus. Das noch nie Gehörte erschütterte.

Dann sprachen die anderen auf der Bühne: Rücker erzählte von Landsberg damals und über die Ängste der Gegenwart. Wie angeheizt die Stimmung war, um »heim ins Reich« zu kommen, was der Hitlerjunge Fühmann damals gedacht haben mag, welche Lieder gesungen. Wie es dann eingetroffen war – das Siegen, Erobern, und dass nun die Rufe nach dem Zurück in die böhmische Heimat keine Phantastereien sind.

Richter sprach über die Heimatsuche Fühmanns. Wie Fühmann erkannt hätte, dass das Märkische nie seine Heimat werden würde. Dass er zwar rational zugestimmt hätte, Böhmen verloren zu haben, und doch an dieser Heimat hing, am Verlust litt. Lange Zeit habe Fühmann es sich versagt, das zu thematisieren. Später bekannte er sich zu Österreich hingezogen zu fühlen. Er hätte geglaubt, dort seine Quellen gefunden zu haben. Auch das – so Richter – eine Selbsttäuschung, wie so viele in Fühmanns Leben.

Schlesinger las Passagen aus seinem neuen Buch »Fliegender Wechsel«, einer Art Tagebuch seines Wechsels von Berlin-Ost nach Berlin-West bereits vor einigen Jahren. Damals besuchte Franz Fühmann den Jüngeren im neuen Ambiente – Gespräche, Hoffnungen, viele Enttäuschungen.

Nach so viel Prosa las Margarete Hannsmann Gedichte. Über Fühmann, über gemeinsame Erlebnisse, beispielsweise eine Kahnfahrt im
Spreewald. Ihre Lyrik ist ohne Schnörkel. Plötzlich hatte die kleine dick-
liche Frau viel an griechischer antiker Größe! Als letztes wolle sie nichts
Eigenes lesen, sondern »Franz« zu Wort kommen lassen. Die Prophezei-
ung, die er in einem seiner Briefe ausgesprochen habe, sei für sie 1989 eingetreten. Sie las einen Brief aus dem Jahr 1979:

»Schwester, der Wolpertinger kann dir auch nicht mehr helfen weil
jetzt kommen die Tage der Demut und wer noch eine Taube in der Hand
hat und keinen Sperling auf dem Dach den deckt der Schlehdorn mit
Feuer zu. Am Himmel geschehen böse Zeichen, die Sonne verliert ihre
Eingeweide und der Mond füttert seine Sterne mit blauem Schnee. Tue
Buße Schwester. Das Ende ist nah.

Der Teufel gehet nämlich herum wie ein brüllender Löwe und der Pfau
begleitet ihn und sie schreien die ganze Nacht hindurch weil der Himmel
einstürzt und keiner merkt es. Die Lämmer schlafen unter der Alb in den
ruhigen sanften Städten wo die Häuser noch grün sind und die Bäume
verschleiert, aber die Axt ist schon an die Hüften gelegt. Der arme Tom
friert auf der Heide. Warum hast du ihm den Tisch nicht gedeckt?

Schwester die Zeiten sind vorüber wo man Einen bloß zwischen die
Fichten spannte und ihm die Haut vom Leibe schund. Das Kamel ist im
Nadelöhr geblieben, der reiche Mann ist in den Himmel gezogen, und der
Heilige Geist eilt, ihn zu bedienen und wäscht ihm die Füße mit Narde und
Mastix, doch das genügt dem reichen Mann nicht. – Der Heilige Geist weiß
wie ernst alles ist und die Muttergottes ahnt es. – Die Haut, liebe Schwester,
tut es nicht mehr, jetzt muß das Mark gesotten werden und das Öl in den
Nieren kochen, darüber berät der Heilige Geist mit Gottvater, Lazarus ist
schon in die Hölle geworfen, den Daniel holen sie aus der Grube, die Haut
des Marsyas wird gespickt, und wenn du die Wälder weinen hörst Schwester dann kommt Vater Ubu mit seiner Maschine, dann wirst du sehn was
der Mensch vermag. – Der Wolpertinger kann dir nicht mehr helfen. – Leb
wohl, die Sterne haben so Hunger, jetzt ziehn die Fledermäuse auf mit ihren
Flaggen und fächeln Kühlung, wie lange noch? Gehe tief in dich Schwester aber das hilft ja auch nicht, wenn du noch einmal davonkommen willst
dann lies Mörike, die schlimme Grethe und der Königssohn, aber du hast ja

keine Kochlöffel zu rühren, und der Nebel ist nicht mehr mit dir im Bunde. Schwester du wirst noch jaulen lernen. Gott schütze dich. Franz«[465]

Tränen liefen Margarete Hannsmann über das Gesicht. Sie las das Wuchtige fast ohne Betonung – nicht nur ich war aufgewühlt, erschüttert. Fühmanns Schmerz über die Irrtümer seines Lebens, sein biblischer Zorn über die Menschen hatte uns erreicht. Uns blieb noch nicht einmal der Trost, selbständig zu dieser Erkenntnis gekommen zu sein. Waren wir schon dabei, »jaulen zu lernen«?

Dass danach noch Wieland Förster sprach, war dramaturgisch missraten. Aber hätten wir ahnen können, was diese Frau bot? Förster trug einige Thesen vor – über die Märchensprache bei Fühmann, seine falsche Vergötterung der körperlichen Arbeit. Er wollte zum Streit, zur Diskussion anregen. Doch keiner wollte reden. Die Briefe Fühmanns, der Eindruck, den Margarete Hannsmanns Vortrag hinterließ und auch das, was alles an Ungelöstem in Fühmanns Erbe zum Vorschein kam, war viel zu gewaltig, um das zu zerreden.

Auch in der anschließenden internen Runde war es sehr still. Margarete Hannsmann wollte ihr Honorar, das wir wider Erwarten doch noch losgeeist hatten, der von Barbara Heinze initiierten Ausstellung für Fühmann spenden. Hierzu gab es immer noch kein grünes Licht. Besser sei es, meinten wir, bei Walter Jens ein gutes Wort für dieses Vorhaben einzulegen. Und es hat auch geklappt, denn Barbara Heinzes gab nicht auf und suchte und fand Sponsoren. Ein gutes halbes Jahr später eröffnete Walter Jens die große Fühmann-Ausstellung im Marstall. In meiner Erinnerung war sie die gelungenste Literaturausstellung, die ich kenne.

Die spärlichen Reaktionen der Zeitungen auf die Veranstaltung waren ernüchternd. Fast alle hatten Wieland Försters Behauptung zum Aufhänger genommen, die Akademie hätte den kranken Fühmann in der Charité nicht besucht. Das passte ins Konzept des Zeitgeistes, dieser Akademie wegen ihrer »falschen« Vergangenheit das Existenzrecht in der Gegenwart und für die Zukunft abzusprechen.

Günther Rückers Protest gegen diese Behauptung Försters wurde nur im »Neuen Deutschland« veröffentlicht. Unsere wissenschaftliche

---

465   Zuerst veröffentlicht: Margarete Hannsmann. »Protokolle aus der Dämmerung. Begegnungen und Briefwechsel zwischen Franz Fühmann, Margarete Hannsmann und HAP Grieshaber«. Rostock 2000, S. 100/101. (Margarete Hannsmann hatte 1997 die Erlaubnis von Franz Fühmanns Tochter erhalten, Fühmanns Briefe an sie veröffentlichen zu dürfen.)Im Folgenden: Margarete Hannsmann. »Protokolle aus der Dämmerung«.

Mitarbeiterin Anneliese Weidemann, die wahrlich nicht leicht zu schriftlichen Äußerungen zu bewegen war, formulierte einen weiteren Brief: Wie oft hatte gerade sie den kranken Fühmann besucht! Aber weder die »Berliner Zeitung« noch der »Tagesspiegel« und »FAZ« veröffentlichten diese Berichtigung.

Danach musste ich nur noch aufräumen, kramen und durchhalten bis zum Kündigungstermin am 1. Juli. In unserer Abteilung ging die Prozedur der Verkleinerung unaufgeregt, wenn auch nicht ohne Traurigkeit und Bitternis vonstatten. Die erste, die uns verlassen hatte, war unsere Sekretärin Christiane. Sie war die Jüngste, auch noch nicht lange bei uns. Endlich hatten wir einmal mit unserer Sekretärin Glück gehabt! Sie war klug, interessiert, schrieb Schreibmaschine wie ein Weltmeister. Sie wechselte sofort zu einer Westberliner Bank, weitaus besser bezahlt, krisenfrei, hieß es damals.

Auch Birgit Adner war schon vor einiger Zeit gegangen. Die studierte Philosophin ließ sich zur Europa-Fachreferentin umschulen. Sie paukte Sprachen und war die erste von uns, die den Umgang mit einem Computer erlernte. So waren wir noch fünf, bis dann die Maßgabe kam, zwei dürften bleiben.

In der Sitzung, da wir untereinander aushandeln mussten, wer geht und wer bleibt, sahen neben mir auch Inge Tietze und Anneliese Weidemann kein Bleiben für sich. Anneliese hielt sich als ausgebildete Unterstufenlehrerin für unterqualifiziert. Inge fehlte die Kraft, für sich zu kämpfen. Auch sie wollte lieber gehen. Bleiben sollte Gudrun Geißler, die zusammen mit Ulrich Dietzel die Akademie-Geschichte erarbeitete und dies auch vorzüglich mit der Publikation »Zwischen Diskussion und Disziplin« erledigte. Der andere jüngere Kollege, der noch nicht lange bei uns war, hatte sich im Urlaub am Bein verletzt und genoss als »Versehrter« Kündigungsschutz.

Bis auf ABM-Stellen hatte keiner von uns Gekündigten nach der Arbeit in der Akademie Arbeitsmöglichkeiten. Und auch die beiden »Übernommenen« blieben nicht lange in der Akademie, behielten jedoch Arbeit im Öffentlichen Dienst. Den Kontakt miteinander haben wir nicht verloren. Einmal im Jahr trifft sich der »harte Kern« der Abteilung, nicht nur in Berlin und Umgebung, auch in Hamburg, wohin es Birgit Adner verschlagen hat. Dass ich diesen Text schreibe, hat auch etwas zu tun mit unseren Zusammenkünften. Alle waren der Meinung, was wir erlebt haben, müsse festgehalten werden.

Reinigung und en bloc-Aufnahme

Die Zeit damals war so schnelllebig, wie man sich das heute kaum vorstellen kann. Wir spürten das am Hin und Her der Pläne für die zukünftige Akademie. Die Akademie-Wahlen im Sommer 1990 wurden zwar – weil turnusgemäß – als noch einigermaßen »normal« empfunden und interpretiert; scheinbar folgten sie der Pflicht und den üblichen Gepflogenheiten. Doch die Zeiten schrieen nach Veränderungen, und die Wahl eines Präsidenten Heiner Müller bezeugte, wie sehr sich auch die Akademiemitglieder dessen bewusst waren. Wie es jedoch weitergehen sollte, war ihnen unklar. Wie schlechte Jongleure wirbelte man Vorschläge, Wünsche, Ideen in die Luft, um sie wieder aufzufangen, aber einige fielen doch zu Boden, der Rest ging wieder in die Luft, wieder landeten viele am Boden. Was übrig blieb, war wenig. Mit »Neuanfang« konnte man wirbeln, ohne wirklich etwas zu verändern.

Heiner Müller, zwar auch Gaukler, hatte jedoch genauere Vorstellungen als viele andere Jongleure. Er verband mit seinem Antritt unbedingt den Gedanken der Innovation, weniger den der Bewahrung, und damit hatte er keinen leichten Stand bei einigen Mitgliedern. So erlebten die Diskussionen über Nutzen und Versagen der bisherigen Akademiearbeit ungewohnte Höhen an Streitkunst. Für die Arbeit in der Zukunft wurden die verschiedensten Varianten debattiert: Selbstauflösung, offizielle Auflösung und Neuwahl, Verkleinerung, Verjüngung, Fusion mit der Westberliner Akademie, eigenständige Weiterführung der alten DDR-Akademie, Europa-Sozietät, Akademie verschiedener Bundesländer. Für jedes Modell gab es Befürworter und Gegner. Auch in den einzelnen Sektionen wurden unterschiedliche Wege favorisiert. Während in der Literatur der Gedanke internen Aussonderns und »Evaluierens« (Sektionssitzung vom 7. 3. und 18. 9. 1990) abgelehnt wurde, sah man in der Sektion Musik in einer Art Überprüfung der eigenen Mitglieder durch eine Dreier-Kommission durchaus einen Ausweg.

Müller, als Repräsentant der Akademie und Medienstar, gab in diesem Herbst 1990 den verschiedensten Medien Auskunft über die Pläne. Er favorisierte die neu zu gründende Europäische Sozietät, fügte sich jedoch auch

Ratschlägen und Mehrheitsentscheidungen des Präsidiums, die Möglichkeiten von Länderakademien zu eruieren und bei den Verantwortlichen der Länder dafür zu werben. Was er in den verschiedenen Zeitungen dazu sagte, widersprach sich zuweilen bzw. betonte allzu sehr die eigenen Wünsche, sodass er sich in der Plenartagung vom 20. 12. 1990 erst einmal für einige Formulierungen entschuldigte, um dann ein »trockenes Papier« zu verlesen, das die Lage erklärte: »Entgegen allen Gerüchten und Vermutungen, die zum Teil auch in der Presse formuliert worden sind, geht es nicht um eine Auflösung der Akademie und auch nicht um eine Selektion der Mitgliedschaft. Es geht darum, einen Weg zu finden, der ermöglicht, produktive Erfahrungen der Akademie in der Zukunft weiter wirksam werden zu lassen (Meisterschüler, öffentlicher Diskurs usw.)

Klar, weil mehrfach überprüft, ist, dass ein solcher Weg nicht in einer Fusion mit der Westberliner Akademie bestehen kann. Ebenso klar ist, dass keine Zukunftsvariante denkbar und realisierbar, d. h. auch finanzierbar ist, die von der existierenden Mitgliedschaft und der gegenwärtigen institutionellen Struktur der Akademie ausgeht. Ohne erkennbaren und auch vorzeigbaren Willen zu grundlegenden Veränderungen wird die Akademie das gleiche Schicksal erleiden wie andere Institutionen und Organisationen der ehemaligen DDR: sie wird durch ›Abwicklung‹ – das ist kein schönes Wort, aber Sie kennen es alle – zu einem folgenlosen Faktum der Geschichte. (...) Noch existiert die Akademie. Es liegt deshalb an den Mitgliedern, und zwar an allen, durch ihre Entscheidung die Akademie, ohne sie aufzulösen, in eine neue Körperschaft umzuwandeln, die sich in ihrer Arbeit sowohl an der Idee der europäischen Künstlersozietät als auch an den kulturellen Aufgaben derjenigen Bundesländer orientiert, die sie als öffentliche Körperschaft zu tragen und zu finanzieren bereit sind.«[466]

Natürlich war der Träger einer solchen Einrichtung und damit die Finanzierung der springende Punkt: Der Senat von Berlin hatte damals gerade beschlossen, die DDR-Akademie nicht als kulturelle Einrichtung von Berlin zu übernehmen. Es gab nur noch die Möglichkeit, der Akademie den Status einer Einrichtung zuzubilligen, die vom Bund und den Ländern gemeinsam getragen werden wird. Das waren politische Entscheidungen, die damals noch über einen Staatsvertrag zu treffen waren. Dieser Schwebezustand wurde juristisch verschieden interpretiert. Während

---

466 Plenartagung vom 20. 12. 1990. In: »Zwischen Diskussion und Disziplin«. S. 563, 565.

REINIGUNG UND EN BLOC-AUFNAHME

manche schon der Meinung waren, dass die Akademie damit automatisch in den Zustand der Abwicklung getreten sei, konnte mit juristischer Hilfe dem widersprochen werden und auf eine offizielle Entscheidung der Ministerpräsidenten der fünf neuen Länder gedrungen werden. Freilich flossen bis zu diesem Staatsvertrag im Dezember 1991 (12./13. 12. 1991 in Wernigerode: »Staatsvertrag über die Auflösung der Akademie der Künste der ehemaligen DDR«) die Gelder nur noch spärlich. Außerdem offenbarten die von einzelnen Mitgliedern im Auftrag des Präsidiums versuchten Kontakte zu den Regierungen der fünf neuen Länder ein enttäuschendes Desinteresse, sodass die Hoffnung auf eine Akademie, wie sie Peter Hacks im März 1990 vorgeschlagen hatte, mehr und mehr schwand. Lediglich Brandenburg zeigte Interesse, sich an einer Berliner Akademie zu beteiligen, natürlich nicht an einer rein »Ostberliner«, gesamtberlinisch sollte sie schon sein, und das ging wiederum nicht ohne Fusion.

Das war freilich ein im Dezember 1990 in dieser Dimension noch nicht absehbares Dilemma. Noch glaubten die Mitglieder des Präsidiums und auch die Mitglieder einen Ruf zu haben, der zumindest schmückte und die potentiellen staatlichen Träger an ihre Verantwortung für Kunst und Kultur band. Aber, so war die Meinung der meisten im Präsidium, »ohne erkennbaren und auch vorzeigbaren Willen zu grundlegenden Veränderungen« – einen ersten Schritt ihrerseits – würde sich nichts tun. Je weniger Fakten in die Akademie-Öffentlichkeit gelangten, um so mehr Gerüchte machten die Runde. In einer erweiterten Präsidiumssitzung vor der Plenartagung an diesem 20. 12. 1990 soll Heiner Müller gesagt haben: »Alle wollen Fleisch essen, aber keiner kann Blut sehen.« (Ich habe hierzu keine Bestätigung in Form einer schriftlichen Quelle gefunden.) Darüber schlugen die Wogen der Empörung hoch: Waren wir schon im Schlachthof? Wer war Schlächter, wer Opfer?

Das »Blut« hieß in diesem Fall offiziell »Verkleinerung« und natürlich ging es, obwohl bis zu dem dann stattfindenden Akt nicht so genannt oder gar verleugnet, um »Reinigung«. Über den Weg zu einer neuen Struktur, egal, ob nun die einer Europäischen oder einer Länder-Akademie wollte man sich von inaktiven und vor allem politisch belasteten Mitgliedern trennen. Eine Idee dazu war, dass alle Mitglieder ihre Mitgliedschaft zur Disposition stellten und damit eine Neuwahl ermöglichten.

Ausgesprochen war das schon auf der Plenartagung im Dezember 1990. Das nächste halbe Jahr bemühten sich die Akademiefunktionäre hektisch um die Propagierung und um Entscheidungen für die europäische Sozietät. Daneben waren das Problem der Verringerung der Mitarbeiter und die Diskussion um die Forschungsabteilungen sowie um die Archive und Bibliotheken weitere »heißes Eisen«. Und immer spielte das Geld, das nur noch kleckerweise und im geringen Umfang gewährt wurde, eine große Rolle. Die Situation war so verworren, dass das Präsidium die Information der Mitglieder über die Lage immer wieder verschob. Es gab nur hin und wieder Pressemitteilungen darüber, dass sich entgegen anders lautenden Meldungen die Akademie nicht in Auflösung oder Abwicklung befände. Erst im September (nach 9 Monaten!) fand die erste Plenartagung nach der von Müller angekündigten Arbeit für eine »neue Körperschaft« statt (sie war mehrmals verschoben worden, weil der Kultursenator Roloff-Momin teilnehmen sollte und keinen geeigneten Termin gefunden hatte.)

Die Mitglieder der Sektion Literatur und Sprachpflege hatten es vielleicht besser als andere Sektionen, denn ihr Mitglied Heiner Müller war ja der Präsident und er nutzte die Möglichkeit miteinander zu reden gerne, um einerseits zu informieren und andererseits sich zu beraten. So saß man im Februar, Juni, Juli und im September (vor der Plenartagung) zusammen und erörterte die jeweilige Lage. Müller bekannte freimütig: »Ich komme mir immer mal vor wie ein Pirat auf einem untergehenden Schiff, was ihm gar nicht gehört.«[467]

Immer wieder wurde erwogen, lieber den eigenen Tod groß zu inszenieren, denn Öffentlichkeit wäre das einzige, wovor »die« Angst haben. Müller träumte in der Geborgenheit der eigenen Leute von einem »schönen großen Abgang«, einer »Selbstinszenierung des eigenen Todes.« Christoph Hein wünschte «lieber einen schnellen als einen langsamen Tod, wo du 4 Jahre mit Schäuble konferieren wirst.« Dann wieder favorisierte er kurze Zeit ein Weiterbestehen der Akademie ohne finanzielle Zuschüsse und staatlichen Segen, fürchtete dann jedoch, dass daraus eine obskure Geheimloge werden könnte, für die er nicht stehe.

Christa Wolf monierte immer wieder, dass eine gründliche Beschäftigung mit der eigenen Geschichte ausgeblieben wäre und nur damit wäre

---

467 Heiner Müller. Diskussionsbeitrag auf der Sektionssitzung vom 12. 6. 1991. AdK-O 1737. Alle folgenden Zitate ebenda.

REINIGUNG UND EN BLOC-AUFNAHME

eine berechtigte Existenz der Akademie zu beweisen gewesen. Man solle endlich damit beginnen, aber eigentlich sei auch das zu spät.

Natürlich spielte es auch eine Rolle, dass vor allem die Mitglieder, die gleichzeitig Mitglieder der Westberliner Akademie waren, enttäuscht darüber waren, dass man nicht solidarisch füreinander einstand. Braun kritisierte die »kleinliche und hämische selbstzufriedene Haltung der Westberliner Akademie«. Im Falle der Abwicklung der Ost-Akademie wolle man geschlossen (natürlich freiwillig! Und die Literaten schienen darin einig.) aus der West-Akademie austreten.

Karl Mickel klagte zum xten Male über den generellen kulturellen Verlust bei Wegfall dieser Akademie. Hochkultur müsse vom Staat geschützt werden. Und immer gab es Vorschläge für große interessante Debatten in der Öffentlichkeit, die meist letztlich am fehlenden Geld und der allmählich einsetzenden Lethargie scheiterten. Die Niederlage war allenthalben spürbar.

Die Septembersitzung der Sektion sollte auch das Plenum, das nun endgültig am 25. September 1991 stattfand und an dem der Kultursenator Ulrich Roloff-Momin teilnahm, vorbereiten. Noch einmal prallten die Positionen aufeinander: Hermann Kant: »Wenn ich das nicht falsch sehe, dann sind hier drei hauptsächliche Varianten im Gespräch gewesen, bzw. noch im Gespräch: die Selbstauflösung, von der auf einer Plenartagung, mindestens auf einer, die Rede war – als Vorschlag –, die Auflösung durch andere und die Erledigung einfach durch juristische Erwägungen. (...) allein der hier vorliegende sozusagen informierende Entwurf zeigt ja eine gewisse Unsicherheit jener, die letzten Endes über Wohl und Wehe der Akademie zu entscheiden haben. Sie wissen nur noch nicht genau, scheint mir, mit welcher Argumentation sich das am besten machen lasse. Denn einerseits sind Akademien dieser Art offensichtlich Körperschaften im Sinn des Rechts und dementsprechend nicht auflösbar. Andererseits erscheint sie in einem bestimmten politischen Lichte auflösbar (sie aufzulösen erscheint als strenger Wunsch). Diese drei Dinge liegen vor. Ich kann für mich nur sagen und wiederholen: An einer Selbstauflösung der Akademie werde ich mich nicht beteiligen, weil ich nicht das Gefühl habe, die Akademie sei aus irgendeinem Stück ihrer Geschichte dazu gezwungen, sich nun schamvoll-schamhaft aufzulösen. Das Juristische lasse ich weg, da kenne ich mich nicht aus. Ich sehe nur die Widersprüche. Also bleibt nur die Frage der Auflösung. Da möchte ich sagen, sie werden nicht aufhaltbar sein. Aber der, der es eigentlich gerne möchte, daß die Akademie wegkommt, soll es besorgen. Man soll sich gegenüber dieser von Karl Mickel angedeuteten Geschichte und Bedeutung dieser Akademie so verhalten, wie man glaubt es tun zu können. Ich sehe nicht ein, daß wir davor noch irgendwelche verschämten Übungen veranstalten sollten. Das ist meine Ansicht. Ich bitte um Verzeihung, ich habe eben ›wir‹ gesagt. Ich muß versuchen, mir das abzugewöhnen. Das ist nicht einfach.«[468]

Stefan Heym kritisierte dagegen das Verhalten der Akademie in der Vergangenheit, wo sie viel zu selten protestiert und sich eingemischt hätte und er sagte, was er dann auch sinngemäß zur späteren Plenartagung am 10. 10. 1991 äußerte: »Diese Akademie zu erhalten, das ist jetzt außerordentlich schwierig, besonders, da sie auch noch Geld haben will, und zwar von Leuten, die einen Teil dieser akademischen Tradition nicht mögen. (...) Ich habe neulich mal vorgeschlagen (Heym bezog sich hier auf die Sektionssitzung vom 16. 9. 1991, doch für dieses Zitat bekam ich keine Erlaubnis zum Zitieren – C.B.), in der letzten Sitzung, bei der ich war: Wenn wir eine Akademie haben wollen, es verbietet uns ja keiner, eine zu machen. Wir brauchen uns nur hinzusetzen und zu sagen, wir betrachten uns als eine Akademie. Wir können dann natürlich keine Gelder kriegen, aber wir können uns unterhalten und in der Öffentlichkeit auftreten und so tun, als ob wir auch eine gebilligte Akademie seien.«[469]

Die Begründungen in der Diskussion auf der Sektionssitzung im September, warum und wie eine Akademie erhalten bleiben müsse, waren vielfältig. Waldtraut Lewin, die Sektionssekretärin, bat am Schluss der Diskussion Mickel, Hermlin, Christa Wolf und andere darum, sich mit ihren Argumenten für die Plenartagung demnächst zu präparieren, möglichst die »großen Namen« sollten auftreten. Hermann Kant fühlte sich brüskiert: Danach hätte man in dieser Akademie bisher nie unterschieden. Offenbar war es für ihn nicht leicht, in eine hintere Reihe geraten zu sein.

Doch die Mitglieder machten ihre »Hausaufgaben«: Christa Wolf, die persönlich nicht anwesend sein konnte, ließ Jutta Wachowiak ihre

---

468 Hermann Kant. Diskussionsbeitrag auf Sektionssitzung vom 16. 9. 1991. AdK-O 1736/1.
469 Stefan Heym. Diskussionsbeitrag auf der Plenartagung vom 10. 10. 1991. In: »Zwischen Diskussion und Disziplin«. S. 590/591.

Erklärung verlesen.[470] Darin schilderte sie ihr Verhältnis zur Akademie, dabei eine lange Passage eines Briefwechsels mit dem früheren Präsidenten Konrad Wolf, in der es um »kulturpolitisches Handeln« ging – prophetisch wie so oft bei Christa Wolf. Aber eigentlich machte sie Vorschläge und wollte retten, was, wie sie doch wusste, nicht zu retten war. Stephan Hermlin sprach als eines der ältesten Mitglieder über die widerspruchsvolle Geschichte der Akademie und Karl Mickel hatte folgendes formuliert:

»Ist diese Akademie erhaltenswürdig? Die Antwort wird in der Geschichte dieser Institution gesucht. Die einen stellen einen Katalog ihrer Versäumnisse und Fehler zusammen und antworten nein. Die anderen summieren die Leistungen und bejahen die Frage. Wieder andere bilanzieren, stellen das Überwiegen dieser oder jener Seite fest und urteilen, je nachdem. Wenn eine Konsensformel möglich ist, lautet sie: die Akademie der Künste zu Berlin, die ehemalige Akademie der Künste der DDR, ist ein lebendiger Widerspruch. Hier gerieten – und dem Vernehmen nach sogar körperlich – Busch und Abusch aneinander. Weitere Namen will und muß ich nicht nennen. Das eine Duellpaar kann für alle stehen. Ich mag nicht personalisieren. Und oft genug ging der Riß durch ein und dieselbe Person. Dieses Haus hier ist ein Ort der Kollisionen, verdeckter und offener, gelöster und fortwirkender. Es beherbergt freundschaftliche Diskurse wie unverhüllte Feindschaften.

Zustände, die wir, sofern sie Jahrhunderte zurückliegen, gelassen analysieren, denen wir Unumgänglichkeit, ja Notwendigkeit zusprechen, müssen sie uns denn einzig und allein deshalb, weil sie zu unseren Lebzeiten geschehen, abbruchreif dünken?

Die hiesige Akademie ist zu einem Brennpunkt deutscher Kulturgeschichte des 20. Jahrhunderts geworden. Sie ist erhaltenswürdig um ihrer inneren Widersprüche willen.

Ist diese Akademie finanzierbar? Jeder Student der Wirtschaftswissenschaften lernt im ersten Semester den Unterschied zwischen betriebswirtschaftlicher und volkswirtschaftlicher Effizienz kennen. Der Betriebswirt achtet darauf, daß die Mittel, die er verauslagt, tunlichst rasch und selbstverständlich vermehrt an ihn zurückfließen. Der Volkswirt sorgt für allgemeine Bedingungen, welche die effizienten Betriebswirtschaften ermöglichen. Nicht die Autoindustrie zahlt den Straßenbau. Ich nenne

---

470   Christa Wolf. »Brief an eine Akademie« im Dokumenten-Anhang.

das Exempel in unserem Zusammenhang wertungsfrei, zu rein definitorischem Zweck.

Vom betriebswirtschaftlichen Standpunkt aus also ist die Akademie nicht finanzierbar. Es bleibt die Frage, warum der Volkswirt sie solle finanzieren wollen.

Deutschland war gefürchtet seiner Waffen halber, respektiert seiner Wirtschaftskraft wegen; Sympathien erworben hat einzig die Hochkultur. Dixi et salvavi animam meam – das heißt zu deutsch: Ich habe in den Wind gesprochen und meine Seele gerettet.«[471]

Trotz guter Vorbereitung hatten die Redner jedoch eines nicht gewusst: Heiner Müller hatte ebenfalls ein Papier[472] vorbereitet, das neben seinem Plädoyer für den Erhalt der Akademie einen weitreichenden Vorschlag an alle Mitglieder enthielt: »Alle Mitglieder der Akademie stellen ihre Mitgliedschaft zur Disposition und wählen ein Gremium von je 5 Mitgliedern jeder Sektion, das eine neue Akademie konstituiert, auch und vor allem durch Zuwahl von jungen Mitgliedern. Eine Akademie schon mit einem Altersdurchschnitt unter 50 wäre eine Sensation. Aufgabe dieser neuen Akademie sollte sein, daß (sic) Riß zwischen Ost und West offenzuhalten, nicht zuletzt aus der Sicht von zwei Generationen, bis er geschlossen werden kann in der Auseinandersetzung um ein kommendes Europa der Differenzen. Wenn mein Vorschlag nicht angenommen wird, stehe ich als Präsident nicht mehr zur Verfügung.« Nun zwang Müller seine Kollegen »Blut« angucken zu müssen. Aber auch den Kultursenator verblüffte er mit diesem Vorschlag. »Die neue Situation« könne »möglicherweise eine Änderung in der politischen Stellungnahme darstellen.« Der Spieler Müller hatte einen unerwarteten Zug getan. In der »Zeit »vom 30. 9. 1991 hieß eine Überschrift über die Akademie: »Manche Leichen leben noch.«

Die Reaktion in der Mitgliedschaft darauf war entsprechend: Hermlin erinnerte an die peinlichen Ausschlüsse von Mitgliedern der Preußischen Akademie 1933 und sagte: »Ich möchte auf gar keinen Fall an einer Prozedur teilnehmen, die – man kann sie so schön schildern, wie man will, – einer solchen Prozedur gleichkommt. (...) ich werde unter gar keinen Umständen mich in irgendeiner Weise beteiligen an der Nichtwiederwahl

---

471 Karl Mickel. Diskussionsbeitrag auf Plenartagung vom 25. 9. 1991, AdK-O 1677. Die folgenden Zitate ebenda.
472 Heiner Müller. »Zur Lage der Akademie« im Dokumenten-Anhang.

Reinigung und en bloc-Aufnahme

von Kollegen. Wenn das beschlossen wird, soll man mit mir nicht rechnen. Ich werde daran nicht teilnehmen.« Dem schlossen sich andere an. Rainer Kirsch weigerte sich, »über Leute zu entscheiden, die in ihrem Leben und ihrer Lebensleistung eh genug zu tragen hatten.« Volker Braun entschied sich, dem Vorschlag Müllers zu folgen, wenn dabei die zu »wünschende« Vereinigung beider Berliner Akademien« (noch glaubte er an Neuwahlen in beiden Institutionen) zustande käme. Wolfgang Kohlhaase erinnerte eine Ausgrenzung an DDR-Praktiken und er fragte »Für wen machen wir diesen optischen Schritt?« und Hermann Kant wiederholte seine Position: Dass die Akademie weg solle, könne er durchaus begreifen. »Aber ich möchte es denen, die sie weghaben wollen, nicht gar so einfach machen.«

Wieder andere fragten nach Möglichkeiten, die Neukonstituierung in die Hände von Gründungsmitgliedern oder Länderregierungen zu legen. Einige Mitglieder (Jürgen Weber, Frank Beyer, Erik Neutsch, Heiner Carow, Helmut Baierl, Erwin Geschonneck) erklärten sich bereit ihre Mitgliedschaft zur Disposition zu stellen, wenn damit die Akademie als arbeitende Körperschaft gerettet werden kann.

Müller musste unter Aufbietung aller seiner Kräfte für seinen Vorschlag werben und er versäumte dabei nicht, die List an seinem Vorschlag aufblitzen lassen. Es ginge nicht um »Selektion« und er nannte Erik Neutsch, dessen Roman »Spur der Steine« die Vorlage für sein Stück »Der Bau« gewesen war. »Wir hatten Kollisionen, Konflikte. Mich interessieren seine Erfahrungen sehr. Es geht hier nicht um eine politische Selektion«, und er kam auf Hermann Kant zu sprechen: »Für mich ist er ein wichtiger Schriftsteller, und es geht nicht um eine politische Selektion. Es geht darum, einer Institution zu ermöglichen, ihre lebendigen und arbeitenden Teile in die nächste Epoche hinüberzuretten.«

In einer Abstimmung im Präsidium vier Tage später stimmten 5 Präsidiumsmitglieder dem Vorschlag Müllers zu. Gerhard Scheumann stimmte dagegen. Stephan Hermlin enthielt sich der Stimme. Heiner Müller versandte noch einmal einen Brief an die Mitglieder und nannte seine Variante als »die einzige verbliebene Möglichkeit, die lebendigen arbeitenden Teile der Akademie zu erhalten«. Er hoffe, »daß den Mitgliedern die Sache wichtiger ist als die Person.« [473] Nur vierzehn Tage später –

---

473 Heiner Müller, Brief an die Mitglieder vom 1. 10. 1991. In: »Zwischen Diskussion und Disziplin«. S. 587.

am 10. 10. 1091 – wurde die nächste Plenartagung einberufen. Nun sollten die Zwanzig gewählt werden.

Dem ging ein reger Briefwechsel voraus: Während der Komponist und langjährige Sekretär der Sektion Musik Siegfried Matthus seine Ratlosigkeit bekannte und ein Scheitern des Verfahrens in Aussicht stellte: »So willfährig wir uns auch zeigten, das konkrete und bestimmt auch widerspruchsvolle Ergebnis wird mit Sicherheit nicht alle befriedigen. Du hast Dich in der letzten Plenartagung für das Verbleiben oder Wiederwählen von Hermann Kant eingesetzt. Deiner Begründung stimme ich auch zu. Wenn nun nicht Hermann Kant, wer sollte dann abgewählt werden.«[474] Und eben der Hermann Kant, der am 10.10 nicht kommen konnte, zerpflückte noch einmal die Argumente Müllers und nannte das angekündigte Verfahren »Eine Form des vertuschten Selbstmordes, eine Erscheinung in der Nähe von Versicherungsschwindel.«[475] (der ganze Brief im Anhang) Wie Kant waren auch einige andere Mitglieder anfangs der Ansicht, nicht freiwillig gehen zu wollen, sondern für ihren »Rausschmiss« andere sich schuldig machen zu lassen.

Werner Mittenzwei, der in dieser Zeit gerade an einem Buch über die Geschichte der Preußischen Akademie der Künste arbeitete, zog Parallelen zu 1933 und fand dabei Heinrich Manns freiwilligen Rückzug für verfrüht: Heinrich Mann hätte es darauf ankommen lassen sollen, dass ihn die Nationalsozialisten rauswarfen. In diesem Sinne argumentierte nun auch Mittenzwei in einem Brief an Gerhard Scheumann: »Nicht einverstanden bin ich mit Deiner Idee, aus der Akademie auszutreten. Da würden wir ja nur denen entgegenkommen, die diese Akademie liquidieren möchten. Sie brauchen sich dann nicht einmal die Hände schmutzig zu machen. Wer den Henker spielen will, muß auch Köpfe abschlagen. Das sollten wir ihnen nicht ersparen. Ich trete nicht aus, ich will hinausgeworfen oder stillschweigend abgeschoben werden.«[476] (Indem er sich weigerte, seine Mitgliedschaft zur Disposition zu stellen, war er wenige Zeit später »stillschweigend abgeschoben« worden. Zur entscheidenden Plenartagung war er schon nicht mehr dabei.)

---

474 Siegfried Matthus an Heiner Müller vom 1. 10. 1991, AdK-O 1747.
475 Hermann Kant an Heiner Müller vom 5. 10. 1991, AdK-O 1747.
476 Werner Mittenzwei. »Zwielicht«. S. 472.

REINIGUNG UND EN BLOC-AUFNAHME

Immerhin: 56 Mitglieder kamen zur Plenartagung: Heiner Müller sprach es zu Beginn so klar wie selten aus: »Es geht um eine Verkleinerung und um eine Verjüngung der Akademie. Ich bin überzeugt, das ist die einzige Chance. Ich weiß, es geht immer wieder um den Punkt, der mit Selektion benannt wird. So wie die Akademie jetzt strukturiert ist, wird sie nicht überleben.« [477] Wieder wurde diskutiert, wieder hatte Christa Wolf einen Brief geschrieben, in dem sie riet, die Mitgliedschaft zur Disposition zu stellen. Diesmal hatten auch Rainer Kirsch, Karl Mickel und Volker Braun eine Erklärung verfasst, in der sie sich – um der Erneuerung der Akademie nicht im Wege zu stehen – zwar bereit erklärten, ihre Mitgliedschaft zur Disposition zu stellen, damit ihre, so ihre Interpretation, Mitgliedschaft ruhen zu lassen, sich aber nicht an der Wahl des neuen 20er Gremiums beteiligen und dafür auch nicht zur Verfügung stellen zu wollen. Das wiederum nannte Müller als »nicht pragmatisch« und eine »Heuchelei«. Im Laufe der Veranstaltung konnte er Volker Braun zur Umkehr von diesem Entschluss bewegen. Daran anschließend äußerte Stefan Heym noch einmal seine in diesem Kreis ketzerische Meinung über die Akademie, in der er 38 Jahre lang nicht Mitglied gewesen war und »eigentlich ganz glücklich damit«, denn diese Akademie habe nie ihre Stimme erhoben, wenn es an der Zeit gewesen wäre. Natürlich widersprach ihm sein Freund Stephan Hermlin und der Komponist Friedrich Goldmann schließlich war es, der konstatierte, dass leider beide Recht hätten.

Der an Kunsthochschulen in Kassel und Düsseldorf lehrende Karikaturist und Plakatkünstler Klaus Staeck, der nun vom Korrespondierenden zum Ordentlichen Mitglied verwandelt worden war, war einer der wenigen »Westdeutschen«, der sich an der Diskussion der Akademiemitglieder intensiv beteiligte. Als gelernter Jurist und in Pulsnitz geborener ehemaliger Ostdeutscher verstand er dennoch die Befürchtungen und Emotionen seiner Kollegen schwer. Er meinte, man sollte das Wort »Selektion« nicht verwenden. Es gälte einzig, eine neue Situation zu schaffen, die es anderen schwer machte.

Dem schloss sich Müller an und formulierte – je nach Sicht der Dinge mag man es diabolisch, euphemistisch oder in höchster Not bezeichnen – dass mit der Wahl dieses 20er Gremiums, gekoppelt an die Zustimmung,

---

477 Heiner Müller. Diskussionsbeitrag auf der Plenartagung vom 10. 10. 1991. AdK-O 1676. Folgende Zitate ebenda. Daßelbe in »Zwischen Diskussion und Disziplin«. S. 589 – 593.

seine Mitgliedschaft zur Disposition zu stellen, eine Selektion umgangen und stattdessen die individuelle Willensäußerung in Kraft treten würde. Eigentlich wäre nun alles gesagt worden, nur noch abgestimmt und gewählt werden müsste. Der Text hierzu lautete: »Stimmen sie dem Vorschlag Heiner Müllers zu, das von ihm benannte Gremium von maximal 5 Mitgliedern pro Sektion zu bevollmächtigen, für die Akademie zu handeln. (...) Mit der Wahl dieses Gremiums stellen die Mitglieder der Akademie der Künste zu Berlin ihre Mitgliedschaft zu Disposition. Das Gremium wird bei diesen Verhandlungen den Status der Mitglieder, einschließlich der Korrespondierenden Mitglieder klären.« Damit wurde das weitere Schicksal der Akademie in die Hand der Zwanzig gelegt.

Von den 56 anwesenden Mitgliedern stimmten schließlich 52 dafür, vier dagegen, elf hatten ihr Einverständnis schriftlich erklärt. Zum Gremium der Zwanzig gehörten: Bildende Kunst: Fritz Cremer, Dieter Goltzsche, Joachim John, Klaus Staeck, Werner Stötzer; Darstellende Kunst: Ruth Berghaus, Frank Beyer, Heiner Carow, Thomas Langhoff, Tom Schilling (obwohl gewählt, erklärte sich nicht bereit für das Gremium), Gret Palucca (das einzige noch lebende Gründungsmitglied); Musik: Paul-Heinz Dittrich, Friedrich Goldmann, Georg Katzer, Friedrich Schenker, Ruth Zechlin; Literatur: Volker Braun, Christoph Hein, Stephan Hermlin, Wolfgang Kohlhaase, Christa Wolf.

Einen Tag nach dieser Entscheidung erklärte Peter Hacks seinen Austritt aus der Akademie (vor ihm noch: Helmut Sakowski). Er und die anderen Mitglieder der Sektion, die in der nächsten Zeit ihren Austritt erklärten (Waldtraut Lewin, Dieter Noll, Günter Görlich, Karl Mickel, Werner Mittenzwei, Benito Wogatzki, Erwin Strittmatter, Helmut Baierl) mögen verschiedene Gründe für ihr Ausscheiden gesehen haben. (Austrittserklärungen im Anhang) Den einen galt das Verfahren der Verkleinerung ein zu weitgehendes Entgegenkommen auf Forderungen von »außen«, manche sahen Parallelen zum Jahr 1933. Andere rechneten sich aus, dass sie in diese neue Institution nicht mehr passten. Andere waren nur des Gerangels und Taktierens müde. Bereits am 4. Oktober hatte der frühere Vizepräsident, der Bildhauer Wieland Förster, seinen Austritt erklärt, da die Akademie »eine öffentliche, wahrheitsgetreue Aufarbeitung ihrer Geschichte« versäumt habe und nur noch »mehr trickreich, als entschlossen demokratisch« gegen die Auflösung kämpfe.[478] Auch Günter de Bruyn gab am 1. 12. 1991 seinen Kampf um die Auflösung der alten Akademie auf und trat aus. Die Austrittswelle hatte auch die anderen Sektionen erfasst. (Unter anderem Harry Kupfer, Gisela May, Ekkehard Schall, Walter Womacka, Bernhard Heisig, Wolfgang Mattheuer, Nuria Quevedo, Harald Metzkes, Ulrich Thein u.a.)

Nun mussten die zwanzig arbeiten. In einem Beschlussprotokoll der ersten Sitzung wurden erste Überlegungen für eine überzeugende Konzeption einer »neuen Akademie« gemacht und Veranstaltungen und Begegnungen vorgeschlagen.[479] Am 11. November legten sie »Thesen für eine Vereinigte Akademie der Künste Berlin-Brandenburg« vor. Neu daran war, dass nicht das Zwanziger-Gremium allein die neue verkleinerte und verjüngte Akademie wählen sollte, sondern noch einmal alle Übrig-Gebliebenen entscheiden mussten, gemäß dem Sprichwort »Mitgegangen – mitgehangen.«

Für den 9. Dezember 1991 schließlich wurde die alles entscheidende Plenartagung einberufen. Diesmal hatten wir Mitarbeiter viel damit zu tun: von jedem Mitglied musste sicher sein, ob es kommt, bzw. wenn nicht, ob es bereit war, seine Mitgliedschaft zur Position zu stellen. Dazu brauchte es wieder und wieder Erklärungen, was damit gemeint und verbunden war und manch einer entschied sich mehrmals um. Wir telefonierten, besuchten, erklärten, ließen uns die Entscheidung per Unterschrift bestätigen. Auch der Wahlmodus war vom Gremium der Zwanzig noch einmal geändert worden. Nun hieß es nicht mehr, wie im Wahlverfahren vom 11. 11. beschlossen, in die neue Akademie dürften maximal 50 Mitglieder gewählt werden, nun – und das war ein erneuter Schachzug, um das Wahlverfahren so erträglich wie möglich zu machen – sollte gelten, wer mehr als die Hälfte der Stimmen hatte, war gewählt. Ohne eine zahlenmäßige Begrenzung konnten somit alle gewählt werden. Hermann Kant fragte dazu: »Wenn nun alle gewählt werden?« Müller: »Dann haben wir demokratisch gewählt.« Dazu Joachim Herz: »Wenn wir uns

---

478 Wieland Förster. »Erklärung«. In: »Zwischen Diskussion und Disziplin«, S. 588.
479 Beschlussprotokoll der ersten Sitzung des 20-Mitglieder-Gremiums der Akademie am 15. 10. 1991.In: »Zwischen Diskussion und Disziplin«. S. 594.

alle wieder wählen, werden die Leute sich totlachen und sagen: guckt mal diesen Altstalinistenclub.‹[480]

Aber damit wären wir bereits in der Diskussion, der noch einmal erhebliche Irritationen vorausgingen. Selbst Heiner Müller bekannte, dass ihm bei diesem Akt, den er mit Brachialgewalt und List herbeigeführt hatte, schlecht sei. »Es ist eine Scheißsituation, und ich möchte gern, daß wir noch einmal darüber reden, ob diese Wahl einen Sinn hat oder nicht. Es ist vielleicht erschreckend; aber ich möchte es wirklich.«

Ein Grund dafür war ein Brief an die Akademie, in dem die endgültige Abwicklung durch einen Staatsvertrag am 12./13. 12. angekündigt wurde. Darin stand auch, dass eine »reduzierte, gereinigte, verjüngte Mitgliedschaft« der Weg für die Vereinigung sei. Das Wort »gereinigt« – bisher in der Diskussion untereinander peinlichst vermieden – erregte die Gemüter wieder: Müller: »Wo ist der Schmutz?« Nun kamen noch einmal alle Argumente zur Sprache: Ob es sich lohne, ob es richtig sei, was überhaupt gerettet werde, nach welchen Kriterien letztlich gewählt würde. Christa Wolf, selbst Mitglied im Gremium der Zwanzig, revidierte plötzlich für sich die frühere Entscheidung, hinter der sie gestanden hatte: »Was hier demokratisch erscheint, ist in Wirklichkeit willkürlich.« Erschreckt hatte sie und andere auch der Austritt vieler wichtiger Mitglieder. Volker Braun hierzu: »Es ist mir ein zu hoher Preis der Prozedur. Ich nenne nur die Namen Karl Mickel, Wieland Förster, Harry Kupfer. Und es bleibt die Frage, was die Wahl bedeutet und bringt. Was immer für ein Ergebnis sie haben wird, es kann auch ein obskures sein.«

Das Plenum verlief wie die vorangegangenen chaotisch. Wolfgang Kohlhaase – auch Mitglied der »Zwanziger« – stellte nun die Wahl unmittelbar vor der Ratifizierung des Staatsvertrages wieder in Frage. Er wurde von vielen unterstützt, aber Klaus Staeck widersprach ihnen. Zuerst argumentierten die Literaten – logisch, sachlich, abwägend in der Wortwahl, dem folgten die Mitglieder der Sektion Darstellende Kunst – wie immer in der anderen Art ihres Metiers: leidenschaftlich und mit großer Geste. Unter anderem der Regisseur Friedo Solter: Zu DDR-Zeiten hätte er sich einer solchen Demütigung, Kollegen ausschließen zu müssen, nicht gebeugt. Nun erst recht nicht. In ebenso großer Geste flehte ihn

---

480   Plenartagung vom 9.12. 1991. AdK-O 1747. Auch in »Zwischen Diskussion und Disziplin«. S.601 – 609.

die Schauspielerin Jutta Wachowiak an zu bleiben. Aber der Mime ging, großer Abgang, Türen knallten. Das Plenum ging weiter.

Nun kamen die Befürworter zu Wort. Wie früher fand Robert Weimann die passende Formulierung, um der Entscheidung zur Wahl das miese Image zu nehmen. Heiner Müller, der sich gefangen zu haben schien, wollte und konnte die Stimmung noch einmal herumreißen: »Die Haltung, die ich hier mitkriege, ist: wir lassen uns lieber schlagen, als daß wir etwas tun. Ich glaube, das ist ein DDR-Syndrom. Und es muß doch begreifbar sein, daß es hier in der Akademie etwas gibt, was erhalten bleiben muß und was transportiert werden muß, vielleicht von weniger Leuten, als wir jetzt sind, und was wichtig sein kann in den nächsten zehn Jahren, auch in einer Fusion mit der Westberliner Akademie. Es wäre für mich ziemlich furchtbar, wenn wir uns nicht darüber einig werden könnten, daß wir in den nächsten zehn Jahren einen Einfluß ausüben müssen auf das, was in Deutschland passiert. Das können wir nur, wenn wir diese Wahl machen, so zynisch das vielleicht klingt und so zynisch diese Entscheidung ist oder taktisch oder was immer. Aber ich glaube, wir können nicht als Individuen Einfluß nehmen. Gut, das können einige. Aber es wäre wichtig, daß diese Institution erhalten bleibt, sicher, der Rumpf dieser Institution, um Einfluß zu nehmen, was in den nächsten fünfzehn Jahren passiert.« Prophetisch – und damals glaubte das dem Zweiundsechzigjährigen keiner! – setzte er hinzu: »So lange werde ich nicht leben« und im Anschluss daran erzählte er von der Angst von Walter Jens, daß Hermann Kant gewählt würde. Als Spieler und Rebell ergänzte er: »Ich sage es jetzt einmal ganz offen: Ich werde Hermann Kant wählen. Aber das müßt ihr nicht.«

Da wurde Hermann Kant hellhörig und fragte noch einmal nach: »... Was ist dann, wenn es sich so verhält? Was ist dann, wenn die Wahl hier ein absolut properes, leckeres Ergebnis in den Augen unserer westlichen Partner – ich nenne es der Verkürzung wegen westlich – ergibt?« Heiner Müller: »Es wird kein properes sein.« Hermann Kant: »Außer, es ist der eine Kant dabei, was ist dann mit dem Ergebnis?« Heiner Müller: »Dann schleppen wir ihn mit, dann werden wir das vertreten.« (In Wirklichkeit hatte er es doch schon damals besser gewusst, denn ein paar Monate vorher hatte er mit Freunden auf La Palma gesessen und deren Fragen über sein Leben beantwortet, was später zu seiner Autobiographie gerann. Wohlweislich war dann bei der Lektorierung die Frage nach seinem Verhältnis zu Hermann Kant nicht ins Buch genommen worden. Er hatte damals Kant als einen, der weiß, dass er aus der Akademie selektiert werden soll, beschrieben und gesagt: »Ja, ich würde es nicht mal machen, denn er ist ein Schriftsteller und ein interessanter Schriftsteller, man kann jetzt über seine Funktion reden, was man will, aber diese Akademie müßte eigentlich ein staatsfreier Raum sein, und da spielt das eigentlich keine Rolle, aber das wird nicht gehen, ist klar.« [Diese Aussagen wurden in späteren Fassungen dokumentiert.]) [481]

Mit Müllers »kecker« Antwort in der Diskussion war der Spieleifer gelockt, wenigstens »Stolperstein« wollte man sein, es dem anderen nicht leicht machen. Die Neugier auf den der Wahl folgenden »Zugzwang« der anderen Seite und natürlich die Hoffnung auf ein Überleben der Akademie, ihre »Rettung« waren starke Motive. So kam es zur Wahl darüber, ob es überhaupt eine Wahl geben solle. 44 entschieden sich dafür, zuzüglich der 25 Briefwähler, 13 waren dagegen. Nuria Quevedo sagte dazu: »Ich finde es kannibalisch, andere aufzufressen, wenn man selbst ein Stücklein weiterleben will.« Müller antwortet: »Wir leben in einer kannibalischen Gesellschaft.«

Schließlich saßen alle über den vorbereiteten Listen und kreuzten an. Später wurde dieses Verfahren »Reduktionswahl« – nicht »Selektion«, nicht »Säuberung« – genannt. Nur Günter de Bruyn ging. Er hatte seit Beginn der Diskussion die Auflösung dieser Akademie vertreten.

Ich erinnere mich: Es war eine gespenstige Stimmung. Die Auszählung dauerte geraume Zeit. Nicht alle warteten das Ergebnis ab. Als es kam, waren viele ernüchtert.

Von den 84 Mitgliedern, die an der Wahl teilgenommen hatten (einschließlich Briefwahl) hatten 69 die zu erreichenden 43 Stimmen und mehr erhalten. Hermann Kant und Manfred Wekwerth – die ZK-Mitglieder – waren dabei. Von den »neuen« 69 waren bereits 22 Mitglieder der West-Akademie. [482]

In der Sektion Literatur wurden die »Kartei-Leichen« (die nie kamen, geschweige denn noch aktiv waren) Bernhard Seeger und Karl Georg Egel abgewählt. Auch bei Günther Deicke, dem sachkundigen, einsatzbereiten und meist leisen Mann, hatte es nicht gereicht.

---

481 Heiner Müller. »Autobiographie«. S. 448.
482 In: »… und die Vergangenheit …«. S. 499.

Als klar wurde, dass auch Alfred Wellm die 50% Hürde verfehlt hatte, waren die Mitglieder der Sektion Literatur tief betroffen – der schwer kranke, sanfte, kritische Alfred Wellm! Sein letztes Buch »Morisco« (1987) beschrieb den Weg in die Stagnation der letzten Jahre – wie sie den einzelnen kaputt macht, Beziehungen zerstört, wie sich anständige Leute dagegen wehren und dennoch unterliegen. Noch heute ist dieses Buch für mich eine der differenziertesten literarischen Darstellungen, warum das System DDR versagt hatte. Von ihm also hatten sich seine Kollegen gereinigt!

Auch in anderen Sektionen waren solche Missgriffe passiert: Der alte Theodor Rosenhauer, Nestor der Dresdner Maler. Bei ihm wurde die Misswahl schnell korrigiert – er wurde gleich am Tag nach der Wahl kraft unklarer Regeln wieder kooptiert. Alfred Hirschmeyer, der Film-Ausstatter, um den uns Hollywood beneidete, war abgewählt. Hannelore Bey, als Solotänzerin eine Legende, gehörte zu den Ausgeschiedenen. Theo Adam, der Sänger. Sie hatten politisch der DDR-Führung oft weniger nahe gestanden als andere Gewählte. Über ihre künstlerischen Qualitäten gab es keinen Zweifel. Es waren die Stillen, Unauffälligen, die bei dieser Erneuerung auf der Strecke blieben. Ohne die »Lobby« guter Freunde unter den Akademiemitgliedern war die benötigte Stimmzahl schwer zu erreichen gewesen. Was jetzt gebraucht wurde, war publicity und Marktwert.

Am 17. Dezember 1991 konstituierte sich dann diese verkleinerte Akademie. Wolfgang Kohlhaase gab seiner Enttäuschung über das Ergebnis Ausdruck: »Ich habe das Gefühl, wir haben für diese Wahl einen sehr hohen Preis bezahlt. Austritte sehr vieler wichtiger Mitglieder und, durch die Unwägbarkeiten eines solchen Verfahrens mit unklaren Kriterien, den Verlust wichtiger anderer Mitglieder. Eine Sache, zu der man sich überhaupt nur mit äußerstem Unbehagen verhalten kann. Ich rufe jetzt keine weiteren Namen in die Debatte. Ich könnte vier, fünf, die für andere stehen, mühelos sagen. Jeder hat seinen Namen. In dem Sinne habe ich jetzt ganz für mich das Gefühl: Was wir uns vorgenommen haben mit dieser 20er Gruppe, ist sehr unvollkommen erledigt worden, eigentlich sind wir mit dem, was wir vorhatten, gescheitert. Wir haben das eine erledigen können und das andere nicht. Da ich nicht glauben will, was ich nicht sehe, möchte ich für weitere Bemühungen in dieser Richtung nicht eintreten. Ich kann es nicht, weil ich nicht daran glaube. Das ist nur der persönliche Aspekt.. (...) Ich bin sozusagen an der Grenze meiner ganz privaten Handlungsfähigkeit angekommen. Ich sehe, daß die Wege immer enger werden.«[483] Wer das überhaupt nicht verstand – »vielleicht, weil ich woanders herkomme« – war Klaus Staeck. »Unsere Position – das sage ich jetzt auch einmal ganz nüchtern als Jurist – hat sich nicht verschlechtert seit der Wahl, sondern verbessert,« war seine Meinung. Er war es auch, der später ohne Skrupel in einem offenen Brief an seine SPD-Genossen des Berliner Abgeordnetenhauses versicherte:

»Als Teilnehmer fast aller Sitzungen des 20 Gremiums und der Vollversammlungen kann ich bestätigen, daß selbstverständlich auch die politischen Belastungen einiger Mitglieder bei deren Abwahl eine entscheidende Rolle gespielt haben.«[484]

Nun bestand die Sektion Literatur noch aus 16 Mitgliedern, von denen mittlerweile 9 – Volker Braun, Christoph Hein, Stephan Hermlin, Wolfgang Kohlhaase, Heiner Müller und Christa Wolf, sowie die früheren »Korrespondierenden«, die längst zu »Ordentlichen Mitgliedern« umbenannt worden waren: Peter Härtling, Walter Jens, Hans Mayer und Peter Rühmkorf – bereits Mitglied der West-Akademie waren. Sie galten als »ordentlich« wegen der künstlerischen Leistung auf ihrem Gebiet und waren in geheimer Abstimmung gewählt worden. Reine neue »Ost-Mitglieder« dieser »Akademie im Übergang« waren: Jurij Brězan, Stefan Heym, Hermann Kant, Rainer Kirsch, Günther Rücker (der bereits im Januar 1992 seinen Austritt erklärte) und Robert Weimann.

Für mich war das Erlebnis dieser Dezemberwahl 1991 auch ein Abschied von der Liebe und dem Respekt, die ich zu dieser Akademie und ihren Mitgliedern empfunden hatte. Ziemlich chaotische und turbulente Tagen und Wochen lagen hinter mir – alle Mitglieder mussten immer neu über den wechselnden Stand und die sich immer wieder ändernden Termine informiert werden. Zu den Kranken und Alten fuhr ich, um ihnen Rede und Antwort zu stehen. Damals war ich ein letztes Mal bei Alfred Wellm

---

483   Wolfgang Kohlhaase. Diskussionsbeitrag auf der Konstituierenden Sitzung der Akademie der Künste zu Berlin, 17. 12. 1991. In: »Zwischen Diskussion und Disziplin«. S. 611/2.

484   Klaus Staeck an die Mitglieder der SPD-Fraktion des Berliner Abgeordnetenhauses, 31. 5. 1993. In: »Zwischen Diskussion und Disziplin«. S. 648.

im redgedeckten Mecklenburger Haus. Schwer krank, hatte er seine Visionen nicht verloren: Jetzt eine Schule gründen, wie sie seinem Lehrer-Helden Wanzka immer vorgeschwebt hatte! Ohne Direktiven und Administration, auf der Basis wirklicher Freundschaft zwischen Lehrern und Schülern! Er träumte im Rollstuhl und stellte natürlich seine Mitgliedschaft zur Disposition, wenn es der Akademie nützt. Ich weiß nicht, wie er seine Raus-Wahl – die Entscheidung seiner Kollegen – aufgenommen hat. Für mich bewies es, dass da etwas falsch gelaufen war.

Oft hatte ich in den vergangenen Monaten staunend die »Schachzüge« beobachten können, die Heiner Müller und dann dem 20er Gremium immer wieder eingefallen waren, um nicht aufzugeben, um weitermachen zu können. Manchmal hatte ich sie deshalb bewundert, manchmal hatte ich mich aber auch gefragt, ob nicht doch ein stolzer Abschied eine bessere Lösung gewesen wäre. Ich wusste es so wenig wie die kämpfenden, zweifelnden und immer neu weitermachenden und wieder zögernden Mitglieder. Ich konnte sie verstehen, aber ich fühlte auch: sie – die »Götter« – waren der Lage nicht gewachsen. Sie waren nackt. Als die Austrittsbriefe von Hacks und Mickel, Mittenzwei und Lewin und den anderen eintrafen, wuchsen auch meine Zweifel am Kurs, den Müller verfocht. Als die »Reduktions«-Wahl im Dezember 1991 gelaufen war, fand ich wie Kohlhaase: Sie waren gescheitert.

Aber es ging ja noch fast ein Dreivierteljahr weiter! Am 23. 10. 1992 fand die letzte Tagung der Ost-Berliner Akademie der Künste statt. »Von 65 Mitgliedern waren nur knapp 20 erschienen« meldete die BZ (24./25. 10. 1992). Das war dann bereits für mich, die wusste, dass und wann meine Kündigung anstand, ein Satyrspiel, das die bestehenden Befürchtungen bestätigte.

Jetzt, so meinte man in der verkleinerten Akademie, war der verlangte Schritt getan. Nun sprach auch Heiner Müller das bisher gemiedene und geschmähte Wort »Säuberung«[485], die nun geschehen sei, aus, nun war ein nächster Schritt der »anderen« Seite gefragt. Wer aber war das?

Hermann Kant hatte es in einem Brief verkürzt die »westliche«, Christa Wolf schon vorher in ihrem Brief an die Akademie die »andere Seite« genannt und sie hatten damit wohlweislich offen gelassen, wer alles

---

485   Heiner Müller. »Drogenbekämpfung. Der Streit um die Berliner Akademie«. In: FAZ vom 18. 2. 1992.

damit gemeint war. Wenn vom »westlichen Partner« die Rede war, dann meinte man die Westberliner Akademie. Doch in Wirklichkeit entschied ein schwer auszumachender Geldgeber. Das war ein Dschungel, in dem die vermeintlich Verantwortlichen sich hinter Entscheidungen, Staatsverträgen und Gesetzen verstecken konnten, auf andere verweisen, aber Geld wollte keiner geben. Immer mal wieder wurde entdeckt oder behauptet, dass die Akademie sich außerhalb der Rechtmäßigkeit befand, und immer wurde dem widersprochen und es erfolgte ein nächster Vertrag oder die Entdeckung einer weiteren Klausel oder die fehlende maßgebliche Unterschrift darunter. Die Unübersichtlichkeit bestand bekanntlich bis Mitte Dezember 1991, da die Repräsentanten der neuen Länder im Staatsvertrag die Akademie auflösten, immerhin mit dem Verweis einer Möglichkeit der Vereinigung mit der Westberliner Akademie, woran auch das Land Brandenburg interessiert war. Nun war man also wieder beim »Partner« Akademie angekommen, was so neu ja nicht war. Nachdem der Traum von der europäischen Sozietät wegen fehlenden Geldgebers und mangelndem allgemeinen Interesses geplatzt war, schien die Vereinigung mit der Westberliner Akademie eine Rettung, doch nun waren auch hier die Konstellationen geändert. Was 1989 und Anfang 1990 wie das Kennenlernen und die Begegnung von zwei einander Ebenbürtigen geschienen hatte, – das Versprechen gemeinsamer Veranstaltungen, gegenseitiger Treffen, Absprachen usw. – war zum einen der impulsiven Art und Initiative des eher »linken« Präsidenten Walter Jens geschuldet und auch der allgemeinen euphorischen Atmosphäre von Einheitsumarmungen. Das änderte sich, als nur noch der eine Partner über Geld verfügte. Das Klima war auch etwas kühler geworden, als Heiner Müller »seins« – die Europäische Sozietät – zu machen versuchte. Walter Jens und Heiner Müller waren zwei sehr ungleiche Präsidenten. Der Spontaneität, dem Eigensinn und der Weltgeltung Heiner Müllers stand die Regularien- und Gesetzestreue, ja die Redlich- und dennoch Biederkeit des ungeheuer gebildeten und belesenen Hochschulprofessors gegenüber. Einerseits mag sich Jens durch das Pendant Müller geehrt gefühlt haben, anderseits litt er darunter, denn er war dem Genie und Spieler schwer gewachsen. Noch als zwischen beiden Akademien alles in Ordnung schien, merkten wir – die braven Diener unserer Götter – dass es manchmal knirschte. Jens beschwerte sich bitterlich bei uns, als die »Chefs« unserer Akademie, Müller und Dietzel, im Dezember 1990 seinen Vortrag nicht mit angehört hatten. Zwar hatten sie sich aus dringenden Gründen entschuldigt, aber Jens hat ihnen das nie verziehen. Immer wieder erinnerte er sich an diese, wie er meinte, Demütigung und entschuldigte damit sein späteres unsolidarisches Verhalten. Wenn Müller wieder einmal mit einem Termin auf sich warten ließ, nahm Jens das persönlich, und wir wussten doch, dass man – egal wer – bei Müller immer damit rechnen musste. Verwundert hat uns dann doch, als Jens uns den im Jahre 1990 noch vorhandenen Dienstwagen von Müller vorhielt, während er doch immer die S-Bahn benutzte! So wurde der viel bewunderte aufrechte Christ und Sozialist, wie er sich manchmal bezeichnete, in meinen Augen auch nur ein Mensch, der im Innern kleinkariert, eitel und spießig sein konnte. Auch ein bekennender Schüler Lessings – das erlebten wir, und nun ging es um die »West-Götter«– wurde in Zwangslagen intolerant und ungerecht. Als ich Walter und Inge Jens persönlich kennenlernte, hatte ich darüber gestaunt, dass es möglich war, gegen Raketenstationierung, Golfkrieg, Antisemitismus und für Kriegsdienstverweigerung zu sein und dennoch als dienstbarer Geist dieser Gesellschaft in hoher Funktion agieren zu können. So liberal hatte ich mir die Bundesrepublik nicht vorgestellt und insgeheim zog ich den Hut vor einem solchen gesellschaftlichen Verhältnis und dem gekonnten Spagat der Familie Jens. Nun aber erlebte ich konkret: Es ging nicht ganz ohne Beschädigungen und Kompromisse. Walter Jens – der Gehilfe im linken Mäntelchen oder der radikale Demokrat in den Grenzen seiner Demokratie? War es eine Frage des Charakters oder der Strukturen? Oder – wie meist – ein Gemisch von beiden?

Als Inge Jens, die in unserer Abteilung viel Sympathien genoss, uns einen Kaffeeklatsch anbot, um auch einmal über unsere Lage zu sprechen, buken und putzten wir eifrig und mussten doch nach dem Gespräch konstatieren: auch sie sah von der Warte der Sieger auf uns Verlierer, die noch einmal von vorn anfangen sollten, wie es ihr nach 1945 – damals wussten wir noch nicht, dass sie aus einer nazitreuen Familie kam – gegangen war. Noch nach 20 Jahren die damalige Situation der Akademien reflektierend, bezeichnete sie die westliche Seite als die, »denen die Geschichte das Recht zu fragen gegeben hatte«[486]. Unsere Fragen und Ansprüche waren also historisch »rechtslos«. Mehr Großzügigkeit auf Seiten der Sieger

---

486 Inge Jens. »Unvollständige Erinnerungen«. Reinbek bei Hamburg 2009. S. 220.

wünschte sich Inge Jens zwar im Nachhinein, aber das war auch alles. Das bürgerliche Ideal – ja Menschenrecht – der Gleichberechtigung war und blieb vergessen. Im Kleinen wie im Großen.

In den Sektionssitzungen seit September 1990 wunderten sich viele Mitglieder über das Verhalten von Walter Jens, der nun auf Signale, sich verbunden zu zeigen, auch die Möglichkeit einer Erneuerung beider Akademien zu bedenken, nicht oder sogar abweisend reagierte. Volker Braun berichtete von einem Brief an Jens, dessen Antwort dieser lange aufgeschoben habe. Eine Zeitlang gab es den Plan von Sektionsmitgliedern wie Braun, Müller, Hermlin, Hein und Christa Wolf, ihre Mitgliedschaft in der Westakademie zu kündigen. Immer wieder wurde auch versucht, den Kontakt zu beleben. Papiere mit Entwürfen über Wege zu Annäherung zwecks späterer Vereinigung entstanden, wurden verworfen, veralteten. Das Ziel, erst 1996 – zum 300. Geburtstag – eine einheitliche Akademie zu werden, gemeinsam nebeneinander zu arbeiten, war schnell passé, denn so lange hatte niemand Geld für zwei Institutionen. Auch der Gedanke, dass beide Akademien sich zu Neuwahlen entschließen, wurde immer illusorischer, denn welchen Grund hatte ein Sieger, es dem Besiegten gleichzutun? So war es nur noch der Bedrohte, der den früheren Partner um Hilfe oder Verständnis bat, jedoch nichts erhielt. Ein Argument war nun, dass unsere Akademiemitglieder ja nicht demokratisch gewählt worden wären, sondern Partei und Regierung immer mitgemischt hätten. Ein anderes war die Aufgeblähtheit des Apparates unserer Mitarbeiterschaft, die andere Struktur unserer Einrichtung. So standen unseren 262 Mitarbeitern (dazu gehörten sowohl die Verwaltung, die Mitarbeiter in den Gedenkstätten, die Forschungsinstitute, die Archive) auf westlicher Seite lediglich 43 gegenüber![487] Obwohl auch immer der hohe Wert unseres Archivs bekannt war, wollte man doch den Preis dafür möglichst niedrig halten. Ulrich Dietzel, der die Verhandlungen um die Archive, deren Direktor er gewesen war, hautnah und tagtäglich erlebte, schrieb am 28. 2. 1991 verbittert in sein Tagebuch: »Als mich seinerzeit ein Westkollege vor Jens warnte, wies ich seine Kritik zurück. Heute habe ich den Eindruck: Liefern wir nicht aus, was die Sieger haben wollen (die Archive und Sammlungen der Akademie), dann haben wir nach ihrer Ansicht den Ernst der

---

487   In: »… und die Vergangenheit …«. S. 495.

Lage noch nicht begriffen, und sie fühlen sich berechtigt mit uns Tacheles zu reden.«[488]

Walter Jens, noch immer im herzlichen Verhältnis zu uns »Dienern«, beschwerte sich, dass unsere Seite die Zwänge nicht sah, denen er ausgesetzt war: Nicht alle Mitglieder seiner Akademie wären für eine Vereinigung mit »Euch Kommunisten« und der geldgebende Senat gleich gar nicht. Solange bei uns eine demokratische Wahl nicht stattgefunden habe, ginge nichts. Später sagte er es auch öffentlich: »Seit Herbst 1991 suchte die Akademie der Künste nach Wegen, die Vereinigung beider Institutionen zu realisieren. Bedingung dafür war, daß sich die Ost-Akademie von ihren politisch belasteten Mitgliedern trennte.« [489] Das also war der Hintergrund auch des Nicht-Loslassens von Heiner Müller an der Neuwahl, egal, wie man es nannte. Erst wenn die »Trennung« erfolgt sei, so immer wieder Walter Jens, hätte er wieder »freie Hand«, und auch er beteuerte uns gegenüber, dass dann die freie Entscheidung der Mitglieder akzeptiert würde, auch wenn sie nicht gefiele. Dass Hermann Kant mit der »Aula« ein gutes Buch geschrieben hätte und erst recht mit dem »Aufenthalt«, wüsste er.

Noch am 2. Dezember, eine Woche vor der »Reduktionswahl«, fand eine große Veranstaltung mit einer prominenten Podiumsbesetzung (Günter Grass, Egon Monk, Rolf Hochhuth, Heinrich Fink, Dieter Schlenstedt, Friedrich Dieckmann, Heiner Müller und Mitgliedern des 20er Gremiums) statt: »Gibt es die Wiedervereinigung in der deutschen Kultur? Zur Dialektik von Einheit und Ausgrenzung«, wo Grass öffentlich den Vorschlag machte, die Westberliner Akademie – aus der er 1989 wegen der Verweigerung einer Veranstaltung für Salman Rushdie ausgetreten war – möge doch ihr Geld mit dem östlichen Bruder teilen! Walter Jens war empört darüber, unter vier Augen schimpfte er auf den früheren Präsidenten Grass, der gerade mit einer Millionensumme seinen Vorlass der Akademie verkaufen wolle. Der würde alt aussehen, wenn das Geld halbiert werden müsse und sein Nachlass nicht mehr erschwinglich sei. »Alles nur Getue nach außen!« Mir als zuhörender Gesprächspartnerin war dieser Blick hinter die Westkulissen peinlich. Die Meinungen darüber,

---

488 Ulrich Dietzel. »Tagebuch«. S. 249/250.

489 Walter Jens. »Erklärung der Akademie der Künste«. 13. 5. 1993. In: »Zwischen Diskussion und Disziplin«. S. 645.

was gemacht werden müsse, waren mittlerweile so zahlreich und konträr, dass ich da nicht durchsah. Ich sah nur ängstlich der demnächst stattfinden Plenartagung mit der angekündigten »Reduktions«-Wahl entgegen.

Dann also war die »Säuberung« passiert, nun war demokratisch gewählt worden. Aber es war nicht entschieden, ob die West-Akademie überhaupt bereit war, sich mit den Gewählten zu vereinen. Sollte jetzt jeder einzelne, wie es statutengemäß sonst vonstatten ging, noch einmal gewählt oder auch nicht gewählt werden oder würde es die Ausnahme einer en-bloc-Aufnahme geben? Auch Walter Jens tat sich erst mit der en-Bloc-Aufnahme schwer, stimmte dann jedoch zu, dass eine weitere Prüfung nicht zumutbar war. Freilich war noch ein Haar in der Suppe. Die Reinigung hatte nicht allen »Schmutz« erfasst: »Ausnahme Hermann Kant –, nicht wegen seiner politischen Haltung, sondern weil er Kolleginnen und Kollegen wirklich gedemütigt, entlassen, hinausgeworfen hat, ich erinnere an sein Urteil über Uwe Johnson – und darüber brauchen wir nicht zu reden. Er hat – gottlob – erklärt, er würde der Vereinigung nicht im Wege stehen.«[490]

Hatte ich nicht noch das Lob von Walter Jens auf die literarische Qualität des Schriftstellers Hermann Kant im Ohr? Und das Augenblinzeln Heiner Müllers im Auge, als er Hermann Kant für seinen Favoriten für die verkleinerte Akademie erklärte? Hatte er nicht gesagt: »dann schleppen wir ihn mit, das werden wir vertreten.« Nichts passierte. Hatte der Spieler die Kraft oder die Lust verloren? Wusste er nicht längst, dass er ein unhaltbares Versprechen gegeben hatte? Hermann Kants Bereitschaft zum Austritt (Siehe Anhang) wurde im »Neuen Deutschland« veröffentlicht.

»Gedemütigt, entlassen, hinausgeworfen« – was man Kant vorwarf – geschah das nicht gerade wieder, indem man das Ergebnis einer demokratischen Wahl nicht annahm? Walter Jens, der Präsident einer Akademie, hatte sich den Zwängen seiner Oberen gebeugt wie einstmals der Präsident des Schriftstellerverbands der DDR den Zwängen seiner Oberen. Wo war da der Unterschied? Wollte oder konnte Walter Jens nicht erkennen, wie sehr er mit seiner Haltung zum Bruder des Geschmähten geworden war? (Der Austritt des anderen, der nicht passte – Manfred Wekwerth, vollzog sich etwas ruhiger, aber ebenso demagogisch. So war in einem Vermerk über ein Gespräch des Regierenden Bürgermeisters von Berlin, Eberhard

---

490   Walter Jens auf dem Ausschuss für Kulturelle Angelegenheiten am 27. 1. 1992, Protokoll S.43.

Diepgen, mit dem Kultursenator Ulrich Roloff-Momin am 19. 2. 1992 die Lösung der Akademiefrage durch »Fusion« zwar bestätigt worden, aber hinter dem Wort »Fusion« stand in Klammern: »ohne Wekwerth«.[491] Der trat dann 1993 – Stasi-Vorwürfe taten ihr Übriges – aus. Keine politische Bevormundung?)

Nun brauchte Jens noch die Zustimmung seiner Mitglieder zum »Deal«, was überhaupt nicht einfach war, denn nun war seine Akademie in ein Kreuzfeuer von Meinungen und Beschimpfungen geraten. Der Druck war immens. Nicht nur, wie schon beim geplatzten Lyrikertreffen waren es Schriftsteller und Künstler wie Günter Kunert, Sarah Kirsch, Wolf Biermann, die sich gegen Vereinigungsabsichten wehrten. Sie bekamen Unterstützung von oppositionellen Kollegen, die in der DDR geblieben waren – »die intellektuelle und künstlerische Opposition der ehemaligen DDR«: Helga Schubert, Freya Klier, Matthias Wegehaupt und andere.[492] Hinzu kam ein »Sturm« in den Medien, der sich nun nicht mehr bloß gegen die ideologieverseuchte Kunstlandschaft der DDR wandte, sondern auch linke oder auch nur politisch intendierte Künstler bezichtigte, ihrer Profession nicht gerecht zu werden. Kunst habe gänzlich unpolitisch und am besten asozial zu sein. Da die Westberliner Akademie gleichsam ein »Nest« engagierter Künstler gewesen sei, war die Frage nach ihrer Existenzberechtigung eine logische Konsequenz. Der CDU-Politiker Uwe Lehmann-Brauns blies zum Angriff auf Akademien und geistige Elite schlechthin.[493] Die Zeiten hätten sich geändert, Eliten verschlissen, die Akademie samt »Spießgesellen« aus der DDR verdienten weder Anerkennung noch Finanzierung.

Walter Jens saß zwischen allen Stühlen. Er wurde förmlich mit Briefen von Mitgliedern, Freunden, Betroffenen oder sich wichtig nehmenden Leuten bombardiert[494], die anderes als die en-bloc-Aufnahme wollten. (Inge Jens berichtet in ihrer Autobiographie, wie stark ihn diese Kämpfe

---

491 Vermerk über ein Gespräch des Regierenden Bürgermeisters von Berlin, Eberhard Diepgen, mit dem Kultursenator Ulrich Roloff-Momin am 19. 2. 1992. In: »... und die Vergangenheit ...«.

492 Brief an den Präsidenten und die Mitglieder der Akademie der Künste Belin-West. In: »... und die Vergangenheit ...«. S.501/502.

493 Uwe Lehmann-Brauns. Erklärung über die Zukunft der Akademie im Berliner Abgeordnetenhaus am 27. 1. 1992. In: »... und die Vergangenheit«. S. 500/501.

494 »... und die Vergangenheit ...« S. 514 ff.

belastet haben.) Die Medien überschlugen sich. »Die Zeit« konstatierte: »Die Vereinigungspolitik der Berliner Akademie der Künste ist gescheitert.« (10. 4. 1992) Am 2. 2. 1992 fand die entscheidende Plenartagung am Hanseatenweg statt, noch einmal erregte Diskussionen – schließlich das Ergebnis: »Mit Zwei-Drittel-Mehrheit haben sich die anwesenden Mitglieder der Akademie der Künste am 2. Februar 1992 für ein Zusammengehen beider Akademien ausgesprochen. 88 von 256 Mitgliedern haben an der außerordentlichen Mitgliederversammlung teilgenommen. 59 haben mit ›Ja‹ votiert, 23 mit ›Nein‹, 6 Enthaltungen. Sie folgten damit nach teilweise kontroverser Diskussion einem Vorschlag des Präsidenten und des Akademischen Senats. Unter dem Eindruck politischer Entscheidungen, die das Ende der Akademie der Künste der DDR bedeuten, sehen es die Mitlieder der Akademie der Künste als Gebot der Stunde an, sich mit den neu gewählten Mitgliedern der ehemaligen Akademie der Künste zu vereinigen.«[495] Die neuen Mitglieder wurden in die am Hanseatenweg bestehenden Abteilungen eingegliedert, keine, wie es in den vorangegangenen Ost-Diskussionen »angedacht« war, Übergangs-Ost-Dependance, gebildet. Für die Abteilung Literatur – jede Abteilung durfte nicht mehr als 75! Mitglieder haben – bedeutete das, dass Jurij Brězan, Rainer Kirsch, Stefan Heym und Robert Weimann eingegliedert wurden. Insgesamt kamen zu den 256 »alten« Mitgliedern 44 neue aus der DDR-Akademie hinzu. Die Aufnahme der Korrespondierenden Mitglieder der DDR-Akademie war noch einmal ein besonderes Kapitel und es wurde auch eine Möglichkeit gefunden, von der DDR benachteiligte Künstler in größerer Zahl als sonst einzeln in die Akademie zu wählen.

Anscheinend war nun allen Forderungen Genüge getan.

Dennoch traten 26 Mitglieder der West-Akademie aus Protest gegen diese Entscheidung aus. Die Gründe hierfür waren sowohl politischer als auch ästhetischer Art: Einerseits wurde die »Laxheit« der Reduktionswahl kritisiert[496], andererseits die Überprüfung aller neuen Mitglieder auf eine mögliche Tätigkeit für das Ministerium für Staatssicherheit gefordert. Auch Vorbehalte der Abteilung Bildende Kunst gegenüber ihren rea-

---

495 Pressemitteilung der Akademie der Künste (West) vom 3. 2. 1992. In: »Zwischen Diskussion und Disziplin«. S. 621.

496 Als Indiz dafür galt eine Erklärung von Gerhard Scheumanns »Keine Selbstreinigung«, FAZ vom 25. 5. 1993.

listisch malenden Ost-Kollegen spielten eine Rolle. Elise Grauer nennt das stattgefundene Spektakel »eine Hypothek«, mit der die Arbeit als vereinigte Institution begann. »Die ungeheuerliche Austrittswelle sowie eine oft unwürdig geführte Debatte bescherten ihr überdies einen Imageschaden und waren dem gesellschaftlichen Rückhalt der Institution in beiden Teilen Deutschlands nicht förderlich.«[497]

Ebenso, wie man den Begriff der Reinigung mied, wollte man »enbloc« nicht gern hören oder lesen. So erklärte Heiner Carow im Mai 1992 in einem Brief an die Mitglieder, es sei am 2. Februar 1992 in der Akademie im Tiergarten »nicht über eine en-bloc-Zuwahl abgestimmt worden, sondern darüber, ob die Mitglieder der Akademie der Künste im Tiergarten für oder gegen ein Zusammengehen der beiden Akademien der Künste in Berlin sind.«[498] Die Kulturbehörden von Berlin und Brandenburg nannten den Vorgang »eine Vielzahl von Einzelübergängen.«[499] Die Empfindlichkeit gegenüber Begriffen war und ist groß, was nichts an den Tatsachen änderte. Genauso wie »gereinigt« worden war, waren die verbliebenen alten DDR-Mitglieder »en-bloc« aufgenommen worden, was – juristisch gesehen – den Gesetzlichkeiten dieser Akademie widersprochen und die akademische Selbstverwaltungskompetenz überschritten hatte.[500] Mit den Worten »Wir haben es durchgehalten, nun wären wir also tatsächlich am Ziel« kommentierte Walter Jens dann am 24. 10. 1993 den Abschluß der ersten Mitgliederversammlung der neuen, vereinten Akademie der Künste Berlin-Brandenburg.[501]

Das jedoch, was eingebracht werden sollte, der »Rest« der alten Akademie, das »Bewahrenswerte«, wofür man sich gebogen und gewunden und beschädigt hatte – der Arbeitscharakter mit den monatlichen Arbeitssitzungen, die kulturpolitische Beratung, die Meisterschüler, die Gedenkstätten für Ernst Busch, Arnold Zweig und Johannes R. Becher, all das war mit der Struktur und den Gegebenheiten der Akademie am Hanseatenweg

---

497 Elise Grauer. »Die Berliner Akademie der Künste. Verfassungs- und verwaltungsrechtliche Untersuchung einer Kulturinstitution des Bundes«. Berlin 2010, S. 63.

498 Heiner Carow. Brief an die Mitglieder, 4.5.1992. In:«Zwischen Diskussion und Disziplin«. S.626.

499 Erklärung der Kulturbehörde Berlin-Brandenburg vom 30.4.1993. In: »Zwischen Diskussion und Disziplin«. S. 642.

500 Elise Grauer. »Die Berliner Akademie der Künste. Verfassungs- und verwaltungsrechtliche Untersuchung einer Kulturinstitution des Bundes«. Berlin 2010. S. 64.

501 ND vom 25. 10. 1993

nicht möglich und nicht gewollt. Lediglich einige Preise wurden übernommen, wenn auch neu definiert. Auch Ulrich Dietzel, der all die Prozesse und Prozeduren bis zum Ende als Direktor mehr als nur begleitet
hatte, gestand in seinem Tagebuch:12. 12. 1992: »Wir und meinesgleichen
haben, bei aller Kritik an dem einen und dem anderen deutschen Staat,
den einen nicht nur weiß und den anderen nicht nur schwarz gesehen.
Unsere Vorstellungen von einer Vereinigung, für die wir in absehbarer
Zeit keine Chance sahen, gingen davon aus, dass jede Seite ihr Gutes in
die Ehe einbringen würde. Es kam anders, aber festzuhalten ist, dass der
Dialog der beiden Akademien in einer verhältnismäßig zivilisierten Form
vor sich geht. Die Systemniederlage des Ostens und der Sieg des Westens
bilden den Rahmen für diesen Dialog. Wir werden aufgelöst und unsere
Partner fortgeführt. Sie nehmen auf, wen sie akzeptieren.«[502] Und am 16. 9.
1993: »Wir sind nicht mehr da, sind beigetreten, und noch verstärkt erfahren wir, dass wir nur noch zur Kenntnis nehmen können, was bereits entschieden ist. Bei der Mitgliederversammlung hatte mir Jens gesagt: Ja, er
wisse, daß dies keine Vereinigung sei, aber die Zwänge, unter denen die
Westakademie und er stünden, ließen mehr nicht zu. Das verstehe ich,
und das kenne ich. Jens hat sich wahrlich wacker geschlagen. Ohne ihn
wäre die Vereinigung nicht einmal in der Form möglich gewesen, wie sie
vonstatten ging.«[503]

Es war ein aufwändiger Kampf gewesen, dessen Ergebnis offiziell als
ein Beispiel dafür angesehen wird, dass es mit dieser Vereinigung anders
gegangen war als im Gesellschaftsganzen. Selbst Inge Jens, die meist
überall dabei war und doch mitbekommen haben müsste, dass auch hier
anstelle einer Vereinigung letztlich lediglich die gnädige Aufnahme weniger Künstler stattfand, rühmt den Vorgang »als spektakuläre und durch
die Wahrung der beiderseitigen Interessen in der politischen Landschaft
recht einsam dastehende Vereinigung einer Ost- mit einer Westinstitu-
tion, (...) die Realisierung der Vision eines gemeinsamen Hauses ... (...)
ein bleibendes Zeichen für ›Auch-Mögliches‹«.[504] Realistischer scheint mir
jedoch die juristischen Gesichtspunkten folgende Einschätzung von Elise
Grauer: »Von einer ›Vereinigung‹ der beiden Akademien zu sprechen,

---

502   Ulrich Dietzel. »Tagebuch«. S. 284.
503   Ebenda. S. 300.
504   Inge Jens. »Unvollständige Erinnerungen«. Reinbek bei Hamburg 2009. S. 233.

REINIGUNG UND EN BLOC-AUFNAHME

erscheint angesichts der gänzlichen Auflösung der Akademie (Ost) einerseits und der strukturellen Übernahme allein des Westberliner Modells
andererseits technisch betrachtet unsachgemäß.«[505]

Aber bleiben wir gelassen und zehren von den Einsichten und Erfahrungen der Jahre danach. Der langjährige Sekretär der Sektion Wolfgang
Kohlhaase konnte sich auch im vereinigten Deutschland kraft der Qualität seiner Film-Drehbücher durchsetzen. In einem seiner letzten, einer
sehr privaten Ehegeschichte (»Haus und Kind«, 2009), ging es, wie er es
beschreibt, nicht um das Prinzip, dass »böse Menschen guten Menschen
etwas wegnehmen, sondern: Menschen sind in unterschiedlichen Lagen.«
Damit wollte er nicht nur den Film, sondern den ganzen mühsamen Ein-
heitsprozess erklären, meinten Autoren eines Artikels über den erfolgrei-
chen Filmautor. [506] Lassen wir also dem Sektionssekretär, der ein wun-
derbarer und kluger Vermittler zwischen den Ansichten der Mitglieder
gewesen war, das letzte Wort. Auch die beiden Akademien waren in unterschiedlichen Lagen.

Im Frühjahr und Sommer 1992 ging es dann wieder um die große Masse
der Kündigungen von uns Mitarbeitern, um Abfindungen. Die Immobilien und die Archive wurden übernommen, die »Stiftung Archive«, die
nun den Vergleich mit dem Literaturarchiv in Marbach nicht mehr zu
scheuen brauchte, gegründet. Wieder wurden Termine um fällige Ver-
träge verschoben. Natürlich geisterten Stasiverdächtigungen durch die
Häuser und die Medien, sie wurden auch von Mitgliedern – aber keinem
aus der Sektion Literatur – aufgegriffen.

Mit Wirkung vom 1. Januar 1993 arbeitete eine »vereinte Akademie der
Künste« unter der Trägerschaft der Länder Berlin und Brandenburg.

Hatte sich Heiner Müller im April 1992 noch um die Belange der Akademie sorgen müssen und in einem Fax an den »Tagesspiegel« den Akade-
miestreit einen symbolischen Streit, einen »Stellvertreterkrieg«[507] genannt,

505 Elise Grauer. »Die Berliner Akademie der Künste. Verfassungs- und verwaltungsrechtliche Untersu-
     chung einer Kulturinstitution des Bundes«. Berlin 2010. S.61.
506 Susanne Beyer, Martin Wolf. »Ein Mann der Zwischengröße«. In: Spiegel 36/209. S. 133
507 Heiner Müller: »Zum Stand des Akademiestreits«. 22. 4. 1992. In: »Zwischen Diskussion und Diszi-
     plin«. S. 626.

hatte er genau ein Jahr später zurück in sein Metier gefunden und am 30. April 1993 geschrieben:

»Brecht 1956

Wirklich er lebte in finstern Zeiten
Die Zeiten sind heller geworden
Die Zeiten sind finstrer geworden
Wenn die Helle sagt ich bin die Finsternis
Hat sie die Wahrheit gesagt
Wenn die Finsternis sagt ich bin
Die Helle lügt sie nicht.«

(Es ist ein Zufall, dass 1981 – zur Berliner Begegnung – Erich Fried seine dichterische Version des Brecht-Gedankens vorgetragen hat, darin heißt es:

»›Wirklich, ich lebe in finsteren Zeiten‹,
hast du gesagt.
Die Zeiten sind anders geworden, aber im ganzen
Sind sie nicht heller geworden seit deinen Versen,
und die Gefahr ist größer als damals, denn nur
die Waffen
und nicht die von ihnen geführten
Menschen sind stärker geworden
Und es stimmt auch noch, was du von ihnen gesagt hast:
›Nachzudenken, woher sie kommen und wohin sie gehen, sind sie
an den schönen Abenden zu erschöpft.‹

Und weil das alles noch stimmt, können dich heute
Die Nachgeborenen leicht verstehen, ja besser,
als dir lieb wäre, obwohl doch gerade du
gerne verständlich wärst, aber ich glaube
du hast vielleicht bis zu zuletzt gehofft, daß sich vieles
verändern wird, so daß der Mensch einer neuen Zeit
dich nicht mehr verstehen kann, ohne die alte Zeit zu studieren.
Aber weil man dich noch versteht,

können einige von dir lernen
wie man die Hoffnung am Leben erhält und gleich dir
mit List und Geduld und Empörung weiter den Boden
bereitet für Freundlichkeit,
daß der Mensch dem Menschen ein Helfer sei.«[508])

Was ich hier beschrieben habe, ist zwanzig Jahre her. Viele der damaligen Akteure leben nicht mehr. Die anderen – Christoph Hein, Volker Braun, Waldtraut Lewin, Hermann Kant, Wolfgang Kohlhaase, Werner Mittenzwei – haben nicht aufgehört zu schreiben und wollen sich damit – auf ihre Art und nach ihrem Verständnis – einmischen. Das Erscheinen eines neuen Textes wird zwar immer wieder und noch von ihren Fans begrüßt und das Buch, die Rede oder der Artikel begierig gelesen, aber wie alle Publikationen ernsthafter Literaten sind sie doch nur, wenn überhaupt kurzzeitig in den Medien präsent, spielen in der öffentlichen Meinung kaum eine Rolle. Die Zeiten haben sich geändert. Schriftsteller sind kaum noch öffentliche, gar moralische Instanzen. Künstler sind eine nur wenige interessierende Randgruppe. Ereignisse von nationalem Rang sind die Gewinne von Fußballspielen, der künstlerische Erfolg durch eine internationale Preisvergabe mit viel Glimmer, die Hochzeit oder Scheidung eines Prominenten.

Auch geistige Eliten haben sich verschlissen. Viele ihrer Meinungen haben sich nicht bewahrheitet und Eingeständnisse von Ratlosigkeit oder das Verschweigen eigner früherer Fehlleistungen haben sie allzu menschlich gemacht. Natürlich hatten die Medien einen großen Anteil an dieser Delegitimierung. Trotz verschiedenster Versuche wechselnder Präsidenten und unterschiedlicher Veranstaltungskonzepte fiel die vereinigte Berliner Akademie der Künste eher wegen ihrer Krisen auf. Sie ist eine kulturelle Institution Berlins unter vielen. Aber das ist nicht mehr mein Thema.

---

508   Erich Fried. Aus dem Diskussionsbeitrag auf der Berliner Begegnung zur Friedensförderung. In: »Berliner Begegnung«. S. 49.

ISBN 978-3-935194-60-0

Gestaltung und Satz: Marc Berger, Gransee
Druck und Bindung: Schaltungsdienst Lange, Berlin